Georg Freiherr von Hertling
Historische Beiträge zur Philosophie

Hertling, Georg Freiherr von: Historische Beiträge zur Philosophie
Hamburg, SEVERUS Verlag 2011.
Nachdruck der Originalausgabe von 1914.

ISBN: 978-3-86347-038-8
Druck: SEVERUS Verlag, Hamburg, 2011

Der SEVERUS Verlag ist ein Imprint der Diplomica Verlag GmbH.

Bibliografische Information der Deutschen Nationalbibliothek:
Die Deutsche Nationalbibliothek verzeichnet diese Publikation in der Deutschen Nationalbibliografie; detaillierte bibliografische Daten sind im Internet über http://dnb.d-nb.de abrufbar.

© **SEVERUS Verlag**
http://www.severus-verlag.de, Hamburg 2011
Printed in Germany
Alle Rechte vorbehalten.

Der SEVERUS Verlag übernimmt keine juristische Verantwortung oder irgendeine Haftung für evtl. fehlerhafte Angaben und deren Folgen.

Vorwort.

Es ist längst bedauert worden, daß zahlreiche philosophiegeschichtliche Abhandlungen des nunmehrigen Staatsministers Grafen von Hertling an zerstreuten und teilweise entlegenen Orten zur Veröffentlichung gelangten oder im Buchhandel nicht mehr zu beziehen sind.

In dem vorliegenden Bande soll deshalb zunächst eine Auswahl derselben vereinigt werden, während die längst vergriffene Monographie über Albertus Magnus, welche sich mit der in den hier gebotenen Abhandlungen hauptsächlich berücksichtigten Periode der Philosophie berührt, in den „Beiträgen zur Geschichte der Philosophie des Mittelalters" eine neue Ausgabe erfahren wird.

Der Titel dieses Bandes ist in bewußtem Anschlusse an Adolf Trendelenburg gewählt; denn auch hier geht die Absicht dahin, für Erforschung und Beurteilung des Geschichtlichen zu wirken und das Ergebnis für die gegenwärtige Aufgabe der Philosophie zu verwenden. „Denn die Geschichte enthält, richtig aufgefaßt, auch auf diesem Gebiete Warnungen und Hinweisungen genug."

Der Herausgeber.

Inhalt.

		Seite
I.	Christentum und griechische Philosophie. 1900	1
II.	Wo und wann verfaßte Thomas von Aquin die Schrift De spiritualibus creaturis? (Historisches Jahrbuch, Jahrgang 1884, S. 143 ff.)	16
III.	Zur Geschichte der aristotelischen Politik im Mittelalter. (Rheinisches Museum, Jahrg. 1884, S. 446 ff.)	20
IV.	Besprechung von Eickens Geschichte und System der mittelalterlichen Weltanschauung. (Histor. Jahrbuch, Jahrg. 1889, S. 128 ff.)	32
V.	Thomas von Aquin und die Probleme des Naturrechts. 1883	70
VI.	Augustinus-Zitate bei Thomas von Aquin. 1904	97
VII.	Wissenschaftliche Richtungen und philosophische Probleme im 13. Jahrhundert. 1910	152
VIII.	Descartes' Beziehungen zur Scholastik. 1897, 1899	181
IX.	Über Ziel und Methode der Rechtsphilosophie. (Philosoph. Jahrbuch, Jahrg. 1895, S. 117 ff. u. S. 253 ff.)	243
X.	Kant. (Kirchenlexikon v. Wetzer u. Welte 1889, S. 60 ff.)	303

I.
Christentum und griechische Philosophie.
Vortrag gehalten gelegentlich des fünften internationalen Kongresses katholischer Gelehrten zu München 1900.

Von Christentum und Griechentum ist in älterer und neuerer Zeit viel die Rede gewesen, niemals aber ist der Gegenstand mit solchem Eifer und in solchem Umfange, unter Aufwendung eindringenden Scharfsinns und ausgebreiteter Gelehrsamkeit, behandelt worden wie im letzten Dezennium. Gestützt auf neue literarische Funde, vertraut mit den entlegensten Überresten des klassischen Altertums, hat man versucht, die Entwicklung klar zu legen, die von der „Bergpredigt zum nicänischen Glaubensbekenntnisse" geführt hat, von den schlichten, zum Herzen sprechenden Parabeln des Zimmermannssohnes von Nazareth zur ausgebildeten Morallehre eines Ambrosius und der spekulativen Dogmatik Augustins, von den formlosen, aber geistdurchglühten Zusammenkünften der ersten Gemeinde in Jerusalem zu dem vielgestaltigen Kultus und der abgestuften Hierarchie der römischen Kirche. Hinter den übermächtigen Einflüssen, die sie griechischer Dialektik und Philosophie und nicht zuletzt dem griechischen Mysterienwesen zuschrieben, schien den Forschern mehr und mehr der spezifische Inhalt des Christlichen zu verschwinden, oder sie erkannten ihn nur noch in der veränderten Färbung, welche griechische Denkweise unter dem Einflusse orientalischen Empfindens gewonnen habe.

Irre ich nicht, so hat diese Bewegung ihren Höhepunkt schon wieder überschritten. Man beginnt einzusehen, daß man das Ziel überflogen hat, und nüchterne Kritik weist die Kunstfehler auf, durch welche die blendendsten Synthesen zu haltlosen Behauptungen werden.

Aber das Problem bleibt. Auf den Bergen Judäas, am Gestade des galiläischen Meeres, ist zuerst die neue Lehre verkündet worden.

Männer aus dem Volke, jüdische Fischer und Handwerker haben sie hinausgetragen in die von griechischer Bildung erfüllte und gesättigte Welt. In allen Ländern, die das Becken des Mittelmeeres umgeben, an den Zentralstätten antiker Kultur, bilden sich christliche Gemeinden. Zu ihnen gehören nicht bloß die Armen und Enterbten, die sich über die schwere Last, welche sie im Erdenleben zu tragen haben, mit der süßen und starken Hoffnung auf den Frieden im himmlischen Jenseits zu trösten suchen, — in allen Ständen bis zu den Bewohnern der Kaiserpaläste zählen sie ihre Mitglieder. So konnte es nicht ausbleiben, daß die neue Lehre mit den alten Bildungselementen in vielfältige Berührung kam, welche Unterricht und Erziehung der höheren Klassen in breitem Strome einherführten, welche aus den Werken der Kunst redeten, von denen das öffentliche Leben sich überall durchsetzt zeigte. Schon die ersten Verteidiger des Christentums bedienen sich der Waffen, die sie der griechischen Philosophie entlehnen. Neben der großen christlichen Gemeinschaft, der Kirche, entstehen zahlreiche Sekten, in denen uns deutlich das Gemenge christlicher Vorstellungen mit solchen entgegentritt, welche griechischer Metaphysik entstammen; aber auch die Urkunden der Kirche wie die Lehrschriften ihrer anerkannten Vertreter weisen die Spuren griechischen Einflusses auf. Was läßt sich über das Verhältnis der beiden Faktoren an der Hand besonnener kritischer Forschung ausmachen?

Ich scheide für die nachfolgenden Bemerkungen von vornherein die Berücksichtigung des griechischen Mysterienwesens aus. Daß in der alten kirchlichen Liturgie hie und da ein Ausdruck, ein Symbol an die heidnischen Mysterien erinnert, ist gewiß, daß aber Sinn und Bedeutung der beiden durch eine unübersteigbare Kluft getrennt sind, ist so offensichtlich, daß man sich nur wundern kann, wenn Mißverständnisse und voreilige Kombinationen hier ein anderes Bild glauben erblicken zu sollen. Nur von dem Verhältnisse zwischen Christentum und griechischer Philosophie wird die Rede sein, und selbstverständlich kann es sich in dem engen Rahmen eines Vortrags nicht um eine erschöpfende Behandlung des Themas, sondern nur um die Aufstellung der für eine solche Behandlung maßgebenden Gesichtspunkte handeln.

Das Problem ist ein historisches, seine Lösung hat daher mit den Mitteln der Geschichtswissenschaft zu geschehen und innerhalb der Schranken, welche dieser gezogen sind. Nur ein Mangel an Überlegung kann dies verkennen und für die Geschichte die Anwendung der naturwissenschaftlichen Methode fordern, um ihren Forschungen die Erfolge dieser letzteren zu sichern. Dazu fehlen so gut wie alle Voraussetzungen. Jedes geschichtliche Ereignis ist eine einzigartige Begebenheit, wir können es daher auch nicht durch Zurückführung auf ein allgemeines, eine Vielheit gleichartiger Begebenheiten umfassendes Gesetz verständlich machen. Wir können ferner das, was als ein einmal Geschehenes in der Vergangenheit hinter uns liegt, nicht experimentell in die Wirklichkeit zurückrufen und der Beobachtung unterstellen. Die Faktoren, von denen es in seinem Ursprunge und seinem Verlaufe abhängig war, lassen sich kaum je in annähernder Vollständigkeit aufzählen, ganz unmöglich aber ist es, die einzelnen willkürlich zu verändern, um dadurch das Maß ihres Einflusses exakt zu bestimmen. Was wir erreichen können, ist eine möglichst zutreffende Beschreibung, für die Erklärung bleiben wir in der Regel auf mehr oder minder glaubhafte, durch Analogien aus wirklicher Erfahrung gestützte Vermutungen angewiesen.

Noch ein Anderes, Schwerwiegendes kommt dazu. Wo wir bemüht sind, geschichtliche Vorgänge in ihrem Ablaufe und ihrer Zusammengehörigkeit zu erfassen, macht sich ganz von selbst der Standpunkt geltend, von dem aus wir unsere Betrachtung anstellen, legen wir Maßstäbe an, die wir nicht den Tatsachen entnommen, sondern anderswoher an die Tatsachen herangebracht haben. Auch in der Natur, wenn wir einer Entwicklung zuschauen, mit Wachstum und Reife, Blüte und Verfall, begrüßen wir freudig die steigende und beklagen wir die hinschwindende Vollkommenheit. Aber für den Forscher gibt es eine solche gemütliche Anteilnahme nicht; das Aufblühen des Lebens ist ein wissenschaftliches Problem, ganz ebenso wie Tod und Zerstörung. Subjektive Wertschätzung hat hier nichts zu tun. Und, was die Hauptsache ist: Ausgang und Zielpunkt und jede Phase des in gesetzlicher Regelmäßigkeit verlaufenden Prozesses sind durch feste Merkmale kenntlich gemacht, und wir sehen gleichsam, wie eine die andere aus sich hervortreibt. Fassen wir dagegen geschichtliche Vorgänge unter dem Gesichtspunkte der Entwicklung auf, so ist es lediglich unsere rückschauende Betrachtung, welche das Ziel bestimmt, das jene Entwicklung anstrebt; nach unserer subjektiven Wertschätzung bemessen wir Höhepunkt und Niedergang, sprechen wir von Fortschritt und Kontinuität oder von Verirrung und Abfall.

Nirgendwo wird dies deutlicher, als bei dem hier zur Erörterung vorgesetzten Thema. Wer das Verhältnis von Christentum und griechischer Philosophie untersuchen will, denkt dabei an eine bestimmte Periode in der Geschichte des ersteren, eine besondere Phase seiner Erscheinung, an einen Prozeß und eine Entwicklung. Aber das Bild dieser Entwicklung wird sich ganz verschieden gestalten, ihre Richtung wird anders bestimmt werden, sie wird sich uns als eine aufsteigende oder absteigende darstellen, je nach dem Begriffe, den wir vom Christentum mitbringen. Was müssen wir als seine eigenste ursprüngliche Gestalt ansehen? Was war es, das jener geschichtliche Prozeß vorfand, was er in irgend einem Sinne veränderte, wenn es wirklich ein Prozeß der Entwicklung war? Denn es gibt freilich sehr verschiedenartige Veränderungen. Es kann ein Zustand, der da war, durch einen anderen verdrängt werden, der nur zeitlich auf ihn folgt, aber mit dem früheren durch kein innerliches Band verknüpft ist. Es kann die Veränderung aber auch darin bestehen, **daß unter dem Einflusse wirksamer Faktoren zur Ausgestaltung gelangt, was der ursprüngliche Zustand der Anlage nach in sich schloß**. Das ist die Entwicklung des organischen Lebens, mag sie nun in die Höhe oder in die Tiefe führen. Gehört der geschichtliche Prozeß, in welchem das Christentum den Einfluß der griechischen Philosophie erlitt, der einen oder der anderen Klasse von Veränderungen an? Bedeutet er eine Entwicklung, wie das organische Leben sie aufweist? War es ein Fortschritt oder ein Niedergang?

Es gibt Darstellungen, in denen das Christentum in seiner ursprünglichen Gestalt als ein Kleinod von höchstem Werte gilt, aber zugleich als ein dem begrifflichen Denken völlig Entrücktes. Es ist das beseligende Bewußtsein des Heils, die lebendige Empfindung der Einheit mit Gott, und erfüllt die Gemüter der Auserlesenen mit seinem Lichte und seiner Wärme. Aber das Licht erlischt und die Wärme erstirbt, wenn der Verstand in jenes Geheimnis des Herzens eindringen und das Unbegreifliche in logische Kategorien einspannen will. Eine solche Auffassung erkennt dann womöglich schon in der Predigt der Apostel den trübenden Zusatz jüdischen Elements, sicher aber ist ihr griechische Philosophie ein dem Christentum ganz und gar Fremdartiges. Im besten Falle erscheint sie als die harte Rinde, die sich um jenen geheimnisvollen Kern herumgelegt und ihn dadurch den späteren Jahrhunderten aufbewahrt hat. Aber von einer Erfüllung mit dem Geiste des Christentums kann keine Rede sein. Man muß die tote Rinde durchbrechen, um zu jenem Geiste vorzudringen.

Die Denkweise verschärft sich, wenn ein skeptisches Vorurteil gegenüber aller Philosophie und der griechischen insbesondere dazutritt. Wer der Meinung huldigt, daß sichere Erkenntnis nur von erfahrungsmäßigen Tatsachen zu gewinnen sei, und nur soweit reiche, als die Sinne und die unmittelbare Beobachtung, die wir an unserem eigenen inneren Leben machen, für den ist jede Metaphysik, die aus abstrakten Begriffen Folgerungen zieht, ein leeres Hirngespinst. Und völlig wertlos, ja doppelt verwerflich erscheinen auf solchem Standpunkte die frühe auftretenden Bestrebungen, einen christlichen Lehrinhalt mit Hilfe griechischer Dialektik und Metaphysik systematisch auseinanderzulegen.

Aber dieser Standpunkt ist in Wahrheit doch nur der einer Schule, die unter dem nachwirkenden Einflusse der Kantischen Philosophie die Tragweite der menschlichen Vernunft durch ein Machtwort einschränkt und unser armes Ich mit seinem unausrottbaren Verlangen nach höherer Erkenntnis statt dessen auf ein mystisches Innewerden, ein gesteigertes Empfinden verweist.

Außerhalb der Kirche und ihres ununterbrochen strömenden Lebens stehend, suchen sie mit unermüdlichem Fleiße Urkunden und Denkmäler zusammen, um den verschiedenen Erscheinungsformen dieses Lebens in der Vergangenheit die Diagnose zu stellen. Mit Spürsinn und Kombinationsgabe ausgerüstet, wissen sie auf halbverwischte Zeichen einen hellen Schein zu werfen, der die Entzifferung ermöglichen soll. Ihre reiche Gelehrsamkeit rückt das Geringfügige, lange Übersehene in einen ganz neuen Zusammenhang und gibt ihm so einen ungeahnten Sinn, eine weittragende Bedeutung. Aber Scharfsinn und Gelehrsamkeit vermögen den Kundigen nicht über die Haltlosigkeit der Kombinationen zu täuschen, über die willkürliche Behandlung des Quellenmaterials, die einseitige Hervorhebung dessen, was die zuvor schon feststehende Meinung zu stützen geeignet erscheint, und das ebenso einseitige Übersehen alles dessen, was der entgegengesetzten Auffassung das Wort redet.

Nach katholischer Lehre sind die hh. Schriften Zeugnisse der Offenbarung, welche in ihrem ganzen Umfange von Christus den Aposteln verkündet und von diesen ihren Nachfolgern übergeben wurde. Unter göttlichem Beistande hütet das lebendige Lehramt der Kirche den ihm anvertrauten Glaubensschatz. Eine inhaltliche Bereicherung konnte die durch Christus vollendete Offenbarung nicht mehr erfahren, wohl aber konnte und mußte das, was sie an Inhalt einschloß, immer allseitiger und vollständiger herausgearbeitet werden. So steht uns die Gegenwart mit der Vergangenheit in einem kontinuierlichen Zusammenhange. Die Entwicklung der kirchlichen Lehre und des kirchlichen Lebens ist für uns in der Tat eine organische. Nach dem ursprünglichen Gehalte des Christentums fragen, heißt für uns nicht, ein nahezu oder gänzlich Verschwundenes mit den Mitteln der Wissenschaft rekonstruieren, sondern nach den Keimen fragen, aus denen in verständlicher Notwendigkeit, entsprechend den Bedürfnissen der wechselnden Zeiten, unser heutiges Kirchentum, unsere heutige Dogmatik hervorgewachsen ist. Anders für die, welche diesen Standpunkt nicht teilen. An Stelle einer kontinuierlichen, von einer inneren Lebensmacht getragenen Entwicklung sehen sie nur ein Geschiebe disparater Kräfte, ein Zusammentreffen der mannigfachen Bestandteile, welche die Flut der Jahrhunderte von allen Höhen der Menschheit zusammengeschwemmt hat. Und als die ursprüngliche Gestalt des Christentums gilt ihnen, was sich etwa noch als die unterste Grundlage dieses Agglomerats, als die tiefste unter den übereinander gelagerten Schichten bestimmen läßt.

Welches aber sind die Mittel, sie zu bestimmen und festzustellen? Geschichtliche Forschung muß sich an geschichtliche Zeugnisse halten. Für die Anfänge des Christentums gibt es keine vornehmere Quelle als die Evangelien und die Briefe der Apostel. Wie hoch man auch den Wert einzelner literarischer Funde der Neuzeit einschätzen mag, keiner kann mit ihnen in Vergleich gebracht, geschweige denn ihnen vorgezogen werden. Jeder Versuch, von irgend einem Ansatze aus gleichsam noch hinter die hh. Schriften zu kommen, um so das ganz reine, auch durch die nationale oder persönliche Befangenheit der Apostel nicht getrübte Christentum zu ergreifen, muß rettungslos dem Fluche grundloser Subjektivität verfallen. Und wenn erwiesen wäre, daß das Johannes-Evangelium von den übrigen Teilen des N. T. getrennt werden muß, so bliebe es doch wissenschaftlich ohne Berechtigung, dasselbe als Geschichtsquelle zu ignorieren und der Äußerung dieses oder jenes Gnostikers, welche die Philosophumena uns überliefert haben, größere Beachtung zu schenken als dem Prolog und der Sammlung von Reden, welche die Überlieferung dem Lieblingsjünger des Herrn zuschreibt.

Hält man sich aber an die Zeugnisse des N. T., nicht an eine willkürlich gebildete Vorstellung, so erweist sich sofort, daß das Christentum von Anfang an mehr war und mehr sein wollte, als wozu die früher bezeichnete Schule es zu machen bemüht ist. Auch die Bergpredigt bildete keineswegs seinen ganzen Inhalt. Neben den Unterweisungen, welche sich auf die Lebensführung beziehen, stehen andere, die sich an das Verständnis richten, Lehraussprüche über Gott und sein Verhältnis zur Welt, über Unsterblichkeit und Jenseits, über Sünde und Versöhnung, und über die Person des Erlösers, finden sich in den Briefen des Völkerapostels auch schon die ersten Ansätze dialektischer Begründung und Beweisführung.

Damit aber sind sofort Grundlage und Ziel weiterer lehrhafter Entfaltung gegeben. Denn ein theologisches System war es nicht, was die Glaubensboten verkündeten. Die Botschaft des Heils umschloß eine Anzahl außerordentlicher Tatsachen und einzelne damit in Verbindung stehende theoretische Vorstellungen. Gewiß lag der Nachdruck auf der praktischen Seite, auf der Erneuerung des Lebens, auf der Versöhnung mit Gott, auf Erlösung und Wiedergeburt. Aber ein natürliches Streben des Geistes mußte doch dahin gehen, das Vereinzelte miteinander in Verbindung zu bringen, jene Vorstellungen in ihre Konsequenzen zu entwickeln und mit anderen Vorstellungen zu vergleichen, zu denen vor der Offenbarung und neben der Offenbarung das vernünftige Denken geführt hatte. Ein dreifaches Bedürfnis, das der Verteidigung gegen die Angriffe der Heiden, das der lehrhaften Unterweisung, welches nicht als etwas Fremdes zu der mystischen Gottinnigkeit hinzutrat, sondern durch die in der Offenbarung enthaltenen lehrhaften Elemente unmittelbar bedingt war, endlich das eines eindringenderen, volleren Verständnisses, forderte dazu auf, den Inhalt der Offenbarung spekulativ zu verarbeiten und systematisch auszugestalten.

Das Hilfsmittel hierzu, welches nicht ein glücklicher Zufall oder der Einfall eines einzelnen dazu erkor, sondern die Natur der Dinge ganz von selbst an die Hand gab, war die griechische Philosophie.

Die Offenbarung hatte keine neue Sprache geschaffen. Sie hatte sich der vorhandenen bedient, um durch dieselbe neue Wahrheiten zu verkünden und neue Regeln der Lebensführung vorzuschreiben. Sie gab dabei einzelnen Worten einen neuen, tieferen und volleren Sinn. Für die nachfolgende lehrhafte Auseinandersetzung ihres Inhaltes konnte es keinen anderen Weg geben. Man verwertete die im Umlaufe befindlichen Begriffe und Begriffsverknüpfungen, die schon feststehende Terminologie. Wie hätte man anders verfahren sollen? Nur durch Bekanntes läßt sich Unbekanntes verdeutlichen. Mit neu geschaffenen Worten, selbstgeprägten Begriffen, hätten die Väter eine Geheimlehre begründen können, aber sie hätten dem Bedürfnisse nicht entsprochen, dem sie dienen sollten, der christlichen Wahrheit Eingang zu verschaffen in die Gedankenwelt der gebildeten Kreise. Zu dieser Gedankenwelt lieferte seit langem die griechische Philosophie die vornehmsten Bestandteile. Jetzt wurde sie das Medium für die Aufnahme christlicher Ideen.

Das war ihre weltgeschichtliche Mission. Was in den Küstenstädten Kleinasiens und Griechenlands begründet worden, was auf attischem Boden gereift war, was in Alexandrien unter dem Einflusse alttestamentlicher Überlieferung neue Keime getrieben hatte, — es hatte die Form bereitet für den Inhalt der Offenbarung. Schon im 5. Jahrhundert war von dem tiefsinnigen ephesischen Weisen die Lehre vom Logos ausgesprochen worden, der die Welt durchwaltenden göttlichen Vernunft. Neuerlich hatte Philo damit die Aussprüche des A. T. über das Wort und die personifizierte Weisheit Gottes in Verbindung gebracht. Jetzt bediente sich das vierte Evangelium des Ausdrucks. Nach der Überlieferung ist es verfaßt, um der in die Irre gehenden Spekulation des Gnostikers Cerinthus die Wahrheit über Christus und sein Verhältnis zum Vater einerseits, zur Schöpfung andrerseits gegenüberzustellen. Ich berühre die Frage der Inspiration nicht. Wie man sie auch entscheiden mag, das eine bleibt bestehen, daß der Evangelist einen Terminus in die Christologie einführte, welchen die griechische Philosophie ausgebildet hatte.

Daß die zu so hoher Aufgabe berufene Philosophie als Ganzes wie in einzelnen Aufstellungen das Gepräge griechischen Geistes und die Färbung griechischer Nationaleigentümlichkeit an sich trägt, muß als selbstverständlich zugegeben werden. Aber daraus folgt nicht, daß alle ihre Aufstellungen nur geschichtliche Bedeutung gehabt hätten. Vieles von dem, was im Gewande des Griechentums zuerst ergriffen und festgesetzt wurde, ist zum dauernden Besitztum der Menschheit geworden. Die dialektische Kunst der Sophisten und Rhetoren mag uns ein verächtliches Lächeln entlocken, wenn wir sie verdienter Vergessenheit entreißen, aber Aristoteles ist in der Logik der nie veraltende Lehrer der Jahrtausende geworden. Und wer griechischer Metaphysik in Bausch und Bogen jeden bleibenden Wahrheitsgehalt abspricht, tut dies nicht, weil ihm überall ihre Abhängigkeit von geschichtlichen Faktoren, von nationalen oder individuellen Denkrichtungen und Vorstellungsgewohnheiten durchsichtig wäre, sondern weil er der früher bezeichneten Sinnesweise huldigend über alle Metaphysik überhaupt den Stab bricht und nur die unter bestimmten Gesichtspunkten unternommene Ordnung sinnfälliger Tatsachen als Wissenschaft anerkennt.

Das Irrige eines solchen Standpunktes, der den tiefsten Strebungen unseres Geistes nicht gerecht zu werden vermag, kann hier nicht des Näheren dargelegt werden. Wo er ein Ergebnis positivistischer Denkweise ist, die sich an den Erfolgen der Erfahrungswissenschaft berauscht und darüber die Schwungkraft verloren hat, die uns über die Welt des Sinnfälligen hinausträgt, ist daran zu erinnern, daß Erfahrungswissenschaft, die sich über sich selbst besinnt, den metaphysischen Grund anerkennen muß, auf dem sie aufgebaut ist.

Gewohnheiten des Denkens lassen sich durch Argumente nur schwer überwinden, und vollends ist es unmöglich, einem außerhalb des positiven Christentums Stehenden den Glauben an seinen göttlichen Ursprung anzudemonstrieren. Aber das war es ja eben, was gleich anfangs hervorgehoben wurde, daß eine Erörterung des Verhältnisses von Christentum und griechischer Philosophie bedingt und bestimmt ist durch das Verständnis und die Wertschätzung, die man von vornherein den beiden Gliedern dieses Verhältnisses entgegenbringt. Lasse man sich also nicht durch Darstellungen blenden, welche zeigen sollen, daß der ursprüngliche Kern des Christentums von griechischen Zutaten überwuchert worden sei, und die im zweiten oder dritten Jahrhunderte beginnende Theologie sich immer weiter von dem Geiste Christi entfernt habe. Es bedurfte des ganzen Aufwandes gar nicht, dieses Ergebnis abzuleiten. Dasselbe ist durch den Standpunkt der Verfasser schon vorweggenommen.

Verfolgen wir dagegen, was sich auf dem hier festgehaltenen Standpunkte über jenes Verhältnis ergibt, so war es des Näheren ein Doppeltes, was die christliche Theologie der griechischen Philosophie entnahm. Das eine wurde schon genannt. Der Inhalt der Offenbarung fand dort Formen, in die er gegossen werden konnte, Ausdrücke, die ihn dem Zeitbewußtsein vermittelten. Aber die christliche Offenbarung schließt zugleich einen Kreis von Wahrheiten ein oder setzt ihn voraus, welche für die Vernunft erreichbar und der natürlichen Erkenntnis zugänglich sind: das Dasein Gottes und gewisse Attribute, die wir ihm beilegen müssen, die Abhängigkeit der Welt von seiner allumfassenden Ursächlichkeit, die vernünftige Natur des Menschen, Sittengesetz und Unsterblichkeit. Seit den Tagen des Anaxagoras hatte sich die griechische Spekulation in wachsendem Maße mit diesen Problemen befaßt, Plato, Aristoteles und die Späteren hatten sie in zusammenhängenden Lehrgebäuden zu lösen versucht. Nicht überall waren sie zu befriedigender Erkenntnis vorgedrungen, und der gefundenen war vielfältiger Irrtum beigemischt. Aber der Elemente des Wahren und Richtigen und so mit der durch das Christentum gegebenen Weltanschauung Übereinstimmenden waren doch so viele, daß den Kirchenvätern in rückschauender Betrachtung die Weisheit der Hellenen als eine Vorbereitung auf die in Christus offenbar gewordene Fülle der Erkenntnis erschien; παιδαγωγὸς εἰς Χριστόν nennt sie Clemens von Alexandrien. Und diese Wahrheitselemente besaßen in den Augen der christlichen Lehrer einen um so größeren Wert, als sie dieselben, ohne sich Rechenschaft davon zu geben, ganz und gar im Lichte ihrer höheren und reicheren Erkenntnis betrachteten und sie damit völlig der christlichen Denkweise assimilierten.

Mit dem geschichtlichen Christentum ist die Vorstellung von einer höheren, übersinnlichen Welt untrennbar verbunden. Die irdische Menschheitsgeschichte ist nur eine Episode in einem weit umfassenderen Zusammenhange; unsichtbare Fäden verknüpfen sie mit jenem höheren Dasein, und ihr letztes Ziel ist ganz und gar darin beschlossen. Auch der griechischen Philosophie war eine solche Vorstellungsweise nicht fremd. Soll die Seele des Menschen zum Wissen gelangen, soll sie, was damit als gleichbedeutend gesetzt wird, im Denken das wahrhaft Wirkliche ergreifen, so muß sie sich, lehrte Plato, von dieser sinnlich-körperlichen, in steter Veränderung und unaufhörlichem Wechsel begriffenen Welt abwenden, um mittels der allgemeinen Begriffe die ewigen Ideen und in ihnen das eigentliche und wahrhafte Seiende, das Ungewordene und Beständige zu erfassen. Diese jenseitige Welt ist die Heimat der Seele, das Ziel für die Sehnsucht des Weisen.

Aber was sind zuletzt die Ideen, welche Plato postuliert und in dichterischer Begeisterung feiert? Die nüchterne Kritik muß bekennen, daß sie nichts sind als Hypostasierungen der Begriffe, hervorgegangen aus einer Verwechslung von bloßen Erzeugnissen unseres Denkens mit einem Realen, außer uns Befindlichen. Und so gibt schon Aristoteles die auf sich selbst gestellten, von den Dingen getrennten Ideen preis. Nachdem aber das Christentum den Glauben an eine überirdische Welt geweckt, und in dem transzendenten, aber alle Vollkommenheit in sich schließenden Gotte der höheren Erkenntnis, der auf dem Glauben sich aufbauenden γνῶσις, der Gegenstand aufgewiesen war, gewannen die von Plato geprägten Formen einen Inhalt. Ὁ ὄντως ὄν, ὁ μόνος ὄντως θεός, ἴσος ἀεὶ κατὰ τὰ αὐτὰ καὶ ὡσαύτως ἔχων, τὸ κάλλος τὸ ἀληθινόν, ὃ ἀρχέτυπόν ἐστι τῶν καλῶν — der wahrhaft Seiende, der allein wahrhafte, stets sich vollkommen gleichbleibende Gott, die wahrhafte Schönheit, welche das Urbild alles Schönen ist — so, mit Ausdrücken, welche dem platonischen Phaedrus entnommen sind, erläutert Clemens Alexandrinus den christlichen Gottesbegriff. Es ist ein unbegreifliches Mißverständnis, wenn in einer neueren Monographie die Behauptung auftritt, bei Clemens, der die von ihm gefeierte Gnosis durch platonische Ausdrücke erkläre, sie als die Wissenschaft des Denkbaren, der νοητά, bezeichne, fehle es, da er von den Ideen nicht rede, an einem Gegenstand für jene höhere Wissenschaft und Erkenntnis. Das Gegenteil ist der Fall. Die platonische Ideenwelt war eine bloße Fiktion, ein Produkt hyperrealistischen Denkens. In Gott besitzt die vom Glauben erleuchtete Vernunft ein reales Objekt, in das sie sich betrachtend vertiefen kann.

Und noch nach einer anderen Richtung ging Platos kühne Konzeption nicht verloren. Die Ideen sind freilich keine selbständigen Wesen, aber sie sind die vorbildlichen Gedanken Gottes, gleichsam die einzelnen Momente seiner auf die Welt bezogenen Weisheit. Sobald nur erst der Glaube an den persönlichen Gott, von dem Himmel und Erde abhängen, siegreich alle Nebel trüber und schwankender Vorstellungen überwunden hatte, war diese Umprägung der ursprünglichen Lehre ganz von selbst gegeben. Man vergaß, daß sie je in einem anderen Sinne verstanden worden war. Daß die Ideen die Gedanken Gottes sind, gilt als Platos eigene Meinung.

Seit den Tagen Heraklits war der griechischen Philosophie die Erkenntnis aufgegangen, daß das Gesetz menschlicher Lebensführung nur ein Ausfluß aus dem allgemeinen Weltgesetze sei. Bei Aristoteles, so hoch man im übrigen seine ethischen Untersuchungen anschlagen muß, tritt diese Seite der Betrachtung zurück. Um so energischer kehren die Stoiker sie hervor. Aber ein Mangel bleibt auch jetzt noch; man kann ihn den ästhetischen Charakter der antiken Ethik nennen. Das Gute gilt als das Geziemende, das Natur- und Vernunftgemäße, aber der Gedanke der sittlichen Verpflichtung fehlt. Er konnte nur da in voller Deutlichkeit und Kraft erfaßt werden, wo die Normen, die das menschliche Leben regeln, nicht auf eine unpersönliche Gesetzlichkeit, sondern auf den vernünftigen Willen eines heiligen Gesetzgebers zurückgeführt werden. Wo Clemens Alexandrinus auf das allgemeine Sittengesetz zu reden kommt, bedient er sich der stoischen Formulierung, aber um sogleich daran die Erinnerung an die Gesetzgebung auf Sinai zu knüpfen, wo Gott zu Moses sprach: „Der da ist, hat mich abgesandt."

Ich verfolge diese Seite des Themas nicht weiter, um noch einen Augenblick zum tiefsten Mittelpunkte des Christentums, der Lehre vom menschgewordenen Gottessohne zurückzukommen. Nicht nur die Bezeichnung Logos hat die griechische Philosophie zum Ausdrucke dafür geliehen, sie hat auch die weiteren Begriffe geliefert, in denen die Auseinanderlegung des Geheimnisses und die Abgrenzung seines Sinnes gegen häretische Mißdeutung unternommen ward.

Daß er der Sohn des ewigen Vaters sei und zugleich eins mit ihm, hat der Heiland selbst von sich bezeugt. Als es galt, diesen Unterschied in der Einheit und die Einheit in der Unterscheidung begrifflich zu formulieren, bot die griechische Philosophie hierzu die Termini von „Wesen", „Person" und „Natur", οὐσία, ὑπόστασις, φύσις, und in dogmatischer Fixierung galt von nun an, daß Gott ein Wesen sei in drei Personen, daß im fleischgewordenen Logos die menschliche Natur von der göttlichen Hypostase getragen sei. Ich habe hier nicht mit denen zu rechten, welche alle derartige Fixierung verwerfen und dafürhalten, daß ein jeder in dem Spiegel seiner Subjektivität den Reflex der Erscheinung Christi auffangen möge. Ich meine weder, daß durch dieselbe die Tiefen des Geheimnisses aufgehellt seien, noch daß sie dem frommen Gemüte mehr zu bieten vermöge als die eigenen Aussprüche Christi. Durchaus unbegründet aber ist es, zu behaupten, daß durch die gefundene Formulierung ein fremder Inhalt in den Sinn der ursprünglichen Zeugnisse hineingetragen worden sei. Sie selbst besitzt einen Inhalt ja nur durch diese Zeugnisse und führt nirgends darüber hinaus. Gerade hier tritt in hellster Deutlichkeit hervor, daß griechische Philosophie die Gefäße bildete, um den Schatz der christlichen Überlieferung darin aufzubewahren. In einer Sprache, die damals allen Gebildeten geläufig war, sprechen die Dogmen, welche die christologischen Streitigkeiten der ersten Jahrhunderte zum Abschlusse brachten, dasjenige aus, was man innerhalb der Kirche von Christus und seinem Erlösungswerke glaubte und festgehalten wissen wollte.

Je vollständiger die Begründer der theologischen Wissenschaft ihre Aufgabe erfaßten, desto weiter dehnten sie den Kreis der Probleme aus, die sie mit der Glaubenslehre in Verbindung brachten, desto größer wurde damit auch die Zahl der Elemente, die sie sich aus der griechischen Spekulation aneigneten. Nicht alles darunter ist zum unverlierbaren Bestandteile geworden. War doch zur Zeit der Väter die griechische Spekulation selbst noch in einer Fortentwicklung begriffen. In den Anfängen der christlichen Zeitrechnung war der Eklektizismus vorherrschend, zu welchem neben der platonischen Akademie vornehmlich die Stoa den Beitrag lieferte. Später wuchs aus mannigfachen Ansätzen und Einwirkungen, unter denen die jüdisch-griechische Philosophie am wichtigsten war, der Neuplatonismus hervor mit seinen weitausgesponnenen Begriffsdichtungen. Der Reflex dieser Entwicklung läßt sich bei den christlichen Denkern verfolgen. Die spekulativen Elemente, deren sich die Apologeten des zweiten Jahrhunderts bedienen, zeigen eine andere Färbung als diejenigen, welche die Späteren aus der Philosophie ihrer Zeit entnehmen. Daß auf den Geistesgang des großen Augustinus die Schriften Plotins einen bedeutsamen Einfluß ausgeübt haben, ist erst neuerlich wieder hervorgehoben worden. Aber auch in den Ansichten, welche dieser größte unter den Kirchenvätern selbst vertritt, zeigen sich die Spuren dieses Einflusses. Es genügt, an jene Äußerungen über die Herkunft der obersten Wahrheiten zu erinnern, auf welche sich später der Ontologismus mit Vorliebe zu berufen pflegte.

Dann kamen die Stürme der Völkerwanderung und die Jahrhunderte des Tiefstandes aller geistigen Kultur. Aber der Zusammenhang mit dem wissenschaftlichen Leben des Altertums reißt darum nicht ab. Eine niemals unterbrochene Überlieferung verbindet auch auf dem Gebiete der Philosophie die Schulen des Mittelalters mit denen der früheren Periode. Es war ein Irrtum, wenn man sich die gesamte philosophische Tätigkeit bis hinauf ins zwölfte Jahrhundert ausschließlich auf die Logik beschränkt dachte und nach Inhalt und Richtung bedingt durch einzelne wenige, dem Schulbetrieb zugrunde liegende Schriften späterer Logiker und Grammatiker. Schon die Beschäftigung mit den Kirchenvätern mußte das Interesse an metaphysischen Fragen wachhalten und die Bekanntschaft mit den Gedanken und der Ausdrucksweise nicht untergehen lassen, welche der griechischen Philosophie ihren Ursprung verdankten. Neuere Untersuchungen haben dann insbesondere auf den hervorragenden Beitrag hingewiesen, welchen Boëthius zu der dem Mittelalter zuströmenden antiken Tradition geliefert hat. Nur aus dem Vorhandensein dieser Tradition wird das Verständnis erklärlich, welches man den psychologischen, metaphysischen und ethischen Schriften des Aristoteles entgegenbrachte, die dem christlichen Abendlande seit dem Beginne des dreizehnten Jahrhunderts bekannt wurden. Sie hatten einen weiten Weg zurückgelegt. Griechische Philosophen hatten sie zu den Syrern, diese zu den Arabern gebracht, aber so, daß mit dem Text des Stagiriten zugleich die neuplatonische Auslegung verbunden war. Aus diesen Bestandstücken war bei den Arabern eine eigenartige, zugleich phantastische und spitzfindige, reich entwickelte Spekulation entstanden. Mit den Originalschriften des Aristoteles lernten nun die Scholastiker zugleich die Abhandlungen des Ibn Sina und die Kommentare des Ibn Roschd kennen. Aber es gelang ihnen, durch Ausdeutungen und Umhüllungen hindurch zum reinen Verständnis des großen Meisters vorzudringen. Und nun vollzieht sich nochmals eine innige Verbindung zwischen christlicher Theologie und griechischer Philosophie. Aristoteles ist der Meister der Wissenden, „di color che sanno"; von ihm lernt man insbesondere die scharfe Begriffsbildung; die rein verstandesmäßige Untersuchung, den systematischen Aufbau. Mit wunderbarer Kongenialität dringt Thomas von Aquin in seinen Geist ein und entwirft, gestützt auf die aristotelische Philosophie, seine Lehrschriften, die wir nicht nur noch heute bewundern, sondern aus denen wir heute noch lernen. Mit feinem Takte weiß er minderwertige Elemente zu beseitigen, welche der bisherige Schulbetrieb mit sich geführt hatte; aller aus dem Neuplatonismus stammende Überschwang bleibt nun endgültig zurück. Und mit unerreichter systematischer Kunst weiß er alles, was nur immer beachtenswert in der gewaltigen Masse der Überlieferung erscheint, in das umfassende Gebäude christlicher Glaubenswissenschaft hineinzuarbeiten.

In Thomas von Aquin hat das Verhältnis von Christentum und griechischer Philosophie seinen Höhepunkt erreicht. Man kann fragen, ob damit der geschichtliche Prozeß endgültig abgeschlossen ist?

Alles Menschliche ist der Entwicklung unterworfen. Was entsteht, sagt der Dichter, ist wert, daß es zugrunde geht. Ewig ist nur Gott und die unmittelbar von ihm kommende Wahrheit. Die vorangegangene Betrachtung hat gezeigt, daß nicht alles aus der griechischen Philosophie Aufgenommene ein dauernder Bestandteil der kirchlichen Wissenschaft geblieben ist, sondern manches, was zeitweise Verwertung gefunden hatte, wieder ausgeschieden wurde. Ohne irgend in Einzelheiten einzugehen, wird man sagen können, daß, je vollständiger das Aufgenommene von dem Boden losgelöst wurde, dem es ursprünglich entstammte, und von allen Nebengedanken geschieden, die dort damit verbunden sein mochten, desto inniger und fester die Verbindung mit der christlichen Lehre werden mußte. Umgekehrt, was nur durch eine bestimmte Phase des griechischen Geisteslebens bedingt war, wenn es auch vorübergehend geeignet schien, der Lösung eines Problems zu dienen, wurde ausgeschieden und wird in Zukunft ausgeschieden werden, sobald der Fortschritt der Erkenntnis es als unzulänglich herausstellt. Die Formulierung der Dogmen wird keine Änderung erfahren, wenn auch die Begriffe, in denen jene Formulierung geschehen ist, einstmals in griechischen Schulen geprägt wurden. Vorstellungen dagegen, welche nur an der Peripherie des christlichen Lehrinhalts standen oder stehen, unterliegen dem Wandel menschlichen Forschens und Denkens. Nicht alles, was im dreizehnten Jahrhundert mit begeisterter Zustimmung den Schriften des Aristoteles entnommen wurde, hat vor der wachsenden Naturerkenntnis der späteren Jahrhunderte standhalten können.

H. V. Ich bin am Schlusse meines, wie ich fürchte, schon allzulangen Vortrags. Ich habe eine geschichtliche Betrachtung anstellen wollen, dabei aber von meinem guten Rechte Gebrauch gemacht, diese Betrachtung vom katholischen Standpunkte aus vorzunehmen. Nun aber lassen Sie mich einen Gedanken aussprechen, der freilich über die rein geschichtliche Sphäre hinausführt, den mir aber die Beschäftigung mit dem Gegenstande unvermeidlich aufgedrängt hat. Was wäre bei dieser mannigfachen, andauernden und wiederholten Berührung mit griechischer Spekulation, griechischem Tiefsinn und griechischer Spitzfindigkeit aus der christlichen Wahrheit geworden, wenn nicht die von Christus gestiftete Kirche sie unverfälscht bewahrt hätte? Die Geschichte der gnostischen Sekten gibt uns die Antwort.

II.
Wo und wann verfaßte Thomas von Aquin die Schrift De spiritualibus creaturis?

Wer sich mit den Schriften des hl. Thomas von Aquin beschäftigt hat, weiß, wie außerordentlich selten in ihnen individuelle Beziehungen des Verfassers zum Ausdruck kommen. Thomas geht darin noch über Aristoteles, sein großes Vorbild, hinaus, bei dem trotz der nicht minder abstrakten Schreibweise Anspielungen auf den Schauplatz seiner Lehrtätigkeit nicht ganz selten sind (E. Zeller, Philosophie der Griechen II, 2 [3. Aufl.] S. 154 f.). Zur Beantwortung der Frage nach Authentizität oder Abfassungszeit der einzelnen Werke des Aquinaten pflegt man sich demgemäß ausschließlich äußerer Zeugnisse zu bedienen (Ch. Jourdain, La philosophie de St. Thomas d'Aquin I, 74). Völlig ohne Ausnahme ist jene Haltung indessen auch bei Thomas nicht. Eine kürzlich unter bestimmten Zielpunkten unternommene Durchmusterung der systematischen Hauptwerke hat mich auf eine solche Ausnahme aufmerksam gemacht. Die Stelle scheint bisher übersehen worden zu sein, wenigstens haben die Konsequenzen, zu denen sie verwertet werden kann, ihren Weg in die gebräuchlichen Darstellungen des Lebens und der schriftstellerischen Tätigkeit des Aquinaten bisher nicht gefunden.

Bekanntlich bilden die zu den Schriften des hl. Thomas gehörigen Abhandlungen, welche unter dem Titel Quaestiones disputatae zusammengefaßt werden, kein einheitliches Ganze. Sie erstrecken sich auf weit auseinanderliegende, erkenntnistheoretische, metaphysische und ethische Fragen. Keine Spur deutet an, daß der Verfasser sie wenigstens äußerlich in einen Zusammenhang miteinander hätte bringen wollen. Nach den Angaben der alten Berichterstatter sind sie auch zu verschiedenen Zeiten und an verschiedenen Orten entstanden. An die erste Stelle der Zeit nach gehören die umfangreichen Quaestiones de veritate. Thomas verfaßte sie in Paris, unmittelbar nachdem der Streit gegen die Universitätslehrer mit dem Siege der Bettelorden geendet hatte, und Thomas ungehindert sein Lehramt ausüben konnte. So melden übereinstimmend Ptolemäus von Lucca, Bartholomäus Logotheta und Nikolaus Triveth (s. die Angaben bei J. B. de Rubeis, Dissertationes criticae et apologeticae, Venet. 1750. XI, cap. 2 und in der Admonitio praevia zu Bd. XIV der von dem Genannten veranstalteten Gesamtausgabe der Werke des hl. Thomas). Wie wir von den gleichen Gewährsmännern erfahren, erfolgte die Abfassung eines zweiten Bestandteils in Italien zwischen 1261 und 1269, während ein dritter wieder in Paris verfaßt wurde, wo sich Thomas neuerdings 1269—1271 aufhielt. In der Zuteilung der einzelnen Abhandlungen an diese beiden Bestandteile gehen sie jedoch auseinander. Ptolemäus von Lucca läßt die folgenden in Italien entstehen: Quaestio unica de anima (unter Urban IV. 1261—1264), Quaestio unica de spiritualibus creaturis, Quaestio unica de incarnati verbi unione, Quaestiones de virtutibus. In den letzten Pariser Aufenthalt verlegt er die Abhandlung de potentia. Umgekehrt versetzen die beiden andern die Quaestiones de potentia nach Italien, die Quaestiones de malo nach Paris; bezüglich der übrigen fehlen bei ihnen die genauern Angaben. J. B. de Rubeis gab dem Berichte des Ptolemäus den Vorzug. Jourdain (a. a. O. S. 108 f.) erwähnt des Dissensus, hält ihn aber für unerheblich. K. Werner (Der hl. Thomas von Aquin I 513) meint, ohne jedoch Belege anzuführen, die Quaestiones de anima, de potentia Dei, de creaturis spiritualibus, de virtutibus, de malo seien sämtlich zu jener späten Zeit in Paris veröffentlicht worden. Die Quaestio unica de incarnati verbi unione ist dabei offenbar nur aus Versehen in der Aufzählung ausgefallen. Die ganze Behauptung ist aber in dieser Gestalt schwerlich haltbar, auch wenn der Nachdruck auf das „Veröffentlichen" im Gegensatze zur Abfassung gelegt werden sollte.

Daß die Abfassung wie die Veröffentlichung der beiden Abhandlungen de anima und de spiritualibus creaturis nicht dem gleichen Zeitraum angehören können, ergibt eine Vergleichung derselben untereinander. Beide decken sich ihrem Inhalte nach so vielfach, daß die doppelte Behandlung der gleichen Fragen sich nur aus den Anforderungen einer an verschiedene Zuhörerkreise sich richtenden Lehrtätigkeit erklärt. Man wird also annehmen müssen, daß sie entweder am selben Orte, aber durch einen längeren Zeitraum voneinander getrennt, oder daß sie an verschiedenen Orten verfaßt worden sind. Die Abfassung der an erster Stelle genannten Quaestio verlegt Ptolemäus ausdrücklich in das Pontifikat Urbans IV. 1261 bis 1264. Ist nun die Quaestio de spiritualibus creaturis, wie er angibt, gleichfalls in Italien entstanden, so wird man geneigt sein, sie möglichst an das Ende der Regierungszeit Clemens' IV., 1265—1268 oder noch darüber hinaus in die Periode der Sedisvakanz zu rücken, welche der Erhebung Gregors X. voranging.

Sie ist aber nicht in Italien verfaßt worden, und zwar gibt ein einzelnes Wort des Textes, welches leicht unbeachtet bleiben konnte, den entscheidenden Wink. Artikel IX, obi. 10 wird im Zusammenhang der Beweisführung der Satz aufgestellt: sic autem se habet populus ad populum sicut homo ad hominem. Darauf erfolgt die Antwort: ad decimum dicendum, quod sicut fluvius Sequana non est hic fluvius propter hanc aquam fluentem sed propter hanc originem et hunc alveum (unde semper dicitur idem fluvius licet sit alia aqua defluens), ita est idem populus non propter identitatem.. hominum, sed propter eandem habitationem, vel magis propter easdem leges et eundem modum vivendi, ut Aristoteles dicit in 3. Politicorum. Der Vergleich stammt in der Tat aus der Aristotelischen Politik (III, 3, 1276a 38 Bekk.), doch ist dort ganz allgemein von Flüssen und Quellen die Rede. Thomas nennt statt dessen einen bestimmten Fluß, die Seine. Wir können hieraus mit der gleichen Sicherheit schließen, daß er die Schrift in Paris verfaßte, mit der uns das Aristotelische „im Lykeion" (Kateg. 4, 2a 1.) nach Athen verweist. In Rom würde er sicherlich den Tiber genannt haben.

An eine nachträgliche Interpolation der Stelle durch einen französischen Abschreiber, welcher die Eigennamen erst eingefügt hätte, läßt sich nicht wohl denken. Der Gedankengang fordert einen solchen mit Notwendigkeit. Die Annahme aber, daß Thomas ursprünglich einen anderen Fluß genannt und erst eine spätere Korrektur die Seine in den Text gebracht hätte, dürfte schon durch die Erinnerung an die Ehrfurcht, mit welcher man die Werke des Aquinaten betrachtete, ausgeschlossen sein. Drei auf der Münchener Staatsbibliothek befindliche Handschriften, welche Herr Dr. O. Bardenhewer für mich einzusehen die Güte hatte, geben direkt oder indirekt Zeugnis für die Seine. Denn die Lesart seneca, welche sich cod. lat. 22232 2⁰. s. XIII/XIV fol. 130b, und wahrscheinlich — das Wort ist durchstrichen und nicht mehr deutlich zu erkennen — auch cod. lat. 18331 2⁰. a. 1485, fol. 217b findet, ist offenbar durch

Verderbnis aus secana entstanden. Die zweitgenannte Handschrift bringt denn auch secana am Rande, und das gleiche Wort findet sich cod. lat. 23 808 2⁰. s. XV. fol. 119 b im Text. Daß nun aber die in Rede stehende Abhandlung nicht etwa schon während des früheren, sondern erst während des letzteren Aufenthaltes in Paris von Thomas verfaßt wurde, läßt sich gleichfalls der angeführten Stelle mit Sicherheit entnehmen. Thomas zitiert darin die Aristotelische Politik, aber, wie an einem anderen Orte nachgewiesen werden wird, er lernte diese Schrift erst kennen, nachdem er im Jahre 1261 unter Urban IV. nach Italien zurückgekehrt war.

III.
Zur Geschichte der Aristotelischen Politik im Mittelalter.

„Der erste, der als ein Forscher, ausgerüstet mit fachwissenschaftlichen Kenntnissen und einem ausgebildeten Sinn für staatliche und volkswirtschaftliche Dinge, an die Übersetzung und Erklärung der Aristotelischen Politik herangetreten ist", war nach Oncken (Staatslehre des Aristoteles I 77) „ein gelehrter Franzose des 14. Jahrh., Nicolas d'Oresme († 1382)". Zweierlei ist es, worauf Oncken dieses Urteil stützt, der von Roscher aufgefundene Tractatus de mutatione monetarum, welcher den „großen Nationalökonomen des 14. Jahrhunderts" überall auf den Grundlagen der Aristotelischen Philosophie stehend zeigt, und die für Karl V. von Frankreich gefertigte französische Übertragung der Politik und Ökonomik. Oncken kennt aus der letzteren freilich nur eine von Barthélemy St. Hilaire angeführte Stelle, aber eben diese erweckt ihm das günstige Vorurteil, es müsse das Buch schätzenswerte Beiträge zur sachlichen Erklärung enthalten, „deren vollständige Vergleichung wohl der Mühe lohnen würde". Im späteren Verlaufe seiner Untersuchungen teilt er die Stelle mit, sie bezieht sich auf die $\varDelta\varepsilon\lambda\varphi\iota\varkappa\grave{\eta}$ $\mu\acute{\alpha}\chi\alpha\iota\varrho\alpha$, Pol. I 2, 1252b 2. Oncken bespricht eingehend den Erklärungsversuch Göttlings (De machaera delphica, Jena 1856), hält ihn aber nicht für ausreichend und fährt fort (a. a. O. II 27): „Ich kann nicht verhehlen, daß unter solchen Umständen die Erklärung, welche Nicolas d'Oresme versucht hat, für mich immerhin einiges Bestechende hat. In einer Bemerkung, die Barthélemy St. Hilaire mitteilt, sagt er nämlich: „près du temple (de Delphes) len faisoit ou vendoit une manière de coteau desquel len povoit couper et limer (feilen) et partir (marteler?) et faire plusieurs besognes et estaient pour les povres qui ne povoient pas acheter coteaux et limes et marteaux et tant d'instrumens". Auch Susemihl in seiner Ausgabe der Politik führt die Erklärung an, ohne sich dafür oder dawider auszusprechen (Aristoteles' Politik. Griechisch und Deutsch herausgegeben von F. S., Leipzig 1879. II S. 2). Nur wird man sie in Zukunft nicht mehr die Erklärung Oresmes nennen dürfen. Denn dieser hat sie aus dem Kommentar des Thomas v. Aquin herübergenommen und die dort ausgesprochene Vermutung nur etwas weiter ausgeführt. Man vergleiche des letzteren Worte: Apud Delphos enim fiebant quidam gladii, quorum munus ad plura ministeria deputabatur, puta si unus gladius esset ad incidendum, ad limandum et ad aliqua alia huiusmodi. Et hoc fiebat propter pauperes, qui non poterant plura instrumenta habere.

Ich bin nicht gewillt, die Prädikate, welche Oncken dem Nicolas d'Oresme beigelegt hat, nunmehr für Thomas in Anspruch zu nehmen. Daß dem größten Scholastiker die Voraussetzungen fehlen mußten, eine irgendwie befriedigende Erläuterung der Politik zu liefern, liegt auf der Hand. Eine Tradition, welche aus der Schule der Peripatetiker durch die Neuplatoniker und die arabischen Erklärer hindurch ins christliche Mittelalter hineingereicht hätte, existierte diesem Werke gegenüber nicht, und ebensowenig genügte, wo es auf bestimmte historische, antiquarische, literarische Kenntnisse ankam, die bewunderungswürdige Kongenialität, mit welcher sich Thomas anderwärts in den Gedankengang der Aristotelischen Spekulation zu versetzen weiß. Immerhin wird man vielleicht die obige Richtigstellung als eine captatio benevolentiae für die nachfolgende Untersuchung über das gegenseitige Verhältnis der beiden frühesten Kommentare zur Aristotelischen Politik gelten lassen. Ich möchte dies umsomehr wünschen, als die Beseitigung eines eingewurzelten Irrtums, um die es sich dabei handelt, hier wie so oft einer längeren Beweisführung bedarf, als sie der ursprünglichen Aufstellung zuteil geworden ist.

Der ältere Jourdain hat, soviel ich sehe, zuerst auf die Verschiedenheit hingewiesen, welche des Albertus Magnus Kommentar zur Aristotelischen Politik von seinen übrigen, der Darstellung und Erläuterung der Aristotelischen Lehre gewidmeten Schriften trennt (Forschungen über Alter und Ursprung der lateinischen Übersetzungen des Aristoteles, deutsche Ausgabe von Stahr, S. 326). Die letzteren sind Paraphrasen, welche die einzelnen Worte des Textes in sich aufgenommen haben, dort dagegen begegnet zum ersten Male ein eigentlicher, von dem vorausgeschickten Texte geschiedener Kommentar. Dem französischen Gelehrten schien der

Unterschied so bedeutend, daß er einen Augenblick an Alberts Autorschaft zweifelte. Hierzu geben nun freilich die vorhandenen Zeugnisse und auch die übrige Beschaffenheit des Werkes kein Recht, und was die erwähnte Abweichung von Alberts gewöhnlichem Verfahren betrifft, so stellte bereits Jourdain selbst eine einleuchtende Vermutung auf. „Albertus muß seine Bearbeitung der Ethik und Politik des Aristoteles nach dem Erscheinen mehrerer Kommentare des St. Thomas über den Stagiriten bekannt gemacht haben; letzterer nämlich sagt, daß das Buch der Probleme zur Zeit, als er schrieb, im Abendlande noch nicht bekannt sei. Albert hatte ebendasselbe gesagt (Lib. de somn. et vigil. tr. II, c. 5), und doch zitiert er die Probleme in seiner Ethik und Politik, welche also nach seinen anderen Werken verfaßt sind. St. Thomas hatte sicher die lateinischen Versionen mit dem griechischen Texte verglichen oder vergleichen lassen; in jedem Falle besaß er Varianten und befolgte eine andere Methode als sein Lehrer. Möglich also, daß Albert diese Varianten benützte und seinem Schüler nachahmte" (a. a. O. S. 326 f.).

Daß nun in der Tat Albert den Kommentar zur Aristotelischen Politik erst begann, nachdem bereits Kommentare seines Schülers zu Aristotelischen Schriften erschienen waren, ist nach dem, was wir über die Lebensumstände und die schriftstellerische Tätigkeit der beiden Männer wissen, sehr wahrscheinlich. Ich habe an einem andern Orte (Albertus Magnus. Beiträge zu seiner Würdigung, Köln 1880, S. 63 f.) die Daten zusammengestellt, welche erkennen lassen, daß zwischen die Vollendung von Alberts großem Werke, welches in Einem das Ganze der Naturwissenschaft nach der Lehre des Aristoteles bringen sollte, und die Beschäftigung mit der Ethik und Politik ein Zeitraum von mehreren Jahren fällt. Den Schluß der erstgenannten Arbeit sollte die Paraphrase der großen Tiergeschichte bilden. Sie brachte Albert bis 1256 ungefähr der Hauptsache nach zum Abschluß. Von Thomas v. Aquin aber wissen wir durch den Bericht seines Zeitgenossen, Ptolemäus von Lucca, daß er seit 1261 damit beschäftigt war, quasi totam philosophiam Aristotelis mündlich und schriftlich zu erläutern (Hist. eccles. bei Muratori, Script. II, lib. 22, cap. 24). Fällt nun die Erläuterung der Aristotelischen Politik durch Albert etwa in das letzte Dritteil des Dezenniums, 1267—1270, so steht der Annahme, er sei dabei durch den Vorgang des Thomas beeinflußt worden, nichts im Wege.

Etwas anderes aber ist, ob unter den ihm vorliegenden

Kommentaren seines Schülers auch bereits der zur Politik sich befand. Ihn zur Änderung seiner Methode zu veranlassen, war dies offenbar nicht notwendig. Er konnte sehr wohl die Einrichtung, welche Thomas seiner Erklärung der logischen und naturphilosophischen Schriften, der Metaphysik und Ethik gegeben hatte, nunmehr seinerseits auf den Kommentar zur Politik anwenden. Auch wird in dem erwähnten Bericht des Ptolemäus von Lucca unter den von Thomas in der angegebenen Periode erläuterten Werken gerade die Politik genannt. Aber bereits Jourdain an der mitgeteilten Stelle scheint ausdrücklich die Priorität des Thomas in der Kommentierung der letzteren anzunehmen. Seitdem ist dies die gewöhnliche Meinung geworden. Gleich Charles Jourdain, der Sohn, faßt das Verhältnis so auf (Philos. de St. Th. d'Aquin I 400): La Politique d'Aristote a été commenté par St. Thomas d'Aquin; elle l'a été aussi par Albert le Grand; ce sont les premiers commentaires dont elle ait été l'objet au moyen âge. Mais le disciple cette fois parait avoir devancé le maître. Bien que l'ouvrage de St. Thomas appartienne aux derniers années de sa vie, et qu'il n'ait pas été achevé, quelques indices portent à croire, qu'il est antérieur à celui d'Albert, dans lequel se lit, par exemple une citation du livre des Problèmes, ouvrage qui, au témoignage du docteur Angélique, n'était pas encore connu à l'époque où il écrivait. Ebenso Oncken (a. a. O. I 70): „Die Arbeit des ersteren (Albert) scheint hier wesentlich auf der Vorarbeit des letzteren (Thomas) zu beruhen; die libri Politicorum des Albertus Magnus sind nicht, wie seine anderen Schriften zu Aristoteles, Paraphrasen des Textes, sondern eine Art Kommentar, und zeugen von Sprachkenntnissen, von Hilfsmitteln, die ihm sonst nicht zur Verfügung stehen, und die Jourdain daher auf eine fleißige Benützung und Nachahmung der commentarii des Thomas v. Aquin zurückführt". Oncken folgt ausschließlich den Spuren Jourdains, dessen oben mitgeteilte Äußerung er nur mit etwas voller tönenden Worten wiedergibt. Er verdeckt aber dabei gerade den entscheidenden Umstand. Vergleichung verschiedener Lesarten nimmt Albert auch anderswo vor; ich bestreite, daß in dieser Beziehung sein Kommentar zur Politik Besonderheiten zeige. Das Neue ist vielmehr die veränderte Einrichtung, die Scheidung von Text und Kommentar, sind in dem letzteren namentlich die beim Beginne jedes neuen Abschnittes wiederkehrenden sorgfältigen Einteilungen, welche durchaus an die Weise des Aquinaten erinnern. Genauer äußert sich Susemihl (Arist. Polit. libr. VIII cum vetusta translatione Guil. de Moerbeka, p. IV n. 4): Et Thomae quidem commentarius aetate prior fuit, id quod demonstravit Jourdainus. Alberti opus cum a ceteris, quae scripsit, similis generis admodum differat in materia tractanda, num genuinum sit, dubitari posse idem monet, attamen ipse hanc suspicionem refellit et rem potius inde explicat, quod Albertus in hoc libro sit imitatus discipuli defuncti Thomae exemplum eisdemque cum eo subsidiis usus: in hoc enim solo, quippe qui non, ut ceteri, paraphrasis sit, sed verus commentarius, similem ab eo atque a Thoma iniri viam. Auch Susemihl bleibt somit in der Vorstellung befangen, als hätte es gerade der Kommentar des Thomas zur Politik sein müssen, was Albert zum Aufgeben der bis dahin befolgten Methode veranlaßte, da dieser sich ganz wohl, was Einrichtung und Anordnung betraf, an das Beispiel jeder anderen unter den Erläuterungsschriften seines Schülers halten konnte. In der späteren Ausgabe wiederholt Susemihl lediglich die Behauptung (a. a. O. I S. 8 Anm. 1): „Und zwar war der (Kommentar) des Thomas früher als der seines Lehrers Albert".

Der ältere Jourdain hatte allerdings noch eine zweite Stütze seiner Vermutung vorbringen zu können geglaubt, das Verhältnis der beiden Schriftsteller zu den Aristotelischen Problemen. Sein Sohn, wie die oben ausgehobene Stelle zeigt, will sogar ausschließlich dieses Argument zur Geltung bringen. Wie steht es damit?

Thomas berichtet, sagt A. Jourdain, daß die Schrift von den Problemen zur Zeit, da er schrieb, noch nicht bekannt war. Albert, der das Gleiche früher auch gesagt hatte, benützt die Schrift in seinem Kommentar zur Politik. Man könnte hiernach glauben, jene Äußerung des Thomas fände sich in eben dem Werke, dessen Priorität vor dem gleichartigen Werke Alberts bewiesen werden soll. In Wahrheit aber findet sie sich ebenda, wo sie sich auch bei Albert findet. Der letztere sagt an der von Jourdain angegebenen Stelle, in seiner Paraphrase von De somno et vigilia, veranlaßt durch die Worte des Originals (2, 456a 27: διότι δὲ τὰ μὲν ἐνύπνια μνημονεύουσιν ἐγερθέντες, τὰς δ' ἐγρηγορικὰς πράξεις οὐ μνημονεύουσιν, ἐν τοῖς προβληματικοῖς εἴρηται), dictum est in libro de problematibus ab Aristotele, qui liber non ad me pervenit, licet viderim quaedam excerpta de ipso. Kürzer bemerkt Thomas zu der gleichen Stelle: hoc determinavit in libro Problematum, quem non habemus.

Von den Stellen in der Ethik und Politik, an welchen Albert das Buch von den Problemen zitiert, führt Jourdain auffallenderweise nur die ersteren an. Der Aristotelische Text gibt hier keinen unmittelbaren Anlaß, jene Schrift zu nennen, daher das Schweigen bei Thomas nichts Auffallendes hat. Wenn aber Albert anders verfährt, und ihn IV 11 die Charakteristik der verschiedenen Gemütsbeschaffenheiten, VII 15 die Erwähnung der μελαγχολικοί veranlaßt, die Probleme zu zitieren, so wäre noch zu untersuchen, ob ihm jetzt jene Schrift selbst oder nur die zuvor erwähnten Auszüge vorgelegen haben. Die Stelle in Buch VII (tr. 2, cap. 5, p. 290 ed. Iammy) spricht für das letztere. Albert sagt: tamen dicit Aristoteles in problematibus, quod omnes hi qui fuerunt heroicarum virtutum Hector et Priamus et alii in melancholia laborabant. Gemeint ist offenbar Probl. Δ 1 init., p. 953a 10 sq. In den Worten heroicarum virtutum klingt das οἷον λέγεται τῶν τε ἡρωϊκῶν a 14 und πολλοὶ τῶν ἡρώων a 26 nach, statt Hektor und Priamus aber ist im Original von Herakles und Lysander, von Aias und Bellerophon die Rede.

Entscheidend ist dagegen die von Jourdain übergangene Stelle im Kommentar zur Politik. Zu II 9, 1269b 25 sq., wo Aristoteles die Neigung zu geschlechtlichen Ausschweifungen als eine Eigenschaft kriegerischer Völker bezeichnet, bemerkt Albert: Cuius ratio est in quodam libro de problematibus quibusdam, quem transtulit quidam dicandum Imperatori Frederico de Graeco in Latinum et incipit: Cum essem in Graecia, venit ad manus meas liber etc. Es ist deutlich: jetzt erst kennt Albert das Werk selbst oder vielmehr seine lateinische Übersetzung, und die Bekanntschaft mit demselben veranlaßt ihn, die Stelle der Aristotelischen Politik, welche an und für sich eine Aufforderung hierzu nicht enthält, durch Probl. Δ 11, 877b 14 (διὰ τί οἱ ἱππεύοντες συνεχῶς ἀφροδισιαστικώτεροι γίνονται;) zu illustrieren. Die Worte, mit denen er das Zitat einführt, sind völlig die eines Mannes, der eine bis dahin nicht oder nur ungenügend bekannte Schrift bei seinen Zeitgenossen einführt.

An dem gleichen Orte wird nun aber die gleiche Stelle von Thomas zitiert. Hätte er das Zitat nicht, so wäre daraus nichts zu schließen, da der Text, wie schon bemerkt, eine Äußerung über die Problemata nicht nötig macht. Daß er sie zitiert, wirft Jourdains ganze Beweisführung über den Haufen. Er kannte sie nicht, da er die Parva naturalia erläuterte, ebensowenig wie dieselben damals Albert bekannt waren, da dieser seine Paraphrase schrieb. Jetzt, bei der Abfassung des Kommentars zur Politik, hat er ebenso, wie inzwischen Albert, Kenntnis davon genommen: Dicitur in libro de Problematibus. Die gleiche Kenntnisnahme beweisen wiederholte Zitate in der Summa theol., man vgl. 1 II q. 44, a. 1 und 3; q. 46,

a. 4 (zweimal). Daß Thomas die Kenntnis der Schrift seinem Lehrer verdanke, wird man ohne weiteres nicht behaupten dürfen, sie konnten beide unabhängig voneinander in den Besitz der Übersetzung gelangen. Immerhin ist die Einführung des Zitats an beiden Orten beachtenswert; deutet die Form derselben bei Albert dahin, daß es sich um etwas Neues handelt, so spricht Thomas davon, wie von etwas bereits allgemein Bekanntem. Kann man sonach aus der Anziehung der Problemata seitens der beiden Erklärer überhaupt einen Schluß ziehen, so nur einen solchen, welcher der Meinung Jourdains diametral entgegenläuft und den Kommentar des Lehrers chronologisch vor den des Schülers setzt. Man wird sogar zu vermuten geneigt sein, daß eben der Vorgang des ersteren für Thomas Veranlassung wurde, die Stelle der Politik durch die Ausführung der Probleme zu erläutern.

Beide Argumente Jourdains, welche für den Kommentar des Thomas die Priorität vor dem Alberts des Großen erweisen sollten, haben sich sonach als unstichhaltig herausgestellt. Daß der letztere von dem ersteren abhängig wäre, läßt sich auch sonst nicht erweisen. Mißverständnisse, durch Unkenntnis des griechischen Altertums entstanden, finden sich zahlreich an beiden Orten, aber sie decken einander keineswegs überall, man vergleiche beispielsweise die Deutung, welche die Erzählung von Philolaus und Diokles II 12, 1274a 31 sq. da und dort gefunden hat. Die zu Eingang besprochene verständige Erklärung des „delphischen Messers" hat Albert nicht. Zu 1274a 12 fügt Thomas aus eigenem Wissen hinzu: Cum enim rex Medorum invaderet Athenienses, illi cogitantes, quod neque fines suos tueri poterant neque obsidionem civitatis sustinere, collocatis pueris et mulieribus et rebus, quas habebant, in aliis Graeciae civitatibus, dimissa civitate, transtulerunt bellum de terra ad mare. Albert weiß von den näheren Umständen nichts, er sagt lediglich: cum navali bello pugnarent contra Medos, qui eos invaserunt. Bei unbefangener Vergleichung wird man in der Arbeit des Schülers eher einen Fortschritt über die des Lehrers hinaus erblicken.

Geht man nun aber umgekehrt den Spuren einer etwaigen Beeinflussung in dieser letzteren Richtung nach, so ist auch hier nicht viel zu finden, was sich dafür ansprechen ließe. Ich möchte dahin rechnen; Alb. M. zu II 9, 1271a 5: Propter quod melius est ipsos non sine correctione esse ($\beta \acute{\epsilon} \lambda \tau \iota o \nu$ $\alpha \grave{\upsilon} \tau o \grave{\upsilon} \varsigma$ $\mu \grave{\eta}$ $\grave{\alpha} \nu \epsilon \upsilon \vartheta \acute{\upsilon} \nu o \upsilon \varsigma$ $\epsilon \tilde{\iota} \nu \alpha \iota$), sc. quod deponi possint si civitati inveniantur inutiles; Thomas: Sed nos — im Sinne des Aristoteles gesagt — intelligimus de alia correctione, ut scilicet possint amoveri, quod Ephori facere non poterant. Alb. M. zu III 1, 1275a 12: In multis quidem, sc. locis, neque iis, iustis scilicet et sententiis, perfecte adventitii participant, sed necesse, adventitiis scilicet, tribuere astitorem, i. e. fidei iussorem, qui stet pro ipsis, qui scilicet iuri pareant et sententiae iudicum, quod non facit civis; Thomas: In quibusdam civitatibus extranei non participant perfecte huiusmodi iustitia sicut cives, sed necesse est, quod si volunt iudicio contendere, quod dent patronum, id est fideiiussorem de parendo iuri. Unde patet, quod adventitii imperfecte participant communione iustitiae. Indessen kommt hierauf so viel nicht an. Ist erst die allzurasch aufgenommene Hypothese A. Jourdains von der Priorität der Erklärung der Politik durch Thomas beseitigt, so wird man es ohne weiteres glaublich finden, daß Thomas hier wie anderwärts aus den Vorarbeiten seines Lehrers Nutzen zog.

Vor der Aufstellung jener Hypothese aber hätte endlich schon der Umstand bewahren müssen, über den der jüngere Jourdain viel zu leicht hinweggeht, daß der Kommentar des Thomas Fragment geblieben ist und nach dem Tode des Verfassers (1274) von einem seiner Schüler, Peter von Auvergne, fortgesetzt wurde.

Nach den Angaben der alten Berichterstatter, zu welchen aber an dieser Stelle die beiden vornehmsten Gewährsmänner, Ptolemäus von Lucca und Wilhelm von Tocco, nicht gehören, hätte Thomas die vier ersten Bücher erläutert. Ihnen schließen sich Echard und B. M. de Rubeis an. Zwar erwähnt der erstere (Script. Ord. Praed. 1 286 sq.) einer dem dreizehnten oder vierzehnten Jahrhundert angehörigen guten Pariser Handschrift (cod. reg. n. 4752), welche im dritten Buche am Schlusse der Lectio IV (Cap. 8 Bekk.) die Notiz enthält „Explicit sententia libri politicorum" und am Schlusse des Ganzen anmerkt „Expliciunt scripta super libros politicorum edita a magistro Petro de Alvernia". Die Vermutung, daß jene Notiz, wenn auch in verstümmelter Form, die Stelle bezeichne, wo Thomas die Arbeit abbrach, könnte sodann eine gewisse Bestätigung durch das Zeugnis eines Herausgebers aus dem fünfzehnten Jahrhundert gewinnen. Hierüber berichtet B. M. de Rubeis (Dissert. XXIII p. 241): Theophili Cremonensis Ord. Praed. (qui anno 1471 Commentaria S. Thomae a se diligenter ad varios codices mss. recognita in Aristotelis libros in lucem Venetiis apud Bonetium Locatellum protulit) haec verba sunt in Prologo [ich habe die Ausgabe nicht selbst einsehen können]: „In duos solummodo Politicorum cum maiore parte tertii: hos namque solos reperi Divum

Doctorum accuratissime commentasse, licet nonnulli asserant, ipsum in omnes Politicorum libros commentaria edidisse. Sed si sic volunt, referant obsecro, unde tanta obrepsit commentariis diversitas post dimidiati Tertii libri commentationem. Commentatio itaque illa non Divo Doctori, sed doctissimo viro Petro Alvernati ... adscribenda est: reliquis enim Petri commentationibus haec in Politicorum libros commentationum suppletio plurimum alludit." Trotzdem glauben die beiden Genannten, welche sich um genaue Feststellung der Lebensumstände und der schriftstellerischen Tätigkeit des Thomas von Aquin große Verdienste erworben haben, die andere Ansicht, wonach die vier ersten Bücher von Thomas herrühren, als die besser bezeugte festhalten zu sollen. Dagegen hat neuerdings Thömes (Comment. lit. et crit. de S. Thomae Aq. operibus etc., Berol. 187/4, p. 32) auf Grund der beiden angeführten Anhaltspunkte mit allem Nachdrucke die Urheberschaft des Thomas auf jenen engeren Umfang einschränken wollen. Um dies indessen mit größerem Erfolge tun zu können, hätte nachgeholt werden müssen, was, wie es scheint, bereits Theophil von Cremona versäumte: der genaue Nachweis der bedeutsamen Verschiedenheit, welche die beiden durch den nach III 8 gemachten Einschnitt geschiedenen Teile voneinander trennt. Ich führe nachstehend einige Hauptpunkte an, die sich mir bei wiederholter Vergleichung aufgedrängt haben.

Zuvor wurde bereits der sorgfältigen Gliederung des Aristotelischen Textes gedacht, welche Thomas der Erläuterung vorauszuschicken pflegt. Peter von Auvergne oder wer sonst den Kommentar fortsetzte, folgt ihm darin, aber die Ausdrucksweise ist eine andere. Für die kurze Einteilungsformel adhuc prima in duas, welche bis zu der angegebenen Grenzlinie nicht vorkommt, von jetzt ab aber stehend wird, finde ich bei Thomas nirgendwo einen Beleg. Thomas ferner gibt zuerst nur die Einteilungen, die Begründung der späteren Ausführung überlassend, der Fortsetzer liebt es, sogleich die Motivierung hinzuzufügen. Nicht minder eignen dem letzteren pedantisch weitläufige Rekapitulationen am Schlusse der einzelnen Abschnitte, welche in dieser Gestalt Thomas fremd sind. Hiernach dürfte sich bereits beurteilen lassen, was von des jüngeren Jourdain Äußerung zu halten ist (a. a. O. S. 90): Nous n'avons aperçu aucune différence ni pour la méthode, ni pour les opinions, ni même pour le style entre le début et la fin du Commentaire sur la Politique.

Sodann möge noch auf einen anderen, sehr auffallenden Umstand hingewiesen werden. In den systematischen Schriften der früheren Zeit zitiert Thomas die Politik nur selten. In der sogenannten Summa contra gentiles, den Quaestiones disputatae und den Quaestiones quodlibetales zähle ich 17 ausdrückliche Zitate oder deutlich erkennbare Anspielungen. Sehr häufig sind dagegen die Anführungen in dem letzten und reifsten Werke, an dessen Vollendung ihn der Tod verhindert hat, in der Summa theologica, und hier vorzüglich in dem zweiten, die gesamte Sittenlehre umfassenden Teil. Ich zähle, ohne für Vollständigkeit eintreten zu wollen, 124 Zitate. Das Wichtige ist aber nicht die Gesamtzahl, sondern eine aus der Vergleichung der einzelnen Zitate sich ergebende Verhältnisziffer, welche auch durch eine mögliche Erhöhung der ersteren kaum wesentlich modifiziert werden dürfte. Von den 124 Zitaten gehen nämlich nur 15 über das achte Kapitel des dritten Buches hinaus. Daß eine so auffällige Zurücksetzung der späteren Kapitel sich aus dem Inhalte derselben erkläre, wird niemand behaupten, dem die Art und der Umfang bekannt ist, in welchem die mittelalterlichen Lehrer ihre Darstellungen durch Anführung von Auktoritäten zu stützen oder zu schmücken pflegen (vgl. hierüber O. Bardenhewer, Die pseudoaristotelische Schrift über das reine Gute bekannt u. d. N. Liber de causis, Freiburg 1882, S. 256 ff.). Vielmehr scheint mir die naheliegende Erklärung die zu sein, daß dem Verfasser nur jene früheren Partien so vollkommen geläufig waren, daß ihm an passender Stelle sofort ein Zitat zur Hand war. Hierin aber könnte man dann wieder eine Bestätigung dafür finden, daß es eben nur diese Partien waren, welche er einer eingehenden Bearbeitung unterworfen hatte.

Ein abschließendes Urteil wird sich hier nur auf Grund des gesamten handschriftlichen Materials ergeben. Wie dasselbe aber auch ausfallen möge, jedenfalls hat Thomas nicht die sämtlichen Bücher der Politik selbst kommentiert. Nicht das fertige Werk seines Schülers also hätte Albert vorgelegen, sondern von diesem nur ein Bruchstück, während der Rest von einem Schüler des Schülers herrührte. Es ist schlechterdings kein Grund für die Annahme vorhanden, daß Albert hierauf gewartet hätte, um nun erst, und durch die Vorlage beeinflußt, seinerseits an die Erläuterung der Aristotelischen Schrift zu gehen. Nach seiner ganzen Art ist vielmehr anzunehmen, daß er die Erläuterung sofort begann, als er in den Besitz der Übersetzung gelangt und nicht durch anderweite Arbeiten oder Geschäfte in Anspruch genommen war.

Dies führt auf einen letzten Punkt, der noch kurz erörtert werden soll. Susemihl, der die mittelalterliche, von Wilhelm von Moerbeka gefertigte und von den beiden Kommentatoren gleichmäßig benützte Übersetzung der Politik neu herausgegeben hat, bemerkt bezüglich ihrer Abfassungszeit nur, dieselbe sei vor 1274, dem Todesjahre des Thomas von Aquin, anzusetzen (a. a. O. p. VI, n. 4). Er tat gut, die unsicheren Zeitangaben völlig zu ignorieren, welche Oncken (a. a. O. S. 70) aus Jourdain herübernahm. Indessen lassen sich anderswoher zuverlässige Anhaltspunkte für eine genauere Fixierung des Zeitpunktes gewinnen.

In dem Kommentar zu den Sentenzenbüchern des Petrus Lombardus, welchen Thomas nach gewöhnlicher Ansicht zwischen 1252 und 1256, jedenfalls aber vor 1261 verfaßte, erwähnt er der Politik nicht. Das argumentum ex silentio hat hier um dessentwillen entscheidende Bedeutung, weil Thomas wiederholt Gelegenheit zur Erwähnung gehabt hätte, so, wenn er von der gesellschaftlichen Bestimmung des Menschen, von der Ehe, von der Sklaverei, von der Tyrannis redet. Wäre ihm die Politik bekannt gewesen, er hätte hier wie in den späteren Schriften ihre Aussprüche zitiert, statt dessen verweist er auf Stellen aus dem achten Buche der Nikomachischen Ethik. Ebensowenig findet sich eine Erwähnung der Politik in den gleichfalls vor 1261 zu setzenden Quaestiones de veritate. Man kann damit zusammenbringen, daß Vinzenz von Beauvais unter den Schriften des Aristoteles, die er in seinem um 1254 verfaßten „Geschichtsspiegel" aufführt, die Politik nicht erwähnt (Jourdain, Forschungen usw. S. 36). Sie ist endlich nicht zitiert in den sechs ersten unter den Quaestiones quodlibetales, welche Thomas nach Angabe der alten Berichterstatter ebenfalls noch während des Pariser Aufenthaltes verfaßte. In der Quaest. XII dagegen, deren Abfassung nach den gleichen Gewährsmännern nach Italien zu verlegen ist, wohin sich Thomas 1261 auf Veranlassung Papst Urbans IV. begab, heißt es (q. 16, a. 23, ob. 2): Secundum Philosophum cum mutatur ordo civitatis, non remanet eadem civitas usw., womit ohne Zweifel auf Pol. III 3, 1276a 38 angespielt ist. Ausdrücklich in den Anfang des italienischen Aufenthalts, in die Regierungszeit des genannten Papstes, welche 1265 ihr Ende fand, setzt Ptolemäus von Lucca die Abfassung des Werkes, welches gewöhnlich unter dem Namen Summa contra gentiles angeführt wird. Dort wird im dritten Buch, cap. 22 Pol. I 5 und cap. 79 Pol. I 3 zitiert. Es ergibt sich hieraus, daß Thomas alsbald nach seiner Übersiedelung von dem Werke, das ihm in Paris unbekannt geblieben war, Kenntnis erhalten hatte.

Die Anfertigung der lateinischen Übersetzung durch Wilhelm von Moerbeka ist hiernach um 1260 zu setzen. Der Annahme einer Erläuterung der Aristotelischen Politik durch Albert, ehe noch Thomas Hand an dieselbe gelegt hatte, steht somit auch von dieser Seite kein Hindernis entgegen.

IV.
Besprechung von Eickens Geschichte und System der mittelalterlichen Weltanschauung[1]).

Herr v. Eicken, meines Wissens bisher nur durch eine kleinere historische Monographie in den Kreisen der Fachgenossen bekannt, hat es unternommen, die Gesamtkultur des christlichen Mittelalters zur Darstellung zu bringen, und zwar in der Weise, daß die vielfältigen und heterogenen Erscheinungen, welche das Bild jener eigenartigen Periode aufweist, auf eine gemeinsame Wurzel, auf ein einheitliches treibendes Grundmotiv zurückgeführt werden sollen. Er glaubt die Formel gefunden zu haben, welche das Verständnis ihres allgemeinen Charakters wie der Formen und Stufen ihres Ablaufes eröffnet. In der Kirche des Mittelalters, so hören wir, drängen sich zwei Bestrebungen mit gleicher Macht hervor, **Weltverneinung** auf der einen, **Weltbeherrschung** auf der anderen Seite. Jene findet ihren Ausdruck in der **religiösen Aszese**, diese in der **hierarchischen Politik**. Die ältere protestantische Auffassung kommt mit dem vulgären Rationalismus darin überein, daß beide in den von kirchlichen Organen und kirchlich gesinnten Männer verkündeten aszetischen Grundsätzen nur die heuchlerische Maske des Ehrgeizes erblicken wollen. Ernstere Forscher der Gegenwart sehen in dem Nebeneinanderbestehen der beiden einander entgegengesetzten Strömungen ein schwer verständliches psychologisches Problem. Der Verfasser dagegen ist zu der Einsicht vorgedrungen, daß dieselben „ihrem Wesen und Zweck nach eins waren, daß der Übergang von der weltflüchtigen Lehre des Christentums zu der weltherrschaftlichen Politik des römischen Papsttums von dem Augenblicke an, in welchem die Kirche als eine sakramentale Heilsanstalt begriffen wurde, ein logisch notwendiger Vorgang war, daß demnach die Machtansprüche

---

1) Heinrich von Eicken, Geschichte und System der mittelalterlichen Weltanschauung, Stuttgart 1887.

der mittelalterlichen Hierarchie ihren Grund keineswegs in der Willkür einzelner Persönlichkeiten, sondern in der Logik des religiösen Systems hatten" (Vorrede, S. III).

Das Christentum selbst ist dem Verfasser nur eine einzelne Phase in der Gesamtentwicklung der Menschheit, das gemeinsame Produkt aus der Entwicklung der römisch-griechischen und der jüdischen Kultur. Demgemäß redet er von dem „alttestamentlichen Schöpfungsmythus" (S. 611), dem alttestamentlichen Mythus von Urstand und Sündenfall (S. 313), stellt er der griechischen Mythologie die „religiöse Mythologie des Mittelalters", die „Götterwelt der mittelalterlichen Religiosität"[2]) gegenüber, läßt er die großen Konzilien bis zum fünften Jahrhundert „den christlichen Mythus abschließen" (S. 145). Aber auch seine Wertschätzung der Reformation des sechzehnten Jahrhunderts ist durch diesen Standpunkt bedingt. Wenn wir hören, durch sie sei „die transzendente Metaphysik der christlichen Weltanschauung", „in der ursprünglichen Gestalt, in welcher sie vor der Entstehung der Kirche erschienen war, wiederhergestellt" worden (S. 158), so ist darauf kein weiteres Gewicht zu legen. Denn im ganzen Verlauf der Darstellung werden mittelalterliche und christliche Lehre aufs engste zusammengebracht, wenn nicht geradezu als Eines gesetzt. Das Mittelalter, heißt es S. 312 f., „bestimmte sich aus der Idee des Gegensatzes von Gott und Natur", der „transzendente Gottesbegriff der christlichen Metaphysik bildete die Spitze des Systems". Aus den religiösen Vorstellungen des Christentums von der Bestimmung des Menschen, von Sündenfall und Erlösung hatte sich das „Weltbild des Mittelalters zu einem einheitlich und logisch durchdachten Ganzen" aus-

---

[2] S. 438: „Die religiöse Mythologie des Mittelalters war das vollendete Gegenbild der olympischen Mythologie des antiken Griechentums. Während das letztere seinen Göttern diejenigen Fähigkeiten beilegte, welche den Menschen an der Möglichkeit eines vollkommenen Genusses des irdischen Lebens fehlten, ewige Schönheit in ewiger Jugend und also seine Götterwelt zu dem Idealbilde irdischer Glückseligkeit gestaltete, war die Götterwelt der mittelalterlichen Religiosität das Idealbild einer vollkommenen Welt- und Selbstverleugnung. Beide Mythologien standen im äußersten Gegensatze zu einander, beide gleich klassisch in ihrer Art. Dieser Gegensatz der antiken und der mittelalterlichen Mythologie fand seine schärfste Zuspitzung in den Liebesgöttinnen Venus und Maria. Wie der Venusdienst des Altertums ein Kultus der irdischen Liebe war, so war der Mariendienst des Mittelalters in demselben Maße ein Kultus der irdischen Liebesentsagung. Venus und Maria waren gewissermaßen die personifizierten Gegensätze der antiken und der mittelalterlichen Weltanschauung. Die um die Wende des dreizehnten und vierzehnten Jahrhunderts gedichtete sogenannte Meinauer Naturlehre malte den Gegensatz beider Göttinnen in dem allegorisierenden Geschmacke jener Zeit aus" usw.

gestaltet (S. 613, 740). Immer wieder werden im einzelnen mittelalterliche Anschauungen und Einrichtungen auf Ideen zurückgeführt, welche dem Christentum wesentlich sind (vgl. SS. 318, 489, 495, 497). In der Tat liegt denn auch nach der Meinung des Verfassers die geschichtliche Bedeutung der Reformation nicht darin, daß sie mittelalterlicher Verderbnis gegenüber zur reinen Lehre Christi zurückführte, sondern darin, daß sie der erste entscheidende Schritt in der Richtung war, welche „über die christliche Lehre hinaus und zur antiken Welt zurückführte" (S. 158, 799). Und in Übereinstimmung hiermit gilt ihm die vielberufene Verweltlichung der Kirche nicht als eine zeitweilige Trübung, ein Abfall von dem eigentlichen Wesen, sondern als „die Selbstkritik der übersinnlichen religiösen Idee des Christentums" (S. 746). „Der Gegensatz zwischen Göttlichem und Weltlichem — so führt der letzte Abschnitt aus, S. 818 —, welcher in dem katholischen Lehrsystem alle Gebiete des Lebens durchzog, wurde von der reformatorischen Lehre aus dem letztern entfernt und lediglich auf die religiöse Metaphysik zurückgedrängt. Indem der Staat und das gesamte Gebiet der bürgerlichen Rechtsordnung als eine selbständige göttliche Einrichtung aufgefaßt wurde, setzte die Reformation der jenseitigen Ethik des Katholizismus eine diesseitige, auf dem Grundsatze des allgemeinen Wohles, der allgemeinen Menschenliebe beruhende Sittenlehre entgegen. Da aber die reformatorische Lehre die Metaphysik des kirchlichen Lehrsystems festhielt, befand sie sich in der Lage, eine transzendente, ihrem Grundgedanken nach die Welt verneinende religiöse Glaubenslehre mit einer immanenten, die Welt bejahenden Sittenlehre zu vereinigen. An diesem Punkte setzte die moderne Wissenschaft ein, indem sie diesen Widerstreit zwischen der immanenten Ethik und dem transzendenten Religionssystem durch die Ausbildung einer immanenten Gotteslehre und einer monistischen Weltanschauung auflöste". Über den unmittelbaren Erfolg der Reformation urteilt er dementsprechend sehr kühl: „Die Reformation, welche bei einer von nationalem Empfinden geleiteten und einer dem Zwange der Verhältnisse Rechnung tragenden Selbstzucht für die staatliche und geistige Entwicklung Deutschlands der größte Segen hätte werden können, wurde durch den vernunftlosen, zu jeder festen und klaren Formbildung unfähigen individualistischen, germanischen Freiheitstrieb in das größte Unheil umgewandelt, welches Deutschland jemals betroffen hat" (S. 814).

Über seinen Standpunkt habe ich mit dem Verfasser nicht zu

rechten. Daß es ihm gelungen wäre, denselben zu begründen und die geschichtliche Persönlichkeit Christi, die auszeichnende Natur der christlichen Lehre, die weltumgestaltende Kraft des Evangeliums aus dem Zusammentreffen der genannten Faktoren wirklich begreiflich zu machen, wird kaum jemand behaupten wollen. Vielmehr erweckt die Lektüre des ersten Abschnittes, welcher die christliche Erlösungslehre und ihre Vorgeschichte behandelt, auch nach Strauß und Renan das Gefühl peinlichen Erstaunens, mit wie leichtem Sinn und wie leichtem Gepäck moderne Gelehrte an die Erörterung der tiefsten Fragen der Menschengeschichte herantreten. Womöglich noch ungenügender ist, was auf den letzten Seiten (818 ff.) über die Unvereinbarkeit der christlichen Erlösungsidee und der „transzendenten Gottesidee des Christentums" mit den Ergebnissen der Naturwissenschaft gesagt wird. Von einer gründlichen Erfassung der Probleme, einer ernsthaften Würdigung entgegenstehender Ansichten ist nicht die Rede. Wer, einer empfehlenswerten Gewohnheit folgend, mit der Lektüre des Eickenschen Buches von hinten begänne, könnte durch diese Proben veranlaßt werden, dasselbe ungelesen zu lassen.

Ich kann auch keinen Ersatz darin erblicken, daß der Verfasser, indem er die seit Hegel in Abgang gekommene philosophische Konstruktion der Menschengeschichte erneuert, das oberste Gesetz ihrer Entwicklung darin erblickt, daß sie aus „der unterschiedslosen Einheit von Gott, Mensch und Natur" durch einen „Gott und Welt als Gegensätze begreifenden Dualismus" zu der „in der Verschiedenheit ihrer einzelnen Momente begriffenen Einheit von Gott, Mensch und Natur" hinführe. „Die Trilogie der menschlichen Geschichte — hören wir gleich auf der ersten Seite — kehrt zu ihrem Ausgang zurück, nachdem sich das naive Empfinden der Vorzeit durch den Dualismus des Mittelalters zur selbstbewußten Erkenntnis erhoben hat. Die Gegensätze der antiken und der mittelalterlichen Geschichte finden ihre Auflösung in der Kultur der Gegenwart. Die letztere ist die Synthese der beiden ersten." — Die Zeiten sind vorbei, welche in dem rhythmischen Dreitakt einer vermeintlichen dialektischen Ableitung die Offenbarung tiefer Geheimnisse verehrten. Und selbst wenn es wahr wäre, daß die ungeheure Fülle und der lebensvolle Zusammenhang geschichtlicher Erscheinungen sich einordnen ließen unter die kahle Formel von ursprünglicher Einheit, dualistischer Entgegensetzung und Rückkehr zur Einheit — welche Einsicht erwüchse hieraus unserem nach Gründen forschenden Verstand, welche Befriedigung unserm Gemüt? Sie spricht kein in sich Notwendiges aus, wobei unser Denken als einem Selbstverständlichen sich beruhigen müßte, nichts an und für sich Wertvolles, so daß wir begreifen könnten, warum gerade so und nicht anders der Weltprozeß verlaufen mußte.

Inzwischen bekennt der Verfasser in der Vorrede selbst, daß er erst nachträglich dazu gekommen sei, den nächsten und eigentlichen Gegenstand seiner Untersuchung und Darlegung, die mittelalterliche Weltanschauung, in jenen größeren Zusammenhang einzureihen. In der Tat ist es auch nur diese, welche die Bedeutung des E.schen Buches ausmacht, und nur hiervon soll im weiteren die Rede sein. Ich stelle zunächst die Hauptgedanken, möglichst in den eigenen Worten des Verfassers, zusammen.

„Die Entwickelung der Kirche bildete den entscheidenden Wendepunkt in der Geschichte der christlichen Glaubenslehre und der abendländischen Kultur, indem mit der Entstehung derselben die weltflüchtige Aszese des Christentums ein positives weltliches Prinzip in sich aufnahm. Der Begriff der Kirche hatte sich zu dem des Priestertums verengt. Seitdem war die Kirche zu einer Vermittlungsanstalt zwischen Gott und Menschen geworden . . . Der metaphysische Dualismus von Gott und Welt war von jetzt ab gleichbedeutend mit dem Dualismus von Kirche und Welt. Von diesem Zeitpunkte an, in welchem durch die Dogmatisierung des Priestertums die religiöse Idee des Christentums gleichgestellt wurde mit der Kirche, in welchem die letztere ebenso wie ihr Stifter als die Offenbarung Gottes im Fleische erschien, waren die Zwecke der Kirche der letzte und höchste Maßstab für alle menschlichen Lebensverhältnisse, das Maß aller Dinge. Demnach mußten alle irdischen Einrichtungen sich der Kirche unterwerfen. Die göttlichen Zwecke waren die ideale Norm für die staatliche Verwaltung und Gesetzgebung, für Recht, Sitte, Wissenschaft und Kunst. Seitdem forderte die Kirche aus ihrer übersinnlichen Idee mit gleicher logischer Notwendigkeit die Verneinung der Welt auf der einen und die Beherrschung derselben auf der anderen Seite. Beide, Weltverneinung und Weltbeherrschung, erschienen seitdem als die sich gegenseitig bedingenden Forderungen der christlichen Glaubenslehre" (S. 119). „Die Trennung von Kirche und Welt war nur das Übergangsstadium zu der Herrschaft der ersteren über die letztere. Wer der Welt entfloh, tat dies nur, um sich dem Dienste der Kirche zu widmen. Die Kirche war der positive Zweck der

Weltverneinung. Sie zog alle Kräfte von der Welt ab, um dieselbe in ihrem Dienste wieder zu vereinigen. Staat, Familie und Individuum fanden den wahren Zweck, den wahren Inhalt ihres Daseins nur in der Kirche. Die Nachfolge Christi bestand in der Machtvermehrung der Kirche. Die Verneinung des Staates hatte den Erfolg, daß Gesetzgebung und Machtmittel desselben den Geboten der Kirche unterstellt wurden, die Verneinung der irdischen Liebe den Erfolg, daß die rechtlichen und sittlichen Ordnungen des Familienlebens nach den Vorschriften der Kirche bestimmt wurden, die Verneinung des weltlichen Güterbesitzes den Erfolg, daß die Kirche durch fromme Schenkungen ein unermeßliches Vermögen erwarb, die Verneinung der weltlichen Wissenschaften den Erfolg, daß alle Erkenntnis und Kritik sich der kirchlichen Dogmatik unterwarf" (S. 133). Der Verfasser wird nicht müde, diese Gedanken zu wiederholen, vgl. SS. 156, 217, 313, 325 f., 345 f., 436, 467, 610, 740 f.

Im Verlaufe der Darstellung tritt hierzu der weitere Gedanke, daß es der Kirche nicht möglich gewesen sei, ihre Absichten vollkommen durchzuführen, daß, wie der Verfasser sich ausdrückt, der Versuch, den jenseitigen Gottesstaat auf Erden zu verwirklichen, an dem Widerstand der weltlichen Faktoren gescheitert sei. „Das Evangelium der Welt- und Selbstverleugnung konnte nicht verwirklicht werden, ohne empfindliche Schmerzen in dem Seelenleben des Menschen zu wecken und ohne den fortgesetzten Widerstand der gewaltsam unterdrückten Sinnlichkeit herauszufordern" (S. 346). „Der Welthaß der Kirche hatte einen ununterbrochenen Kampf mit den in ihrer Existenz bedrohten irdischen Lebensbedingungen zu führen. Die Bedürfnisse des materiellen und wirtschaftlichen Lebens widerstrebten der Tugendlehre der freiwilligen Armut, die Triebe der geschlechtlichen Liebesempfindungen der Keuschheit, d. h. der freiwilligen Ehelosigkeit, die Notwendigkeit der Selbsterhaltung zwang den Staat, der göttlichen Autorität der Kirche den Gehorsam zu verweigern. Der durch den Schmerz der gewaltsamen Verneinung hervorgerufene Widerstand der irdischen Lebensbedingungen äußerte sich so nachhaltig, daß die letzteren auf allen Gebieten zur Geltung gelangten und der übersinnliche Gottesstaat demnach in keinem Augenblicke volle Wirklichkeit erreichen konnte" (S. 347). Dieser Widerstand jedoch entbehre, wie der Verfasser weiterhin ausführt, der logischen Begründung, da seine Vertreter nicht zugleich die theoretischen Voraussetzungen in Abrede stellten, von welchen aus die Kirche, völlig konsequent, ihre weltherrschaftlichen Ansprüche erhoben hatte (vgl. SS. 467, 537, 744). Darum mußte jener innere Widerspruch zuletzt zur völligen Auflösung der mittelalterlichen Kultur und Weltanschauung, zur Überwindung des christlichen Dualismus durch den modernen Monismus, d. h. den pantheistisch gefärbten Materialismus der Gegenwart forttreiben.

Die Durchführung dieser Gedanken geschieht in zwei Abschnitten, von denen der eine, S. 151—307, unter der Überschrift „Das Mittelalter und der christliche Gottesstaat" eine gedrängte Geschichte jener Periode bringt, wobei es sich der ganzen Anlage nach nicht um sorgfältige Feststellung der Tatsachen, sondern um Gruppierung und Beurteilung derselben von dem eingenommenen Standpunkte aus handelt. In drei Kapiteln werden das Germanentum, das fränkische Reich und die römische Kirche, das römisch-deutsche Kaiserreich vorgeführt, letzteres wieder in zwei Abteilungen: die Advokatie und die Weltherrschaft, und Kaisertum und Papsttum im Kampfe um die Weltherrschaft. — Ich muß die Würdigung dieses Abschnittes Historikern von Fach überlassen; an Widerspruch wird es voraussichtlich nicht fehlen. Folgendermaßen faßt E. das Ergebnis zusammen (S. 306): „Die Geschichte des Kaisertums verlief in ihrer aufsteigenden und abwärts gehenden Linie in den logischen Folgerungen ihres transzendenten religiösen Prinzips. Die religiöse Idee, welche den Ursprung desselben bildete und seine Machtstellung begründet hatte, führte durch ihre weitere folgerichtige Ausbildung auch den Untergang desselben herbei.... Faßt man alles zusammen, so war einerseits der Verlust des einheitlichen Staatsverbandes und des nationalen Bewußtseins und andererseits die landesherrliche Selbständigkeit der Fürsten und die weltgebietende Machtstellung der Kirche das Ergebnis der gottesstaatlichen Idee und der Kaisertragödie des Mittelalters. Es stellte sich heraus, daß ein sicheres weltliches Staatsregiment mit der das Mittelalter beherrschenden Idee der Kirche unvereinbar war."

Der zweite, dem Umfange nach vor den übrigen weit hervortretende Hauptabschnitt führt die Überschrift: Das System des christlichen Gottesstaats (S. 311—746). Der Stoff ist in der Art gegliedert, daß zunächst die Grundzüge des Systems festgestellt und sodann der Reihe nach der Staat, die Familie, die Wirtschaftspolitik, das Recht, die Wissenschaft, die dichterische Literatur und endlich die bildende Kunst in Betracht gezogen werden. Es ist einleuchtend, daß in diesem Abschnitte vorzüglich die Beweise für die Aufstellungen des Verfassers zu suchen sind. Auf ihn soll daher auch in den nachfolgenden Erörterungen vorzugsweise Bezug genommen werden.

Hr. v. Eicken glaubt nicht an den göttlichen Ursprung des Christentums, er ist weit davon entfernt, in demselben die ein für allemal gegebene absolute Wahrheit zu erblicken. Das ist lediglich seine Sache. Wenn er es aber unternahm, aus der christlichen Lehre, wie das Mittelalter sie verstand, aus der katholisch-kirchlichen Lehre also, die gesamte mittelalterliche Kultur abzuleiten, so war es das erste Erfordernis, daß er in den Sinn dieser Lehre eindrang. Was aber für jeden Kundigen aus den oben mitgeteilten Stellen bereits hervorgeht, was das ganze Buch durchzieht und die Lektüre wahrhaft peinlich macht, ist der völlige Mangel an richtigem Verständnis, und zwar gerade gegenüber Lehrstücken von fundamentaler Bedeutung. Die Zahl der Mißverständnisse, der schiefen oder durchaus irrigen Behauptungen ist so groß, daß man zur Widerlegung ein ganzes Buch schreiben müßte. Und dabei kann dem Verfasser der weitere Vorwurf nicht erspart werden, daß er, anstatt nach den Grundsätzen und mit den Mitteln einer wissenschaftlichen Methode zu verfahren, sich von vorgefaßten Meinungen leiten läßt, welche gelegentlich geradezu die Gestalt von fixen Ideen annehmen.

Wenn der Verfasser behauptet, aus dem „transzendenten Gottesbegriff der christlichen Metaphysik" habe sich „die Welt- und Selbstverleugnung als Prinzip der Sittenlehre ergeben" (S. 313), so ließe sich mit diesen Worten vielleicht noch ein richtiger Sinn verbinden, wenn er aber statt dessen auf der nächsten Seite bemerkt, „der Gegensatz von Gut und Böse wurde auf den in der christlichen Metaphysik aufgestellten Gegensatz von Gott und Welt zurückgeführt", so erhellt sofort, daß er sich in einem ebenso folgenreichen als schwerbegreiflichen Irrtum befindet. Aus dem transzendenten Gottesbegriff der christlichen Metaphysik, d. h. aus der Anerkennung einer unendlichen, von der Welt substanziell unterschiedenen schöpferischen Ursache, eines persönlichen Gottes folgt allerdings die sittliche Verpflichtung des Menschen, den allgemeinen Weltzweck, die Verherrlichung Gottes, dem die niederen Geschöpfe in blinder Notwendigkeit dienen, mit Bewußtsein und freier Selbstentscheidung zu verwirklichen. Aber wie die übrigen Geschöpfe jenem Zwecke eben dadurch dienen, daß sie ihre eigene Natur auswirken und dadurch die Stelle ausfüllen, die ihnen im Ganzen der Welt zugefallen ist, so gilt das gleiche auch von dem Menschen. Auswirkung seiner spezifisch-menschlichen Natur, Betätigung der Vernunft, Unterwerfung aller Kräfte seiner geistig-leiblichen Persönlichkeit unter das Gebot der Vernunft, Mitwirkung an den in dem Schöpfungsplane begründeten allgemeinen Zwecken der Menschheit, das sind die sittlichen Aufgaben, welche sich auf dem Grunde der theistischen Weltansicht herausstellen. Von ihnen führt keine über die Welt hinaus, geschweige denn, daß sie in einen Gegensatz zu der Welt hineinführten.

Nun lehrt aber — nicht die christliche Metaphysik, sondern der auf göttlicher Offenbarung beruhende christliche Glaube, daß Gott jene, der Vernunft allein erkennbare Bestimmung des Menschen dadurch gesteigert, ja in eine ganz andere Sphäre erhoben hat, daß er ihn zu einer seine natürlichen Kräfte weit übersteigenden Erkenntnis und Liebe, zur übernatürlichen Vereinigung mit ihm im beseligenden Schauen berief. Diese übernatürliche Bestimmung des Menschen durchdringt dann allerdings die gesamte christliche Sittenlehre.

Möglich, daß dem Verfasser etwas derart vorschwebte, aber warum bemühte er sich nicht, durch Einblick in das erste beste Handbuch der katholischen Dogmatik seine höchst mangelhaften Begriffe zu berichtigen? Er hätte dann unmöglich schreiben können, was sich auf S. 609 (ähnlich auch auf S. 780) findet. Mit einem den Unkundigen verblüffenden Anschein tiefsinniger Gelehrsamkeit wird dort behauptet: „Dadurch, daß der aristotelische Realismus die Philosophie ganz auf den Standpunkt des in der christlichen Metaphysik behaupteten Gegensatzes von Gott und Welt stellte, erwies er zugleich die Notwendigkeit einer besonderen göttlichen Offenbarung. Denn da auf Grund jenes Gegensatzes das Wesen Gottes als ein übernatürliches erscheinen mußte, so konnte dasselbe, wie Thomas von Aquin mit Recht folgerte, für die an die Schranke der Sinnlichkeit gebundene Erkenntnis des Menschen nicht erreichbar sein. Wenn dem Aquinaten auch das Dasein Gottes an und für sich durch die Vernunft beweisbar erschien, so doch nicht das trinitarische Wesen der Gottheit und die göttlichen Offenbarungslehren der Kirche, die Erbsünde, die Menschwerdung Christi, die Auferstehung des Fleisches usw." Richtiges und Falsches läuft hier wirr durcheinander. Das Dasein eines von der Welt unterschiedenen Gottes ist keine übernatürliche, sondern eine natürliche, den eigenen Kräften der Vernunft zugängliche Wahrheit. Die Notwendigkeit der Offenbarung ergibt sich nicht aus dem Gegensatze von Gott und Welt; von

Notwendigkeit im strengen Sinne kann hier überhaupt nicht die Rede sein, denn wie die übernatürliche Bestimmung des Menschen, wie Erlösung und Gnade, so ist auch die Offenbarung ein freies Geschenk der göttlichen Güte. Wenn die Theologen von einer Notwendigkeit der Offenbarung sprechen, so meinen sie damit, daß ohne dieselbe die natürlichen Wahrheiten nur von einem kleinen Teile der Menschheit tatsächlich erfaßt und festgehalten würden, die übernatürlichen aber, wie die Geheimnisse der Trinität und Inkarnation, ihr völlig entzogen geblieben wären. Aber der Verfasser hat es nicht nur unterlassen, sich besser über die katholische Lehre zu unterrichten, sein Verständnis wird auch noch behindert durch spezifisch protestantische Reminiszenzen, so wenn er S. 611, angeblich im Sinne des Mittelalters behauptet: „Die verwischten Spuren der Gottheit waren aber der menschlichen Erkenntnis um so schwerer verständlich, als durch den Sündenfall auch die letztere verdunkelt und verwirrt war. Doch mit Hilfe der in der Erlösung geoffenbarten Glaubenswahrheiten ließ sich die Gottheit in den Werken der Natur noch wiederfinden." Von Anbeginn an haben die Väter und die Scholastiker, haben alle Lehrer der katholischen Kirche bis auf den heutigen Tag im Anschlusse an Röm. 1, 20 daran festgehalten, daß die menschliche Vernunft aus eigener Kraft den Schöpfer in den Geschöpfen, Gott in seinen Werken zu finden vermöge.

Wie sich die völlige Verkennung der kirchlichen Unterscheidung vom Natürlichen und Übernatürlichen bei dem Verfasser rächt, wird sich alsbald zeigen. Zuvor soll noch auf ein anderes, ganz ebenso verhängnisvolles Mißverständnis hingewiesen werden.

Aus der Unterscheidung von Gott und Welt macht der Verfasser einen Gegensatz zwischen Gott und Welt. Der metaphysische Gegensatz soll sodann, seiner stets wiederholten Behauptung zufolge, auf dem praktischen Gebiet zu einer Moral der Weltverneinung geführt haben. „Die Verneinung der Welt, hören wir S. 321, bildete das Wesen der Tugend, wie die Bejahung derselben das Wesen des Lasters."[3] „Unter dem Begriff Welt aber verstand die Kirche

---

3) Der Verfasser fährt fort: „Auf die Verneinung des Irdischen wurde jede einzelne Tugend zurückgeführt. „„Die Klugheit ist die Erkenntnis der zu erstrebenden und zu vermeidenden Dinge"", heißt es in einer theologischen Schrift des 12. Jahrhunderts. Als die ersteren aber wurden die himmlischen, als die letzteren die irdischen Güter bezeichnet." Der von dem Vf. in Anführungszeichen mitgeteilte Satz ist älter als das 12. Jh., — er stammt aus Cicero de officiis I, 43.

alle irdischen Lebensbeziehungen, Staat und Vaterland, Ehe und Familie, materiellen Güterbesitz, weltliche Wissenschaft und Kunst" (S. 120). „Alle irdischen Güter, Staat und Vaterland, Ehe und Familie, Geld und Gut, Kunst und Wissenschaft, bildeten zusammen den Begriff der Welt. Die letztere mit ihren Reizen war aber das Trugbild des Teufels" (S. 316). Der Verfasser redet sich in einen manichäischen Dualismus hinein, um denselben sodann für den Grundgedanken der kirchlich-mittelalterlichen Ethik auszugeben. Er kennt den Doppelbegriff „Welt" nicht, der im Anschlusse an den Sprachgebrauch der heil. Schriften der christlichen Denkweise von Anfang an geläufig war. Bei Augustinus, dem der Kampf mit den Manichäern vielfach Anlaß bot, hierauf einzugehen, hätte er ausreichende Belehrung finden können[4]). Nichts was aus Gottes Schöpferhand hervorgegangen ist, nichts was der göttliche Weltplan einschließt, ist böse. Böse ist die Abkehr des Willens von Gott und der übernatürlichen Bestimmung des Menschen, böse ist der unrichtige Gebrauch der Erdengüter, das Verweilen in ihnen, als ob sie ein letztes und nicht vielmehr nur mehr oder minder entfernte Mittel zu dem allein wahren Endzwecke wären. Eine Annäherung an das Richtige könnte man in der Äußerung, S. 326, finden: „Der religiöse Geist des Mittelalters verneinte Staat, Ehe, Güterwirtschaft, Recht, Kunst und Wissenschaft in ihren selbständigen weltlichen Formen . . .", aber die weit zahlreicheren Äußerungen an anderen Stellen, welche schlechtweg von einer Verneinung aller dieser Dinge reden, gestatten nicht, irgend welches Gewicht darauf zu legen.

Ja, der Verfasser verschärft noch seinen Irrtum durch Aufnahme eines weitern Gedankens von geradezu abenteuerlicher Beschaffenheit, den er aber trotzdem in nachdrücklicher Wiederholung geltend zu machen sucht, und der auch ein ganz wesentliches Glied in seiner Gesamtkonstruktion ausmacht.

„Die religiöse Metaphysik der Kirche, heißt es S. 313, knüpfte bekanntlich an jenen von dem alttestamentlichen Mythus behaupteten idealen Urzustand des Menschen an, welcher durch die Sünde des letzteren verloren ging. . . . Da nun die göttliche Erlösung den Menschen zu jenem verlorenen Urzustande zurückführen wollte,

---

4) Opus imperf. contra Iulianum IV, 18. Mundum scripturis sanctis docentibus pro differentia sententiarum nunc in bono accipimus, nunc in malo. Ad bona eius pertinent coelum et terra et omnis in eis Dei creatura, ad mala eius pertinent concupiscentia carnis et concupiscentia oculorum et ambitio saeculi (1 Joan. 16). Vgl. In Joannis Ev. tr. 38, 4. Enarr. in Ps. 141, c. 13.

so wurde also der letztere zum Vorbild für die Gesetzgebung des christlichen Gottesstaates genommen. Jener Urzustand war das ideale Wertmaß aller menschlichen Verhältnisse, er war das Prinzip der praktischen Sittlichkeit. Dasselbe aber hatte die Verneinung der Sünde und des durch die letztere verursachten gegenwärtigen Zustandes zur Voraussetzung. Denn die von den ersten Menschen auf alle Nachkommen vererbte Sündhaftigkeit hatte ganz andere Ordnungen für die Menschen notwendig gemacht, als vordem bestanden hatten.... Indem man nun in der Nachfolge Christi zu dem sündenreinen Urzustande zurückkehren wollte, mußte man auch zugleich jene erst durch die Sünde eingeführten Einrichtungen zu beseitigen suchen. Die Aufhebung von Staat, Ehe, Ständen, Arbeit und Eigentum war also ebenso wie die Verneinung der Sünde das letzte Ziel der Nachfolge Christi. Denn mit der Sünde mußten auch die Folgen derselben verschwinden."

In diesen Ausführungen ist, wie jeder in der katholischen Lehre Bewanderte beim ersten Blick erkennt, so ziemlich alles falsch. Aber der Verfasser scheint auch mit dem Inhalte jenes „Mythus", d. h. dem Berichte der Genesis, welcher für die katholische Lehre vom Urstand und Sündenfall die Grundlage bildet, nur sehr oberflächlich bekannt zu sein. Wenigstens daß, wie es S. 542 heißt, diesem „jüdischen Mythus" zufolge „eine dem Range und Besitze nach unterschiedslose Gleichstellung aller Menschen" anfänglich bestanden hätte, ist schon darum unmöglich, weil es damals bekanntlich außer den beiden Stammeltern keine weiteren Menschen gab. In der Tat entnimmt er die besonderen Züge in der Schilderung des „glücklichen Idylls, welches die religiöse Metaphysik an den Anfang der Dinge stellte", nicht der biblischen Erzählung, sondern — dem im dreizehnten Jahrhundert gedichteten Roman de la Rose! (Vgl. S. 356 f.)

Der Verfasser verwechselt die Sage von dem goldenen Zeitalter, welche sich bei den verschiedenen Völkern findet und dem Mittelalter aus Ovids Metamorphosen bekannt war, mit dem Dogma von dem primus status supernaturalis, weil er nämlich von dem Wesen des letzteren keine Ahnung hat.

Das auszeichnende Merkmal des dem Sündenfalle vorangehenden paradiesischen Urstandes war die dem Menschen als freies und in keiner Weise in seiner Natur begründetes Gnadengeschenk mitgeteilte ursprüngliche Heiligkeit und Gerechtigkeit, war die Gotteskindschaft, war die höhere Erkenntnis und Liebe Gottes, war die völlige Unterwerfung aller seiner Kräfte unter das Gebot der erleuchteten Vernunft, so daß kein innerlicher Zwiespalt und kein Aufflackern der Begierlichkeit möglich war. Dieser ganz und gar dem übernatürlichen Bereiche angehörigen Gnadengaben ging er durch die Sünde verlustig, auf sie allein bezieht sich die Erlösung durch Christus. Wer der Erlösungsgnade Christi teilhaft geworden ist, ist damit innerlich gerechtfertigt und geheiligt und wieder in die Kindschaft Gottes aufgenommen, er hat die Anwartschaft auf das beseligende Schauen im Jenseits. Aber nicht alle Folgen der Sünde sind durch die Erlösung getilgt. Jene auf übernatürlichem Gnadenbeistand beruhende Unterwerfung seiner gesamten Natur unter die Vernunft und das Sittengesetz ist dem Menschen nicht wieder zuteil geworden, und der Kampf mit den widerstrebenden Regungen ist daher sein Los, solange er auf Erden weilt. Ob nun nach kirchlicher Auffassung in jenem gnadenvollen Urstand, wenn er angedauert hätte, die von dem Verfasser aufgezählten Ordnungen und Einrichtungen, ob speziell Ehe und Staat vorhanden gewesen sein würden oder nicht, wird sogleich zur Sprache kommen. Aber gerade wenn, wie der Verfasser sagt, erst die auf alle Menschen vererbte Sündhaftigkeit diese Ordnungen notwendig gemacht hatte, als Schranke oder als Heilmittel, so konnte unmöglich die Kirche die „Verneinung" derselben fordern, nachdem ihrer eigenen Lehre zufolge durch die Erlösung nicht jede Verderbnis beseitigt und nicht jede Wunde geheilt war. Nur wer so vollkommen unfähig ist, wie der Verfasser, den Sinn der katholischen Lehre zu verstehen, kann behaupten, „als Zweck des bürgerlichen Rechtes" habe die Kirche „die Verwirklichung des den ursprünglichen sündenlosen Naturzustand wiederherstellenden jenseitigen Gottesstaates" betrachtet (S. 551). Die Kirche konnte sich kein Ziel stecken, welches nicht bereits in die Erlösungstat Christi eingeschlossen gewesen wäre, sie konnte am wenigsten beabsichtigen, ein dem übernatürlichen Bereiche angehöriges Ziel durch die Umgestaltung des bürgerlichen Rechts oder eine andere Maßnahme dieser Art anzustreben. Zu dem Manichäismus imputiert ihr der Verfasser auch noch den Pelagianismus.

Man sieht, Hr. v. Eicken hat kein Glück, wo er es unternimmt, die angeblich weltverneinende Lehre der mittelalterlichen Kirche aus gewissen allgemeinsten Voraussetzungen oder Tendenzen abzuleiten. Er ist nicht glücklicher, wo er sich bemüht, dieselbe im einzelnen quellenmäßig zu begründen.

Was kann überhaupt als Quelle für eine wahrheitsgetreue Darstellung des mittelalterlichen „Systems" gelten? In erster Linie offenbar die Auslassungen der kirchlichen Organe und Auktoritäten, Beschlüsse der Konzilien und Aussprüche der Päpste, Äußerungen der Väter und in besonderem Ansehen stehender Theologen; sodann etwa die vorhandenen Denkmäler der kirchlichen Praxis nach den verschiedenen Richtungen, welche sie einschließt, sofern sich daraus ein sicherer Schluß auf die zugrunde liegenden Tendenzen gewinnen läßt. Will man noch hierüber hinausgehen und auch die spontanen Verlautbarungen weiterer Volkskreise heranziehen, so ist einleuchtend, daß diese doch immer nur als bestätigende, den Reflex des kirchlichen Systems im Volksleben veranschaulichende, nicht als selbständige Zeugen Bedeutung haben können. An manchen Punkten aber werden auch jene erstgenannten Quellen nicht sofort zu übereinstimmenden Resultaten führen. Man wird auf verschiedene Anschauungen, vielleicht auf verschiedene Richtungen stoßen, und die Entscheidung darüber, welche unter ihnen als die dem Geiste der mittelalterlichen Kirche am meisten entsprechende zu gelten habe, wird nur nach einer sehr sorgfältigen und umsichtigen Prüfung zu treffen sein, — wenn sie überhaupt zu treffen ist. Wie aber verfährt E.? Statt daß er auf historisch-kritischem Wege das Rangverhältnis der benützten Quellen feststellte, um von hier aus zu dem authentischen Ausdruck des kirchlichen Systems zu gelangen, macht er es gerade umgekehrt. Daß die „Weltverneinung" der treibende Grundgedanke dieses letzteren ist, steht ihm von vornherein fest, und der Wert der Quellen bemißt sich ihm nach dem Grade der Schroffheit, womit sie diesen Gedanken zum Ausdrucke bringen oder zu bringen scheinen. Seiner Meinung zufolge ist es die Legende, „welche die religiösen Vorstellungen der Kirche in allen Stücken am ungetrübtesten wiederspiegelt" (S. 455) und „die letzten Ziele der mittelalterlichen Weltanschauung mit größerer Klarheit ausspricht, als die durch den Zwang der Verhältnisse vielfach gebundene Politik der römischen Kurie" (S. 389). Mit besonderer Vorliebe verwertet er den französischen Roman von der Rose, wie mit Rücksicht auf einen bezeichnenden Einzelfall bereits erwähnt wurde. (Vgl. außerdem SS. 358, 363, 496.) Um die Feindschaft der Kirche gegen alle profane Literatur zu beweisen, beruft er sich S. 674 auf einen Brief des päpstlichen Legaten Hugo vom Jahre 991, worin der Spott des gelehrten Gerbert, daß in Rom niemand eine literarische Bildung besitze, mit der äußersten Geringschätzung gegen die dichterische und philosophische Bildung des Altertums zurückgewiesen werde. Daß dieser gelehrte Gerbert der spätere Papst Silvester und darum doch mindestens ein ebenso guter Vertreter kirchlicher Anschauung war als jener Legat, wird nicht erwähnt. „Die Gestalt Christi", heißt es S. 720, „war die Verneinung der körperlichen Schönheit." Dies paßt in das aufgestellte System, und darum wird von den beiden Meinungen, welche von den Zeiten der Väter her Anhänger gefunden hatten, nur die eine aufgeführt, welche im Anschlusse an Jesaias 53, 2. 3 die äußere Erscheinung des Heilandes häßlich, nicht die andere, welche anknüpfend an Psalm 44, 3 dieselbe in idealer Schönheit dargestellt wissen wollte. Auf S. 141 wird behauptet, man sei — im vierten christlichen Jahrhundert — geneigt gewesen, „dem katholischen Gläubigen eben seiner Rechtgläubigkeit wegen alle sittlichen Verschuldungen nachzusehen, alle Gewalttaten zu gestatten". Der Beweis soll offenbar in dem folgenden liegen: „Rasende Mönchshaufen durchzogen die Provinzen des Reiches, um die Tempel und Bildsäulen der alten Götter zu stürzen. Bischöfe, wie beispielsweise die von Edessa, von Apamea und Alexandrien, stellten sich an die Spitze fanatisierter Volkshaufen" usw. Unmittelbar darauf wird nun zwar mitgeteilt, daß Augustinus sich veranlaßt gesehen habe, „die Behauptung zu widerlegen, daß ein katholischer Christ, weil er den rechten Glauben habe, nicht verdammt werden könne, auch wenn er ein verbrecherisches Leben geführt habe". Trotzdem schließt der Absatz mit den hochtönenden Worten: „Die edle Humanität der christlichen Sittenlehre war durch die kirchliche Dogmatik völlig vernichtet." — Fanatische Eiferer und rasende Volkshaufen scheinen sonach in den Augen des Verfassers vollgültigere Zeugen der kirchlichen Dogmatik zu sein, als derjenige unter den Kirchenvätern, dessen Auktorität die größte durch die Jahrhunderte hindurch war!

Statt indessen noch länger bei einzelnen Beispielen dieser Art zu verweilen, scheint es zweckmäßiger, das Verfahren des Verfassers an einigen hervorragenden Punkten im Zusammenhange zu prüfen.

In einem früheren Abschnitte, welcher Christentum und Kirche in den grundlegenden Jahrhunderten der Väterzeit behandelt, faßt er die Beurteilung der Ehe folgendermaßen zusammen: „Man hielt in Übereinstimmung mit dem Apostel Paulus die Ehe an und für sich nicht als sündhaft, die Ehelosigkeit als eine Tugend" (S. 123). Schon dies ist ungenau, die ganze Beweisführung aber ist darauf angelegt, die Wertschätzung der Ehe noch weiter herabzudrücken. Denn den begeisterten Lobsprüchen eines Cyprian und Ambrosius auf die Jungfräulichkeit wird das häßliche Wort des bekanntlich in paradoxen Behauptungen schwelgenden Tertullian gegenübergestellt: nuptiae ipsae ex eo constant, quod est stuprum [5]) und von Gregor von Nyssa behauptet — eine Stelle wird nicht zitiert —, er habe, obwohl selbst verheiratet, die Ehe als die Quelle alles Unglücks betrachtet. Die Kirche sei allerdings soweit nicht gegangen wie Tertullian, aber seine Ansicht hätte doch so viele Anhänger gefunden, daß das Konzil zu Gangra in der Mitte des vierten Jahrhunderts sich veranlaßt gesehen habe, die Meinung zu verwerfen, daß die Ehe ein Hindernis der ewigen Seligkeit sei. Der Mönch Jovinian aber, welcher behauptete, daß die Ehelosigkeit nicht verdienstvoller sei als die Ehe, sei im Jahre 390 auf zwei Synoden, zu Rom und Mailand, aus der Kirchengemeinschaft gestoßen worden.

Damit ist bereits die Grundlage vorbereitet, auf welche der Verfasser demnächst seine Behauptung von der „grundsätzlichen Verneinung der Ehe", von der „nur ungern geduldeten Ehe" (S. 132) basieren wird.

Aber warum führte er nicht eine Stelle aus einer anderen Schrift Tertullians an (ad uxorem II, 9), die er doch bei Gaß, Geschichte der christlichen Ethik II, 99 in deutscher Übersetzung finden konnte und welche dessen Auffassung der Ehe in ganz anderem Lichte erscheinen läßt? Man vergleiche: „Welche Gemeinschaft zweier Getreuen auf gleiche Hoffnung, gleiche Zucht und Dienstleistung gegründet! Es sind zwei Brüder, zwei Mitknechte ohne Scheidung des Geistes und des Fleisches, und doch sind es wahrhaft zwei in einem Fleisch, und wo ein Fleisch, da auch ein Geist. Sie beten und erwägen und fasten miteinander unter gegenseitiger Belehrung und Unterstützung. In der Kirche Gottes, im Gastmahl des Herrn, in Not, Verfolgung und Trost stehen sie zusammen: Keiner verbirgt etwas vor dem anderen, vermeidet ihn oder wird ihm beschwerlich; nach Gefallen wird der Kranke besucht, der Bedürftige genährt; Almosen gehen ohne Störung von statten, Opfer ohne Bedenklichkeit, der tägliche Fleiß ist unbehindert, der Gebrauch des Kreuzes nicht heimlich, die Freudenbezeugungen ohne Ängstlichkeit, der Segen nicht stumm." — Warum hat der Verfasser nicht, statt da und dort

---

[5]) De exhort. cast. c. 9. Die deutsche Wiedergabe durch den Verfasser vergröbert noch den Sinn.

einzelne Äußerungen zusammenzulesen, sich von Augustinus unterrichten lassen, welcher die Grundsätze der Kirche über die Ehe in zwei eigenen Schriften behandelt, in den beiden Büchern De nuptiis et concupiscentia ad Valerium comitem und der Abhandlung De bono coniugali? Er würde an letzterem Orte im Kapitel 8 u. a. eine ausdrückliche Zurückweisung der Ansicht gefunden haben, welche die Ehe nur als ein geringeres Übel gelten lassen wollte. Im Zusammenhalt mit diesen systematischen Erörterungen erscheint alsdann der erwähnte Konzilsbeschluß als ein Beweis nicht so sehr für die weite Verbreitung der geringschätzigen Meinung von der Ehe, sondern für die Bemühung der kirchlichen Organe, extremen Ansichten nach der einen wie nach der anderen Richtung entgegenzutreten. Freilich hätte der Verfasser dann auch nicht mehr die Behauptung S. 138 wagen dürfen, die Geringschätzung der Ehe von seiten der Kirche habe die Söhne Konstantins veranlaßt, das noch zu Recht bestehende poppäische Gesetz aufzuheben, welches auf die Ehelosigkeit ein Strafgeld gesetzt hatte.

Eine eingehende Behandlung des Themas findet sich in den Hauptabschnitten des E.schen Buches S. 437—487. Aber schon die Eingangsworte enthalten im ganzen wie im einzelnen das vollständige Gegenbild der katholischen Lehre. Jeder Satz beinahe ist unrichtig. Der Verfasser knüpft an die bereits oben besprochene völlig grundlose Behauptung an, daß der ursprüngliche Zustand des Menschen den Maßstab für alle irdischen Werte gebildet habe. „In fleckenloser Reinheit, ohne sinnliche Regungen war der Mensch einstmals aus der Hand des Schöpfers hervorgegangen" — vielmehr: der übernatürliche Gnadenbeistand, das donum rectitudinis, wie die Theologen sagen, hielt alle Regungen seiner sinnlichen Natur in vollkommenster Unterwerfung unter das Gebot der Vernunft und des Sittengesetzes. „Alle sinnlichen Begehrungen, zu welchen in erster Linie die Liebesneigungen gehörten, waren erst mit der Sünde erwacht" — vielmehr: durch den Verlust jenes übernatürlichen Gnadenbeistandes wurde der Zwiespalt zwischen den niederen Kräften des Menschen — nicht nur der Concupiscenz im engsten Sinne — und dem Gebote der Vernunft möglich. „Die Jungfräulichkeit gehörte zum Wesen der ursprünglichen menschlichen Natur. (In dem Sinne, in welchem der Verfasser es meint, ist auch dies nicht richtig.) Zwar hatte Gott selber im Paradiese die Ehe gestiftet. Doch war das Ehebündnis des ersten Menschenpaares von dem der nachfolgenden Geschlechter dadurch unterschieden, daß jenes von allem

Liebesbegehren frei gewesen war." Nicht die Abwesenheit des sinnlichen Begehrens, sondern die harmonische Übereinstimmung desselben mit der von der Gnade erleuchteten Vernunft war das Auszeichnende, darum kann Augustinus sagen (Op. imperf. contra Julianum IV, c. 19): concupiscentiam carnis dixit apostolus Joannes (1 Joann. 2, 16); non concupiscentiam nuptialem, quae posset esse in paradiso etiamsi nemo peccasset, in appetitu foecunditatis, non in pruritu voluptatis, aut certe spiritui semper subiacens, ut non nisi spiritu volente moveretur, aut nunquam adversus spiritum concupiscens. Nun wird die Meinung des Johannes von Damaskus angeführt, der in Übereinstimmung mit Gregor von Nyssa lehrte, daß im paradiesischen Zustande die Fortpflanzung des menschlichen Geschlechtes auf andere Weise als durch geschlechtliche Verbindung erfolgt sein würde, und sodann fortgefahren: „Thomas von Aquino trat allerdings dieser Ansicht entgegen. Er behauptete, daß die Fortpflanzung auch in der Urzeit durch geschlechtliche Verbindung geschehen, daß dieselbe nur frei von der sinnlichen Begierde der gegenwärtigen Vermischung gewesen sei. In gleicher Weise dachte Vinzenz von Beauvais. Die praktische Folgerung aber, welche Thomas und Vinzenz aus dieser Voraussetzung zogen, war von der Ansicht des Gregor von Nyssa, des Johannes von Damaskus und der gesamten Kirche (!) keineswegs unterschieden. „„Daher, erklärte der erstere, wird die Enthaltsamkeit, welche im Stande der Unschuld nicht lobenswert gewesen wäre, in gegenwärtiger Zeit gepriesen."" Ähnlich äußerte sich Vinzenz. Demnach konnte die Ehe, in ihrer gegenwärtigen Gestalt wenigstens, dem religiösen Geiste des Mittelalters ebenso wie der Staat nur als eine Folge des Sündenfalles erscheinen. Die Rückkehr zu jenem idealen Urzustande bedingte also die Enthaltsamkeit von irdischer Liebe."

Aus der seltsamen Konfusion dieser Ausführungen geht zunächst soviel deutlich hervor, daß der Verfasser die Stelle des hl. Thomas nicht selbst eingesehen hat. In der Begründung seiner von dem Verfasser angeführten Ansicht, wobei er ausdrücklich auf die entgegenstehende Meinung der griechischen Väter Bezug nimmt, geht Thomas davon aus, daß nichts, was in der menschlichen Natur selbst, nichts also auch, was in der körperlichen Organisation des Menschen gelegen sei, durch die Sünde verändert, hinzugefügt oder hinweggenommen werden könne. Da nun diese körperliche Organisation auf geschlechtliche Fortpflanzung angelegt sei, so folge, daß auch im Stande der Unschuld die Erhaltung des Menschengeschlechtes auf diesem Wege geschehen sein würde. Etwas anderes aber sei es um die quaedam deformitas immoderatae concupiscentiae, quae in statu innocentiae non fuisset, quando inferiores vires omnino rationi subdebantur, wofür Augustinus (Civ. Dei 14, 26) als Zeuge angeführt wird. Denn, so wird im weiteren Verlaufe ausgeführt, in statu innocentiae nihil huiusmodi fuisset, quod ratione non moderaretur; non quia esset minor delectatio secundum sensum, ut quidam dicunt (fuisset enim tanto maior delectatio sensibilis, quanto esset purior natura et corpus magis sensibile); sed quia vis concupiscibilis non ita inordinate se extulisset super huiusmodi delectatione regulata per rationem; ad quam non pertinet, ut sit minor delectatio in sensu, sed ut vis concupiscibilis non immoderate delectationi inhaereat ... Et hoc sonant verba Augustini, quae a statu innocentiae non excludunt magnitudinem delectationis, sed ardorem libidinis et inquietudinem animi. Et ideo continentia in statu innocentiae non fuisset laudabilis, quae in tempore isto laudatur, non propter defectum foecunditatis sed propter remotionem inordinatae libidinis. Tunc autem fuisset foecunditas absque libidine.

Man sieht, die Argumentation des hl. Thomas mitsamt den von dem Verfasser angeführten Worten wirft die ganze Theorie des letzteren über den Haufen. Wie konnte die Rückkehr zu dem „idealen Urzustande" — wenn eine solche überhaupt hätte erstrebt werden können! — in der Enthaltung von der ehelichen Verbindung gesucht werden, da diese ja auch dort bestanden hätte und die Enthaltung nicht lobenswert gewesen wäre? Aber der Verfasser zitiert auch falsch, wenn er den hl. Thomas lehren läßt, die eheliche Verbindung würde dort frei von der sinnlichen Begierde gewesen sein. In Übereinstimmung mit Augustinus setzt er das Entscheidende nicht in die Abwesenheit, sondern in die völlige Unterwerfung der Begierde unter das Gebot der Vernunft. Völlig unerfindlich ist, wie der Verfasser dazu kommt, die von Thomas widerlegte Ansicht, für die er selbst außer den beiden griechischen Theologen keine Gewährsmänner beizubringen weiß, als die Ansicht „der gesamten Kirche" zu bezeichnen. Dagegen könnte die Behauptung, daß die Ehe „in ihrer gegenwärtigen Gestalt" als eine Folge des Sündenfalls erschienen sei, einen richtigen Sinn haben, denn als ein Sakrament des neuen Bundes wurde sie erst durch Christus gestiftet. Allein hieran denkt der Verfasser nicht, sein Bestreben ist überall darauf gerichtet, die Ehe als etwas erscheinen zu lassen, was nach kirchlicher Wertschätzung eigentlich nicht sein sollte und nur geduldetermaßen fortbestand. Den Beweis dafür soll die mittelalterliche Legendendichtung abgeben.

Nun besteht ja darüber kein Zweifel, daß „die gesamte Kirche" seit den Zeiten der Väter den Stand der Jungfräulichkeit als den höheren über den ehelichen Stand setzte. Natürlich nicht darum, weil „der Urzustand des Menschen die Jungfräulichkeit als das Ideal der Vollkommenheit" hingestellt hätte (S. 439), denn angesehene Theologen sprechen, gestützt auf die soeben mitgeteilte Stelle aus Thomas, die Meinung aus, daß die paradiesische Menschheit den Stand der Jungfräulichkeit nicht gekannt haben würde (vgl. hierüber Heinrich, Dogmatische Theologie VI., 607 f. mit Anm. 4), sondern darum, weil man sich an den unzweideutigen Wortlaut von Matth. 19, 10—12 und I. Kor. 7, 25 ff. hielt. Kein Zweifel auch, daß diese Wertschätzung der Jungfräulichkeit, wie sie tatsächlich in allen Jahrhunderten Gestalten von überirdischer Lieblichkeit entstehen ließ, so auch der mittelalterlichen Poesie eine wunderbare Zartheit der Empfindung einflößte. Der Verfasser selbst steht unter diesem Eindrucke. Aber man wird darum doch noch nicht jede Auslassung eines begeisterten Gemüts zu einem vollgültigen Zeugnisse der kirchlichen Lehre erheben wollen, am wenigsten dann, wenn sie im Widerspruche steht mit den bestimmten Aussprüchen der kirchlichen Organe und der berufenen Vertreter kirchlicher Wissenschaft. Der Verfasser hat in der Legende von Barlaam und Josaphat die Gleichstellung der Ehe mit der Sünde, in der Lebensbeschreibung des Abtes Poppo von Stablo ihre Gleichsetzung mit „den Lastern und Begierden" gefunden (S. 442 f.). Aber was verschlagen derartige übertreibende Ausdrücke, welche zudem, im Zusammenhange geprüft, viel von ihrer Schroffheit verlieren dürften, gegenüber den präzisen Erörterungen, welche der klassische Theologe des Mittelalters im engsten Anschlusse an Augustin der einschlägigen Frage gewidmet hat? Die Ehe, so führt er in seinem Kommentar zu den Sentenzenbüchern des Petrus Lombardus aus (Comm. in Sent. IV, dist. 26, q. 1 u. 2), ist in der Natur begründet, sowohl bezüglich ihres Hauptzweckes, der Nachkommenschaft — denn die Natureinrichtung geht nicht nur auf die Erzeugung, sondern auch auf Aufziehung und Erziehung — als auch bezüglich ihres sekundären Zweckes, der gegenseitigen Hilfeleistung der beiden Gatten. Die Ehe ist von dem Wohle der Menschheit gefordert, aber daraus folgt nicht, daß jeder einzelne zur Ehe verpflichtet wäre, gerade wie auch auf allen anderen Gebieten das, was das Wohl der Gesamtheit erheischt, nicht zur Pflicht eines jeden wird. Wie vielmehr überall Arbeitsteilung stattfindet und der eine durch diese, der andere durch jene Tätigkeit dem Ganzen dient, so dürfen auch einzelne im Interesse der Gesamtheit sich dem beschaulichen Leben widmen und darum der Ehe enthalten, welche ein Hindernis desselben bilden würde. In keiner Weise aber ist der actus matrimonii etwas Unerlaubtes oder Schlechtes; denn wenn die körperliche Natur von Gott geschaffen, also gut ist, so kann auch, was ihrer Erhaltung dient, nicht, allgemein gesprochen, böse sein. Im Gegenteil, der geordnete actus matrimonii ist verdienstlich. — Und der Lombarde selbst, dessen Bedeutung gerade darin liegt, daß er in seinen vier Büchern der Sentenzen zusammentrug, was sich an Resultaten aus der bisherigen Entwicklung der christlichen Wissenschaft herausgestellt hatte, dessen Werk daher Jahrhunderte lang die Grundlage theologischer Lehrüberlieferung bildete, führt aus (IV, dist. 26, 5): fuerunt autem nonnulli haeretici nuptias detestantes ... Hi nuptias omnino damnant ac pares fornicationibus aliisque corruptionibus faciunt, nec recipiunt in suorum numero coniugio utentem ... Quod autem res bona sit coniugium, non modo ex eo probatur, quod Dominus legitur coniugium instituisse inter primos parentes, sed etiam quod in Cana Galilaeae nuptiis interfuit, easque miraculo commendavit .... Constat ergo rem bonam esse matrimonium. Wie kann man solchen bestimmten Äußerungen der berufensten Vertreter kirchlicher Lehre gegenüber behaupten, daß „die strenge Logik der Idee die völlige Enthaltung von irdischer Liebe gefordert haben würde" (S. 444), daß die Ehe der „dem religiösen Geiste der Kirche am meisten entsprechenden Ansicht nach" nur der Einschränkung der sinnlichen Begierde wegen begründet worden, daß „die fleischliche Verbindung auch innerhalb der Ehe noch immer mit einem gewissen Makel behaftet" geblieben (S. 452), daß sie „als ein notwendiges Übel" betrachtet worden sei, „welches zur Vermeidung des viel größeren Übels eines gänzlichen Abfalles von der kirchlichen Tugendlehre zugelassen werden mußte" (S. 457)?

Die ganze Vorstellung existiert nur in der Phantasie des Verfassers. In welchem Grade er davon beherrscht wird, dafür gibt eine Ausführung S. 453 noch einen besonders sprechenden Beleg. „Sogar die Niederkunft einer Frau", heißt es dort, „galt bei manchen auf Grund der in den mosaischen Gesetzen ausgesprochenen Anschauungen als eine Verunreinigung, so daß von einigen Eiferern den Frauen der Zutritt zur Kirche für eine bestimmte Frist nach ihrer Entbindung verboten wurde. Aber selbst dem Papst Gregor dem Großen erschien diese Anschauung verletzend, und er untersagte deshalb seinem Glaubensboten in England, dem Bischof Augustinus, welcher in den Jahren 597 bis 633 unter den Angeln missionierte, die Anerkennung derselben für die englische Kirche. Noch im neunten Jahrhundert war diese Anschauung bei den Bulgaren herrschend. Nur über die Länge dieser Frist waren die letzteren im Zweifel. Sie ersuchten deshalb den Papst Nikolaus I. um Auskunft in dieser Frage. Nikolaus aber antwortete ihnen: „"Ihr fragt, wie lange eine Frau nach ihrer Niederkunft die Kirche meiden müsse. Sie darf, wenn sie kann, noch am nämlichen Tage in die Kirche gehen."" Wenn also die Kirche jene Anschauung auch nicht zu der ihrigen machte, so war dieselbe doch nichts als eine Folgerung aus einer von der Kirche selbst gegebenen Voraussetzung. Wenn die eheliche Beiwohnung als etwas Unheiliges angesehen wurde, so war es nicht unlogisch gedacht, auch den Folgen derselben einen Makel beizumessen und demnach den Frauen nach ihrer Entbindung die Berührung mit dem Heiligtum der Kirche nicht ohne weiteres zu gestatten." — Man sieht, wo es sich um die Feststellung kirchlich-mittelalterlicher Anschauungen handelt, wiegt für den Verfasser die Autorität der Päpste nicht schwerer als die der Kirchenväter und der angesehensten Theologen. Die Logik des Systems ist ihm zufolge auf Seiten der Eiferer und Fanatiker, der Poeten und Legendenschreiber.

„Aber dieses aszetische Ideal der Liebesentsagung — so belehrt uns der Verfasser S. 444 f. — konnte selbstverständlich niemals zu einem allgemeinen Gesetz erhoben werden. Die unüberwindliche Macht der sinnlichen Leidenschaft und der irdischen Liebesbedürftigkeit zwang den religiösen Geist, auch in diesem Punkte auf die unbedingte Erfüllung der vollkommenen Nachfolge Christi zu verzichten. Auch mußte die praktische Erwägung, daß die allgemeine Einführung der Keuschheitstugend den Untergang des menschlichen Geschlechts zur Folge haben müsse, die Unmöglichkeit derselben sofort erkennen lassen. . . . Die Kirche fand in diesem Zwiespalt zwischen der religiösen Idee und der Gebundenheit der sinnlichen Natur den Ausweg, eine Gradesverschiedenheit des sittlichen Lebenswandels aufzustellen und die freiwillige Ehelosigkeit als den höheren Stand, die Ehe zwar als einen niederen, jedoch als einen erlaubten Stand zu bezeichnen. Diese graduelle Unterscheidung bildete die Mittellinie zwischen den Gegensätzen der übersinnlichen Idee und der sinnlichen Wirklichkeit. Die erstere blieb durch die Höherstellung der Ehelosigkeit in ungetrübter Reinheit erhalten, indes zugleich der letzteren die notwendige Rechnung getragen wurde."

Jedes Lehrbuch der katholischen Moral würde ausgereicht haben, den Verfasser mit dem wirklichen Sachverhalt bekannt zu machen. Es bedurfte nicht erst der Erfahrung, um die Kirche darüber aufzuklären, daß die Enthaltung von der Ehe sich nicht als allgemeinverbindliches Gesetz durchführen lasse; sie hatte auch nicht nötig, indem sie vor dem Widerstande der sinnlichen Natur zurückwich, einen Ausweg in der Unterscheidung eines verschiedenen Grades der Vollkommenheit zu suchen. Von allem Anfange an fand sie in Matth. 19, 16 ff. und 1 Kor. 7, 25—28 den Unterschied deutlich ausgesprochen zwischen Geboten, deren Erfüllung die unerläßliche Bedingung des Heils ist, und Räten, deren Befolgung den Menschen leichter und besser zu seinem höchsten Ziele gelangen läßt. An der ersten Stelle bezeichnet der Heiland selbst die Übernahme vollkommener Armut als das Mittel, sich zu einer Stufe sittlicher Vollkommenheit zu erheben, welche über das zum Heile Notwendige hinausliege und die Hoffnung eines überreichen Maßes himmlischen Lohnes gewähre. An der zweiten Stelle erklärt der Apostel Paulus, die Ehe sei an sich gut und erlaubt; besser aber sei die stete Jungfräulichkeit, denn sie gewähre die Möglichkeit, sich dem Dienste Gottes ungeteilt hinzugeben. Sie sei indes nicht geboten; er wolle nur einen Rat in dieser Beziehung aussprechen (vgl. S i m a r , Lehrbuch der Moraltheologie (2) S. 46). Von hier entstammen die neuen Ideale der Jungfräulichkeit und der freiwilligen Armut, welche seitdem Tausende in freudiger Begeisterung ergriffen und heldenmütigen Herzens im Leben verwirklicht haben, Ideale, die vielleicht hie und da und zumal in den ersten christlichen Jahrhunderten mit einer gewissen Herbigkeit gepredigt wurden, die man aber kirchlicherseits niemals gewillt war, zu allverbindlichen Zwangsgeboten oder auch nur für alle gleichmäßig passenden Lebensordnungen umzuprägen. Daß das Leben „nur insofern einen Wert" besitze, als es „zu einer Vorbereitung auf das Jenseits" gemacht wird (S. 318), ist allerdings nicht nur mittelalterlich-kirchliche, sondern allgemein christliche Lehre, aber niemals ist darauf die Forderung begründet worden, daß für alle diese Vorbereitung die gleiche Gestalt annehmen müsse. Wenn einzelne, erfüllt von lebendigem Glauben an die jenseitige übernatürliche Bestimmung und einer alles überfliegenden Liebe zu dem einen höchsten Gute in den sittlich erlaubten, ja sittlich guten Beziehungen des irdischen Lebens für sich doch nur Hindernisse der Heilsgewinnung erblickten, so konnte es doch nie einen Bestandteil der kirchlichen Lehre oder eine Konsequenz aus ihren Voraussetzungen bilden, daß der „Liebesverkehr der Gatten untereinander wie der Eltern mit den Kindern" eine „Beeinträchtigung der Liebe zu Gott" oder gar diese letztere „ihrer Idee nach die Verneinung des ehelichen wie des verwandtschaftlichen Lebens" sei (S. 464).

Ganz das gleiche gilt von Eigentum und Erwerb. Aus den Worten Christi, welche den evangelischen Rat der vollkommenen Armut enthalten, ergab sich die höhere Wertung der Besitzlosigkeit, nicht aber, daß der Besitz „strenge genommen" eine „Gefährdung des ewigen Seelenheils" sei, und es ist nicht wahr, daß die „strenge Logik" zur „Verneinung des Sondereigentums" hätte führen müssen (S. 498). Einzelne schroffe Ausdrücke der Väter, die der Verfasser anführt (S. 125, S. 499), sind hierbei nicht von Belang, die Ausführungen des hl. Thomas über das Eigentum (S. 501) hat er völlig mißverstanden. Ich verzichte jedoch darauf, dies an dieser Stelle näher zu begründen, nachdem ich erst kürzlich Veranlassung hatte, die Lehre des hl. Thomas irrigen Auffassungen gegenüber klar zu stellen. Entschieden abzuweisen ist es, wenn Vorschriften und Ermahnungen, welche Heilige oder Ordensstifter an ihre Ordensgenossen richten, dazu verwertet werden sollen, um die Verwerfung des Eigentums oder den Verzicht auf jeden Schmuck des Lebens als einen Bestandteil der allgemeinen kirchlichen Moral zu erweisen. Nur im Vorbeigehen mag dabei angemerkt werden, daß der Verfasser mit dem mittelalterlichen Sprachgebrauch so wenig vertraut ist, daß er in einer von ihm angeführten Stelle des hl. Thomas (S. 498) den Ausdruck status religionis mit „der religiöse Glaube" wiedergibt, ein geradezu unbegreifliches Mißverständnis, wenn anders er die Stelle selbst eingesehen hat, welche ausdrücklich und ausschließlich von den besonderen Pflichten des Ordensstandes handelt.

Am schärfsten aber muß natürlich die angebliche weltverneinende Tendenz der Kirche dem Staate gegenüber zum Ausdruck kommen, und der Konflikt muß an diesem Punkte um so heftiger werden, als ja auch hier nach der Meinung des Verfassers jenes Umschlagen der „Weltverneinung" in die „Weltbejahung", der weltflüchtigen

Aszese in den Anspruch auf Weltbeherrschung am grellsten hervortritt. Ehe ich jedoch dazu übergehe, seine Ausführungen über die mittelalterlich-kirchliche Lehre vom Staat einer Prüfung zu unterziehen, ist es nötig, etwas näher auf seine **Auffassung von der Kirche** einzugehen.

„Die Abwehr des feindlich gesinnten römischen Staates", heißt es S. 116, „und der unter der Einwirkung der antiken Philosophie entstandenen christlichen Häresie war die Entstehungsursache des sakramentalen Priestertums und des in dem römischen Bischof vertretenen einheitlichen Kirchenregiments". Die dahin abzielende Entwicklung begann schon sehr früh, denn bereits „der im Beginne des zweiten Jahrhunderts zum Tode verurteilte Bischof Ignatius von Antiochien machte die Erwerbung der göttlichen Gnade von dem Gehorsam gegenüber dem Bischof und dem treuen Festhalten an der kirchlichen Gemeinschaft abhängig" (S. 114). Nach katholischer Lehre wurde dagegen die Kirche von Christus als sakramentale Heilsanstalt gestiftet, womit vollkommen vereinbar ist, daß Momente, die von Anfang in sie hineingelegt waren, im Laufe der Geschichte unter der Hand der göttlichen Providenz zu deutlicher Ausgestaltung kamen. Indessen streite ich mit dem Verfasser hierüber nicht, hier mag Auffassung gegen Auffassung stehen bleiben. Durchaus falsch aber und durch nichts zu begründen ist es, wenn er weiter behauptet, daß seit dem Aufkommen der Kirche als „einer Vermittlungsanstalt zwischen Gott und Menschheit" der „metaphysische Dualismus von Gott und Welt" gleichbedeutend geworden sei „mit dem Dualismus der Kirche und Welt" und „die religiöse Idee des Christentums gleichgestellt mit der Kirche" (S. 120). Nicht der Schatten eines Beweises ist dafür beizubringen. Wie die Erlösung und die Gnade ist die Kirche ein Moment der übernatürlichen Heilsordnung; sie ist, um mit den Worten Möhlers zu sprechen (Symbolik § 36, 7. Aufl. S. 331), „die von Christus gestiftete sichtbare Gemeinschaft aller Gläubigen, in welcher die von ihm während seines irdischen Lebens zur Entsündigung und Heiligung der Menschheit entwickelten Tätigkeiten unter der Leitung seines Geistes bis zum Weltende vermittelst eines von ihm angeordneten, ununterbrochen währenden Apostolates fortgesetzt und alle Völker im Verlaufe der Zeiten zu Gott zurückgeführt werden". Ihr Zweck fällt durchaus zusammen mit dem des Erlösungswerkes Christi. „Er ist kein anderer, als die Entsündigung und Heiligung der Menschheit und die Einführung derselben in die übernatürliche Vollendung und

Seligkeit des Himmels" (vgl. Simar, Lehrbuch der Dogmatik (2) S. 581). Niemals und zu keiner Zeit hat sie etwas anderes sein können, als der Weg, der zu Gott hinführt, niemals und zu keiner Zeit hat sie sich für das Ziel selbst ausgegeben. Der Ausspruch, welchen Eicken ohne nähere Angabe dem hl. Chrysostomus in den Mund legt, „die Kirche ist Gott", (S. 119), kann, wenn er sich überhaupt in den Schriften des Kirchenvaters findet, den Sinn gar nicht haben, in dem er verwertet wird. Aber man sieht sofort, wie durch eine solche Auffassung von der Kirche das Bild, welches der Verfasser von der christlichen Kultur in den vergangenen Jahrhunderten gibt, zum Zerrbilde werden muß.

„Die Kirche", behauptet er, „war der für das Gedankenbild der übersinnlichen Welt eingesetzte positive Wert" (S. 741). „Da in der göttlichen Offenbarung die Zwecke aller irdischen Dinge enthalten waren, so mußten folgerichtig die Zwecke derjenigen Institution, in welcher die göttliche Offenbarung verkörpert erschien, die ideale Norm bilden für alle Beziehungen des menschlichen Lebens" (S. 184). Nicht das Heil ihrer Seele erscheint mehr als der Zielpunkt, auf welchen sich das Streben der eifrigen Christen richtet, sondern die Herrschaft der Kirche. Die Opfer der Selbstverleugnung wandeln sich um in Mittel der Machtsteigerung. Da die Kirche „die Wirklichkeit des Übersinnlichen, der ‚Leib Christi' war, so mußten alle irdischen Güter, welche man dem Jenseits zum Opfer bringen wollte, der Kirche zugewandt werden" (S. 313). In eifersüchtiger Gottesliebe verzichten fromme Seelen auf Ehe und Familie; aber sie täuschen sich; „seitdem der Weg zum Jenseits nur durch die Vermittlung der Kirche zu finden war, bedeutete das der Liebe zu Christus gebrachte Opfer der Keuschheit nichts anderes als die Entsagung auf irdische Liebe zugunsten der Kirche" (S. 464). Wenn für das mittelalterliche Bewußtsein, wie die praktischen Lebensverhältnisse, so auch alle theoretische Betätigung in engster Beziehung mit der jenseitigen übernatürlichen Bestimmung des Menschen stand, weil ihm, nach einem schönen Ausdrucke Hegels, von allem, was ist, die Bedeutung in dem Lichtfaden lag, durch den es an den Himmel geknüpft war, so heißt dies nach dem Verfasser, daß sich „Wissenschaft und Kunst nach Inhalt und Umfang aus der aszetisch-hierarchischen Idee des christlichen Gottesstaates" bestimmten (S. 589).

Der Verfasser steigert aber das Zerrbild noch dadurch, daß er nicht genügend zwischen den sittlich-religiösen Funktionen, welche unmittelbar aus der göttlichen Mission der Kirche fließen, zwischen den praktischen Folgen, welche ihre Weltstellung der Natur der Sache nach mit sich bringen mußte, und endlich den besonderen Aufgaben scheidet, welche, ohne in ihrem Wesen zu liegen, unter bestimmten geschichtlichen Verhältnissen der Kirche oder einzelnen ihrer Organe zugefallen sind. Seit der Auflösung des römischen Reichs bis zum Aufkommen neuer festgefügter Staatenbildungen, Jahrhundert lang, war die Kirche die einzige organisierte Macht, ihre Organe wegen des größeren Maßes von Bildung vielfach weit besser als die Laien zur Ausübung staatlicher Geschäfte befähigt. Es bedurfte keines dialektischen Umschlagens von Weltverneinung und Weltbejahung und auch keiner zielbewußten hierarchischen Politik, um in beträchtlichem Umfange staatliche Funktionen an die Kirche gelangen zu lassen. Wenn beispielsweise die Kirche Ehegesetzgebung und Ehegerichtsbarkeit als ausschließlich zu ihrer Kompetenz gehörig ansah, so war dies die notwendige Konsequenz aus dem der Ehe beigelegten sakramentalen Charakter. Wenn dagegen Jahrhunderte lang das gesamte Gebiet der Armenpflege in ihren Händen lag, so war der Grund hierfür nicht nur der, daß sie in der Ausübung derselben von Anfang an ein besonderes Ehrenvorrecht erblickt hatte, sondern ganz ausdrücklich auch der, daß es andere hierzu geeignete Organe und Einrichtungen nicht gab. Der Verfasser selbst sieht sich genötigt, dies anzuerkennen (vgl. S. 536), er übersieht aber, daß er damit seiner Auffassung den Boden entzieht. Wenn er aus einer dem hl. Bernhard zugeschriebenen Ansprache die Stelle mitteilt (S. 376): „Zwiefach ist die Herrschaft der Prälaten. Denn sie haben die Schlüssel der Kirche, mit welchen sie schließen, ohne daß jemand öffnen kann, und öffnen, ohne daß jemand schließen kann. Sie haben auch die Regalien, weil sie die Herren der Städte und Ortschaften sind. Nicht nur das Episkopat, sondern auch das Konsulat ist in ihrem Besitze" —, so ist damit zunächst nur ein Tatbestand mitgeteilt, wie ihn die Entwicklung des mittelalterlichen Lehensstaates vieler Orten herbeigeführt hat. Es wäre erst zu untersuchen, ob der Redner wirklich die Absicht gehabt hat, den Anspruch auf die „weltherrschaftliche Machtstellung der Kirche" zu begründen. Von vornherein muß sodann einleuchten, daß Funktionen, welche der Kirche und ihren Organen geschichtlich zugefallen waren, ohne mit ihren wesentlichen Zwecken unmittelbar verbunden zu sein, zum Gegenstand des Streites wurden, nachdem das weltliche Staatswesen sich zu konsolidieren begonnen hatte.

In der theoretischen Durchführung des Streites mag auf kirchlicher Seite gelegentlich wohl auch jener Unterschied verkannt und dem bloß geschichtlich gewordenen eine prinzipielle Bedeutung beigelegt worden sein.

Erwägungen dieser Art liegen dem Verfasser fern. Ihm steht fest, daß die Moral des Christentums, weil sie sich aus dem Dualismus von Gott und Welt ableitete, eine weltverneinende sein mußte, daß seit dem Aufkommen der Kirche die weltverneinende Tendenz, weil sie in der Kirche ihr positives Ziel erhalten hatte, in die Welt zurückführte, ja den Anspruch der Weltbeherrschung aus sich erzeugte, daß das Bestreben, den sündenlosen Urzustand wieder herzustellen, auf allen Gebieten zu einem gewaltsamen Zusammenstoß mit den natürlichen Regungen des Menschen und den tatsächlichen Bedürfnissen der menschlichen Gesellschaft führen mußte, und es ergibt sich ihm als eine notwendige Konsequenz aus diesen Voraussetzungen, daß insbesondere ein unversöhnlicher Gegensatz zwischen der mittelalterlichen Kirche und dem weltlichen Staat bestand, und das irdische Gottesreich, welches jene verwirklichen wollte, für den letzteren keinen Raum ließ. Ich habe die Falschheit und völlige Grundlosigkeit jener Voraussetzungen im vorangehenden nachgewiesen, es bleibt noch zu zeigen, daß auch die Folgerungen, welche der Verfasser daraus für die kirchlich-mittelalterliche Lehre vom Staate zieht, in den authentischen Kundgebungen der Zeit keine Bestätigung finden.

Daß es nach mittelalterlicher Lehre in dem sündenlosen Zustand kein Staatswesen gegeben haben würde, weiß der Verfasser lediglich durch die Ausführungen des Romans von der Rose zu belegen. Alles andere, was in diesem Sinne verwertet werden soll, enthält denselben nicht. Auch stößt er selbst sofort auf den gewichtigsten Zeugen für die gegenteilige Ansicht, auf Thomas von Aquin. Aber da er die Schriften des großen Scholastikers nicht selbst eingesehen hat, weder hier noch anderwärts, wie schon aus der unrichtigen Bezeichnung der Stellen hervorgeht, so gibt er auch die einschlägige Äußerung ungenau wieder. Thomas hält nicht bloß „ein staatliches Regiment auch im Stande der Unschuld für möglich, und zwar aus zwei Gründen" (S. 364), sondern er sagt: tale dominium hominis ad hominem in statu innocentiae fuisset propter duo (Summa theol. I, q. 96, a. 4 c.). Des weiteren aber versucht er die Bedeutung dieses Zeugnisses durch eine andere Stelle herabzudrücken. Thomas, fährt er fort, sei weit davon entfernt gewesen, „den Staat des gegenwärtigen menschlichen Zustandes als eine göttliche Stiftung anzuerkennen. Der bestehende Staat erschien vielmehr auch ihm als ein durch den Sündenfall notwendig gewordenes Übel. Thomas zählte denselben zu den Unvollkommenheiten des körperlichen Lebens, von welchen die nur die Erlösung der Seelen bezweckende Erlösung den Menschen nicht befreit hatte. Wie die Menschen allem leiblichen Leid unterlagen, obwohl sie der Erlösung teilhaftig geworden waren, so blieb die Abhängigkeit von den Gesetzen der weltlichen Staatsordnung nach wie vor für sie bestehen". Der Beleg wird S. theol. 2, II, q. 104, a. 6. gefunden und ein Stück in deutscher Übertragung mitgeteilt.

Hätte der Verfasser das Hauptwerk des Aquinaten auch nur an den beiden angezogenen Stellen selbst gelesen, er hätte sofort einsehen müssen, daß er sich in einem vollkommenen Mißverständnis befindet. An beiden Orten unterscheidet Thomas zwischen einem staatlichen Gemeinwesen freier Bürger, und einem solchen, in dem Herrschaft und Dienstbarkeit lediglich im Interesse der Herrschenden liegt. An beiden Orten fordert er Gehorsam unter die Herrschaft der ersteren Art, aus dem Grund, weil sonst ein geordneter Zustand der menschlichen Gesellschaft nicht möglich wäre. Die vom Verfasser mitgeteilte Stelle, welche nicht der systematischen Ausführung angehört, sondern die Beantwortung eines der in üblicher Weise vorangeschickten Einwürfe bildet, bezieht sich nicht auf die Unterwerfung der Bürger unter die staatliche Autorität, sondern auf die Sklaverei. Es fälscht den Sinn, wenn er übersetzt: „Die Abhängigkeit des einen Menschen vom andern", denn bei Thomas steht ausdrücklich: servitus, qua homo homini subiicitur (a. a. O. ad 1). Ich füge zum Überflusse noch hinzu, daß die gleiche Frage von Thomas auch im Kommentar zu den Sentenzen (II, dist. 44, q. 2, a. 2, ad 2) behandelt wird, daß daselbst der gleiche, an Matth. 17, 26 und die aus Augustin stammende Erläuterung derselben anknüpfende Einwurf erhoben und in der gleichlautenden Zurückweisung des Einwurfs durch den Ausdruck servilis conditio der Umstand, daß es sich um die Sklaverei handelt, besonders deutlich hervorgehoben wird.

Ich glaube nicht, daß sich ein irgendwie beachtenswertes Zeugnis dafür wird beibringen lassen, daß nach mittelalterlicher Auffassung der Staat als solcher, das geordnete Zusammenleben eines Menschheitskomplexes unter einer Obrigkeit, als etwas Böses gegolten hätte, als etwas, was nicht sein sollte, was aus der Sünde geboren, selbst einen sündhaften Charakter trüge. Auch die Worte aus dem Roman von der Rose, die der Verfasser S. 358 dafür anführt, haben diesen Sinn nicht. Wenn der Staat häufig mit der Sünde in Zusammenhang gebracht wird, so geschieht dies in zweierlei Weise. Es wird entweder darauf hingewiesen, daß der staatliche Zwang und die staatliche Strafgewalt im Stande der Unschuld nicht erforderlich gewesen wären, wo jeder aus sich selbst das Gute und Rechte getan haben würde, und daß also diese unentbehrlichen und zuerst in die Augen fallenden Attribute des Staates nur durch die Sünde und die daraus hervorgegangene Verderbnis notwendig geworden seien. Aber nur nach lutherischer, nicht nach katholischer Lehre bedeutet dies, daß der Staat nun selbst etwas Sündhaftes wäre, er ist im Zusammenhange dieser Gedanken vielmehr eine gute, auf die Durchführung der sittlichen Ordnung und die Abwehr des Bösen abzielende Einrichtung. Oder es ist die Rede von den einzelnen, historisch gewordenen Staatengebilden oder richtiger noch von den Machthabern und Fürsten, und es wird geltend gemacht, daß diese letzteren vielfach nur durch Gewalttat und Blutvergießen, durch Usurpation und Eroberung, also durch moralisch verwerfliche Taten, auf dem Wege der Sünde, zur Macht gelangt seien. Ihnen wird dann die Kirche als ein auf Christi Stiftung beruhendes Reich des Friedens gegenübergestellt. Dies und nichts anderes besagen die von dem Verfasser angeführten Aussprüche Gregors VII., Innozenz' III. und des Kaisers Friedrich II. (S. 357, S. 366), es ist schief und irreführend, von dem „verbrecherischen Ursprunge des Staates" zu reden (S. 364), von dem „durch die Sünde aufgezwungenen gesellschaftlichen Vertrage" (S. 366), es ist durchaus unwahr und durch nichts zu begründen, wenn der Verfasser S. 413 behauptet: „Mit klaren Worten sprach die Kirche auch den sündhaften Ursprung und Charakter des Staates aus".

Die Reflexion über den Staat und seine Aufgaben setzt stets das Vorhandensein eines mehr oder minder entwickelten staatlichen Lebens voraus. Ohne die griechischen Stadtstaaten, wo in räumlich engbegrenzten Rahmen ein aufs höchste gesteigertes, in den verschiedensten Formen sich betätigendes, die Kräfte und Interessen der Bürger mächtig anspannendes Gemeinleben pulsierte, wäre die Politik des Aristoteles niemals entstanden. Völlig verschieden waren die Verhältnisse des christlich-germanischen Mittelalters; nicht auf die Stadt, sondern auf den Stamm ist der Staat gegründet, darum fehlt ihm die Konzentration und die nach außen sichtbar hervortretende Gestalt, die einzelnen Funktionen sind an gesonderte Glieder, Personen, Stände, Korporationen verteilt, der Gedanke der Einheit und Zusammengehörigkeit knüpft sich allein an die Person des Fürsten. Dazu kam, daß das Gemeinleben im Staate seit dem Christentum aufgehört hatte, als der höchste, allumfassende Zweck zu gelten, daß dem Individuum sein eigenster von der Gesamtheit unabhängiger Wert und Zweck durch die christliche Lehre täglich aufs neue eingeschärft wurde; dazu kam ferner, daß der Staat nicht mehr die einzige Ordnung des Gesamtlebens war, sondern neben ihm und über ihn hinaus die Kirche die Gläubigen zu einem großen Reiche verband; dazu kam endlich, daß, wie schon zuvor bemerkt, Funktionen, welche ihrer Natur nach nicht notwendig von der Kirche ausgeübt werden mußten, durch den geschichtlichen Entwicklungsgang kirchlichen Organen zugefallen waren. Völlig anders mußte sich demgemäß auch die mittelalterliche Reflexion über den Staat gestalten. Sie erörterte nicht sowohl die Formen des Staates als die Pflichten des Fürsten, und unter ihnen tritt namentlich eine neue, dem Altertum unbekannte hervor, die Pflicht, Schutzherr der Kirche zu sein, für die sittlichen Forderungen des Christentums mit starkem Arme einzutreten. Veranlassung aber, auf die Natur und das Recht des Staates einzugehen, gewinnt sie zuerst an jenen Punkten, wo geistliche und weltliche Behörden miteinander in Wettbewerb traten oder mit ihren Ansprüchen feindlich aufeinanderstießen. Eine zutreffende Würdigung der mittelalterlichen Staatstheorie ist nicht möglich ohne eine sorgfältige Erwägung aller dieser Momente, welche hier natürlich nur in Kürze angedeutet werden können. Ich kann nicht finden, daß der Verfasser dieselbe angestellt habe.

Der Verfasser führt zahlreiche Aussprüche von Päpsten oder anderen kirchlichen Organen an, welche ihrem Wortlaute nach sehr weitgehende Machtansprüche und eine ausdrückliche und vollkommene Überordnung der Kirche über den Staat im Sinne der sogenannten potestas directa in temporalia zu proklamieren scheinen. Zu prüfen, ob dies in jedem einzelnen Falle wirklich zutrifft, würde eine weit über die Grenzen dieser Besprechung hinausgehende Untersuchung erfordern. Ich verweise statt dessen auf die Bemerkungen Grauerts in seiner Besprechung der Abhandlung Berchtolds über die Bulle Unam Sanctam im IX. Bande des Hist. Jahrbuchs S. 138 ff. Entschieden unrichtig aber ist es, wenn der Verfasser behauptet, die „weltherrschaftliche Machtstellung der Kirche und des römischen Bischofs" d. h. nach dem ganzen Zusammenhange eben jene potestas directa, habe sich „aus der Idee der göttlichen Stellvertretung" mit „logischer Notwendigkeit" ergeben (S. 378), die logische Folgerichtigkeit sei jederzeit auf seiten der extremen Kurialisten gewesen (S. 398). Von den übernatürlichen Heilszwecken der Kirche, von der Fortsetzung der Erlösungstat Christi führt kein Weg einfacher logischer Deduktion, ohne Zuhilfenahme andersartiger, aus den allgemeinen Verhältnissen der Zeit erwachsener Momente, zu jenem Machtanspruch, welcher seit den Tagen Bellarmins immer allgemeiner auf seiten auch der kirchlichst gesinnten Theologen aufgegeben worden ist. Unrichtig ist ebenso die Behauptung (S. 382), daß die Bulle Unam Sanctam „als einen für das ewige Seelenheil notwendigen Glaubenssatz" verkünde, daß der Kirche die beiden Schwerter verliehen seien (Grauert a. a. O. S. 143).

Der Verfasser geht aber noch viel weiter. Die „letzte Schlußfolgerung des gottesstaatlichen Ideals", das letzte Ziel der Kirche, soll die völlige Aufhebung des Staates gewesen sein (S. 388). Denn „der Idee nach machte die in dem Gottesstaate der Kirche wiedergewonnene ursprüngliche Gemeinschaft mit Gott den nur durch den Verlust der letzteren notwendig gewordenen weltlichen Staat überflüssig" (S. 412 f.). Diese der Kirche von dem Verfasser in Konsequenz seiner Grundansicht zugeschriebene, geradezu unsinnige Tendenz läßt sich nun freilich in keiner Weise begründen. Es ist dem Verfasser nicht gelungen, auch nur eine einzige auf kirchlicher Seite gefallene Äußerung aufzufinden, welche dieselbe enthielte. Die Art und Weise, in der er sich mit diesem Mangel abfindet, ist freilich charakteristisch für seine Methode, spricht aber zugleich das vernichtende Urteil über jene Grundansicht und den von dem Verfasser unternommenen Versuch ihrer Begründung aus. Die tatsächlichen Verhältnisse — so wird auf S. 389 ausgeführt — machten „das Dasein der Staaten auf eine unabsehbare Zukunft hinaus noch viel zu notwendig, als daß die Kirche dieses letzte Ziel ihrer Politik mit klarem Wortlaut hätte aussprechen und an eine unmittelbare Lösung dieser Frage hätte denken können. Nur in einzelnen Aussprüchen der Kirche über den sündhaften Ursprung des Staates kam dieser Gedanke mehr oder weniger verhüllt zum Ausdruck. Insbesondere aber sprach die den religiösen Idealen sich frei hingebende Legende die letzten Ziele der mittelalterlichen Weltanschauung mit größerer Klarheit aus, als die durch den Zwang der Verhältnisse vielfach gebundene Politik der römischen Kurie. Sie folgte lediglich den in dem religiösen Lehrsystem der Kirche gelegenen Idealen, wenn sie den weltlichen Machthabern solche Fürsten, welche jenes letzte Ziel der göttlichen Heilsordnung gläubig anerkannten und von tiefem religiösem Empfinden bewegt, der Welt und ihrer Krone zugunsten der Kirche entsagten, als Idealgestalten der christlichen Vollkommenheit vor Augen hielt". Was die Legende von Josaphat, dem guten Gerhard u. a. zu berichten weiß, dient als Beispiel. Aber auch die Wirklichkeit, hören wir S. 391, „erlebte wenigstens einige solche Persönlichkeiten, welche dem Ideal der Legende nacheiferten und um ihres Seelenheiles willen auf Krone und Herrschaft Verzicht leisteten. So entsagte im Jahre 1073 Hugo von Burgund auf sein Herzogtum und wurde Mönch von Cluny. Wenn Gregor VII. dem Entschlusse des Herzogs ebensowenig beistimmte, wie einer legendarischen Erzählung zufolge der Abt von St. Vito der gleichen Absicht des Kaisers Heinrich II., so tat er dies nur in der Erwägung, daß unter den Verhältnissen seiner Zeit, welche seinem Ideale noch fern war, ein so frommer Fürst seinem Zwecke auf dem Throne mehr dienlich sein könne als im Kloster".

Daß Papst Gregor nur im Hinblicke auf die vorläufige Unausführbarkeit seines Ideales, d. h. der Herbeiführung eines Zustandes ohne weltliche Obrigkeit, sich dem Entschlusse des Herzogs entgegengestellt habe, wird nirgendwo berichtet. Die Tatsache an sich beweist nur, daß Gregor den Wert eines christlichen Fürsten ebensowohl zu schätzen wußte, wie lange vor ihm Augustinus, dessen Ausspruch ihm ohne Zweifel bekannt war: illi autem, qui vera pietate praediti bene vivunt, si habent scientiam regendi populos, nihil est felicius rebus humanis, quam si Deo miserante habeant potestatem (Civ. Dei V, 19, vgl. II, 19, IV, 3). Daß aber einzelne, von glühender Frömmigkeit erfüllt, auf Krone und Herrschaft verzichteten, nicht, wie der Verfasser sagt, zugunsten der Kirche, sondern um sich völlig einem gottgeweihten Leben hinzugeben, beweist sowenig gegen die Hochschätzung der staatlichen Ordnung, wie die freiwillige Entsagung der Jungfrauen und Priester gegen den Wert und die Berechtigung der Ehe.

Aber der Verfasser ist so fest in den Kreis seiner vorgefaßten Gedanken gebannt, daß ihm die Abwesenheit jeglichen Beweises für die angeblich staatvernichtende Tendenz der Kirche nur zum Anlaß eines neuen Vorwurfs gegen die letztere dienen muß. „Die Kirche konnte sich, so offen auch die Schlußfolgerungen ihres Systems zutage lagen, unter dem Zwange der praktischen Politik doch niemals klar darüber werden, ob der weltliche Staat in dem System ihres übersinnlichen Gottesstaates denn eigentlich eine göttliche und bleibende oder nur eine menschliche, vorübergehende Autorität besitze. Die erste Ansicht war allerdings die allgemein verbreitete, die letztere aber, welche nur vereinzelt zur Aussprache gelangte, die logisch allein richtige" (S. 413, vgl. S. 407, 409, 412).

Hier ist es schwer, den Spott zurückzuhalten. Arme Kirche! Von ihren Voraussetzungen aus konnte „der Staat nur als ein Übel angesehen werden, welches mit der Fortentwicklung des Gottesstaates mehr und mehr beseitigt werden mußte" (a. a. O.). Aber obwohl diese Schlußfolgerung offen zutage lag, wurde sie doch von keinem Vertreter des Kirchenregiments oder der kirchlichen Wissenschaft gezogen. Die Kirche war sich nicht klar über ihr letztes Ziel, „die Aufhebung der staatlichen Gewalten", die entgegengesetzte Ansicht, daß der Staat eine selbständige und bleibende, in der göttlichen Welteinrichtung begründete Bedeutung besitze, war sogar die allgemein verbreitete, es mußte erst der Staatsarchivar von Aurich kommen, um nachträglich zu verkünden, welche Ansicht die „logisch allein richtige" gewesen wäre! Ich dächte, gerade die Logik hätte den Verfasser eines besseren belehren sollen. Es gehört zu ihren wichtigsten Bestimmungen, daß aus materiell wahren Vordersätzen durch formell richtige Ableitung nur ein materiell wahres Schlußergebnis gewonnen werden kann, daß aber eben darum auch umgekehrt die Unwahrheit eines formell richtig abgeleiteten Schlußsatzes die Unwahrheit der Prämissen beweist. Nur weil der Verfasser einen gänzlich falschen Begriff von der Kirche und den Aufgaben, die sie sich stellte, zur Voraussetzung nimmt, gelangt er zu einem Ergebnisse, von dessen Falschheit ihn eine vorurteilsfreie Prüfung der mittelalterlichen Quellen überzeugt haben müßte.

Davon ist er nun freilich weit entfernt, und der angeführte Fall, wo der Widerspruch zwischen den Schlußfolgerungen des Verfassers und den geschichtlichen Tatsachen aus der Folgewidrigkeit dieser letzteren erklärt wird, ist nicht die einzige. Schon oben (S. 91) ist des seltsamen Irrtums gedacht worden, als ob nach dem „jüdischen Mythus" eine „dem Range und Besitze nach unterschiedslose Gleichstellung der Menschen anfänglich bestanden" hätte. „Die ideale Gestaltung der Gesellschaft," hören wir demgemäß S. 545, „das heißt eine ganz nach dem Vorbilde des himmlischen Gottesreiches aufgebaute Gesellschaft, würde also die Begründung einer Reihe dem Range wie dem Besitze nach völlig gleichstehender und gleichmäßig dem Priesterstande unterstellter Berufsstände bedingt haben."

Dieses angebliche Ideal steht nun abermals in schroffstem Gegensatze zu den geschichtlichen Tatsachen, zu dem von dem Verfasser mit Recht hervorgehobenen „aristokratischen Charakter der mittelalterlichen Gesellschaft" (S. 543). Es wird auch zugegeben, daß die Kirche gar nie den Versuch einer „Übertragung der religiösen Gleichstellung auf die irdische Welt" wirklich angestellt habe. Denn, so heißt es, „sie ist, gebunden durch den Zwang der praktischen Verhältnisse, sich selber über die sozialen Folgerungen ihrer religiösen Theorie nicht einmal klar geworden. Sie hat sich niemals Rechenschaft darüber gegeben, daß die Aufhebung aller ständischen Rangstufen eine notwendige Schlußfolgerung ihrer Lehren über den Ursprung und den Charakter der Herrschaft und des Eigentums war" (S. 545). — Von wissenschaftlicher Methode ist bei einem solchen Verfahren offenbar nicht mehr die Rede.

Eine Aufzählung und Beleuchtung der vielfachen weiteren irrigen Behauptungen oder schiefen Urteile, welche das Unvermögen des Verfassers, in den Sinn der kirchlichen Lehre einzudringen, verschuldet hat, ist nach dem Gesagten nicht mehr erforderlich. Dagegen muß ein zweiter Hauptmangel des Werkes, der auch bereits von anderer Seite hervorgehoben wurde[6]), wenigstens noch eine kurze Erwähnung finden. Indem der Verfasser darauf ausgeht, den ganzen Umfang charakteristischer Erscheinungen aus der von ihm an die Spitze gestellten Grundansicht abzuleiten, unterläßt er es, den realen Faktoren nachzugehen, welche, an bestimmten Punkten wirksam, zur Ausgestaltung jener Erscheinungen wesentlich beigetragen haben oder auch allein dieselben verständlich machen. Ich muß mich begnügen, dies an einigen Beispielen zu zeigen, und das meiste den Historikern von Fach überlassen. Wenn sich das E.sche Buch, wie es scheint, einer günstigen Aufnahme zu erfreuen hatte, so wird doch ohne Zweifel dieser schwerwiegende Mangel dazu beitragen, bisher laut gewordene allzu eifrige Lobpreisungen auf ihren wahren Wert zurückzuführen.

Ob wirklich die Verbindung mit der Kirche und die hieraus mit Notwendigkeit erwachsene universale Eroberungspolitik der Frankenkönige und der deutschen Kaiser den entscheidenden Einfluß auf die Ausgestaltung des Lehnswesens ausgeübt hat, den der Verfasser S. 207 f., 419 f. dafür in Anspruch nimmt, wage ich

---

6) Man vergleiche die überaus lobend gehaltene und die wichtigsten Irrtümer E.s bereitwilligst adoptierende Rezension von Ernst Bernheim in der deutschen Literaturzeitung Nr. 20 vom 19. Mai 1888.

nicht zu beurteilen. Wenn er aber S. 428 die völlige Durchbildung der Lehnsverfassung geradezu als die praktische Folge „aus den Grundsätzen der religiösen Theorie und der kirchlichen Politik" bezeichnet, so wird er für diese Auffassung schwerlich Anhänger gewinnen. Frühere Zeiten glaubten die Ausgestaltung des Lehnrechts auf den germanischen Gedanken der Treue zurückführen zu können, heute sind es Untersuchungen, wie die von Brunner über den Reiterdienst und die Anfänge des Lehnswesens, welche durch den Aufweis konkreter und in ihrer Wirksamkeit verständlicher Einzelfaktoren den Beifall der Rechtshistoriker finden.

Wo der Verfasser die mittelalterliche Wissenschaft zu schildern unternimmt, tritt die maßgebende Nachwirkung der antiken Literatur nahezu vollständig außer Betracht. Er übersieht, daß die Entwicklung der ersteren nach Form und Inhalt durch den Zuwachs und die Verbreitung des aus dem Altertum überlieferten Materials bedingt war, und spricht von einer absichtlichen Vorenthaltung der philosophischen, juristischen und medizinischen Literatur (S. 594), wo in Wahrheit durch die Ungunst der Zeiten nur wenige dürftige Überbleibsel im Umlauf geblieben waren. Wäre er auf dem Gebiete der mittelalterlichen Gelehrtengeschichte gründlicher zu Hause, so würde er wissen, mit welchem Heißhunger Lehrer und Schüler nach jenem Material griffen, wie sie in jedem noch so unscheinbaren Bruchstück des antiken Geisteslebens eine Quelle der Belehrung und ein Denkmal höherer Bildung verehrten. Die Vorstellungen über die Einrichtung des Weltalls, die Beschaffenheit der Weltkörper und der Elemente, welche der Verfasser S. 614 f. aufführt, wurden von dem Mittelalter nicht aus seiner religiösen Grundansicht abgeleitet, es sind überkommene Vorstellungen, welche nachträglich jener Grundansicht eingegliedert wurden. Ich habe in meiner Schrift über Albertus Magnus gezeigt, wie weit bis in das kleine Detail naturwissenschaftlicher Aufstellungen die Abhängigkeit dieses selbstverständlich auch von Eicken nachdrücklich herangezogenen Repräsentanten mittelalterlicher Gelehrsamkeit von seinen Vorlagen, insbesondere von Aristoteles, sich erstreckt. Es gibt ein durchaus unrichtiges Bild, wenn er statt dessen hier als ein Bestreiter der antiken Theoreme erscheint und seine fast immer entlehnten Lehrmeinungen als logische Folgerungen aus den Obersätzen des kirchlichen Systems. Daß ebenso der naturwissenschaftliche Stoff, welcher sich bei Thomas von Cantimpré und den übrigen findet, aus sehr weit zurückgehenden Quellen geschöpft ist, kann gar nicht bezweifelt werden, wenn dieselben auch bisher noch nicht im einzelnen aufgezeigt wurden. Und nicht erst seit dem elften und zwölften Jahrhundert begann diese Abhängigkeit von dem immer reichlicher zuströmenden antiken Material, sie begleitet völlig naturgemäß die christliche Literatur von ihren Anfängen an.

Selbstverständlich gilt auch die mittelalterliche Kunst in ihren charakteristischen Typen als ein unmittelbares Erzeugnis der mittelalterlich-kirchlichen Grundansicht, wie der Verfasser dieselbe versteht. In der Kunst brachte der Klerus sein „hierarchisches Ideal zum Ausdruck". „Am deutlichsten", heißt es S. 727, „sprach sich jenes Verhältnis zwischen dem aszetischen und dem hierarchischen Prinzip in derjenigen Kunst aus, welche in den Jahrhunderten des klassischen Mittelalters die höchste Geltung hatte und deren Formenprinzip die ganze bildende Kunst beherrschte, in der Architektur." Und sodann S. 729: „Den vollendetsten künstlerischen Ausdruck erreichte die religiöse Idee des kirchlichen Gottesstaates in der Gotik."

Möge der Verfasser sich etwa bei Violet-le-Duc darüber belehren lassen, daß keineswegs die Steigerung der aszetisch-hierarchischen Tendenz über die romanische Baukunst hinausführte, sondern das Aufkommen bestimmter baulicher Aufgaben die Gotik entstehen ließ; wie jede gefundene Lösung neue Forderungen stellt, jede Veränderung des Planes Änderungen in der Konstruktion, dem System der Bedachung, der Wasserableitung, der Lichtzuführung nötig machte; wie dann aus der Fülle baulicher und kirchlicher Bedürfnisse von selbst der Reichtum des Ornaments entsprang. Wenn er aber die mittelalterliche Architektur in Konsequenz seiner Auffassung vom neunten bis zum dreizehnten Jahrhundert ausschließlich in die Hände des Klerus legt, so hätte er bei Schnaase finden können (Gesch. der bildenden Künste V, 116), daß gerade mit der Ausbildung des gotischen Stils in Frankreich die Geistlichen durch Künstler aus dem Laienstande verdrängt zu werden begannen. Begreiflich genug, da die gesteigerten Ansprüche Männer erforderten, welche die Baukunst zu ihrem Lebensberufe gemacht hatten, aber sehr wenig im Einklang mit der Anschauungsweise des Verfassers, nach welcher vielmehr umgekehrt der Anteil der Geistlichen an den gotischen Bauten ein gesteigerter hätte sein müssen.

Dies führt auf einen letzten Punkt. Daß der Klerus im Mittelalter der erste Stand, daß er namentlich der vornehmste Träger der Bildung war, gehört zu den bekanntesten und am meisten hervorstechenden Zügen in dem Bilde jener Periode. Daß er diese Stellung einnahm, war ohne Frage durch die allgemeinen staatlichen, gesellschaftlichen und wirtschaftlichen Verhältnisse der Zeit bedingt. Nur die Anlehnung an ein Kirchenamt oder der Eintritt ins Kloster gewährten die gesicherte Unterlage der Existenz, auf welcher wissenschaftliche Betätigung möglich war. Nur in den Klöstern fanden sich die arbeitsfreien und zur Arbeit bereiten Hände, welche durch die mühevolle Tätigkeit des Bücherabschreibens der Wissenschaft und dem Schulbetrieb die unentbehrlichsten Hilfsmittel bereiteten. Die naturgemäße Folge aber war, daß nun auch Wissenschaft und Schulbetrieb ein durchaus klerikales Gepräge bewahrten. Die Theologie war die erste unter den Wissenschaften, zu ihrem Dienste waren die übrigen berufen. Erst spät, nachdem die Städte zu blühendem Wohlstande gekommen waren, entwickelten sich die Anfänge einer weltlichen Bildung, welche allmählich anwachsend und sich der geistlichen entgegenstellend zu der Auflösung der mittelalterlichen Kulturperiode beitrug.

Der Verfasser kehrt diesen Sachverhalt um. Er behauptet: „Da die Wissenschaft ihrem Inhalte nach von der Kirche beherrscht war, so befand sie sich auch ihrer praktischen Ausübung nach im Alleinbesitze der letzteren" (S. 594). „Aus diesem bedeutenden Übergewicht der kirchlichen Gelehrsamkeit ergab sich, daß auch die Lehrer der Universitäten größtenteils aus dem geistlichen Stande hervorgingen" (S. 598). Indem er überall den „logischen Zwang der Idee" finden will und darüber die realen Verhältnisse und die wirksamen Kräfte übersieht, gelangt er hier zu einem vollständigen Hysteronproteron. Nicht weil das theologische Element in der Wissenschaft überwog, lag der Wissenschaftsbetrieb ganz oder beinahe ausschließlich in der Hand des Klerus, sondern weil der Wissenschaftsbetrieb in der Hand des Klerus lag, überwog in der Wissenschaft des Mittelalters das theologische Element alle anderen.

Nach alledem kann ich mein Urteil nur dahin abgeben, daß ich den von Eicken unternommenen Versuch einer einheitlichen Zusammenfassung der mittelalterlichen Kultur als einen verfehlten ansehe. Es fehlt dem Verfasser, dem ich eine ausgebreitete Belesenheit und im ganzen auch eine ruhige und würdige Darstellung nicht absprechen will, an den unerläßlichen Voraussetzungen eines richtigen Verständnisses. Dies glaube ich im vorangehenden hinlänglich begründet zu haben.

V.

Thomas von Aquin und die Probleme des Naturrechts.

Vortrag gehalten bei Gelegenheit der VIII. General-Versammlung der Görres-Gesellschaft zu Koblenz am 22. August 1883.

Zu wiederholten Malen haben unsere Generalversammlungen Zeugnis dafür abgelegt, daß die Mitglieder der Görresgesellschaft die Aufgabe der Philosophie so verstehen wollen, wie der erlauchte Förderer der Wissenschaft an der höchsten Stelle der Christenheit, Papst Leo XIII., dieselbe vorgezeichnet hat, daß sie im Anschlusse an die Lehrer des Mittelalters, in der Führerschaft des Engels der Schule die unentbehrliche Voraussetzung einer sicheren und fruchtbaren, den Forderungen des Wissens wie den Ansprüchen des Glaubens gleichmäßig Rechnung tragenden Spekulation erblicken. Ich freue mich, heute Gelegenheit zu haben, in dieses Zeugnis meinerseits ausdrücklich einzustimmen und in den Ehrenkranz, den die katholische Welt allerorten dem hl. Thomas von Aquin windet, ein bescheidenes Blatt einflechten zu dürfen.

Zunächst ein paar Bemerkungen allgemeiner Art!

Wenn die Scholastik zu den Elementen gehört, aus denen sich für unsere Vorstellung das Gesamtbild der mittelalterlichen Kulturperiode zusammensetzt, so ist sie doch ihrem Charakter nach von den übrigen in auffallender Weise geschieden. Ursprüngliche Kraft, schöpferische Phantasie und als Ergebnis eine bunte Vielheit von Gestalten zeigen sich auf dem politischen und sozialen Gebiete, in den bildenden Künsten und der Dichtung, in Sitte und Volksleben. Auch wer jede romantische Voreingenommenheit abgetan hat, wird sich im einzelnen des poetischen Zaubers nicht erwehren können, welcher das Gnadengeschenk der Jugend ist, im Völkerleben wie im Leben des Individuums. Selbst aus den Sprüchen des deutschen

Rechts hat man geglaubt, das Waldesrauschen herauszuhören. Ernst und strenge steht die Scholastik daneben. Auch in ihren ersten Anfängen hat sie nichts Jugendliches. Von der Einheit und Festigkeit der kirchlichen Lehre getragen, zeigt sie in Paris und Köln, in Oxford wie unter dem strahlenden Himmel Neapels das gleiche Gepräge. Mit der ganzen Zeit verbindet sie der eine Grundzug, den man den theokratischen genannt hat. Die Kirche ist die erste Macht, der Klerus der herrschende Stand; aus der Religion stammen und nähren sich alle idealen Bestrebungen; im engsten Anschlusse an die Kirchenlehre entwickelt sich die wissenschaftliche Spekulation. Aber was die Zeit noch außerdem in Lust und Leid erfüllt, was ihre Genossen jetzt in Hunderte von kleinen Gemeinwesen zusammenführt, jetzt alt und jung mit einem Strome der Begeisterung umfängt und dann wieder zwei große feindliche Heere einander gegenübertreten läßt, klingt in der Wissenschaft kaum irgendwo nach. Das Getümmel der Welt erstirbt an der Klosterpforte, es dringt nicht hinein in die stillen Hallen, in denen eine Wissenschaft von Jahrhunderten für Jahrhunderte tradiert wird.

Thomas von Aquin, selber dem staufischen Hause verwandt, sah den Kampf zwischen Kaisertum und Papsttum zur hellsten Lohe entfacht, sah den Staatsgedanken des christlichen Mittelalters in nächster Gefahr, von fremden Einflüssen überwuchert zu werden, sah das große Anliegen der Wiedergewinnung des heiligen Landes nach wiederholten Anläufen endgültig scheitern, sah in den Städten hier den blutigen Streit der Parteien, dort den Kampf der Bürger gegen ihre fürstlichen Oberherren, sah in Frankreich die Anfänge des geschlossenen Einheitsstaates, in Deutschland das langsame Emporwachsen der Territorialherren bei dem Sinken des kaiserlichen Ansehens, — aber in seinen Schriften ist von alledem keine Spur zu merken. Wohl spricht er in der Summa gelegentlich von Differenzen zwischen der geistlichen und der weltlichen Gewalt, aber so kühl und knapp, so völlig abstrakt, als sei das theoretische Abwägen von Gründen und Gegengründen niemals durch Waffengetümmel unterbrochen, durch schnöde Gewalt, durch Acht und Bann ersetzt worden.

Es kommt ihm auch sonst nirgendwo in den Sinn, die Prinzipien, die er begründet, an den Ereignissen seiner Zeit zu erläutern oder in die von derselben geforderten besonderen Aufgaben hinein zu entwickeln.

Gewiß liegt hierin ein glücklicher Vorzug seiner Denkweise.

Wie hätte Thomas der Lehrer der folgenden Jahrhunderte werden können, wären seine Aufstellungen in wesentlichen Punkten durch die Tendenzen des einen dreizehnten beeinflußt, durch charakteristische Vorstellungen bedingt gewesen, welche von den historisch erwachsenen Verhältnissen jener Zeit getragen waren? Nur darf man nicht glauben, daß er mit berechnender Absicht die wissenschaftliche Untersuchung von dem pulsierenden Leben der Gegenwart fern gehalten habe, damit um so eher auch die späteren Geschlechter daraus ihre Unterweisung schöpfen könnten. Er folgt lediglich der herkömmlichen Übung der Schule. Jener zuvor angedeutete, der Scholastik eigentümliche Charakterzug ist in ihrer historischen Entwicklung begründet. An der Ausdeutung, Paraphrasierung und Systematisierung des aus dem Altertum überlieferten Materials, Resten der klassischen und Anfängen der christlichen Literatur ist sie groß geworden. Jede neue Vorlage wurde begierig ergriffen, jede Bereicherung des Lehrstoffes gab willkommenen Anlaß, den traditionellen Gedankengang bald dem Inhalte, bald nur der Form und dem Ausdrucke nach zu erweitern und zu ergänzen. Auch auf ihrem Höhepunkte zeigt daher die Scholastik in besonderer Weise die Merkmale einer Schulwissenschaft. War doch dieser Höhepunkt wesentlich dadurch mitbedingt, daß am Anfange des dreizehnten Jahrhunderts das Ganze des aristotelischen Schriftenkreises, von welchem man bisher nur die logischen Abhandlungen besessen hatte, zur Kenntnis des christlichen Abendlandes gelangte.

Diese letzte Tatsache ist allgemein bekannt. Aber sie wird vielleicht noch nicht überall nach all den Gesichtspunkten gewürdigt, die sie einer wissenschaftlichen Betrachtung darzubieten vermag. Auch in spätern Jahrhunderten, auch in der Gegenwart hat das Studium der aristotelischen Schriften einen befruchtenden Einfluß auf die Philosophie ausgeübt. Aber wenn wir uns heute in den Geist des Stagiriten vertiefen, wenn wir allen Scharfsinn und alle Mittel der kritischen Philologie in Anwendung bringen, um möglichst genau die ursprüngliche Gestalt einer seiner Lehrbestimmungen oder den vielfach verwickelten Gedankengang seiner Lehrschriften zu erfassen, so begleitet uns dabei stets die deutliche Erinnerung an den weiten Abstand, welcher den Lehrer Alexanders von unserer heutigen Gesamtauffassung trennt. Wir sind ängstlich bemüht, keine Anschauung in ihn hineinzutragen, welche einer ihm fremden, späteren Denkrichtung angehört; wir wollen Aristoteles aus ihm selbst und seiner Zeit verstehen. Es ist klar: Aristoteles ist uns ein Gegenstand gelehrter Forschung, er ist uns nicht mehr der Lehrer, mit dem eine lebendige Überlieferung uns verbände, nicht mehr das Haupt der Schule, mit dessen Gedanken wir unbefangen wie mit unseren eigenen schalteten, so daß wir auch der Umgestaltungen nicht weiter zu achten hätten, die wir etwa da oder dort an ihnen vornehmen. Im dreizehnten Jahrhundert stand man wesentlich anders. Zahlreiche Fäden führten aus den Schulen, die in Klöstern oder an Bischofssitzen entstanden waren, zurück nach Griechenland, nach Athen, zum Hain des Akademos und den Laubgängen des Lykeion. Für die Aufrechterhaltung einer platonisch-aristotelischen Tradition hatten im Altertume nicht nur Akademiker und Peripatetiker, sondern die gesamte spätere griechische Philosophie gewirkt, auch wo sie im übrigen anders gerichteten Bahnen folgte. Aus der geistigen Atmosphäre ihrer Zeit sodann, auf deren Ausgestaltung die griechische Philosophie den umfassendsten Einfluß ausgeübt hatte, schöpften die Begründer der christlichen Literatur. Ihre Schriften führten neben der tiefsinnigen Entfaltung der christlichen Lehre zahlreiche Elemente antiker Denkweise dem Mittelalter zu, vielleicht mehr noch als jene Reste römischer und griechischer Originalliteratur, an welche der früheste Schulbetrieb anknüpfte. Nur wenn man diesen Sachverhalt ins Auge faßt, begreift man die Raschheit und den Umfang, in welchem die Rezeption der vollständigen aristotelischen Lehre erfolgte, nachdem dieselbe den christlichen Gelehrten zunächst durch Vermittelung der Araber bekannt geworden war. Nur aus ihm erklärt sich, daß der unglaublich verderbte und verdunkelte Text der mittelalterlichen Übersetzungen dem Verständnisse kein größeres Hindernis entgegensetzte. Trotz der Verhüllung durch den fast bis zur Unkenntlichkeit entstellten Wortlaut wußten die Erklärer den aristotelischen Gedanken darum zu finden, weil ihnen dieser kein fremdartiger, sondern ein den eigenen durchaus verwandter war, nur eine Entwicklung und Ergänzung derjenigen Anschauungen brachte, die schon immer gang und gäbe gewesen waren, kein völlig anders geartetes und daher erst zu assimilierendes Element. Arm an allen Hilfsmitteln, welche Philologie und Geschichtswissenschaft bieten, brachten sie dennoch weit günstigere Bedingungen des Verständnisses mit, als dies bei einem Geschlechte der Fall gewesen wäre, welches nicht bereits in seiner geistigen Bildung zahlreiche Bestandteile besessen hätte, die mit dem neu zugeführten wissenschaftlichen Material auf gleichem Boden erwachsen waren.

Freilich schloß dieser Sachverhalt nun auch ganz bestimmte Folgen in sich. Hatten die Begründer der christlichen Wissenschaft und Literatur sich reichliche Elemente der antiken Bildung angeeignet, so hatten sie doch auch zugleich auf dieselbe zurückgewirkt. Wo sie Begriffe und Gedankenverknüpfungen der griechischen Philosophie in den Dienst der christlichen Lehre zogen, taten sie dies nicht, ohne dieselben mehr oder minder christlicher Auffassung anzunähern. Und je mehr im Laufe der Jahrhunderte Ursprung und Zusammenhang dieser Bruchstücke in den Hintergrund traten, desto mehr mußten sie völlig von christlichem Geiste erfüllt erscheinen. Was man von Plato wußte, verstand man in dem Sinne, den der große Bischof von Hippo hineingelegt hatte; überall war man geneigt, wo der Widerstreit mit dem christlichen Dogma nicht in unmittelbarer Deutlichkeit heraustrat, die Aussprüche der alten Philosophie im Lichte christlicher Gesamtauffassung zu verstehen. Das gilt beispielsweise in ganz hervorragendem Maße von dem seltsamen Machwerk, welches unter dem Namen liber de causis die Schulen vielfach beschäftigte; es gilt aber ebenso von Aristoteles. Die Folge war nach der einen Seite jene Präzisierung, Entwicklung und Bereicherung der aristotelischen Lehre, welche, völlig unbefangen vorgenommen, den unvergänglichen Wert der Scholastik begründet. Sie war nach der andern Seite zweifellos eine gewisse Überschätzung des überkommenen Materials, welche die Mängel übersehen ließ, die ihm anhafteten.

Mit einer größern Arbeit über die Stellung des hl. Thomas zu den Problemen des Naturrechts beschäftigt, möchte ich mir erlauben, Ihnen im nachfolgenden einen Abschnitt daraus zur nähern Erläuterung der vorangeschickten allgemeinen Gesichtspunkte vorzulegen.

Die Überzeugung von einem ungeschriebenen Gesetze, welches, höhern, göttlichen Ursprunges, aller menschlichen Gesetzgebung vorausgehe und vorangehe, war den Griechen geläufig. Dichter, Redner und Philosophen wetteiferten, sie auszusprechen. Auch bei Aristoteles findet sie sich, wenngleich hinter anderen Lehrsätzen mehr zurücktretend. In ganz besonders energischer Weise aber wird sie von der stoischen Philosophie in den Vordergrund gerückt. Das ewige Weltgesetz, zusammenfallend mit der ewigen, die Welt durchwaltenden Vernunft, schreibt den Gestirnen ihre Bahnen vor und enthält die Norm für die Handlungen der Menschen. Es treibt den einzelnen von Natur, das Gute zu tun, das Böse zu meiden, nur daß es sich nicht völlig rein zur Geltung zu bringen vermag, sondern von den naturwidrigen Leidenschaften gehemmt und abgeschwächt wird. In hellster Deutlichkeit wird es von den Weisen erfaßt, die eben darum berufen sind, Gesetzgeber für die übrige Menschheit zu werden. Das waren die Gedanken, welche Cicero bei seinen stoischen Vorbildern gefunden hatte, und die er in glänzender Sprache seinen römischen Landsleuten vortrug.

Nur e i n e s fehlte: die Zurückführung des Weltgesetzes auf den Willen des persönlichen Schöpfers. Cicero nennt es wohl das Gesetz des Zeus, aber wir dürfen das Wort in keinem anderen Sinne nehmen, als wozu die Denkweise der Stoiker berechtigt. Zeus ist nicht der von der Welt unterschiedene überweltliche Gott, und das Gesetz nicht die freie Tat seines Willens. Es ist nur der aus dem Volksbewußtsein herübergenommene Name zur Bezeichnung der unpersönlichen Weltvernunft. Zeus bedeutet nichts anderes als das die Welt beherrschende Gesetz selbst.

Die Konsequenzen dieser Denkweise lassen sich in der antiken Moral deutlich aufzeigen, ihr Charakter ist vorwiegend ein ästhetischer. Das Gute ist ein καλόν; schön und erfreulich, wenn es realisiert wird! Es schließt auch das wahre Glück des Menschen ein. Der Weise erstrebt es von selbst, dem Unweisen muß es durch Gewöhnung und Gesetz angetan werden, damit eben die objektive Schönheit der Welt sich realisiere. Der Gedanke der Pflicht dagegen, die den einzelnen in seinem Innern ergreift, der sittlichen Verbindlichkeit im eigentlichen Sinne, kommt bei den Alten nirgendwo zum vollen Durchbruch. Das Gesetz tritt dem Menschen nicht als ein Höheres gegenüber, ausdrücklich wird gesagt, daß es Götter und Menschen umfasse und zur Gemeinschaft verbinde.

Hier war eine Korrektur seitens der christlichen Lehre dringend geboten, aber auch die Richtung, in der sie zu erfolgen hatte, lag nahe genug. Bei Augustinus ist die Umbiegung der stoischen Formel in die christliche Denkweise bereits vollendet: Est enim lex universitatis divina sapientia (Q. 83; 79, 1). Lex aeterna est ratio divina vel voluntas Dei, ordinem naturalem conservari iubens, perturbari vetans (C. Faustum XXII, 27). Zwischen die alten Ausdrücke, mit denen einst Cicero den Gedanken Chrysipps wiedergegeben hatte, tritt wie selbstverständlich das neue Wort von dem göttlichen Willen hinein: Voluntas Dei ipsa est lex Dei (In Psalm. 36, Serm. III)[5].

Von Augustinus übernahm Thomas die Lehre. Ich habe an

dieser Stelle nicht nötig, des breitern auseinanderzusetzen, wie er dieselbe entwickelte. Sie ist zum unverlierbaren Grundbestandteil, ich sage nicht jeder christlichen, sondern jeder auf theistischer Grundlage entworfenen Ethik geworden. Aus dem natürlichen, in dem ewigen Weltplane Gottes begründeten Sittengesetze fällt zugleich Licht auf die Bedeutung und Tragweite des positiven menschlichen Gesetzes. Ich wüßte nicht, wie man die Stellung der beiden zueinander und die Ableitung des positiven aus dem natürlichen Gesetze klarer und treffender ausdrücken könnte, als dies in der Summa des hl. Thomas (1, II. q. 95 a. 2 c.) geschieht: „Jedes von Menschen erlassene Gesetz hat insoweit den Charakter eines Gesetzes, als es sich aus dem natürlichen Gesetze ableitet. Stimmt es dagegen irgendwo mit dem natürlichen Gestze nicht überein, so ist es nicht mehr Gesetz, sondern Gesetzesverkehrung. Man wisse aber, daß auf zweifache Weise etwas aus dem natürlichen Gesetze abgeleitet werden kann: so wie die Konsequenzen aus den Prinzipien oder als nähere Bestimmung eines Allgemeinen. Die erste Weise erinnert an die Art, in welcher in den theoretischen Wissenschaften aus den Voraussetzungen Schlußfolgerungen gezogen werden; die zweite an die Art, wie in den Künsten die allgemeinen Vorstellungen durch das besondere Objekt, auf welches sie angewandt werden, ihre nähere Bestimmung finden, wie also beispielsweise der Architekt die allgemeine Vorstellung des Hauses der bestimmten Form dieses oder jenes einzelnen Hauses akkommodieren muß. Manches also wird nach Art der Schlußfolgerungen aus den obersten Prinzipien des natürlichen Gesetzes abgeleitet; das Verbot: Du sollst nicht töten, ist die Folgerung aus dem allgemeinen Obersatze, wonach man niemandem Übles zufügen soll; manches mittels näherer Bestimmung; so besagt das natürliche Gesetz, daß, wer sündigt, Strafe leiden müsse, daß es aber gerade diese oder jene Strafe sein solle, dies ist eine nähere Bestimmung des natürlichen Gesetzes. Bestandteile von beiderlei Art finden sich in der menschlichen Gesetzgebung; unter ihnen waltet aber der Unterschied ob, daß den erstern die Gesetzeskraft nicht ausschließlich durch die positive Gesetzgebung zukommt, sondern zum Teil aus dem natürlichen Gesetze stammt, denen der zweiten Art dagegen ausschließlich aus der menschlichen Gesetzgebung."

Um jedoch aus den grundlegenden Erörterungen, welche die Lehre vom göttlichen Weltgesetz und natürlichen Sittengesetz bietet, in das besondere Gebiet hinüberzukommen, auf dessen Betrachtung es hier abgesehen ist, wende ich mich zu dem Abschnitte in dem zweiten Teile der theologischen Summa, welcher von Recht und Gerechtigkeit handelt. Hier ist überall Aristoteles der Führer. Wie ein goldener Faden zieht sich durch die systematische Entwicklung jenes fünfte Buch der Nikomachischen Ethik, welches auch spätern Jahrhunderten noch als Quelle für die Begriffe des Naturrechts gedient hat.

Den Begründer des Naturrechts kann man Aristoteles trotzdem nicht nennen, es fehlt ihm die entscheidende Voraussetzung. Er hat so wenig einen Begriff vom Recht in unserm Sinne, wie die griechische Sprache einen Namen dafür hat. Bei dem Worte δίκαιον denkt der Grieche an die richtige Ordnung überhaupt, die objektive Norm, in deren Verwirklichung die sittliche Vollendung des Menschen besteht, dann spezieller an das richtige Verhalten im wirtschaftlichen Verkehr, im Gebiete des Mein und Dein. Aristoteles, der sich überall enge an den Sprachgebrauch anschließt, setzt darum das, was er δίκαιον nennt, nach der einen Seite dem νόμιμον gleich, dem Gesetzlichen, nach der anderen Seite dem ἴσον, dem Gleichmäßigen. Er unterscheidet dementsprechend einen doppelten Begriff der Gerechtigkeit und fixiert damit den Sprachgebrauch, der sich lange vor ihm und nicht in Griechenland allein ausgebildet hatte, für die ganze Folgezeit. In dem einen Sinne fällt ihm die Gerechtigkeit mit der umfassenden sittlichen Vollendung zusammen, sofern dieselbe nicht nur die harmonische, von der Vernunft beherrschte Ausgestaltung aller Kräfte und Neigungen des einzelnen für sich selbst, sondern auch die richtige Beschaffenheit den andern gegenüber einschließt. Wir würden sagen: Sie ist die bleibende, auf das Ganze der sittlichen Ordnung gerichtete Willensbeschaffenheit. In der zweiten Bedeutung bezeichnet die Gerechtigkeit das richtige Verhalten in der Verteilung und dem Austausch von Gütern. Hier wird dann weiter zwischen der iustitia distributiva und der iustitia commutativa unterschieden und das Wesen der austeilenden in der Einhaltung einer geometrischen, das der ausgleichenden Gerechtigkeit in der Einhaltung einer arithmetischen Proportion gefunden. Wie sich das Verdienst des einen zum Verdienst des anderen im bürgerlichen Gemeinwesen verhält, so sollen sich auch gerechtermaßen die dem einen zuerteilten Vorteile zu den dem andern zugewiesenen verhalten. Im Güterumtausche aber gilt lediglich, daß der sachlichen Leistung die Gegenleistung entsprechen müsse, und eine eingetretene Übervorteilung dadurch aufzuheben ist, daß das Zuviel des einen dem Zuwenig des anderen hinzugelegt und dadurch die Gleichheit wieder hergestellt wird.

Aristoteles ist der Meinung, daß die zuerst unterschiedenen beiden Bedeutungen der Gerechtigkeit so nahe beieinander stünden, daß ihr Unterschied leicht übersehen werde. Der gemeinsame, beide Bedeutungen umfassende Begriff ist: richtiges Verhalten gegen andere. Man wird nicht behaupten können, daß damit bereits ein Begriff von positivem und grundlegendem Inhalte gewonnen wäre. Denn welches ist das „richtige Verhalten" und worauf beruht sein Vorzug vor dem entgegengesetzten? In der allgemeinern Bedeutung verstanden, setzt die Gerechtigkeit das Ganze der sittlichen Ordnung voraus und gewinnt von da ihr Maß; sie drückt nicht eine besondere, in ihrem Werte sofort einleuchtende Aufgabe aus, welche in Erfüllung der sittlichen Ordnung realisiert werden soll. Was aber die andere, den Begriff der Gerechtigkeit auf den einer speziellen Tugend einengende Bedeutung betrifft, so ist das mathematische Bild von den Proportionen nicht geeignet, einen Blick in ihr Wesen zu eröffnen. Wenn Aristoteles in dem gleichen Zusammenhange die alte Unterscheidung adoptiert zwischen dem, was von Natur, und dem, was nach Satzung gerecht ist, und das Ziel und die Norm von beiden in dem Gleichmaß erblicken will, so fehlt doch jede Erklärung, welche uns die höhere sittliche Vortrefflichkeit der Gleichheit vor der Ungleichheit verständlich machte, und wir vermissen eine solche Erklärung um so mehr, als der Begriff der Gleichheit sofort zu dem der bloßen Verhältnismäßigkeit erweitert wird. Ein eigenes inneres Maß derjenigen Verhältnisse, auf welche die Gerechtigkeit sich bezieht, in dessen Wahrung eben ihre Aufgabe bestände, tritt nirgendwo hervor und am wenigsten in einer solchen Verallgemeinerung, daß damit die Grundlage gegeben wäre, in dem Rahmen des Sittlichen die besondere Sphäre des Rechts abzugrenzen. Wie die Gerechtigkeit in der allgemeinen Bedeutung das Ganze der sittlichen Ordnung, so setzen die distributive und die kommutative Gerechtigkeit den Bestand des bürgerlichen Gemeinwesens bereits voraus, die erstere sogar eine ganz spezifische Einrichtung des griechischen Staatswesens, die Verteilung staatlicher Belohnungen. Die iustitia commutativa bezieht sich materiell allerdings auf einen Teil des Gebietes, welches von der Rechtsordnung beherrscht wird, aber in ihrer Einschränkung auf diejenigen sozialen Handlungen, welche dem Güteraustausche dienen und in der ausschließlichen Entgegensetzung gegen Übervorteilung des einen durch den andern ist sie unfähig, den obersten Begriff für das gesamte Gebiet abzugeben. Um diesen zu gewinnen, hätte ein anderer Weg eingeschlagen werden, hätte Aristoteles seine ethischen Untersuchungen mit den teleologischen Grundlagen seines Systems in Zusammenhang bringen, hätte er die einzelnen Zwecke aufsuchen müssen, welche die sittliche Ordnung ausmachen, und die Mittel der Verwirklichung, welche die letztere gleichfalls einschließt. Jetzt fehlt, wie der volle Begriff des von dem göttlichen Gesetzgeber erlassenen Sittengesetzes, so der Begriff der Pflicht, und nirgendwo taucht der Gedanke an jenen Kreis von Befugnissen auf, welche sich an den Zweck der menschlichen Natur, an die pflichtmäßige Erfüllung der den einzelnen vorgezeichneten Aufgabe, an die mit der Einrichtung der Menschheit selbst gegebenen grundlegenden Verhältnisse, wie Familie und Eigentum, anschließen. Das Recht als objektive Norm ist von dem allgemeinen Gesetz des sittlichen Lebens nicht geschieden, als subjektive in der Natur des Menschen angelegte und begründete Befugnis nirgendwo erkannt.

Soweit es sich um die Theorie handelt, hat das gesamte klassische Altertum diesen doppelten Mangel nicht überwunden, auch die Römer nicht, denn ihre allgemeinen Gedanken über Recht und Gerechtigkeit entlehnten dieselben bekanntlich den Griechen. Das „honeste vivere, neminem laedere, suum cuique tribuere", worin die römische Wissenschaft das Ganze des Rechts sehen wollte, greift mit seinem ersten Teile über das Gebiet, das der Rechtsordnung gehört, hinaus und in das andere hinein, welches der freien individuellen Sittlichkeit überlassen bleiben muß. Aber es ist längst hervorgehoben worden, daß jene allgemeinen Gedanken zu der konkreten Ausgestaltung nicht passen, welche das Recht tatsächlich bei den Römern gefunden hat. Der rechtbildende Takt, das welthistorische Privileg des römischen Volkes, hat jenen theoretischen Obersätzen zum Trotz die Gesetzgebung ausschließlich nach den Richtungen hin ausgebaut, welche innerhalb des Rechtsgebietes verlaufen. Wir könnten auch sagen: weil es das Bedürfnis des Lebens ist, welches die Rechtsordnung fordert und hervorruft, so konnte das Rechtsgesetz seine sachgemäße Entwicklung finden, ohne daß ihr eine das Recht von der Sittlichkeit in engerem Sinne scheidende Theorie vorangegangen war. Ja, die Theorie war vielleicht erst möglich, als die tatsächliche und praktische Ausgestaltung des Rechts gegeben vorlag.

Aber es kommt doch noch ein anderes hinzu. Den Alten fehlte

der Antrieb, jene Scheidung vorzunehmen, weil ihnen der Staat und das Leben im Staate das Ganze des sittlichen Lebens umfaßte. Aristoteles in seiner Politik kennt kein Ziel des einzelnen, das außerhalb des bürgerlichen Gemeinwesens läge und über dasselbe hinausragte, keine der sittlichen Lebensführung des einzelnen überlassene Sphäre, in welche das bürgerliche Gesetz nicht hineinzugreifen hätte. Das Gesetz soll die Bürger gut und glücklich machen, das Gesetz des Staates ist der beste, wirksamste Erzieher, und wie bezüglich der Kompetenz, so findet sich auch bezüglich der Leistungsfähigkeit der Gesetze kein Zweifel. Allen Ernstes berichtet Xenophon, Lykurg habe die Lakedämonier von Staats wegen gezwungen, jegliche Tugend zu pflegen, und er meint, so unterscheide sich denn freilich Sparta auch von allen anderen Staaten durch den Vorzug der Tugend, da dort allein von Staats wegen die Kalokagathie geübt werde. Dem entspricht es vollkommen, wenn Aristoteles im fünften Buche der Nikomachischen Ethik (Eth. Nic. V, 3, 1129b 23 ff.) ausführt, wie das Gesetz jede Tugend zu befehlen, jedes Laster zu verbieten habe, „in zutreffender Weise das richtig Erlassene, minder gut das aus dem Stegreif Gegebene", worin die Bezugnahme auf positive staatliche Gesetzgebung deutlich hervortritt. Und wenn sich dies alles schließlich in das eine Wort zusammenfassen läßt, daß den Alten die volle Würde der menschlichen Persönlichkeit nicht aufgegangen war, so liefert hierfür die düstere Unterlage des antiken sozialen Lebens, die Sklaverei, den sprechendsten, jedermann geläufigen Beweis.

Das Christentum war es, das die gebeugte Stirne des Sklaven aufrichtete, aus seiner gedrückten und verkümmerten Gestalt den Glanz der Gottebenbildlichkeit und Gotteskindschaft aufleuchten ließ. Unter seinem Einflusse gewannen die Begriffe von Gesetz und Freiheit einen neuen Inhalt, die Stellung des einzelnen zum irdischen, staatlichen Gemeinwesen eine andere Bedeutung. Wer dem Menschen verkündete, daß sein unverrückbares Ziel, das Ziel seiner sittlichen Vollendung und zugleich die Fülle seiner Glückseligkeit einer jenseitigen Ordnung angehöre, der gab ihm damit zugleich das Bewußtsein zurück von dem unantastbaren Heiligtum, das er in seiner Brust trägt, von der Freiheit, die nicht von der Zugehörigkeit zu diesem oder jenem staatlichen Gemeinwesen abhängig ist, von unveräußerlichen Rechten, die keine Volksversammlung zu verleihen und darum auch keine aufzuheben vermag. Aus der Pflicht des sittlichen Lebens, dessen Ausgang, Ziel und führende Regel gleichmäßig in Gott liegen, stammt der Anspruch auf alles das, was hierzu die unerläßliche Bedingung ist. Hierin liegt der Ursprung des Rechts, und das Christentum war es, welches den Völkern diejenige Auffassung allgemein und unzweideutig zum Bewußtsein brachte, aus welcher sein Begriff sich ableitet und in welcher die Scheidung zwischen dem äußerlich erzwingbaren Rechtsgesetz und der nur innerlich verbindenden Pflicht ihre Begründung besitzt.

Von zwei Seiten her fanden sich sonach die Aristoteliker des dreizehnten Jahrhunderts bei der Lektüre des fünften Buches der Nikomachischen Ethik über den ursprünglichen Gedankengang des Verfassers hinausgehoben. Einmal durch ihren christlichen Standpunkt, der sie die einzelnen von dem Meister der Schule ausgesprochenen Wahrheiten in einem weitern Zusammenhange und eben darum in einem hellern Lichte erscheinen ließ. Sodann aber auch durch die vorangegangene Ausbildung des römischen Rechts. Welchen Einfluß der hl. Thomas in seiner Lehrentwicklung diesem letztern verstattet, ist vielleicht noch nicht genügend hervorgehoben worden. Zu dem alten Spruche „vivit ecclesia lege Romana" bildet es eine sprechende Illustration, wenn wir sehen, wie der erste Vertreter der kirchlichen Wissenschaft jetzt zur Stütze und dann zur Ergänzung seines moral-theologischen Systems zahlreiche Stellen aus der Justinianischen Sammlung und den Glossen der Rechtsgelehrten heranzieht. Neben den prinzipiellen Erörterungen enthält der Abschnitt der Summa, welcher von Recht und Gerechtigkeit handelt (2, II, q. 57 ff.), zahlreiche positive Bestimmungen des römischen und des mit demselben innigst verwandten kanonischen Rechts, ausgedehnt bis auf die Fragen der Gerichtsverfassung und des Prozesses. Ich widerstehe der Versuchung, zusammenzustellen, was sich hierbei an charakteristischen Rechtsanschauungen erkennen läßt, und wende mich sogleich zu der Verwertung, welche die Aussprüche des fünften Buches der Nikomachischen Ethik bei Thomas gefunden haben. Dabei muß die Erörterung, in welcher Weise von einer Gerechtigkeit bei der göttlichen Weltschöpfung gesprochen werden könne, auf sich beruhen, so anziehend es auch wäre, den tiefsinnigen, teilweise von Dionys dem Pseudoareopagiten beeinflußten Gedanken zu folgen. Im Zusammenhang der ethischen Untersuchung fällt zunächst eine mehrfache Definition der Gerechtigkeit auf. Aufgenommen ist einmal die der römischen Rechtswissenschaft: „iustitia est perpetua et constans voluntas ius suum unicuique tribuendi" und die damit verwandte des hl. Ambrosius, der in seiner

Pflichtenlehre sagt: „Iustitia est, quae unicuique, quod suum est, tribuit", aber noch weiter hinzufügt: „alienum non vindicat, utilitatem propriam negligit et communem aequitatem custodit" (2, II, 58, 1; 57, 4, ad 1; 58, 11). Daneben steht, was sich bei Cicero findet (de offic. I, 20): „Iustitia ea ratio est, qua societas hominum inter ipsos et vitae communitas continentur" (58, 2). Naturgemäß mußte bei den christlichen Denkern auch der biblische Sprachgebrauch nachwirken, welcher unter Gerechtigkeit die auf das Ganze der Gesetzeserfüllung gegründete sittliche Vollendung begreift. In dieser Richtung bewegt sich eine ebenfalls von Thomas (79, 1) berücksichtigte Äußerung Augustins, Sache der Gerechtigkeit sei: „Declinare a malo et facere bonum". Thomas vereinigt die verschiedenen Aussprüche, indem er sie der aristotelischen Auffassung dienstbar macht.

Aristoteles hatte nur die eine, mehr spezielle Bedeutung des δίκαιον dem ἴσον gleichgesetzt. Thomas geht darüber hinaus, indem er von vornherein in dem Namen der Gerechtigkeit die Hindeutung auf das Gleichmaß findet: „Importat aequalitatem quandam, ut ipsum nomen demonstrat" (57, 1 c.). Gerechte Betätigung hat stets ihr Ziel in der Herstellung der Gleichheit in den äußern Dingen oder Handlungen (58, 9, ad 2). Damit ist indessen nur der Ausgangspunkt gewonnen, von wo aus sofort in den aristotelischen Gedankengang eingelenkt und als das auszeichnende Merkmal der Gerechtigkeit die Beziehung zu den Nebenmenschen angegeben wird: „Iustitiae proprium est inter alias virtutes, ut ordinet hominem in his, quae sunt ad alterum. Importat enim aequalitatem quandam, ut ipsum nomen demonstrat; dicuntur enim vulgariter ea, quae adaequantur iustari; aequalitas autem ad alterum est" (57, 1 c.; 58, 2 c.). Die Übersetzung des aristotelischen πρὸς ἄλλον wird zur feststehenden Formel, um das Wesen der Gerechtigkeit auszudrücken: „Est iustitia proprie circa ea, quae ad alterum sunt", oder häufiger: „Iustitia est ad alterum" (58, 1 c.; 9 c.; 2 c.; 5, obi. 2; 59, 3, ad 2; 80, 1 c.). Damit ist der soziale Charakter der Gerechtigkeit scharf hervorgehoben, gemeint ist aber offenbar noch mehr. Denn natürlich ist ja nicht jedwede Handlung, die uns in Beziehung zu andern bringt, um deswillen schon eine gerechte Handlung, sondern nur dann ist sie es, wenn dies in richtiger Weise geschieht. Eben darum wird ja die Aufgabe der Gerechtigkeit von Anfang an darin gesehen, daß sie uns in den so beschaffenen Handlungen leite und führe. Aber welches ist hierfür der Maßstab? Man könnte vielleicht glauben, denselben in jenem ersten an die Spitze gestellten Begriffe zu finden. In der Tat wird auch gelegentlich das Wesen der Gerechtigkeit darin gesehen, quod alteri reddatur, quod ei debetur secundum aequalitatem (80, 1 c.). Aber was ist dann wieder unter aequalitas zu verstehen? Wo das Wort zuerst erscheint, wird bereits vorsichtigerweise angedeutet, daß es hier nicht in einer scharf umgrenzten, ein für allemal feststehenden Bedeutung genommen werden solle. Das Objekt der Gerechtigkeit, iustum, wird als dasjenige erläutert, „quod respondet secundum aliquam aequalitatem alteri" (57, 1 c.), oder es sei „opus adaequatum alteri secundum aliquem aequalitatis modum" (57, 2 c.). Dem entsprechend wird der Bezeichnung „adaequatum" alsbald die andere, weiterreichende des „commensuratum" an die Seite gesetzt und das „iustum naturale" als dasjenige bezeichnet, „quod ex sui natura est adaequatum vel commensuratum alteri ... sicut masculus ex sui ratione habet commensurationem ad feminam, ut ex ea generet, et parens ad filium, ut eum nutriat" (57, 3 c.). Man sieht, von einer wirklichen Gleichheit, welche den Maßstab abzugeben hätte, ist gar nicht die Rede. Die weitere Bezeichnung des Verhältnismäßigen oder Entsprechenden verdrängt daher auch schließlich die andere, „dicendum quod ius sive iustum dicitur per commensurationem ad alterum" (57, 4 c.), „materia iustitiae est exterior operatio, secundum quod ipsa vel res, cuius est usus, debitam proportionem habet ad aliam personam" (58, 10 c.; 11 c.). Damit kommen wir nun freilich nicht weiter, denn wann befindet sich der Handelnde im richtigen Verhältnis zu seinem Nebenmenschen? Wann ist die „debita proportio" erreicht?

Nach dem Vorgange des Aristoteles behandelt Thomas die Frage, ob jemand auch gerecht sein könne im Verhalten zu sich selbst. Die Antwort lautet, daß ihm allerdings, wenn auch nur in übertragener Weise, dieses Prädikat beigelegt werden dürfe, in Beziehung nämlich auf die Vielheit der Vermögen und der Kräfte, die wir an ihm unterscheiden: „secundum quod ratio imperat irascibili et concupiscibili et secundum quod haec obediant rationi, et universaliter secundum quod unicuique parti hominis attribuitur, quod ei convenit" (58, 2 c.). Das wirft Licht auf die gesamte Auffassung. Eine bestimmte Ordnung ist überall schon vorausgesetzt, welche durch die Handlungen der unterschiedenen einzelnen Subjekte verwirklicht werden soll. Ihre Handlungen sind gerecht, wenn sie dieser Ordnung entsprechen, und die Gerechtigkeit ist die bleibende, auf die Einhaltung dieser Ordnung gerichtete Willensbeschaffenheit, „virtus humana est, quae bonum reddit actum humanum et ipsum hominem bonum facit, quod quidem convenit iustitiae. Actus enim hominis bonus redditur ex hoc, quod attingit regulam rationis, secundum quam humani actus rectificantur. Unde cum iustitia operationes humanas rectificet, manifestum est, quod opus hominis bonum reddit" (58, 3 c.).

Der rein formale Charakter der Gerechtigkeit, der uns bei Aristoteles entgegentrat, ist völlig beibehalten, damit aber auch, so scheint es, der Weg versperrt, der zur Ausscheidung der Rechtsordnung führen könnte. Nur dann ergibt sich derselbe, wie zuvor bereits kurz angedeutet wurde und hier nochmals erinnert werden mag, wenn der Inhalt jener Ordnung ins Auge gefaßt wird. Dann entfaltet sich der oberste Zweck, zu dessen Erfüllung sie hingeordnet ist, zu einem System miteinander mannigfach verbundener Einzelzwecke. Der Mensch, durch seine Vernunft ein Glied der sittlichen Ordnung, findet sich auf Grund ursprünglicher göttlicher Einrichtung mit seinen Nebenmenschen in engster Verknüpfung. Wohl hat er sein Ziel für sich allein: die Auswirkung seiner sittlichen Persönlichkeit, deren Vollendung zugleich den Besitz und Genuß des höchsten Gutes einschließt. Aber wie sein gesamtes geistig-leibliches Leben, so ist auch die Erreichung jenes Zieles an zahlreiche Voraussetzungen geknüpft. Ein Teil derselben wird ihm ohne sein Zutun durch die äußere Natur erfüllt, ein anderer Teil unterliegt ausschließlich seiner eigenen freien Tat. Ein weiterer Teil aber liegt in der Hand der Nebenmenschen. An ihre Mitwirkung findet er sich vielfältig gebunden; jetzt genügt es, daß die übrigen nur negativ den Gebrauch ihrer Freiheit einschränken, damit ihm Raum für die vernunftgemäße Anwendung seiner sittlichen Freiheit bleibe; jetzt hat er um der vernunftgemäßen Betätigung seiner Persönlichkeit willen positive Forderungen an sie zu stellen. Um den Mittelpunkt seiner Persönlichkeit ist solchergestalt von Natur ein Kreis von Rechten herumgelegt, von Befugnissen, in denen ihn keiner hindern darf, von Forderungen, welche Dritte zu erfüllen verbunden sind. Darin liegt das Maß dessen, was einem jeden gebührt. Und was von der Einzelpersönlichkeit, das gilt auch von den sozialen Gebilden, welche die sittliche Ordnung einschließt, der Familie, dem bürgerlichen Gemeinwesen. Überall ist das Recht berufen, die Bedingungen zu wahren, an welche die Erfüllung sittlicher Zwecke geknüpft ist, soweit diese Bedingungen menschlicher Willkür unterliegen.

Es ist charakteristisch, welch geringe Beachtung Thomas demjenigen Bestandteile in der dem römischen Recht entnommenen Definition beilegt, an welchen unsere rechtsphilosophische Betrachtung vor allem anknüpfen würde. In den Worten „ius suum unicuique tribuens" wird weiter nichts gesehen, als die Bezeichnung des eigentümlichen Objekts oder der besonderen Materie, auf welche die Tugend der Gerechtigkeit sich bezieht, denn wie Isidor von Sevilla sagt, „iustus dicitur, quia ius custodit" (58, 1 c.). Jene Definition wird daher auch der der Nikomachischen Ethik völlig gleichgesetzt, Gerechtigkeit sei die Willensbeschaffenheit, aus der Handlungen hervorgehen, wie der Gerechte sie vornimmt. Und an einer anderen Stelle (58, 11 c.) wird erläutert: „Hoc dicitur esse suum unicuique personae, quod ei secundum proportionis aequalitatem debetur, et ideo proprius actus iustitiae nihil aliud est quam reddere unicuique, quod suum est." Nicht von einem ursprünglichen Rechte des Menschen ist die Rede, nicht aus ihm wird die Norm abgeleitet für das, was dem einzelnen die übrigen zu leisten haben, mit denen er in Verkehr tritt, sondern eine Norm für diesen Verkehr ist als bereits feststehend vorausgesetzt; aus ihr muß sich jedesmal ergeben, was für den einzelnen das ius suum ist.

Wie bei Aristoteles fehlt sonach auch bei Thomas ein allgemeiner und grundlegender Rechtsbegriff, aus welchem sowohl die Rechtsordnung als das Recht im subjektiven Sinne abgeleitet werden könnte. Es fehlt ebenso und in notwendigem Zusammenhange mit jenem ersten Mangel eine prinzipielle Scheidung zwischen dem juridischen und dem rein moralischen Gebiete.

In dem Abschnitte der Summa, welcher von den Gesetzen handelt, wird die Frage aufgeworfen, ob das menschliche Gesetz alles Böse verhindern müsse, die entscheidende Frage, bei welcher die Stellung des einzelnen und seiner Freiheit zur rechtmäßigen Zwangsgewalt des Staates zum Austrage kommt. Die Antwort lautet verneinend, aber die Motivierung, für welche namentlich Augustinische Gedanken maßgebend sind, bleibt hinter dem Problem zurück. Das menschliche Gesetz, so wird ausgeführt, muß nicht alles Böse verhindern, denn es ist nicht ausschließlich für Tugendhafte, sondern für Durchschnittsmenschen gemacht, es muß also nur das Schwere verhüten, dessen auch die letzteren sich enthalten können. Auch würde ein zu scharfes Anspannen nur Schlimmeres hervorrufen (1, II, 96, 2). Die gleichen Gedanken werden anderwärts wiederholt (2, II, 69, 2, ad 1; 78, 1, ad 3). Bezeichnend für die gesamte Anschauung ist aber namentlich folgendes: Wenn wir heute eifersüchtig darüber wachen, daß die staatliche Gesetzgebung das Gebiet ihrer Kompetenz nicht überschreite; wenn wir ihr prinzipiell das Recht absprechen, jedwedem Mißbrauch der individuellen Freiheit entgegen zu treten, sondern verlangen, daß zu der moralischen Unerlaubtheit einer Handlung noch ein anderes entscheidendes Kriterium hinzutreten müsse, wo staatliches Eingreifen gerechtfertigt sein soll, — so findet der hl. Thomas nach dem Vorgang Augustins in dieser Zurückhaltung der bürgerlichen Gesetzgebung ihre Schwäche und ihren Mangel gegenüber dem göttlichen Gebot, welches jede Tugend vorschreibt und jegliches Böse untersagt (1, II, 96, 2, ad 3). Es hängt damit zusammen, wenn der hl. Thomas den Wert der menschlichen Gesetze aus ihrer ethisch-pädagogischen Tendenz ableitet. Hatte Aristoteles den Zweck des Staates in das εὖ ζῆν, das gute und schöne Leben gesetzt, so erläutert Thomas in seinem Kommentar zu der Stelle den Ausdruck: „in quantum per leges civitatis ordinatur vita hominum ad virtutes". Und wenn im Schlußkapitel der Nikomachischen Ethik und ebenso in der Politik die Erziehung ganz und gar der staatlichen Obrigkeit ausgeliefert und, namentlich an der erstgenannten Stelle, der von den Gesetzen des bürgerlichen Gemeinwesens zu erwartende Erfolg höchlich überschätzt wird, so hat Thomas, was auf den ersten Blick befremdlich erscheinen mag, gegen beides kein Wort der Verwahrung.

Aber es geht, wie Aristoteles einmal gelegentlich sagt: die Wahrheit selber bahnt den Weg und führt auf das Richtige. Wenn der enge Anschluß an die Vorlage dem hl. Thomas zum Hindernis wurde, wenn er in seiner grundlegenden Erörterung der Gerechtigkeit nicht von den in der sittlichen Ordnung gegebenen Zwecken ausgeht, um darin das innere Maß der gerechten Handlungen und das Wesen des Rechts zu finden, und wenn er eine ausdrückliche Ausscheidung des letzteren und seines Geltungsbereiches nicht vornimmt, so finden sich doch nach beiden Richtungen hin Ansätze in gelegentlichen Ausführungen und bei der Besprechung abgeleiteter Punkte.

Als ein mit der Einrichtung der Menschheit gegebener, durch die sozialen Handlungen der einzelnen zu realisierender Zweck erscheint mit voller Bestimmtheit das bürgerliche Gemeinwesen. Das liegt schon in der Beziehung, welche gleich anfangs der Gerechtigkeit auf das bonum commune gegeben wird. Aristoteles hatte, wie bemerkt, die Gerechtigkeit in der weiteren Bedeutung des Wortes mit dem Inbegriff aller Tugend identifiziert (Eth. Nic. V,

3, 1130 9). Demgemäß lehrt auch der hl. Thomas, die Gerechtigkeit in diesem Sinne sei „virtus generalis". Die Begründung führt aus, die im Wesen der Gerechtigkeit gelegene Beziehung ad alium richte sich nicht notwendig auf eine bestimmte einzelne Person, sondern könne auch ganz allgemein auf den Nächsten gehen, „secundum scilicet quod ille, qui servit alicui communitati, servit omnibus hominibus, qui sub communitate illa continentur". Sofern nun jedweder Tugendübung eine Richtung auf das Gemeinwohl gegeben werden kann, tritt gleichsam eine jede in den Dienst der Gerechtigkeit, „et secundum hoc actus omnium virtutum possunt ad iustitiam pertinere, secundum quod ordinat hominem ad bonum commune. Et quantum ad hoc iustitia dicitur virtus generalis" (58, 5 c. vgl. 12, ad 1; 61, 1, ad 4). Ausdrücklich wird das gemeine Wohl den einzelnen Mitgliedern des Gemeinwesens als Ziel hingestellt (58, 9, ad 3). Von Bedeutung nach dieser Richtung ist sodann die Untersuchung über die Pflicht des Gehorsams (q. 104). Zuvörderst wird nur an jenen Zug der göttlichen Welteinrichtung erinnert, wonach — aristotelisch-scholastischer Naturauffassung zufolge — die höhern, vornehmern Weltkörper ihren leitenden Einfluß auf die niedern erstrecken sollen. So auch lenken und leiten im Menschenleben kraft göttlicher Ermächtigung die Vorgesetzten ihre Untergebenen; „ex ordine iuris naturalis et divini" sind die Untergebenen verpflichtet, den Obern Gehorsam zu leisten (104, 1 c.). Wenn dort im vernunftlosen Bereich ein äußerer Zwang die Ordnung aufrecht erhält, so hier eine aus der Gerechtigkeit stammende sittliche Pflicht, „obediens movetur ad imperium praecipientis quadam necessitate iustitiae, sicut res naturalis movetur virtute sui motoris necessitate naturae" (5 c.). Endlich aber, im letzten Artikel, tritt mit dem Zwecke der entscheidende Grund hervor: „ordo iustitiae requirit, ut inferiores suis superioribus obediant, aliter enim non posset humanarum rerum status conservari" (6 c.). Das bürgerliche Gemeinwesen soll sein, es ist ein in der sittlichen Ordnung, in der ursprünglichen göttlichen Welteinrichtung begründeter Zweck. Zu leisten, was um seiner Erfüllung willen gefordert wird, ist Pflicht der Gerechtigkeit. Hierzu gehört beispielsweise, wie an einer andern Stelle ausgeführt wird, die Wahrhaftigkeit. Denn da der Mensch von Natur für das Leben in der Gesellschaft bestimmt ist, so schuldet der eine dem andern, was zur Erhaltung der Gesellschaft unerläßlich ist, „non autem possent homines ad invicem convivere, nisi sibi invicem crederent, tanquam sibi invicem veritatem manifestantibus" (109, 3, ad 1).

Den individualistischen Tendenzen der naturalistischen Ethik gegenüber ist es von Bedeutung, den durchaus sozialen Charakter der Ethik des hl. Thomas hervorzuheben. Auf einen Einwand, der die Klugheit, prudentia, in der egoistischen Fürsorge für das eigene Wohl, nicht in der Sorge für das gemeine Beste erblicken will, wird ausgeführt (47, 10, ad. 2), wer das gemeine Wohl anstrebe, strebe eben damit sein eigenes an, einmal weil für dieses letztere das Wohl der Familie, der Stadt oder des Staates einen notwendigen Bestandteil bilde, wie auch Valerius Maximus von den alten Römern berichte, quod malebant esse pauperes in divite imperio, quam divites in paupere imperio. Sodann aber umgekehrt, weil der einzelne ein Teil des Hauswesens oder des Staates ist und darum das Wohl des Ganzen auch sein Wohl einschließt. Dieser soziale Charakter ist so sehr bestimmend, daß der hl. Thomas auch da nur an Pflicht und Pflichtverletzung dem Gemeinwesen gegenüber denkt, wo für uns heute die Entscheidung vielmehr in dem Rechte des Individuums und seiner Grenze zu liegen scheint. Das Verbrecherische des Selbstmordes leiten wir in erster Linie daraus ab, daß das Recht auf Leben ein absolutes ist, ein solches, worauf der einzelne selbst gar nicht verzichten darf. Eben darum verlangt unsere Rechtsanschauung, daß, wer dem Selbstmord Vorschub leistet, bestraft werde; sie lehnt es dagegen ab, den Versuch des Selbstmordes an dem Urheber zu bestrafen. Das Verbrechen ist uns ein solches, welches der Verbrecher gegen Gott und gegen sich selbst verübt, darum überlassen wir die Strafe dem höhern Richter. Nach dem hl. Thomas ist der Selbstmord schlechterdings unerlaubt, weil er ein Verbrechen gegen die gebotene Selbstliebe und eine Auflehnung gegen die göttliche Ordnung ist. Einen weitern Grund aber sieht er mit der Nikomachischen Ethik darin, „quia quaelibet pars id, quod est, est totius, quilibet autem homo est communitatis et ita, quod est, est communitatis, unde in hoc, quod seipsum interficit, iniuriam communitati facit" (64, 5 c.). Ja, was noch auffallender ist, die Unerlaubtheit körperlicher Verstümmelung wird ausschließlich aus diesem letztern Grunde abgeleitet, „quia per hoc fit iniuria communitati, cuius est ipse homo et omnes partes eius" (65, 1 c.). Aristoteles ist hier nicht erwähnt, das Argument findet sich indessen gleichfalls im fünften Buche der Ethik.

Ich glaube nicht zu weit zu gehen, wenn ich die Meinung äußere, daß gegenüber der Wertschätzung des Gemeinwesens das Recht und die Freiheit des Individuums hier und da stärker betont werden könnten. Bekannt ist, wie scharf und treffend und den Grundgedanken nach für alle Zeiten gültig der hl. Thomas die Grenzen des bürgerlichen Gehorsams festsetzt. Aber auch dort muß auffallen, daß unter den ungerechten und darum ihrer Natur nach nicht verbindlichen Gesetzen solche keine ausdrückliche Erwähnung finden, welche ohne Not in die autonome Sphäre des einzelnen eingreifen. Wo die Frage erörtert wird, ob es erlaubt sei, einem Menschen die Freiheit zu entziehen, wird man zwar in der Hauptsache nichts finden, was unserer heutigen Rechtsanschauung widerspräche (66, 3). Aber ganz ohne Einschränkung wird doch wohl nicht gelten sollen, was eben dort in Widerlegung eines Einwandes ausgeführt wird: „Homo, qui abutitur potestate sibi data, meretur eam amittere, et ideo homo, qui abusus est libero usu suorum membrorum, conveniens est incarcerationis materia" (66, 3, ad 1; vgl. 64, 2, ad 3). Welch ungeheure Gewalt über ihre Untertanen würde die praktische Durchführung dieses Grundsatzes in die Hand der Obrigkeit legen!

Endlich würde ein moderner Leser vielleicht einen schärferen Protest gegen die Sklaverei erwarten, als sich in der Summa findet. Bekanntlich hatte Aristoteles unternommen, die Sklaverei vor der Vernunft zu rechtfertigen. Nach der einen Seite führt er aus, daß das Bedürfnis des vollendeten Hauswesens neben den leblosen auch lebendige Werkzeuge erheische, „solange das Weberschiffchen nicht von selber webt und der Zitherschlägel nicht von selber spielt". Auf der andern Seite scheint es ihm billig und recht, daß, wer seiner Naturanlage nach sich nicht selber zu leiten versteht, von andern beherrscht werde. Darum gelten ihm die Barbaren als die geborenen Sklaven der Hellenen. Wenn Thomas gegen eine derartige Auffassung weder in seinem Kommentar zur aristotelischen Politik noch sonstwo Verwahrung einlegt, so dürfte hierfür, wie ich glaube, einigermaßen dies zur Erklärung dienen, daß er bei dem Namen der Sklaven lediglich an die Verhältnisse unfreier Leute dachte, wie sie zu seiner Zeit bestanden. Der Unfreie des christlich-germanischen Mittelalters aber war keine rechtlose, der Willkür seines Herrn überantwortete Sache, sondern ein Band gegenseitiger Pflichten und Rechte verknüpfte beide miteinander. Der Abhängigkeit auf der einen Seite entsprach von der andern nicht nur die Schutzpflicht, sondern auch die Gewährleistung einer sichern wirtschaftlichen Existenz. Tatsächlich mag das Los eines hörigen Mannes oder eines Hofgenossen vielfach weit besser gewesen sein als das eines heutigen freien, dafür aber tagtäglich den Kampf ums Dasein kämpfenden kleinen Bauern oder eines Fabrikarbeiters; von dem Lose eines antiken Sklaven war es jedenfalls himmelweit verschieden. Wenn daher Thomas sich mit dem bei Isidor von Sevilla überlieferten Ausspruche, die Sklaverei gehöre zum ius gentium, abzufinden weiß und in der Erläuterung mit deutlichem Anklange an Aristoteles eine gewisse natürliche Begründung für dieselbe findet, „in quantum utile est huic, quod regatur a sapientiori, et illi, quod ab hoc iuvetur" (57, 3, ad 2), wenn er den aristotelischen Ausdruck adoptiert „servus est aliquid domini, quia est instrumentum eius" (4 c., 61, 3 c.), und statt dessen anderwärts sagt: „Servus est possessio domini" oder „est in potestate domini" (88, 8, ad 2), so wäre es doch durchaus verfehlt, seine Auffassung einfach mit der aristotelischen identifizieren zu wollen. An entscheidenden Stellen kommt die Anerkennung der menschlichen Persönlichkeit und ihrer unveräußerlichen Rechte zum Durchbruch.

Aristoteles ist der Meinung, daß es Kindern und Sklaven gegenüber eine Gerechtigkeit im eigentlichen Sinne nicht gebe, weil ja beide dem Hausvater gegenüber nichts Selbständiges, sondern etwas zu ihm als Teil oder Besitztum Gehöriges seien. Thomas will unterschieden wissen: „Filius in quantum filius est aliquid patris et similiter servus in quantum servus est aliquid domini; uterque tamen, prout consideratur ut quidam homo, est aliquid secundum se subsistens ab aliis distinctum. Et ideo, in quantum uterque est homo, aliquo modo ad eos est iustitia." Und Thomas fügt bei, daß es eben darum Gesetze gebe über die Pflichten der Eltern gegen ihre Kinder und der Herren gegen die Unfreien, Gesetze, von denen die letztern bekanntlich ausschließlich der christlichen Zeit entstammen (57, 4, ad 2). Und wenn er gelegentlich bezüglich der Pflanzen und Tiere, die des vernünftigen Lebens entbehren, bemerkt: „Et hoc est signum, quod sunt naturaliter serva et aliorum usibus accomodata" (64, 1 ad 2), so liegt ja darin deutlich, daß umgekehrt das auszeichnende Merkmal des Menschen, die Vernunft, für ihn die Quelle seiner Freiheit und der Grund seiner persönlichen Würde ist, der zufolge er niemals zum bloßen Mittel für die Zwecke anderer erniedrigt werden darf. Daher ist zwar der unfreie Knecht an den Befehl des Herrn gebunden in alledem, was seines Dienstes ist, aber er ist frei bezüglich alles dessen, was aus der allgemeinen Einrichtung der menschlichen Natur stammt oder mit ihr zusammenhängt: „Quia omnes homines natura sunt pares, puta in his, quae pertinent ad corporis sustentationem et prolis generationem. Unde nec tenentur nec servi dominis nec filii parentibus obedire de matrimonio contrahendo vel virginitate servanda aut aliquo alio huiusmodi" (104, 5 c.). Bekanntlich war die Sklaven-Ehe der Punkt, wo die kirchliche Gesetzgebung mit am frühesten und am wirksamsten eingriff, um auch für die mit Füßen getretene Klasse Menschenrecht und Menschenwürde zu retten und zu wahren.

Was ich im vorangehenden zu zeigen versuchte, ist dies, daß man nur zu suchen braucht, um in der Lehrentwicklung des hl. Thomas auf die Anerkennung bestimmter, in der sittlichen Ordnung begründeter Zwecke zu stoßen, in denen Recht und Gerechtigkeit ihr inneres Maß finden. Was fehlt, ist die ausdrückliche Verknüpfung und systematische Entfaltung der gelegentlichen Ansätze. Dem bereits Angeführten ließe sich Weiteres beifügen, so die Anerkennung der Ehe als eines aus den Bedürfnissen des sozialen Lebens sich ableitenden, vom Rechte zu schützenden Gutes (68, 4 c.). Ich verzichte der vorgeschrittenen Zeit wegen darauf, um mich statt dessen zur Lehre vom Eigentum zu wenden.

Auch hier darf ich mich kurz fassen, da ja die Aufgabe nicht sein kann, zu wiederholen, was allen geläufig ist. Als bekannt also setze ich voraus, daß der hl. Thomas das Eigentum aus den Bedürfnissen und der Beschaffenheit der menschlichen Natur ableitet, und daß er ebenso das Privateigentum als diejenige Eigentumsform aufzeigt, durch welche denselben am besten entsprochen wird. Als bekannt ebenso, daß sich bei ihm wie bei der spätern Theologie der absolute Anspruch anerkannt findet, den ein jeder auf das zur Fristung des Lebens schlechterdings Unentbehrliche besitzt. Nur ist es vielleicht nicht überflüssig, daran zu erinnern, daß der hl. Thomas die Geltendmachung dieses Anspruches fremdem Eigentume gegenüber auf den äußersten Fall, „urgens necessitas", einschränkt (66, 7 c.).

Dagegen tritt bei der Besprechung des Eigentums ein Umstand nochmals sehr deutlich hervor, auf den ich darum die Aufmerksamkeit hinlenke, weil er zu dem Teile der Betrachtung hinführt, der noch der Erledigung bedarf: ich meine den Mangel einer prinzipiellen Scheidung des Rechtsgebietes von dem des Sittlichen im engeren Sinne, der wirklichen Rechtspflichten von den bloß sittlichen Pflichten.

Dem natürlichen und dem göttlichen Gesetze, führt der hl. Thomas aus (a. a. O.), kann durch kein menschliches derogiert werden. Nun ist aber gemäß natürlicher, auf göttlicher Voraussicht beruhender Ordnung die Welt der Sachen dazu bestimmt, daß in ihnen die menschlichen Bedürfnisse ihre Befriedigung finden. Die Verteilung und Aneignung dieser Sachgüter also, wie sie sich an der Hand menschlicher Gesetze vollzogen hat, kann sich niemals jener Befriedigung als Hindernis entgegenstellen, „et ideo res, quas aliqui superabundanter habent, ex naturali iure debentur pauperum sustentationi." Es liegt hier eine strikte Pflicht vor und dementsprechend auch ein wirkliches Recht der Bedürftigen, die Mittel des Unterhalts zu fordern. Die juridische Betrachtung wird nun weiter fragen, gegen wen dieses Recht geltend gemacht, wer zur Durchführung jener Pflicht zwangsweise angehalten werden könne. Der hl. Thomas dagegen in Übereinstimmung mit dem gesamten Gange seiner ethischen Erörterung biegt in die Lehre von der sittlichen Pflicht des Almosengebens ab: „Sed quia multi sunt necessitatem patientes et non potest ex eadem re omnibus subveniri, committitur arbitrio uniuscuiusque dispensatio propriarum rerum, ut ex eis subveniat necessitatem patientibus." Man sieht, moderne Staats-Sozialisten können sich nicht auf den hl. Thomas berufen, wenn sie im Interesse der notleidenden Klassen etwa eine progressive Einkommensteuer oder die zwangsweise Regelung der gesamten Produktion verlangen. Die Pflicht, von dem eigenen Überflusse den Bedürftigen zu unterhalten, wird in aller Bestimmtheit ausgesprochen, die Erfüllung derselben aber so sehr dem freien Ermessen des einzelnen überlassen, daß der Charakter einer erzwingbaren Rechtspflicht vollkommen verloren geht. Noch mehr aber tritt der Mangel einer scharfen Scheidung hervor, wo gelehrt wird, daß zwar der Besitz der äußeren Güter ein gesonderter, der Gebrauch dagegen ein gemeinschaftlicher sein soll. Der Sinn dieser letzten Vorschrift wird freilich vollkommen verständlich durch den erläuternden Zusatz: „ut scilicet de facili eas communicet in necessitate aliorum" (66, 2 c.), sie ist nur ein anderer Ausdruck für die sittliche Pflicht werktätiger Barmherzigkeit. Aber kommunistischen Angriffen auf das Privateigentum gegenüber würde man gern den Unterschied zwischen dem Rechtsinstitut als solchem und den sittlichen Pflichten des Eigentümers schärfer hervorgehoben sehen.

An anderen Stellen wird nun wohl zwischen einem debitum legale und einem debitum morale unterschieden und dem erstern eine spezielle Beziehung zur Gerechtigkeit gegeben, das debitum morale dagegen als solches erklärt, „quod aliquis debet ex honestate virtutis" (80, 1 c.; 102, 2, ad 2). Aber einmal würden wir bei dem debitum legale, „ad quod reddendum aliquis lege adstringitur", nur dann ausschließlich an die rechtliche Verbindlichkeit denken dürfen, wenn aus dem Gesamtbereich gesetzlicher Vorschriften das besondere Rechtsgesetz bereits ausgeschieden wäre. Sodann aber ergibt die weitere Ausführung für das debitum morale eine Ausdehnung, daß auch wirkliche Rechtspflichten darunter fallen können. Dagegen lassen sich auch hier wieder Ansätze aufweisen, deren konsequente Entwicklung zu einer prinzipiellen Scheidung der beiden Gebiete hingeführt haben würde.

Ich habe zuvor darauf hingewiesen, daß die Frage, ob das bürgerliche Gesetz jedes Unrecht verbieten und zu jeglicher Tugend anhalten solle, in einer Weise beantwortet werde, welche jene Scheidung vielmehr erschwert und aufhebt. Und doch findet sich auch dort eine Andeutung des Richtigen. Wenn gesagt wird, das Gesetz solle freilich nicht alles, aber doch das schwerere Unrecht verhüten, wird beigefügt: insbesondere dasjenige, „quae sunt in nocumentum aliorum, sine quorum prohibitione societas humana conservari non posset" (1, II, 96, 2 c.). Und dementsprechend heißt es dann auch, daß diejenigen Tugenden vorgeschrieben werden sollen, welche zu dem bonum commune in Beziehung stehen (2, ad 3). In einem ganz andern Zusammenhange, in dem Abschnitte des zweiten Teiles der Summa, welcher kasuistisch die Übervorteilungen in Handel und Wandel bespricht, wird dieser Gedanke weit entschiedener in den Vordergrund gerückt. Auch hier wird zunächst wiederholt, daß das bürgerliche Gesetz nicht jede Übertretung verbieten könne, weil es nicht allein für Tugendhafte gegeben sei. Dann heißt es weiter: „Sed ei sufficit, ut prohibeat ea, quae destruunt hominum convictum" (2, II, 77, 1, ad 1).

Der Mensch ist für das Leben in der Gesellschaft bestimmt, und die einzelnen müssen demgemäß den Gebrauch ihrer Freiheit so weit einschränken, daß ein geordnetes und gedeihliches Zusammenleben der vielen möglich wird. In den Zwecken des sozialen Lebens findet die Norm der sozialen Handlungen ihr Maß. Und es genügt nicht, daß den einzelnen, der diese Norm übertritt, dereinst die Strafe ereile, welche die ewige Gerechtigkeit an jede Gesetzesübertretung geknüpft hat. Es muß eine Veranstaltung getroffen sein, welche die Störung der gesellschaftlichen Ordnung sofort beseitigt und einem jeden die Möglichkeit wahrt, friedlich an der Realisierung sittlicher Menschheitszwecke weiter zu arbeiten. In diesem Zusammenhange wird dann auch vollkommen verständlich, warum die Obrigkeit nicht jede Sünde bestraft. Sie straft, wie Thomas ausführt, nur diejenige, welche zugleich eine Schädigung des Gemeinwesens enthält (66, 6, ad 2), oder, wie wir ergänzend hinzufügen müssen, welche einen Einbruch in die Rechtssphäre eines anderen einschließt.

Thomas macht gelegentlich darauf aufmerksam, daß das Bewußtsein der Verpflichtung stärker hervortrete, wo die Beziehungen zu den Nebenmenschen mit im Spiele sind, als wo es sich um rein individuelle Betätigung handelt. Die Pflichten der Gerechtigkeit leuchten der Vernunft mit besonderer Klarheit ein: „Manifestissime ratio debiti, quae requiritur ad praeceptum, apparet in iustitia, quae est ad alterum, quia in his, quae sunt ad seipsum, videtur primo aspectu, quod homo sit sui dominus et quod liceat ei facere quodlibet; sed in his, quae sunt ad alterum, manifestissime apparet, quod homo est alteri obligatus ad reddendum ei, quod debet" (122, 1 c.). Aber dieser Vorzug größerer Deutlichkeit ist nicht das einzige, was die Pflichten, in denen das ad alterum steckt, von den übrigen unterscheidet. Ihre Erfüllung ist notwendig, damit die Realisierung sittlicher Menschheitszwecke möglich bleibe. Durch die Nichterfüllung entzieht sich nicht etwa nur ein einzelner dem Sittengesetze und damit dem Ziele seiner eigenen Vollendung, sondern es werden zugleich die übrigen an der Erreichung des Zieles verhindert. Soll darum nicht die sittliche Ordnung im ganzen in Frage gestellt sein, so muß die Erfüllung jener Pflichten im Notfalle erzwungen werden können. So ergibt sich innerhalb des Gesamtbereiches der sittlichen Ordnung, und um ihres Bestandes willen gefordert, die besondere Sphäre, in welcher das Recht seine Stelle hat.

Die Ausbildung einer eigenen Naturrechts-Wissenschaft gehört bekanntlich der Neuzeit an. Wir datieren sie von Hugo Grotius, Pufendorf und Thomasius. Die Tatsache kann nicht überraschen. Wenn das klassische Altertum die Grenze zwischen dem Rechte und der Sittlichkeit im engeren Sinne nicht zu ziehen vermochte, so war der Grund, wie bereits erinnert wurde, weil das Individuum vom Staate, die persönliche von der bürgerlichen Tugend vollkommen absorbiert ward. Hierzu stellte sich allerdings die christliche Weltauffassung in prinzipiellen Gegensatz. An jeden einzelnen erging die Aufforderung, sein Heil zu wirken; daß er das Ziel im Jenseits erlange, war der höhere Zweck, dem alles andere sich unterordnen mußte. Eben darum aber konnte in der christlichen Welt der Versuch gemacht werden, alle Formen und Institutionen des öffentlichen Lebens jenem Zwecke dienstbar zu machen. War die Kirche die von Christus selbst gestiftete Erziehungsanstalt des Menschengeschlechts, so schien auch der Staat seine wichtigste Aufgabe und seine höhere Weihe darin zu finden, daß er in engstem Anschlusse, in freiwilliger Unterordnung unter die Kirche seine physische Macht für das Ziel einsetzte. Und so, obwohl von ganz andern Grundanschauungen ausgehend, konnte man sich völlig wieder alles das aneignen, was die Alten von den ethisch-pädagogischen Tendenzen der staatlichen Gesetzgebung gelehrt hatten. Aus der theologischen Moral, von den Aussprüchen der kirchlichen Autorität erhielt dieselbe ihre Richtung und ihr Maß. Und die Kirche, welche die Pflicht des Gehorsams gegen die weltliche Obrigkeit unter Berufung auf die Aussprüche Christi und des Apostels zu allen Zeiten eingeschärft hatte, trat auch ebenso für die Freiheit und das Recht der Untertanen gegen tyrannische Willkür auf. Man stritt freilich häufig genug und ohne die abschließende Formel zu finden, über die Stellung der geistlichen zur weltlichen Gewalt. Das Bedürfnis dagegen ergab sich nicht, die Grenzen zu ziehen zwischen dem, was überhaupt erzwingbares Recht ist und sein kann, und dem, was dem Gewissen des einzelnen überlassen werden soll. Das Bedürfnis trat auf, als die Einheit der Weltauffassung den Völkern Europas verloren ging, als in wachsendem Maße die der alten Kirche entfremdeten Kreise sich der Autorität des positiven Christentums zu entziehen begannen. Ihnen zuerst mußte es wichtig erscheinen, die theoretische Grundlage für Recht und Staat, welche man in der Offenbarung und der daran sich anschließenden kirchlichen Wissenschaft zu finden verschmähte, in gewissen einleuchtenden Grundsätzen der Vernunft zu suchen. Aber auch das ist aus der geschichtlichen Entstehung der neuen Wissenschaft begreiflich genug, daß man alsbald jeden Zusammenhang mit der alten Schule aufgab und von völlig neuen Ausgangspunkten her die Ableitung unternahm. Auf die weit voneinander abliegenden Zielpunkten nachgehenden Systeme gewannen die wechselnden Strömungen der Zeit entscheidenden Einfluß; bald gipfelt die begriffliche Konstruktion in der Verherrlichung eines Despotismus, dem der einzelne und sein Recht schutzlos preisgegeben wird, bald will sie schrankenloser Volksherrschaft den Boden bereiten. Zu wiederholten Malen ist solch einseitigen Bestrebungen der Naturrechts-

Wissenschaft gegenüber der Ruf nach Umkehr laut geworden. Zu den Aufgaben, welche die Enzyklika Aeterni Patris der katholischen Philosophie der Gegenwart stellt, gehört der Nachweis, daß im Anschlusse an die Prinzipien der Scholastik, in der Verknüpfung der zerstreuten Ansätze, in der Entfaltung der halb verborgenen Keime, welche die Schriften des hl. Thomas von Aquino einschließen, auch für die Naturrechts-Wissenschaft das Unterpfand ihrer gedeihlichen Fortentwicklung liege.

VI.
Augustinus-Zitate bei Thomas von Aquin.
Vorgetragen in der philos.-philol. Klasse der Kgl. Bayer. Akademie der Wissenschaften am 3. Dezember 1904.

Die Beachtung, welche der Geschichte der mittelalterlichen Philosophie in der wissenschaftlichen Forschung der Neuzeit zuteil geworden ist, kann sich mit derjenigen, welche andere Perioden der Geschichte der abendländischen Spekulation gefunden haben, in keiner Weise messen. Immerhin haben die letzten Dezennien erhebliche Fortschritte gebracht. Die Durchforschung der Bibliotheken hat die Aufmerksamkeit auf früher übersehene Schriften gelenkt, von wichtigen Werken sind neue, den heutigen Anforderungen entsprechende Ausgaben veranstaltet worden, vor allem aber haben sich die Gesichtspunkte in aller Schärfe herausgestellt, welche für eine wissenschaftliche Erkenntnis und Würdigung der Scholastik maßgebend sind. Worauf es in erster Linie ankommt, das ist, für jede Phase der Entwicklung und für jeden selbsttätigen Förderer derselben genau festzustellen, welches der Umfang überlieferten Materials an Problemen und Lösungsversuchen, Ausdrucksformen und Gedankenreihen war, worüber sie verfügten, um sodann zu untersuchen, was sie daraus gemacht, wie sie es angewandt und verwertet haben. Das Material stammt zu einem Teile aus dem klassischen Altertum, aus der griechischen Philosophie, und dann handelt es sich weiter darum, die Wege aufzudecken, auf denen es den mittelalterlichen Gelehrten zukam. Es stammt zum anderen Teile aus der patristischen Literatur.

Arbeiten zur Geschichte der mittelalterlichen Philosophie, welche unter diesen Gesichtspunkten unternommen wurden, haben das Bild verändert, das früheren Generationen geläufig war. Wir wissen jetzt, daß sich auch in der Periode der Frühscholastik das spekulative Denken nicht in dem Streite um die Existenzweise der Univversalien erschöpfte; wir wissen, daß der Strom der Überlieferung, der seine Quellen in griechischer Wissenschaft hat, schon vor dem Beginn des dreizehnten Jahrhunderts viel breiter floß, als man früher anzunehmen geneigt war; es ist deutlich geworden, in welchem Umfange Augustinus nicht nur in der Theologie Führer und Lehrer war, sondern auch darüber hinaus die Gedanken der Scholastik auf metaphysischem, psychologischem und ethischem Gebiete bestimmte, und ebenso, daß Boethius keineswegs nur für die Aristotelische Logik, sondern auch für andere, fundamentale Lehrsätze der peripatetischen Schule der einflußreiche Vermittler gewesen ist. Auch der Fortgang der Entwicklung stellt sich infolgedessen in verändertem Lichte dar. Die gewaltige Vermehrung des überlieferten Materials beim Beginn des dreizehnten Jahrhunderts durch das Bekanntwerden der Aristotelischen Schriften samt den Erklärungen der arabischen Philosophen kann nicht mehr als der allein ausschlaggebende Faktor in dem bedeutsamen Aufschwung angesehen werden, der im Verlauf eines halben Jahrhunderts die Scholastik auf ihren Höhepunkt führte. Weit eher wird man geneigt sein, diesen Aufschwung einem größeren Zusammenhang einzureihen und sich an den Nachdruck erinnern, mit welchem zuerst hervorragende Kunsthistoriker der Gegenwart die gesteigerte Lebensbetätigung der europäischen Völker seit dem Ausgange des zwölften Jahrhunderts betont haben und die mächtigen religiösen und sozialen Bewegungen, deren Führer Franz von Assisi war. Die gesteigerte wissenschaftliche Tätigkeit, welche der Richtung der Zeit gemäß sich nur nach der philosophisch-spekulativen Seite äußern konnte, würde hiernach nur eine Seite dieser Gesamterscheinung darstellen. Dafür fällt zugleich ins Gewicht, daß die beiden großen, im ersten Drittel des dreizehnten Jahrhunderts entstandenen Orden der Franziskaner und Dominikaner auch die vornehmsten Träger eben dieser wissenschaftlichen Tätigkeit wurden.

Die stoffliche Unterlage für die letztere gaben dann freilich die zur Kenntnis des Abendlandes gelangten naturwissenschaftlichen, metaphysischen und ethischen Schriften des Aristoteles und seiner Kommentatoren. Aber das Verhältnis war doch nicht dies, daß man jetzt erst Kenntnis von dem Lehrgebäude des Stagiriten — abgesehen immer von seiner Logik — als von einem bis dahin völlig Unbekannten erhalten hätte, wohl aber war man nunmehr in den Stand gesetzt, die einzelnen und in ihrer Vereinzelung nicht immer richtig aufgefaßten Bestandteile jenes Lehrgebäudes in ihrer wahren

Gestalt und ihrem systematischen Zusammenhange kennen zu lernen. Eben dies, daß eine Tradition Aristotelischer Lehrmeinungen und Aristotelischer Terminologie schon vorher bestand, läßt auch die oft hervorgehobene Tatsache minder befremdlich erscheinen, daß der unglaublich verderbte und verdunkelte Text der mittelalterlichen Übersetzungen dem Verständnis der Zeitgenossen kein merkliches Hindernis entgegenstellte. Indem sie aber in ihren Sinn eindrangen, und ihnen die getrennten Bruchstücke, mit denen man sich vorher beholfen hatte, wieder zu einem Ganzen zusammenwuchsen, gewannen sie selbst eine einheitliche Denkweise, welche den ganzen Umfang der Probleme von einer festen prinzipiellen Grundlage aus in strenger Folgerichtigkeit zu lösen unternahm. Aus dieser geschlossenen Denkweise, aus dieser strengen Schulung und schulmäßigen Konsequenz entsprang der Gegensatz gegen die bisherige Weise des Philosophierens, der als Gegensatz des Aristotelismus gegen den Augustinismus bezeichnet zu werden pflegt. Durch Albertus Magnus ist der Aristotelismus in den Dominikanerorden eingeführt worden, in seinem Schüler Thomas hat er den bedeutendsten, durch die Jahrhunderte fortwirkenden Vertreter gefunden.

Auf diesen Gegensatz soll im folgenden etwas näher eingegangen werden, und zwar in der Weise, daß die Stellung untersucht werden soll, welche Thomas persönlich dazu eingenommen hat. Thomas galt den Zeitgenossen als der große Neuerer, dem die einen ebenso ergeben anhingen, wie ihn die andern eifrig befehdeten, weit mehr als seinen Lehrer Albert, den wir doch als den eigentlichen Begründer der neuen Richtung anzusehen haben. Die Frage ist: Wie dachte Thomas über jenen Gegensatz? Wie stellte er sich persönlich zu dem großen Kirchenvater, der bis dahin in den Schulen des Abendlands unbestritten als die erste Autorität verehrt worden war.

Man wird nicht erwarten, daß er selbst sich diese Fragen vorgelegt hätte, um sie in einer zusammenhängenden Erörterung systematisch und allseitig zu beantworten. Das lag nicht in der Art des wissenschaftlichen Betriebs, wie ihn die Zeit kannte; derselbe verweist vielmehr auf den Weg der Einzeluntersuchung und zeigt zugleich die Richtung, in der sie zu erfolgen hat.

Über den Ursprung und die Entwicklung der scholastischen Lehrmethode kann seit Denifles Untersuchung über die Sentenzen

Abälards vom Jahre 1885[1]) ein Zweifel nicht mehr bestehen, aber es scheint, als ob die daraus sich ergebende Auffassung nicht überall die gebührende Beachtung gefunden hätte, daher mit einigen Worten daran erinnert werden muß.

Die scholastische Wissenschaft lebt in ihren Anfängen zum großen Teile von dem Erbe der Patristik. Ihre früheste kümmerliche Regung zeigt sich in den Sentenzensammlungen, welche Aussprüche der Väter über einzelne Punkte der christlichen Lehre zusammenstellten, zuerst nur je einen von einem Kirchenvater, dann mehrere und von mehreren. Dabei ergab sich, daß die Autoritäten nicht immer übereinstimmten, und so erwuchs die Aufgabe, die Gegensätze auszugleichen und durch die wirklichen oder scheinbaren Widersprüche hindurch zu einem einheitlichen Lehrinhalte vorzudringen. Abälards bekanntes Werk mit der kecken Aufschrift: Sic et non verfolgt nicht etwa eine skeptische Tendenz, sondern will durch die Gegenüberstellung der einander widerstreitenden Aussprüche den Scharfsinn der Leser antreiben, die Auflösung zu suchen, und gibt die Regeln an, nach denen dabei zu verfahren ist. Die von ihm aufgebrachte Methode wurde vorbildlich für die Einrichtung der Quaestionen und Disputationen der späteren Epoche auf theologischem, philosophischem, kanonistischem und zivilrechtlichem Gebiete. Aber an einem Punkte wurde eine wichtige Ergänzung hinzugefügt. Abälard setzt voraus, daß es eine Versöhnung der einander widerstreitenden Autoritäten gebe, und deutet den Weg an, auf dem sie zu suchen ist, aber er bringt sie nicht selbst. Seine Nachfolger ergänzen diese Lücke. Damit sind die Elemente bezeichnet, aus denen sich die einzelnen Artikel in den großen Summen und Quaestiones disputatae zusammensetzen. Zuerst die genau formulierte Frage, die in der Regel mit ja oder nein zu beantworten ist. Dann eine Anzahl von Argumenten für diejenige Meinung, welche der demnächst zu begründenden entgegengesetzt ist, in den meisten Fällen aus Autoritäten bestehend, hie und da auch aus einem Einwurfe, den der Autor sich selbst macht. Hierauf folgt die Beantwortung der Frage und ihre Begründung, wiederum mit einer oder auch einer Reihe von Autoritäten eingeleitet. Den Schluß bildet sodann die Auseinandersetzung mit den an die Spitze gestellten gegenteiligen Aussprüchen, den sogenannten Objektionen.

---

1) Archiv für Literatur- und Kirchengeschichte des Mittelalters, herausgegeben von H. Denifle und Fr. Ehrle. I. Bd. Berlin 1885. S. 402—469 und 584—624.

Auf eine sachliche Würdigung dieser Methode einzugehen, ist hier nicht der Ort. Zu ihrer Rechtfertigung berief sich schon Abälard und später Albertus auf Aristoteles, der verlange, daß, wer einen Knoten lösen wolle, verstehen müsse, ihn zu schürzen. Tatsächlich aber ist sie nicht in Nachahmung der Aristotelischen Aporien entstanden, sondern sie war das Ergebnis eines in der Eigenart der mittelalterlichen Wissenschaft begründeten geschichtlichen Prozesses.

Wünscht man also zu wissen, welche Stellung Thomas von Aquin, der diese Methode mit größter Virtuosität handhabt, Augustinus gegenüber einnimmt, so bleibt nichts übrig, als im einzelnen festzustellen, wie er sich im Rahmen derselben mit den Aussprüchen des Kirchenvaters auseinandersetzt. Es gilt also, die Augustinus-Zitate bei Thomas zu sammeln und zuzusehen, welchen Gebrauch er davon macht oder was er darüber zu sagen weiß. Dabei muß man sich freilich erinnern, daß die Bedingungen, unter denen die mittelalterlichen Gelehrten zu arbeiten pflegten, weit ungünstiger waren, als sie seit der Erfindung der Buchdruckerkunst sind. Zitieren sie einen Ausspruch, so beweist das nicht, daß ihnen die Schrift des Autors vorgelegen habe, der er entnommen ist, und sie Kenntnis von dem Zusammenhange besitzen, in welchem sich derselbe dort findet. In vielen, vielleicht den meisten Fällen werden sie ihn einer Sentenzensammlung verdanken, und sie zitieren ihn möglicherweise so, wie er sich ihrem Gedächtnisse eingeprägt hat, ohne das Bedürfnis zu empfinden oder die Verpflichtung zu erkennen, eine Vergleichung mit dem Original vorzunehmen. Bei dem häufigen Aufenthaltswechsel, welchem die Lehrer an den Ordensschulen unterworfen waren, und der Beschaffenheit der Klosterbibliotheken konnte eine solche Forderung gar nicht als Regel aufgestellt werden.

So sind denn auch die Augustinus-Zitate bei Thomas in vielen Fällen keine wörtliche Wiedergabe von Aussprüchen des Kirchenvaters. Häufig ist nur der Sinn einer längeren Erörterung in einen kurzen Ausdruck zusammengedrängt. Dabei legt die mehrfache Wiederkehr der gleichen Formulierung die Vermutung nahe, daß es sich um ein in den Schulen umlaufendes Zitat handelt, und nicht erst Thomas nach Einsichtnahme des Originaltextes diese Form der Anführung gewählt habe. Damit ist dann aber die weitere Möglichkeit gegeben, daß ein solches vermeintliches Zitat schon längst in einem Sinne umgeprägt war, welcher der wirklichen Meinung des Autors fremd ist. Alsdann kann es auch geschehen, daß nur durch den fehlerhaften oder veränderten Wortlaut der Schein eines Gegensatzes der Ansichten hervorgerufen wird. Was die Art des Zitierens betrifft, so begnügt sich Thomas manchmal damit, einen Satz oder eine Lehrmeinung kurzerhand als von Augustinus herrührend zu bezeichnen, in der Regel aber gibt er die Schrift an, welcher das Zitat entnommen ist. Später sind dann die Herausgeber mit größerem oder geringerem Erfolg bestrebt gewesen, die Fundstellen genauer zu verzeichnen.

Ich bin bei der Untersuchung von der theologischen Summe ausgegangen und habe dann zur Ergänzung namentlich die Quaestiones disputatae und die sogenannte Summa contra gentiles herangezogen. Obwohl alles spezifisch Theologische beiseite gelassen wurde, alles, was sich auf Trinität und Erlösung, auf Prädestination, Gnade und Sakramente bezieht, ebenso die Engellehre, die Auslegung des Mosaischen Schöpfungsberichts und die spezielle Moral, ergab sich die beträchtliche Zahl von über 250 Zitaten, auf welche die Untersuchung sich zu erstrecken hatte, darunter mehr als 200 allein aus der Summa theologica. Die Prüfung dieser Zitate und ihrer Verwertung durch Thomas wirft ein scharfes Licht auf die Arbeitsweise der mittelalterlichen Gelehrten und das allmähliche Heranwachsen der Jahrhunderte lang herrschenden Schuldoktrin.

Unter ihnen nimmt zunächst eine Gruppe einen breiten Raum ein, welche man als die der konventionellen oder dekorativen Zitate bezeichnen kann. Es sind diejenigen, welche sich aus den Anforderungen der zuvor geschilderten scholastischen Methode und der Form des Lehrvortrages ergeben. Da die theologische Summe für die von Thomas selbst vertretene Ansicht fast immer nur eine einzige Autorität beibringt, — ich nenne sie im folgenden die Hauptautorität — so gehören die in Rede stehenden Augustinus-Zitate der Mehrzahl nach den Objektionen an. Sie scheinen nein zu sagen, wenn die an die Spitze gestellte Frage ein Ja verlangt, und ja, wenn das Umgekehrte der Fall ist. Das einzelne Zitat muß für sich selbst sprechen, der Zusammenhang, in den es hineingehört, bleibt zunächst außer Betracht und wird auch späterhin nur hie und da berücksichtigt. Vielmehr geschieht die Lösung der Schwierigkeit fast immer auf dialektischem Wege, durch Distinktion. Es wird unterschieden zwischen den verschiedenen Bedeutungen, in denen ein Ausdruck gebraucht wird, oder den verschiedenen Gesichtspunkten, unter denen die Erörterung eines Problems erfolgen kann, so daß je nachdem die Antwort verschieden ausfällt und trotzdem ein Widerspruch nicht vorliegt. Einige Beispiele werden dies erläutern.

S. th. I, qu. 14, a. 5 wird gefragt, ob Gott Außergöttliches erkennen könne? Die Frage hatte durch die Beschäftigung mit der Aristotelischen Metaphysik ein erhöhtes Interesse gewonnen, waren doch schon von griechischen Erklärern die bezüglichen Aussprüche des XII. Buches dahin verstanden worden, daß nach Aristoteles Gott lediglich um sich selbst wisse, aber nicht um die Welt. Man könnte also erwarten, daß einer dieser Aussprüche unter den Autoritäten für das Nein aufgezählt wäre, dagegen gründet sich der erste Einwurf auf Augustin De diversis quaestionibus 83, qu. 46 und führt den Satz an: neque quidquam Deus extra se ipsum intuetur[2]). Ist dies schon auffallend, so zeigt eine Vergleichung mit dem Originaltexte, daß nur die ungenaue Art des Zitierens den Schein einer gegenteiligen Meinungsäußerung hervorbringt, denn Augustin sagt dort in Wirklichkeit: non enim extra se quidquam positum intuebatur ut secundum id constitueret quod constituebat. Es ist die klassische Stelle für die in christlichem Sinne umgebogene Ideenlehre; aus den für sich bestehenden Wesenheiten sind Gedanken Gottes geworden. Thomas aber geht darauf nicht ein, sondern hält sich nur an sein Zitat und erklärt in der Beantwortung der Einwürfe, Augustinus meine nicht, daß Gott nichts erkenne oder schaue, was außer ihm ist, sondern daß er das, was außer ihm ist, in sich schaue.

Qu. 16, a. 1 lautet die Frage, ob Wahrheit sich nur in der Erkenntnis finde? So behauptet in der Tat Aristoteles, der ausdrücklich erklärt[3]), Wahrheit und Falschheit finde sich nicht in den Dingen. In der ersten Objektion werden zwei Definitionen des Wahren angeführt, welche Augustinus in den Soliloquien erörtere und aus dem Grunde verwerfe, weil sie eine Bezugnahme auf das erkennende Subjekt enthalten[4]); dagegen stelle er ebendort

---

2) Videtur quod Deus non cognoscit alia a se. Quaecunque enim sunt alia a Deo, sunt extra ipsum. Sed Augustinus dicit . . . (wie oben im Text). Ergo non cognoscit alia a se.
3) Met. VI, 4, 1027b 25.
4) Videtur quod veritas non sit tantum in intellectu, sed magis in rebus. Augustinus enim lib. 2 Soliloq. reprobat hanc notificationem veri: verum est id quod videtur; quia secundum hoc lapides, qui sunt in abditissimo terrae sinu, non essent veri lapides, quia non videntur. Reprobat etiam eod. libro istam: verum est quod ita se habet ut videtur cognitori, si velit et possit cognoscere, quia secundum hoc seque-

die andere auf: verum est id quod est. Er nehme sonach an, daß die Wahrheit in den Dingen und nicht im erkennenden Verstande sei. Die positive Erörterung im Hauptteil des Artikels führt aus, daß sich die Wahrheit primär im Intellekt befinde; die Erkenntnis wird wahr genannt, wegen ihrer Übereinstimmung mit der erkannten Sache. In übertragenem Sinne aber kommt sie auch den Dingen zu, insofern diese auf den Intellekt bezogen werden; per se, wenn sie in ihrem Sein von dem Intellekt abhängen, per accidens, sofern sie erkennbar für unseren erkennenden Verstand sind. Daher könne man in verschiedenem Sinne von dem Wahren und der Wahrheit reden, was an zwei weiteren, aus Augustin, De vera religione c. 36 entnommenen Definitionen erläutert wird. Von jenen beiden aus den Soliloquien angeführten aber sagt die Responsio mehr spitzfindig als zutreffend, Augustinus spreche dort von der Wahrheit der Sache und lasse die Beziehung dieser Wahrheit auf unseren erkennenden Verstand weg, weil das, was nur per accidens ausgesagt wird, von einer Definition ausgeschlossen bleiben müsse.

Qu. 79, a. 1 will feststellen, daß der Intellekt ein Vermögen unserer Seele ist. Aber aus Augustinus, De Trinitate IX, 4, glaubt die erste Objektion die Meinung herleiten zu sollen, der Intellekt bezeichne vielmehr das Wesen der Seele[5]). Die Erklärung geht

---

retur quod nihil esset verum si nullus posset cognoscere. Et definit sic verum: verum est id quod est. Et sic videtur quod veritas sit in rebus et non in intellectu. — Von den drei Zitaten findet sich das erste in dieser Form bei Augustinus nicht, vielmehr heißt es a. a. O. c. 4, n. 5: R. Responde unde tibi videatur paries iste verus esse? A. Quia eius non fallor adspectu. R. Ergo quia ita est ut videtur. A. Etiam. R. Si igitur aliquid inde falsum est quod aliter videtur atque est, inde verum quod ita ut est videtur etc.

5) Videtur quod intellectus non sit aliqua potentia animae, sed sit ipsa eius essentia. Intellectus enim idem videtur esse quod mens. Sed mens non est potentia animae sed essentia; dicit enim Augustinus 9. de Trinit.: mens et spiritus non relative dicuntur, sed essentiam demonstrant. Ergo intellectus est ipsa essentia animae. Das Zitat ist ungenau, wenn auch dem Sinne nach nicht unrichtig. Auffallender ist die Abweichung qu. 77, a. 1, utrum ipsa essentia animae sit eius potentia? Ob. 1 besagt: Videtur quod ipsa essentia animae sit eius potentia. Dicit enim Augustinus in 9 de Trinit., quod mens notitia et amor sunt substantialiter in anima vel, ut ita dicam, essentialiter; et in 10. dicit quod memoria intelligentia et voluntas sunt una vita una mens et una essentia. Auf die erste Stelle verweist ebenso Qu. disp. de spiritualibus creaturis, a. 11, wo es mit Bezug auf dieselbe Frage heißt: monemur haec, scilicet mentem notitiam et amorem in anima existere substantialiter sive essentialiter, non tamquam in subiecto ut color aut figura in corpore aut ulla alia quantitas aut qualitas. Dortselbst aber heißt es cap. 4, n. 4: Mens et amor et notitia eius tria quaedam sunt et haec tria unum sunt: et

dahin, wie man unter sensus bald das Vermögen der Sinneswahrnehmung, bald die anima sensitiva verstehe, so auch werde die anima intellectiva gelegentlich intellectus genannt: quasi a principaliori sua virtute. So sage ja auch Aristoteles[6]), der νοῦς sei eine Substanz, und nicht anders meine es Augustinus.

Qu. 87, a. 1, und im engsten Anschlusse daran Kapitel 46 des dritten Buchs der Summa contra gentiles erörtern den Aristotelisch-scholastischen Satz, daß die Seele sich nicht unmittelbar erfasse, sondern nur durch Vermittelung ihrer Betätigung, also nicht per essentiam, nicht seipsam per se ipsam. Augustinus ist anderer Meinung; aus De Trinitate IX, 3 zitiert die erste Objektion: mens seipsam novit per seipsam quoniam est incorporea. Ohne tieferes Eingehen auf die Denkweise des Kirchenvaters sagt die Responsio: man könne das per seipsam gelten lassen, denn es ist ja die intellektive Seele selbst, die durch ihre Erkenntnistätigkeit sich selbst erkennt.

Kann Gott durch seine Allmacht etwas ins Nichts zurückführen? Für eine verneinende Beantwortung verweist in qu. 104, a. 2 die erste Objektion auf den Satz Augustins aus De diversis quaest. 83, qu. 21: Deus non est causa tendendi in non esse. Der Ausspruch gehört dort einer Erörterung über das Übel an, das seiner Natur nach als etwas Negatives, ein Nichtseinsollendes, eine privatio boni, bestimmt wird. Die Beantwortung ignoriert dies ganz ebenso wie die Objektion und begnügt sich mit der Bemerkung, Gott sei allerdings nicht Ursache des Nichtseins im eigentlichen Sinne, wohl aber sei er es per accidens, indem er den Dingen mit seiner Wirksamkeit die unerläßliche Stütze ihres Seins entziehe.

Kommt den Körpern eine Kraft zu wirken zu? Einwand 1 in qu. 115, a. 1, zitiert die merkwürdige Stelle aus De civitate Dei V, 9, wo Augustinus nur die geistigen Wesen als wirkende Ursachen

---

cum perfecta sunt, aequalia sunt. Sodann n. 5: Simul etiam admonemur . . . haec in anima existere et tamquam involuta evolvi ut sentiantur et dinumerentur substantialiter vel, ut ita dicam, essentialiter, non tanquam in subiecto etc. wie oben . . . . . . Quamobrem non amor et cognitio tamquam in subiecto insunt menti; sed substantialiter etiam ista sunt, sicut ipsa mens: quia etsi relative dicuntur ad invicem, in sua tamen sunt singula quaeque substantia. — Das Zitat aus dem zehnten Buche kehrt in völlig der gleichen Fassung als Ob. 8 wieder. Im Original aber steht c. 11, n. 18: Haec igitur tria, memoria intelligentia voluntas, quoniam non sunt tres vitae, sed una vita, nec tres mentes, sed una mens, consequenter utique nec tres substantiae sunt, sed una substantia.
6) De anima I, 4, 408 b 18.

anerkennen will⁷), und führt in freier Wiedergabe des dort Gesagten die Dreiteilung auf: actum et non agens, sicut sunt corpora; agens et non actum, sicut Deus; agens et actum, sicut substantiae spirituales. Die Responsio will dies dahin verstanden wissen, daß hier nur von der Körperwelt im ganzen die Rede sei, die kein Substrat ihres Wirkens mehr unter sich habe, wie es die geistige in der körperlichen Natur besitze.

Aristoteles lehrt und Thomas folgt ihm darin, daß der Intellekt den Willen bewege. Die Erörterung im zweiten Teil der Summa, 1, qu. 9, a. 1, bedarf entgegengesetzter Aussprüche und findet einen solchen in einer Predigt Augustins, Enarr. in Psalm. 118, sermo 8, n. 5, den sie folgendermaßen wiedergibt: praevolat intellectus, sequitur tardus aut nullus affectus, scimus bonum, nec delectat agere⁸). Die Auflösung der Schwierigkeit aber wird darin gefunden, daß die angezogene Autorität nicht besage, quod intellectus non moveat, sed quod non moveat ex necessitate. Zu einer eingehenderen Untersuchung, welches hierüber die Meinung Augustins gewesen sei, findet sich Thomas nicht veranlaßt.

S. th. 2, II, qu. 58, a. 11 bestimmt, daß die Gerechtigkeit in dem reddere unicuique, quod suum est, ihr Wesen habe. Aber Augustin, wirft die erste Objektion ein, sagt De Trinitate XIV, 9, zur Gerechtigkeit gehöre das subvenire miseris. Das verschlägt nichts, besagt die Antwort, denn zu der Gerechtigkeit als Kardinaltugend treten andere, sekundäre Tugenden hinzu, darunter die misericordia, und so kann auch, was Augustinus an der zitierten Stelle anführt, per quandam reductionem der Gerechtigkeit als der prinzipalen Tugend zugeschrieben werden.

Diese Beispiele können genügen⁹). Man sieht, von einer wirk-

---

7) Causa itaque rerum, quae facit, nec fit, Deus est. Aliae vero causae et faciunt et fiunt, sicut sunt omnes creati spiritus, maxime rationales. Corporales autem causae, quae magis fiunt, quam faciunt, non sunt inter causas efficientes adnumerandae.

8) Wörtlich heißt es a. a. O.: Praevolat intellectus; et tarde sequitur et aliquando non sequitur humanus atque infirmus affectus.

9) Dieselben lassen sich beliebig vermehren. Ich greife heraus: P. I, qu. 14, a. 12 stellt fest, daß sich die Erkenntnis Gottes auch auf Unendliches — infinita — beziehe, und bedient sich als Hauptautorität eines Ausspruchs aus De civitate Dei. Aber aus einem und demselben Kapitel dieses Werks — XII, 18 — stammt auch der erste Einwurf: quidquid scientia comprehenditur, scientis comprehensione finitur. Sed infinita non possunt finiri, etc. Bei Augustinus bildet jener Satz keinen Einwurf, sondern nur ein Mittel, die Unvergleichlichkeit des göttlichen Wissens hervortreten zu lassen. Thomas aber unterscheidet: ein cognoscere infinitum secundum modum infiniti, ein zu Ende Zählen unend-

lichen Auseinandersetzung mit Augustinus ist nicht die Rede, sie liegt gar nicht in der Absicht; es sind konventionelle Zitate, und die Erörterung bleibt überall an der Oberfläche. Man kann auch nicht sagen, die Auflösung des Gegensatzes tue ihnen Gewalt an. Der Sinn wird nicht verändert, aber so, wie sie dastehen, erhalten sie die Etikette aufgedrückt, die sie als verträglich mit den Lehrsätzen der Schule erscheinen läßt.

Nicht minder zahlreich aber sind die Stellen, an denen sich aus der Verwertung der Zitate die inhaltliche Beeinflussung des mittelalterlichen Denkens und Wissens durch den afrikanischen Kirchenvater ermessen läßt. Dabei sind wieder zwei Gruppen zu unterscheiden. Die Zitate der einen gehören mit verschwindenden Ausnahmen sämtlich dem großen Werke De civitate Dei an. Wie dem Mittelalter überhaupt dient es dem Aquinaten als Quelle für seine antiquarischen und philosophiegeschichtlichen Kenntnisse. Dort findet er die Angabe, Anaxagoras sei von den Athenern angeklagt worden, weil er die Sonne für einen glühenden Stein gehalten, und geleugnet habe, daß sie göttlich sei[10]), und nicht minder die andere, daß Plato im Timaeus unter dem Feuer den Himmel verstehe[11]); von dort übernimmt er die berühmte Stelle aus dem gleichen Dialoge, welche den Willen des obersten Weltbaumeisters als das festeste Band der Unauflösbarkeit für die gewordenen Götter bezeichnet[12]); von dort weiß er, daß zu denen, die Fatum und Providenz geleugnet haben, auch Cicero gehörte[13]) und daß dieser locutor egregius keinen Anstand nahm, die Barmherzigkeit eine Tugend zu nennen[14]); von dort kennt er die acht Strafarten, welche

---

licher Teile ist unmöglich; das göttliche Denken aber ist ein simultanes, in ihm ist alles zugleich. — Qu. 17, a. 1 fragt, ob es Falschheit in den Dingen gebe, und zitiert aus De vera religione, was sich freilich dort so nicht findet, wenn es auch an die Untersuchung in cap. 33 anklingt: res non fallunt, quia non ostendunt aliud quam suam speciem. Aus dem folgenden Kapitel der gleichen Schrift ist die Hauptautorität entnommen: omne corpus est verum corpus et falsa unitas. Die Antwort lautet: res per se non fallunt, sed per accidens. — Der dritte Artikel ebendort stellt fest, daß sich Wahrheit und Falschheit nur im Intellekt findet. Aber, wird eingewendet, Augustinus, De diversis quaest. 83, qu. 32 sagt: Omnis, qui fallitur, id in quo fallitur non intelligit. Erkennen wir also, so täuschen wir uns nicht, und es kann sonach keine Falschheit im erkennenden Verstande geben. Die Antwort besagt: Augustinus hat Recht, wenn man von Erkennen im strengsten Sinne, vom Erfassen des Wesensbegriffs redet.

10) De civitate Dei XVIII, 41 in S. th. I, qu. 70, a. 3.
11) Ibid. VIII, 11 in qu. 66, a. 1 ad 2.
12) Ibid. XIII, 16 in qu. disp. de spirit. creaturis a. 1, ob. 18. Thomas bemerkt dazu, Plato meine nicht die Engel, sondern die Himmelskörper.
13) De civitate Dei V, 9 in S. th. I, qu. 116, a. 1.
14) Ibid. IX, 5 in S. th. II, 1, qu. 59, a. 1.

ein Fragment aus Ciceros Werk De legibus aufzählt[15]). Wenn er an zwei Stellen von Varro berichtet, daß dieser Gott für die Seele der Welt gehalten habe, so beruft er sich dafür ebenso auf Augustin[16]), wie da, wo er eines Ausspruches des gleichen Varro gedenkt, nicht die Seele allein und nicht der Körper allein, sondern beide zusammen machten den Menschen aus[17]). In dem gleichen Werke hat er gefunden, daß und warum einige von den alten Philosophen die Ewigkeit der Welt behaupteten[18]), daß ebenso manche einen Wechsel der Weltperioden gelehrt haben[19]); aus der gleichen Quelle hat er geschöpft, was er über die Lehre von der Seelenwanderung wußte[20]). Aus ihr hat er entnommen, daß in der Lehre von den Affekten eine Differenz zwischen den Peripatetikern und den Stoikern bestand[21]), daß die Griechen die motus animi πάθη nannten, was Cicero mit perturbationes übersetzt habe, andere mit affectiones oder affectus, wieder andere in näherer Anlehnung an die Griechen mit passiones[22]), daß die Stoiker den perturbationes drei εὐπάθειαι entgegenstellten[23]). Dort fand er einen dem Hermes Trismegistus zugeschriebenen Ausspruch[24]), dort die Lehre des Apulejus und anderer Platoniker über die Dämonen[25]), dort insbesondere, was er des öfteren von Meinungen des Porphyrius zu berichten weiß[26]). Dagegen ist die Notiz, Demokrit lasse die Sinneswahrnehmung durch Bilder zustande kommen, welche von den Objekten ausströmen, nicht dem großen Werke, sondern einem der Briefe Augustins entnommen[27]).

---

15) Ibid. XXI, 11 in qu. 105, a. 2, ob. 10.
16) Ibid. VII, 6 in I, qu. 90, a. 1 und qu. 3, a. 8.
17) Ibid XIX, 3 in qu. 75, a. 4.
18) Ibid. XI, 4 in qu. 46, a. 2 ad 1.
19) Ibid. XII, 13 in Summa c. g. IV, c. 82.
20) Ibid. XII, 13 in S. th. I, qu. 46, a. 2 ad 8.
21) Ibid. IX, 4 in II, 1, qu. 59, a. 2.
22) Ibid. IX, 4 in II, 1, qu. 22, a. 2.
23) Ibid. XIV, 8 in qu. 59, a. 3.
24) Ibid. VIII, 23 in Summa c. g. III, c. 104.
25) Ibid. VIII, 16 in qu. 115, a. 5, II Dist. 8, qu. 1, a. 1, ob. 1; S. c g. III, 109; in S. th. 1, qu. 22, a. 3 berichtet Th., die Platoniker hätten Dämonen als Mittelwesen zwischen Göttern und Menschen angenommen, denen die Fürsorge für die letzteren übertragen sei, und beruft sich dafür auf Civ. Dei IX, wo in c. 1 und 2 davon die Rede ist, daß die Platoniker gute Dämonen angenommen hätten, welche im Interesse der Menschen zwischen ihnen und den Göttern vermittelten; Civ. Dei VIII, c. 13 und 14 in qu. 63, a. 5.
26) Ibid. X, 11 in qu. 63, a. 4, ob. 1; X, 9 in qu. 66, a. 3; X, 11 in qu. 115, a. 5, ob. 3; XII, 26 in II, 1, qu. 4, a. 6; X, 11 in S. c. g. III, c. 106 u. 107.
27) Ad Dioscorum, Ep. 118, c. 4 in S. th. I, qu. 84, a. 6.

Weit wichtiger ist die andere Gruppe. Sie läßt erkennen, in welchem Umfange die eigenen Gedanken Augustins zu festen Bestandstücken der christlichen Spekulation geworden waren. In mehr als vierzig Artikeln der theologischen Summe, in welchen Fragen erörtert werden, die in das philosophische Gebiet einschlagen, heißt es nach der Aufzählung der üblichen Objektionen: sed contra est quod dicit Augustinus, und bildet ein Ausspruch von ihm die Hauptautorität, welche für die nachfolgende Auseinandersetzung maßgebend ist. Dazu sind dann noch weiter die zahlreichen Stellen zu rechnen, an welchen Augustin zur nachträglichen Bestätigung der entwickelten Lehrmeinung herangezogen wird.

Mit Augustinus lehrt Thomas, daß in Gott Sein und Denken zusammenfallen [28]), daß das göttliche Denken kein diskursives, sondern ein simultanes und stetiges ist [29]) und sich auch auf das Unendliche erstreckt [30]), von ihm übernimmt er die christlich gewendete Ideenlehre [31]). Mit ihm lehrt er, daß ein Schaffen aus Nichts allein Gott zukommen könne [32]), daß sich Gott bei der Gestaltung der Dinge keiner Zwischenwesen bedient habe [33]), daß auch die materia

---

28) S. th. 1, qu. 14, a. 4: utrum ipsum intelligere Dei sit eius substantia. Nach den Objektionen: Sed contra est quod dicit Augustinus in 7 de Trin. Deo hoc est esse quod sapientem esse. Das Zitat faßt eine längere Erörterung in eine kurze Formel zusammen. Bei A. a. a. O. c. 1, n. 2 heißt es: . . . vere ibi est summa simplex essentia: hoc ergo est ibi esse quod sapere. In der von Thomas gegebenen Begründung ist von besonderem Interesse die Beziehung auf das zwölfte Buch der Metaphysik des Aristoteles.
29) Ibid. a. 7, Hauptautorität. De Trin. XV, 14, n. 23; qu. 12, a. 10, Hauptautorität De Trin. XV, 16, wo aber der im übrigen wörtlich zitierte Satz durch fortassis eingeführt wird.
30) Ibid. a. 12, Hauptaut. Civ. Dei XII, 18.
31) Qu. 15, a. 1, utrum ideae sint; a. 2, utrum sint plures ideae; a. 3, utrum omnium quae cognoscit Deus sint ideae. In allen dreien bildet die Hauptautorität De divers. quaest. 83, qu. 46. Die gleiche Stelle Hauptaut. qu. 45, a. 3, utrum causa exemplaris sit aliquid praeter Deum.
32) Qu. 45, a. 5, utrum solius Dei sit creare. Nach Anführung der Objektionen: Sed contra est quod dicit A. in 3. de Trin. quod neque boni neque mali angeli possunt esse creatores alicuius rei. Multo minus igitur aliae creaturae. A. a. O. c. 8 will A. zeigen, daß die Dämonen nicht selbst etwas schaffen, sondern nur die den Dingen anerschaffenen Kräfte und Samen zur Entwicklung bringen: Invisibilium enim seminum creator ipse creator est omnium rerum: quoniam quaecumque nascendo ad oculos nostros exeunt, ex occultis seminibus accipiunt progrediendi primordia . . . Sicut ergo nec parentes dicimus creatores hominum, nec agricolas creatores frugum . . .: ita non solum malos, sed nec bonos angelos fas est putare creatores. Daß Gott allein die Schöpfermacht eigne, ist somit allerdings seine Meinung.
33) Qu. 65, a. 4, utrum formae corporum sint ab angelis. Die Hauptautorität ist abermals De Trin. III, c. 8, wo A. sage: Non est putandum angelis ad nutum servire hanc corporalem materiam sed potius Deo. Wörtlich heißt es dort: Nec ideo putandum est istis transgressoribus angelis ad nutum servire hanc visibilium rerum materiam.

prima von Gott geschaffen sei[34]), ihm folgt er in der Verwerfung der Lehre des Origenes, welcher das Entstehen der materiellen Welt mit dem Fallen der Geister in Verbindung gebracht hatte[35]). Mit seinen Worten lehrt er, daß die Welterhaltung nichts andres ist, als eine fortgesetzte Weltschöpfung[36]); was er über die Weltregierung[37]) und die Unterbrechung des regelmäßigen Naturlaufs durch das Wunder[38]), was er über Wesen und Ursprung des Übels[39]) zu sagen weiß, stützt sich auf Augustins grundlegende Erörterungen. Nicht minder folgt er ihm in der Lehre von der Subsistenz[40]), Immaterialität[41]) und Gottebenbildlichkeit der menschlichen Seele[42]). Nur an einem Punkte nennt er ihn nicht. Ihm hat Aristoteles für die Ansicht des sogenannten Creatianismus neue Stützen geliefert;

---

34) Qu. 44, a. 2, Hauptaut. Confess. XII, c. 7.
35) Qu. 47, a. 2, zur Begründung herangezogen Civ. Dei XI, c. 23.
36) Qu. 9, a. 2 erörtert die Unveränderlichkeit als auszeichnendes Merkmal Gottes. Die Hauptautorität ist der aus De natura boni c. 1 nicht wörtlich aber sinngemäß zitierte Ausspruch: Solus Deus immutabilis est, quae autem fecit, quia ex nihilo sunt, mutabilia sunt. Die Auseinandersetzung bewegt sich ganz in A.'schen Gedanken, und beruft sich für den Satz, daß die Dinge ins Nichts zurückfielen, entzöge ihnen Gott seine Wirksamkeit, auf Gen. ad litteram IV, wo c. 12, n. 22 der Gedanke mit aller Schärfe ausgesprochen wird, der von da in die christliche Spekulation übergegangen ist.
37) Qu. 103, a. 5, Hauptaut. Civ. Dei V, 11; a. 6, Hauptaut. De Trin. III, 4.
38) Qu. 105, a. 6, utrum Deus possit facere aliquid praeter ordinem rebus inditum. Maßgebend ist Contra Faustum XXVI, c. 3. Ob. 1 zitiert daraus Deus conditor et creator omnium naturarum nihil contra naturam facit (das gleiche Zitat auch S. c. g. III, c. 100). Von dort ist, nicht wörtlich, aber dem Sinne nach richtig die Hauptautorität entnommen: Deus aliquando aliquid facit contra cursum naturae. Aus der gleichen Schrift zieht sodann die Erörterung im Hauptteil noch zwei Sätze heran: Deus contra solitum cursum naturae facit: sed contra summam legem nullo modo facit quia contra seipsum non facit (verkürzt wiedergegeben) und: id est cuilibet rei naturale quod ille fecerit a quo est omnis modus numerus et ordo naturae. Damit sind zugleich die sämtlichen Punkte bezeichnet, auf welche die Erörterung sich erstreckt.
39)) Qu. 48, a. 3 u. 4, Hauptaut. Enchirid. c. 14; qu. 49, a. 2, Hauptaut. De divers. quaest. 83, qu. 21 (nicht wörtlich, aber dem Sinne nach richtig).
40) Qu. 75, a. 2, die menschliche Seele ist aliquid subsistens, Hauptautorität De Trin. X, 7, n. 10 (nicht ganz wörtlich).
41) Qu. 75, a. 1, Hauptaut. De Trin. VI, 6, quod anima simplex dicitur respectu corporis, quia mole non diffunditur per spatium loci. Wörtlich heißt es a. a. O.: Creatura quoque spiritalis, sicut est anima, est quidem in corporis comparatione simplicior . . . Nam ideo simplicior est corpore, quia non mole diffunditur per spatium loci. Ibid. a. 5, Hauptaut. Gen. ad litt. VII (c. 6, 7, 8), wo A. beweise, quod anima non est facta ex materia corporali nec ex materia spiritali. Doch kann man zweifeln, ob hier wirklich eine Kontinuität der Lehre besteht.
42) Qu. 93, a. 1. Die Darlegung im Hauptteil nimmt Ausgang von De divers. quaest. 83, qu. 74, a. 2, die Hauptautorität aus Gen. ad litt. VI, 12, n. 21.

daß Augustinus zeitlebens zwischen dieser und der des Generatianismus geschwankt hat, wird nicht erwähnt[43]). Von ihm übernimmt er dagegen wieder die Formel, welche das Verhältnis von Seele und Leib ausdrücken soll, daß sie nämlich ganz im Ganzen und ganz in jedem seiner Teile sei[44]). Auf Augustinus stützt er sich, wo er beweisen will, daß der Intellekt dann, wenn er sich auf sein eigentliches Objekt, die quidditas rei, richtet, niemals falsch sein könne[45]), und da, wo er bestreitet, daß ratio und intelligentia getrennte Vermögen seien[46]). Augustin ist sein Führer, wenn er lehrt, daß es für den Willen des Menschen ein letztes Ziel gebe, einen obersten Endzweck, in dem alle übereinstimmen[47]), daß auf dieses Ziel, das höchste Gut, die Glückseligkeit, der Wille mit Notwendigkeit hingerichtet ist[48]), daß er dagegen, was er im einzelnen erstrebt, die verschiedenen Einzelgüter, nicht notwendig wollen muß[49]). Augustinus ist endlich Führer in den grundlegenden Bestimmungen auf dem ethischen Gebiete. Die Lehre von der lex aeterna, dem ewigen Weltgesetz, welches zugleich die Norm für die Ordnung des Menschenlebens enthält, war von der Stoa ausgebildet worden, mit allem Glanze seiner Rhetorik hatte Cicero sie verkündet, durch Augustinus aber war sie unter ausdrücklicher Zurückführung jenes Gesetzes auf den göttlichen Willen dem christlichen Gedankenkreise eingefügt worden. Von ihm übernimmt sie Thomas[50]); mit

---

43) Besonders auffallend ist dieses Schweigen qu. 118, a. 1—3.
44) Qu. 76, a. 8, Hauptaut. De Trinit. VI, 6, ebenso Qu. disp. de spiritual. creatur., a. 4 erste Autorität, Qu. disp. de anima, a. 6 Hauptautorität.
45) Qu. 85, a. 6, Hauptaut. De divers. quaest. 83, qu. 32.
46) Qu. 79, a. 8, Hauptaut. Gen. ad litt. III, 20, wo freilich nur ratio, mens und intelligentia als gleichwertige Ausdrücke neben einander stehen.
47) S. th. 1, II, qu. 1, a. 6, Hauptaut. Civ. Dei XIX, 1; a. 7, Hauptautorität De Trin. XIII, 3 und 4 (formelhaft zusammengezogen).
48) S. th. I, qu. 82, a. 1, Hauptaut. De Trin. XIII, 4.
49) Ibid. a. 2, Hauptaut. Retract. I, 9, n. 4.
50) De libero arbitrio I, 6, n. 15: Quid illa lex, quae summa ratio nominatur, cui semper obtemperandum est et per quam mali miseram, boni beatam vitam merentur, per quam denique illa, quam temporalem vocandam diximus, recte fertur, recteque mutatur, potestne cuipiam intelligenti non incommutabilis aeternaque videri? Daraus in S. th. II, 1, qu. 91, a. 1 als Hauptautorität zitiert: Lex quae summa ratio nominatur non potest cuipiam intelligenti non incommutabilis aeternaque videri; ebenso qu. 93, a. 1: lex aeterna est summa ratio, cui semper obtemperandum est. Im weitern Verlauf heißt es a. a. O.: Ut igitur breviter aeternae legis notionem, quae impressa nobis est, quantum valeo verbis explicem, ea est qua iustum est, ut omnia sint ordinatissima. Mit Bezug hierauf zitiert die Hauptautorität Qu. 93, a. 2: aeternae legis notio nobis impressa est. — Vgl. Qu. 93, a. 6, Hauptautorität Civ. Dei XIV, 12.

ihm erblickt er den Sitz des moralisch Guten und Bösen im Willen des Menschen[51]) und den Maßstab dafür im Verhältnis des Willens zur lex aeterna[52]). Mit ihm bekennt er sich zu dem bei richtigem Verständnis unbestreitbaren Grundsatz, daß sich der moralische Charakter einer Handlung durch den Zweck bestimme[53]), mit ihm ist er überzeugt, daß die Glückseligkeit nicht in einem geschaffenen Gute[54]), sondern nur im Schauen der absoluten Wahrheit bestehen könne[55]).

Trotzdem wäre die Annahme irrig, daß Thomas in allen Fällen der Autorität Augustins den Vorrang vor jeder anderen einräume. Es fehlt doch nicht an Stellen, an denen die Meinung dieses Kirchenvaters nur als eine neben anderen aufgeführt wird, aber sie sind häufiger, wo das theologische Gebiet berührt wird, als bei rein philosophischen Erörterungen[56]). Wichtiger scheint etwas anderes zu sein.

Wo die Unveränderlichkeit Gottes den Gegenstand der Untersuchung bildet[57]), wird ein Ausspruch Augustins aus seiner Erläuterung der Genesis[58]) in Form eines Einwands herangezogen: spiritus creator movet se nec per tempus nec per locum. Aber wenn er überhaupt sich bewegt, so ist er in einem bestimmten Sinne veränderlich. Die Antwort besagt: Augustinus spricht dort im Sinne Platos, der vom ersten Beweger lehrt, daß er sich selbst bewege, wobei er jegliche Tätigkeit, also auch Denken und Wollen unter dem Begriff der Bewegung subsumiert. Das aber sei ganz etwas anderes, als was man jetzt in den Schulen unter Bewegung verstehe, — ut nunc loquimur —, wo man mit Aristoteles die Bewegung als die sich verwirklichende Potenz fasse, insofern sie im Prozesse der Verwirklichung begriffen ist. — Aus dem gleichen Werke wird anderswo die Meinung angeführt[59]), die Dämonen hätten luftartige Leiber, aber mit der Bemerkung zurückgewiesen:

---

51) S. th. 2, I, qu. 20, a. 1, Hauptaut. Retract. I, 9, 4.
52) Qu. 19, a. 4, Hauptaut. Contra Faustum XXII, c. 27.
53) Qu. 1, a. 3, Hauptaut. De moribus Manich. c. 13 (zusammengezogen).
54) Qu. 2, a. 8, Hauptaut. Civ. Dei XIX, c. 26.
55) Qu. 3, a. 5. Hauptaut. De Trin. I, c. 10 (zusammengezogen).
56) Vgl. beispielsweise: S. th. I, qu. 19, a. 6; qu. 66, a. 1; qu. 67, a. 4; qu. 69, a. 1; a. 2; qu. 71, a. 1; qu. 74, a. 2.
57) Qu. 9, a. 1.
58) Gen. ad litt. VIII, c. 20, wo es wörtlich heißt: Spiritus autem creator movet seipsum sine tempore ac loco, movet conditum spiritum per tempus sine loco, movet corpus per tempus et locum.
59) Gen. ad litt. III, 10.

Augustinus non loquitur asserendo, sed opinione Platonis utens[60]). Die Bemerkung ist nicht unberechtigt, da Augustinus jene Meinung, die er dem Apulejus zuschreibt, nicht ausdrücklich billigt, sondern zeigen will, wie mit ihr, wenn sie als richtig vorausgesetzt wird, der Text der Hl. Schrift in Einklang zu bringen ist. Wieder an einer anderen Stelle[61]) wird den Konfessionen, XII, 2, die Ansicht entnommen und der aristotelisch-thomistischen entgegengehalten, daß es nur eine Materie für alle Körper gebe. Die Antwort besagt: Augustinus sequitur in hoc opinionem Platonis non ponentis quintam essentiam. Mit diesem Namen bezeichnet bekanntlich Cicero den von allen irdischen Elementen durchaus unterschiedenen Äther, aus dem nach Aristoteles die Himmelskörper bestehen sollen. Und von der an dem gleichen Orte sich findenden Äußerung über eine gewisse prophetische Kraft der menschlichen Seele meint Thomas, sie lasse sich nur verteidigen, oder sei nur in dem Falle rationabilis, wenn man sich zu der Platonischen Ideenlehre bekenne[62]).

Dürfen wir hierin die Ansätze zu einer geschichtlichen Würdigung erblicken? Erkannte Thomas an, daß Augustinus in manchen seiner Ansichten auf einem anderen Standpunkt stehe, daß sich sein Denken unter andersgerichteten Einflüssen entwickelt habe? In der ersten Periode der Scholastik bis hinauf zu Abälard hatte Plato als der größte unter allen Philosophen des Altertums gegolten. Begreiflich genug; denn besaß man auch von seinen Schriften nichts als den Timäus in der Übersetzung des Chalcidius, so hatte doch Augustinus von ihm gesagt, daß sein Ruhm den aller anderen verdunkelt habe und daß er von allen dem Christentume am nächsten gekommen sei. Jetzt aber galt in den Schulen der Albertisten Aristoteles als der erste Meister in der Philosophie; ihm folgte man auch da, wo er sich in seiner Polemik gegen Plato wendet, während diejenigen, die in den alten Bahnen weiter gingen, an dieser Polemik Anstoß nahmen. War Augustinus von Plato beeinflußt, so konnte es wohl kommen, daß einzelne seiner Behauptungen sich den Gedanken der neuen Aristoteliker nicht fügen wollten. Sollte Thomas dies erkannt und unbefangen gewürdigt haben? Die letzten Anführungen betrafen nebensächliche Dinge. Können

---

60) S. th. I, qu. 51, a. 1, ob. 1 u. ad 1. Wörtlich übereinstimmend Quaest. disputat. de spiritual. creat. a. 7, obi. 1 u. ad 1.
61) Qu. 66, a. 2, ob. 1.
62) Qu. 86, a. 4, ad 2 zitiert aus den Confessiones: anima habet quandam vim sortis, ut ex sua natura possit futura cognoscere. Zur Sache vgl. a. a. O. IV, 3 und VII, 6.

wir erwarten, daß in wichtigeren Fragen Thomas sich mit dem platonisierenden Augustinus wie mit einem wissenschaftlichen Gegner gemessen und ihm das Gewicht der von Aristoteles hergenommenen Argumente gegenübergestellt habe? Das würde völlig aus dem Rahmen der mittelalterlichen Denkweise und jener die Scholastik von ihren Anfängen an beherrschenden harmonisierenden Tendenz heraustreten. Tatsächlich ist er von einer solchen Stellungnahme weit entfernt, und sein Verfahren ist ein andres.

S. th. I, qu. 84, a. 6 bringt einen ausführlichen Bericht über die Lehre Platos vom Zustandekommen unserer Erkenntnis, der höheren wie der niederen, und darin die aus Augustin geschöpfte Angabe, Plato habe im Gegensatz zu Aristoteles die Sinnestätigkeit als eine der Seele selbst zukommende bezeichnet. Dann heißt es weiter: et hanc opinionem tangere videtur Augustinus, Gen. ad litt. XII, 24, ubi dicit quod corpus non sentit, sed anima per corpus, quo velut nuntio utitur ad formandum in seipsa quod extrinsecus nuntiatur. Aber an der angegebenen Stelle findet sich keine Andeutung, daß Augustinus nur eine fremde Meinung habe berühren, nicht seine eigene vortragen wollen[63]). In der Untersuchung über die Seelenvermögen und ihr Verhältnis zueinander, welche qu. 77, a. 5 anstellt, wird aus der gleichen Stelle eine der üblichen Objektionen entnommen[64]). Die Responsio sagt, nach Plato solle das sentire ganz ebenso eine Tätigkeit der Seele allein sein, wie das intelligere, und fügt bei: in multis autem quae ad philo-

---

63) In dem gleichen Artikel wird in ob. 2 aus Gen. ad litt. XII, 16, 33 angeführt: Non est putandum facere aliquid corpus in spiritum tamquam spiritus corpori facienti materiae vice subdatur. Omni enim modo praestantior est, qui facit ea re, de qua aliquid facit. Die Solutio führt aus: A. spreche nicht von der Intellektualerkenntnis, sondern von der imaginativen, und da Plato annehme, daß diese Kraft der Seele allein zukomme, bediene sich A. hier desselben Arguments, dessen sich Aristoteles zur Einführung des intellectus agens bediene (vgl. De anima III, 5, 430a 18: ἀεὶ γὰρ τιμιώτερον τὸ ποιοῦν τοῦ πάσχοντος καὶ ἡ ἀρχὴ τῆς ὕλης). Et procul dubio oportet secundum hanc positionem in vi imaginaria ponere non solum potentiam passivam, sed etiam activam. Die Sache liege anders, wenn man sie mit Aristoteles für eine vis coniuncti halte, denn: corpus sensibile est nobilius organo animalis. Man könne aber auch sagen, es sei zwar die immutatio virtutis imaginariae per motum sensibilium, wie Aristoteles lehre, dazu komme dann aber noch eine weitere Seelenkraft im Menschen, die componendo et dividendo, die Phantasiebilder gestalte: et quantum ad hoc possunt accipi verba Augustini — der es aber offensichtlich nicht so gemeint hat.

64) Während aber in Qu. 84, a. 6 wörtlich zitiert wird, heißt es hier unter wahrscheinlicher Nachwirkung der Ausführungen in Gen. ad litt. XII, 24, n. 50, quod anima quaedam sentit non per corpus, imo sine corpore, ut est timor et huiusmodi, quaedam vero sentit per corpus.

sophiam pertinent, Augustinus utitur opinionibus Platonis, non asserendo sed recitando[65]). Dadurch wäre freilich eine wirkliche Divergenz der philosophischen Lehren ein für allemal beseitigt, wenn man jede Äußerung, welche den Einfluß platonisierender Denkweise verrät, als bloßes Referat verstehen dürfte. Aber an den angeführten Stellen erscheint dies doch wie ein bloßer Notbehelf, der bei öfterer Wiederholung seine Wirkung verlieren müßte[66]). In der Regel befolgt daher Thomas eine andere Methode: die Augustinus-Zitate werden umgedeutet durch stillschweigende Assimilierung, durch leise Korrektur oder auch durch völlig gewaltsame Interpretation.

Der Übergang von der zu Anfang besprochenen konventionellen

---

[65]) Ganz das gleiche Verfahren befolgt Qu. 89, a. 7, ob. 2. Aus Aug. De divinatione daemonum wird zitiert: daemones propter celeritatem motus aliqua nobis ignota denuntiant. Die Solutio besagt, A. spreche hier im Sinne einiger, die da angenommen hätten, die Dämonen hätten Körper, eine Meinung, die er dort ausdrücklich berühre — expresse tangit —, aber magis recitando quam asserendo. Davon ist indessen an Ort und Stelle nichts zu bemerken. A. stellt sich bei seiner Erklärung durchaus auf den Boden eben dieser Meinung. Wenn sich indessen die Solutio zur Bestätigung auf Civ. Dei XXI, 10 beruft, so ist richtig, daß A. dort die gleiche Meinung als eine solche bezeichnet, welche von „gelehrten Männern" gehegt worden sei, und hinzufügt, wenn dagegen andere meinten, die Dämonen hätten keine Leiber, so wolle er darüber nicht streiten.

[66]) Auffallender noch ist das Verfahren Qu. 77, a. 8, wo gefragt wird, ob der anima separata, der durch den Tod vom Körper geschiedenen Seele, die sämtlichen Vermögen verbleiben. Für Ja wird in ob. 6 aus Gen. ad litt. XII angeführt: sicut anima, cum corpus iacet sine sensu nondum penitus mortuum, videt quaedam secundum imaginariam visionem: ita cum fuerit a corpore penitus separata post mortem. Das Zitat hat den Text der Stelle, c. 32, vollständig verändert, so daß er einen ganz andren Sinn gibt. Dort handelt es sich um die Frage, ob die Seele sich nach dem Tode an einen bestimmten Ort begebe, und ob sie dazu einer neuen körperlichen Hülle bedürfe. M. vgl. a. a. O. n. 60: Iam utrum habeat aliquod corpus; cum de hoc corpore exierit, ostendat qui potest, ego autem non puto: spiritalem enim arbitror esse, non corporalem. Ad spiritalia vero pro meritis fertur, aut ad loca poenalia similia corporibus: qualia saepe demonstrata sunt iis, qui rapti sunt a corporis sensibus et mortuis similes iacuerunt et infernales poenas viderunt, cum et ipsi in seipsis gererent quandam similitudinem corporis sui, per quam possent ad illa ferri et talia similitudinibus sensuum experiri. Neque enim video, cur habeat anima similitudinem corporis sui, cum iacente sine sensu ipso corpore, nondum tamen penitus mortuo, videt talia, qualia multi ex illa subductione vivis redditi narraverunt, et non habeat, cum perfecta morte penitus de corpore exierit. Die Antwort lautet: A. loquitur ibi inquirendo non asserendo, unde quaedam ibi dicta retractat. Nun sagt zwar A. Retract. II, 24, wo er von dieser seiner Erklärung der Genesis spricht: in quo opere plura quaesita quam inventa sunt, et eorum quae inventa sunt, pauciora firmata, cetera vero ita posita velut adhuc requirenda sint. Zurückgenommen aber hat er von einzelnen Behauptungen dieses Buchs nicht mehr als von denen der übrigen.

Verwertung zur stillschweigenden Eingliederung in das eigene Lehrsystem ist ein kaum merklicher; manche Stellen lassen sich ebensowohl der einen wie der anderen Kategorie einordnen. In qu. 88, a. 1 wird gefragt, ob die menschliche Seele in diesem Leben geistige Wesen oder Substanzen unmittelbar oder als solche erkennen könne. Die Erörterung, welche zu einem verneinenden Ergebnis führt, nimmt Ausgang von der Lehre Platos, wonach die Ideen, also immaterielle Wesenheiten, nicht nur überhaupt für uns erkennbar, sondern sogar das erste in unserer Erkenntnis sein sollen. Und in den Objektionen wird aus De Trinitate IX, 3 der Satz angeführt: mens ipsa sicut corporearum rerum notitias per sensus corporis colligit, sic incorporearum rerum per seipsam. Über den Sinn desselben ist ein Zweifel kaum möglich: wir erkennen die Körperwelt durch unsre körperlichen Sinne, das Geistige erkennt unser Geist aus sich selbst oder durch sich selbst. Die Beantwortung aber meint, man könne ihn dahin auslegen — ex illa auctoritate Augustini haberi potest —, daß unsere Seele nach Analogie der Erkenntnis, die sie von sich selbst besitzt, auch die übrigen geistigen Substanzen erkenne. Damit ist dann die Möglichkeit gewonnen, die Übereinstimmung mit Aristoteles zu behaupten[67]), der Augustinische Gedankengang aber völlig aufgegeben[68]). — Kurz zuvor — qu. 87, a. 3, — wird für den Satz, daß der Intellekt imstande sei, seine eigenen Akte zu erkennen, die Hauptautorität aus De Trinitate X, 11 genommen: intelligo, me intelligere —, was aber mit der aristotelisch-thomistischen Lehre von der Erkenntnis der Substanzen aus ihren Akten nichts zu tun hat, sondern nur das unmittelbare Zeugnis des Bewußtseins wiedergibt. Qu. 84, a. 6 handelt von dem Zusammenhang der Intellektualerkenntnis mit

---

67) A. a. O. ad 1: . . . Et hoc adeo verum est, ut etiam apud Philosophum dicatur . . lib. 1 De anima, quod scientia de anima est principium quoddam ad cognoscendum substantias separatas. Per hoc enim quod anima nostra cognoscit seipsam, pertingit ad cognitionem aliquam habendam de substantiis incorporeis, qualem eam contingit habere, non quod simpliciter et perfecte eas cognoscat cognoscendo seipsam. Die angezogene Stelle ist I, 1, p. 402 a 4: δοκεῖ δὲ καὶ πρὸς ἀλήθειαν ἅπασαν ἡ γνῶσις αὐτῆς μεγάλα συμβάλλεσθαι, μάλιστα δὲ πρὸς τὴν φύσιν· ἔστι γὰρ οἷον ἀρχὴ τῶν ζῴων. In seinem Kommentare erläutert Th.: Ad omnes enim partes philosophiae insignes dat occasiones (sic), quia si ad philosophiam primam attendamus, non possumus devenire in cognitionem divinarum et altissimarum causarum, nisi per ea quae ex virtute intellectus possibilis acquirimus. Si enim natura intellectus possibilis esset nobis ignota, non possemus scire ordinem substantiarum separatarum: sicut dicit commentator super undecimo Metaphysicae.

68) Trotzdem bildet das gleiche Zitat mit der gleichen Auslegung den Anfangspunkt für die Erörterung in Qu. 89, a. 2.

der sinnlichen. Die Einwürfe bringen Autoritäten, aus welchen sich im Gegensatze zu der aristotelisch-scholastischen Doktrin die Leugnung eines solchen Zusammenhangs zu ergeben scheint, darunter eine auch sonst mit Vorliebe herangezogene Stelle aus den 83 Quästionen — qu. 9 —, wo Augustinus mit den Argumenten der griechischen Philosophie den Satz begründet, quod non est expectanda sinceritas veritatis a corporis sensibus. Die Antwort will dies dahin verstanden wissen, daß man die Wahrheit nicht von den Sinnen allein erwarten dürfe, es müsse die Tätigkeit des intellectus agens hinzukommen; sie verknüpft also kurzerhand die dort sich findenden Ausführungen mit einem ihnen fremden Bestandteil des mittelalterlichen Aristotelismus, ganz ebenso wie anderswo Augustinus Äußerungen über die materia informis, gleich als könne hierüber gar kein Zweifel bestehen, im Sinne dieses letzteren verstanden werden [69]).

Anderwärts muß eher von einer Korrektur gesprochen werden, nur tritt sie nicht als solche auf; es soll nur der Sinn einer Äußerung richtig gedeutet werden. Bekanntlich war der Platonismus Augustins nicht der der alten Akademie, sondern vielmehr der des Plotin und der Neuplatoniker überhaupt. Lesen wir also De doctrina christiana I, 32 den Satz: quia bonus est — sc. Deus — sumus, so erinnern wir uns, daß Plotin das überweltliche Eine als das Gute bezeichnet hat, um dadurch sein kausales Verhältnis zu dem abgeleiteten Sein auszudrücken, das aber nicht mit Bewußtsein, nach Zwecken, von ihm hervorgebracht wird, sondern mit Notwendigkeit aus ihm hervorgeht. Augustin ist weit entfernt, ihm hierin zu folgen, daran hinderte ihn sein christlicher Standpunkt. Auch betont er mit Nachdruck die Freiheit des gött-

---

[69]) Vgl. Qu. disp. de spirit. creat., a. 1. wo auf Gen. ad litt. I, 14 u. 15 Bezug genommen wird. — Hierher gehört auch die Erörterung über die Allgegenwart Gottes in S. th. I, qu. 8, a. 1. Ob. 2 zitiert aus De diversis quaest. 83, qu. 20: in ipso potius sunt omnia quam ipse alicubi. Bei A. bedeutet dies eine Steigerung der Transzendenz in der Ausdrucksweise Plotins, und seine Argumentation verläuft folgendermaßen: was irgendwo ist, ist von einem Raume umschlossen; was sich so verhält, ist ein Körper; aber Gott ist kein Körper, also usw. Th. dagegen argumentiert: quod est in aliquo, continetur ab eo, sed Deus non continetur a rebus, sed magis continet res. Aus diesem Gedankengange heraus heißt es in der Responsio: licet corporalia dicantur esse in aliquo sicut in continente, tamen spiritualia continent ea, in quibus sunt, sicut anima continet corpus (Reminiszenz aus Ar. De an. I, 5, 411b 7). Unde et Deus est in rebus sicut continens res; tamen per quandam similitudinem corporalium dicuntur omnia esse in Deo, in quantum continentur ab ipso. A. dagegen sagt a. a. O.: Nec tamen ita in illo ut ipse sit locus.

lichen Wirkens. Sein Gedankengang an jener Stelle ist ein anderer, denn er fährt fort: et inquantum sumus, boni sumus, und weiterhin: inquantum mali sumus, minus sumus. Gott ist das absolute Gute und das absolute Sein, unser kreatürliches Sein ist nur ein mitgeteiltes, wir sind nur durch Teilnahme am göttlichen Sein, und insofern wir sind, nehmen wir auch teil an Gottes Güte und Vollkommenheit. Aber das aus jedem Zusammenhange losgelöste Zitat gibt keinerlei Andeutung darüber, in welchem Sinne es zu verstehen ist, und daß auch dem Mittelalter eine pantheistische oder emanatistische Deutung desselben nicht völlig fremd war, ersehen wir aus Thomas selbst[70]). Um so eifriger ist er bemüht, dasselbe anders zu erklären und die Beziehung auf den göttlichen Willen zu gewinnen. Daher erläutert sogleich in Qu. 5, a. 4, wo das Zitat unter den Einwürfen vorkommt, die Responsio das bonus: dadurch werde bezeichnet: qui habet bonam voluntatem. Der Wille aber bestimme sich aus dem Zweck, und so spreche jener Satz nicht von Gott als der wirkenden, sondern als der Zweckursache. Später, in Qu. 19, a. 4, wo es sich darum handelt, den göttlichen Willen als die Ursache der Dinge zu erweisen, erscheint der gleiche Satz wiederum unter den gegenteiligen Argumenten. Die Objektion leitet daraus ab, Gott sei vielmehr durch seine Natur Ursache der Dinge, wie das Feuer Ursache der Wärme; die Antwort aber erklärt: bonum est obiectum voluntatis, und deutet den Satz dahin, daß die Güte Gottes für ihn der Grund sei, das andere zu wollen, was er will. Und in Qu. 104, a. 3, wo aus dem gleichen Satze der Einwand hergeleitet wird: wenn wir sind, weil Gott gut ist, so müssen wir immer sein, weil Gott immer gut ist, — wird ausgeführt: Gott ist die Ursache der Dinge, aber nicht aus Notwendigkeit, sondern mit Freiheit, denn die göttliche Güte hängt nicht von den geschaffenen Dingen ab. Wie es also seiner Güte keinen Eintrag getan hätte, den Dingen das Sein nicht zu verleihen, so kann es auch ohne Beeinträchtigung derselben geschehen, daß er sie nicht im Sein erhält. Wie sehr ihm daran gelegen ist, nach dieser Richtung jedes Mißverständnis auszuschließen, ergibt sich da, wo auch vom göttlichen Wissen gesagt wird, daß es Ursache der Dinge sei. Qu. 14, a. 8 führt dort als Hauptautorität aus De Trinitate XV, 13 an: universas creaturas, et spirituales et corporales, non quia sunt, ideo novit Deus: sed ideo sunt, quia novit.

---

70) Vgl. S. c. g. II, c. 28.

Die Erörterung aber hebt ausdrücklich hervor, daß zum Erkennen das Wollen hinzutreten müsse, wovon bei Augustinus nichts steht, was aber seiner Meinung auch nicht widerstreitet[71]).

Ein weiteres Beispiel. Qu. 17, a. 2 behandelt die Frage, ob die Sinneswahrnehmung falsch sein könne, und zitiert aus De vera religione c. 33 eine Autorität für die verneinende Beantwortung. Wenn dort Augustinus sage: si omnes corporis sensus ita nuntiant ut afficiuntur, quid ab his amplius exigere debeamus ignoro, so behaupte er damit, daß uns die Sinne nicht täuschen und es keine falsitas in sensu gebe. Die Auseinandersetzung im Hauptteil, welcher bezeichnenderweise eine andere aus Augustin geschöpfte Stelle als Hauptautorität vorangeht[72]), reproduziert die Aristotelische Lehre von der verschiedenen Weise, in welcher etwas Objekt der Sinneswahrnehmung sein kann, und entwickelt danach die drei Richtungen, nach denen die Sinne uns täuschen oder uns Falsches zuführen können. Im Anschlusse daran wird mit Bezug auf jene Autorität für die entgegengesetzte Meinung gesagt: daß der Sinn affiziert wird, ist eben das, was sein Empfinden ausmacht. Daraus also, daß uns die Sinne melden, wie sie affiziert werden, folgt, daß wir uns nicht täuschen, wenn wir erkennen, daß wir empfinden; daraus aber, daß die Sinne in einer den äußeren Objekten nicht entsprechenden Weise affiziert werden können, folgt, daß gelegentlich ihre Meldung der Sache nicht entspricht, und wir daher in bezug auf diese, nicht in bezug auf unser Empfinden in Täuschung verfallen.

Ferner: im Anschlusse an Avicenna lehrt Thomas, daß es fünf Vermögen des inneren Sinnes gebe, den sensus communis, die Phantasie, die Einbildungskraft, die sogenannte vis aestimativa, woraus die instinktiven Handlungen der Tiere erklärt werden, und das Gedächtnis. Durch eine etwas künstliche Konstruktion wird aus Augustin, De Gen. ad litt. XII, 7, der Einwurf hergeleitet, die vis imaginativa allein stehe zwischen den äußeren Sinnen und dem Intellekt in der Mitte. Thomas weist ihn zurück mit der kurzen Bemerkung, was Augustin dort von der Einbildungskraft

---

[71]) Das gleiche in Qu. disp. de veritate II, de scientia Dei, art. 14.
[72]) Zitiert wird aus Soliloqu. II, 6: Apparet nos in omnibus sensibus similitudine lenocinante falli, doch wird der Gedanke dort nicht in der gleichen absoluten Weise ausgesprochen, vielmehr heißt es n. 12: apparet nos in omnibus sensibus sive aequalitas sive in deterioribus rebus aut similitudine lenocinante falli, aut etc.

sage, passe vielmehr auf die sämtlichen Betätigungsformen des inneren Sinnes (Qu. 78, a. 4).

Ich komme nunmehr zu dem Punkte, an welchem der stärkste Zusammenstoß zwischen dem scholastischen Aristotelismus und dem Augustinismus erfolgen mußte, zu der Lehre von der Intellektualerkenntnis, ihren Bedingungen und ihrem Umfange. Es wird gut sein, der den einzelnen Zitaten folgenden Untersuchung einen kurzen Bericht über Augustins Ansichten voranzuschicken, wie sie sich aus seinen Schriften ergeben. Dabei besteht freilich die Schwierigkeit, daß Augustin dieselben weder systematisch entwickelt, noch auch die erkenntnistheoretischen Probleme rein für sich ins Auge faßt, sondern fast immer die Erörterung derselben mit theologisch-ausdeutenden oder mystisch-erbaulichen Nebengedanken verknüpft. Immerhin lassen sich gewisse Gedankenreihen herausstellen, welche, charakteristisch für seine Auffassung, zugleich wichtige Elemente deutlich aufweisen, die der Aristotelischen Spekulation fremd, und durch die spätere Entwicklung der griechischen Philosophie, insbesondere auch durch das Aufkommen und die Bestreitung der akademischen Skepsis bedingt sind. Hat er doch Anlaß genommen, sich mit der letztern eingehend auseinanderzusetzen.

Mit ganz besonderem Nachdrucke betont er demgemäß die Objektivität der intelligibelen Wahrheit. Wie es die gleichen Gegenstände der äußeren Welt sind, welche die verschiedenen Menschen mit ihren Sinnen erfassen, so sind es die gleichen Wahrheiten, auf die sie mit ihrem Denken treffen. Es hat nicht der einzelne seine Wahrheit für sich, sondern eine und dieselbe ist da für alle, sonst könnte es ja auch keine Verständigung darüber unter verschiedenen denkenden Subjekten geben[73]). Besonders deutlich zeigt sich

---

73) De libero arbitrio II, c. 12, n. 33: Quapropter nullo modo negaveris, esse incommutabilem veritatem, haec omnia quae incommutabiliter vera sunt, continentem, quam non possis dicere tuam vel meam vel cuiuscumque hominis, sed omnibus incommutabilia vera cernentibus, tamquam miris modis secretum et publicum lumen, praesto esse ac se praebere communiter: omne autem, quod communiter omnibus ratiocinantibus atque intelligentibus praesto est, ad ullius eorum proprie naturam pertinere quis dixerit? Meministi enim, ut opinor, quid de sensibus corporis paulo ante tractatum sit; ea scilicet quae oculorum vel aurium sensu communiter tangimus, sicuti sunt colores et soni, quos ego et tu simul videmus vel simul audimus, non pertinere ad oculorum nostrorum auriumve naturam, sed ad sentiendum nobis esse communia. Sic ergo etiam illa, quae ego et tu communiter propria quisque mente conspicimus, nequaquam dixeris ad mentis alicuius nostrum pertinere naturam. — Confess. XII, c. 25, n. 35: Si ambo videmus verum esse quod dicis et ambo videmus verum esse quod dico, ubi quaeso id videmus? Nec ego

diese allen gemeinsame Wahrheit in den mathematischen Wahrheiten[74]) und in den logischen Gesetzen[75]). Im Unterschiede von den der Veränderung unterworfenen Gegenständen der sichtbaren Welt ist die intelligibele Wahrheit unveränderlich und ewig[76]). Darin ergibt sich neuerdings eine Bestätigung für ihre Objektivität. Denn auch wer über den Lauf der Gestirne oder die Beschaffenheit von Tieren und Pflanzen berichtet, will nicht erfinden, sondern unabhängig von ihm Vorhandenes aufweisen. Die mathematischen Wahrheiten aber können gar nicht von einem in der Zeit stehenden Geiste erfunden werden, denn sie sind ewig. Erweist sich somit unserem vergänglichen Geiste gegenüber die Wahrheit als das Höhere, so noch weiterhin dadurch, daß sie für uns die Regel abgibt, nach der wir urteilen. Wir messen die Dinge der Außenwelt an Maß-

---

utique in te nec tu in me, sed ambo in ipsa, quae supra mentes nostras est, incommutabili veritate.

74) De lib. arb. II, c. 8, n. 20: Omnes ratiocinantes sua quisque ratione atque mente communiter vident, cum illud quod videtur, praesto sit omnibus . . . . ratio et veritas numeri omnibus ratiocinantibus praesto est . . n. 24: His et talibus multis documentis coguntur fateri, quibus disputationis Deus donavit ingenium et pertinacia caliginem non obducit, rationem veritatemque numerorum et ad sensus corporis non pertinere et invertibilem sinceramque consistere et omnibus ratiocinantibus ad videndum esse communem. Quapropter cum multa alia possunt occurrere, quae communiter et tamquam publice praesto sunt ratiocinantibus et ab eis videantur mente atque ratione singulorum quorumque cernentium, eaque inviolata et incommutabilia maneant etc.

75) De doctrina christiana II, c. 31, n. 50: Ista tamen veritas connexionum — die Richtigkeit der Schlußfolgerungen, welche zu von allen gleichmäßig anerkannten Wahrheiten führt — non instituta sed animadversa est ab hominibus et notata, ut eam possint vel dicere vel docere: nam est in rerum ratione perpetua et divinitus instituta. Sicut enim qui narrat ordinem temporum, non eum ipse componit; et locorum situs aut naturas animalium vel stirpium vel lapidum qui ostendit, non res ostendit ab hominibus institutas; et ille qui demonstrat sidera eorumque motus, non a se vel ab homine aliquo rem institutam demonstrat: sic etiam qui dicit: cum falsum est quod consequitur, necesse est ut falsum sit quod praecedit, verissima dicit, neque ipse facit ut ita sit, sed tantum ita esse demonstrat.

76) De lib. arb. II, 8, n. 21: Quidquid sensu corporis tango, veluti est hoc coelum et haec terra, et quaecumque in eis alia corpora sentio, quamdiu futura sint nescio, septem autem et tria decem sunt et non solum nunc, sed etiam semper neque ullo modo aliquando septem et tria non erunt decem. — Soliloqu. II, 19 beweist A. aus der Unvergänglichkeit der Wahrheit — nec interire veritas potest — die Unsterblichkeit der Seele. — De immortalitate animae, c. 4, n. 6: Cum vel nos ipsi nobiscum ratiocinantes vel ab alio bene interrogati de quibusdam liberalibus artibus ea quae invenimus, non alibi quam in animo nostro invenimus, neque id est invenire quod facere aut gignere, alioquin aeterna gigneret animus inventione temporali, nam aeterna saepe invenit, quid enim tam aeternum quam circuli ratio vel si quid aliud in huiuscemodi artibus nec non fuisse aliquando, nec non fore comprehenditur?

stäben, die wir in uns vorfinden, und die wir nicht ändern können, denn sie stehen fest wie die unveränderlichen Zahlenverhältnisse, wie die obersten Prinzipien des Gut- und Rechttuns⁷⁷). Wie könnten

---

77) De lib. arb. II, 12, n. 34: Hanc ergo veritatem, de qua iamdiu loquimur et in qua una tam multa conspicimus, excellentiorem putas esse, quam mens nostra est, an aequalem mentibus nostris an etiam inferiorem? Sed si esset inferior, non secundum illam, sed de illa iudicaremus, sicut iudicamus de corporibus, quia infra sunt, et dicimus, ea plerumque non tantum ita esse vel non ita, sed ita vel non ita esse debere: sic et de animis nostris non solum ita esse animum novimus, sed plerumque etiam ita esse debere. Et de corporibus quidem sic iudicamus, cum dicimus, minus candidum est quam debuit aut minus quadrum et multa similiter. De animis vero: minus aptus est quam debet aut minus lenis aut minus vehemens, sicut nostrorum morum se ratio tulerit. Et iudicamus haec secundum illas interiores regulas veritatis, quas communiter cernimus: de ipsis vero nullo modo quis iudicat: cum enim quis dixerit, aeterna temporalibus esse potiora aut septem et tria decem esse, nemo dicit ita esse debuisse, sed tantum ita esse cognoscens, non examinator corrigit, sed tantum laetatur inventor. Si autem esset aequalis mentibus nostris haec veritas, mutabilis etiam ipsa esset. Mentes enim nostrae aliquando cum plus vident aliquando minus et ex hoc fatentur se esse mutabiles: cum illa in se manens nec proficiat cum plus a nobis videtur, nec deficiat cum minus, sed integra et incorrupta et conversos laetificat lumine et aversos puniat caecitate. Quid quod etiam de ipsis mentibus nostris secundum illam iudicamus, cum de illa nullo modo iudicare possumus? Dicimus enim: minus intelligit quam debet, aut tantum quantum debet intelligit. Tantum autem mens debet intelligere, quantum propius admoveri atque inhaerere potuerit incommutabili veritati. Quare si nec inferior nec aequalis est, restat ut sit superior atque excellentior. De vera religione, c. 31, n. 58: Ut enim nos et omnes animae rationales secundum veritatem de inferioribus recte iudicamus, sic de nobis quando eidem cohaeremus, sola ipsa veritas iudicat . . . . Sicut in istis temporalibus legibus, quamquam de his homines iudicent, cum eas instituunt, tamen cum fuerint institutae atque firmatae, non licebit iudici de ipsis iudicare, sed secundum ipsas. Conditor tamen legum temporalium, si vir bonus est et sapiens, illam ipsam consulit aeternam, de qua nulli animae iudicare datum est: ut secundum eius incommutabiles regulas, quid sit pro tempore iubendum vetandumque discernat. Aeternam igitur legem mundis animis fas est cognoscere, iudicare non fas etc. De Trin. IX, c. 6, n. 10: . . . regulis super mentem nostram incommutabiliter manentibus . . . viget et claret desuper iudicium veritatis ac sui iuris incorruptissimis regulis firmum est. — XII c. 2, n. 2: Sublimioris rationis est, iudicare de istis corporalibus secundum rationes incorporales et sempiternas: quae nisi supra mentem humanam essent, incommutabiles profecto non essent, atque his nisi subiungeretur aliquid nostrum, non secundum eas possemus iudicare de corporalibus. Iudicamus autem de corporalibus ex ratione dimensionum . . ., quam incommutabiliter manere mens novit. — XIV, c. 15, n. 21: Gott ist immer und überall, daher die Menschenseele in illo et vivit et movetur et est, et ideo reminisci eius potest, nicht freilich in eigentlichem Sinne, sed commemoratur, ut convertatur ad Dominum, tamquam ad eam lucem qua etiam cum ab illo averteretur quodam modo tangebatur. Nam hinc est quod etiam impii cogitant aeternitatem et multa recte reprehendunt recteque laudant in hominum moribus. Quibus ea tandem regulis iudicant, nisi in quibus vident quemadmodum quisque vivere debeat, etiamsi nec ipsi eodem modo vivant? Ubi eas vident? Neque enim in sua natura, cum procul dubio mente ista videantur, eorumque mentes constat esse mutabiles,

wir die Dinge nach ihrem Werte abschätzen, wenn wir nicht den Begriff eines höchsten Wertes, eines absolut Guten, besäßen[78])?

So erweist sich die Wahrheit zugleich als ein System von Wahrheiten[79]), und darunter sind nicht etwa nur Urteile zu verstehen, sondern ebenso auch Begriffe, wie die der Gerechtigkeit, der Weisheit u. a.[80]). Liegt nun schon in dem bisherigen eine Richtung auf Verdinglichung der Wahrheit, so tritt dieselbe anderwärts noch deutlicher hervor. Aus Wahrheiten, welche gelten, werden Dinge, die sind[81]). Mehr noch, als die gezählten Dinge, so wird eingeschärft,

---

has vero regulas immutabiles videat, quisquis in eis et hoc videre potuerit; nec in habitu suae mentis, cum illae regulae sint iustitiae, mentes vero eorum constet esse iniustas. Ubinam sunt istae regulae scriptae ... ubi ergo scriptae sunt, nisi in libro lucis illius quae veritas dicitur? unde omnis lex iusta describitur et in cor hominis qui operatur iustitiam, non migrando sed tamquam imprimendo transfertur; sicut imago ex anulo et in ceram transit et anulum non relinquit.

78) De Trin. VIII, c. 3, n. 4: Neque enim in his omnibus bonis ... diceremus aliud alio melius cum vere iudicamus, nisi esset nobis impressa notio ipsius boni, secundum quod et probaremus aliquid et aliud alii praeponeremus.

79) De lib. arb. II, c. 13, n. 36: Haec enim veritas ostendit omnia bona quae vera sunt, quae sibi pro suo captu intelligentes homines vel singula vel plura eligunt, quibus fruantur. Sed quemadmodum illi qui in luce solis eligunt quod libenter adspiciant et eo adspectu laetificantur, in quibus si qui forte fuerint vegetioribus sanisque et fortissimis oculis praediti, nihil libentius quam ipsum solem contuentur, qui etiam cetera, quibus infirmiores oculi delectantur, illustrat: sic fortis acies mentis et vegeta, cum multa vera et incommutabilia certa ratione conspexerit, dirigit se in ipsam veritatem, qua cuncta monstrantur, eique inhaerens tamquam obliviscitur cetera et in illa simul omnibus fruitur. Quidquid enim iucundum est in ceteris veris ipsa utique veritate iucundum est. — De Trin. IX, c. 6, n. 9: Manifestum est, aliud unumquemque videre in se quod sibi alius dicenti credat, non tamen videat: aliud autem in ipsa veritate, quod alius quoque possit intueri: quorum alterum mutari per tempus, alterum incommutabili aeternitate consistere. Neque enim oculis corporeis multas mentes videndo, per similitudinem colligimus generalem vel specialem mentis humanae notitiam: sed intuemur inviolabilem veritatem, ex qua perfecte, quantum possumus, definiamus, non qualis sit uniuscuiusque hominis mens, sed qualis esse sempiternis rationibus debeat. — XII, c. 15, n. 24: Credendum est, mentis intellectualis ita conditam esse naturam, ut rebus intelligibilibus naturali ordine, disponente Conditore, subiuncta sic ista videat in quadam luce sui generis incorporea, quemadmodum oculus carnis videt quae in hac corporea luce circumadiacent, cuius lucis capax eique congruens est creatus.

80) Ep. 120, c. 2, n. 9: Quae vero ita sunt ut neque praetereant, neque futura sint, sed aeterna permaneant, partim sunt invisibilia, sicut iustitia, sicut sapientia, partim visibilia ... sed invisibilia intellecta conspiciuntur ac per hoc et ipsa modo quodam sibi congruo videntur, et cum videntur, multo certiora sunt quam ea quae corporis sensus adtingit.

81) De Trin. XII, c. 14, n. 23: ... sapientia, ad quam pertinent ea, quae nec fuerunt nec futura sunt, sed sunt, et propter eam aeternitatem in qua sunt et fuisse et esse et futura esse dicuntur, sine ulla mutabilitate temporum. Non enim sic fuerunt, ut esse desinerent, aut sic futura

sind die Zahlen, mit oder nach denen wir sie zählen, und ebenso wird den Wissenschaften ein eigenes Sein zugeschrieben[82]). — Noch in andrer Weise zeigt sich diese Verdinglichung. Das einzelne Wahre, hören wir, ist nur wahr durch die Wahrheit. Völlig im Sinne Platos erscheint der abstrakte Begriff hypostasiert und zur Ursache des nach ihm benannten Einzelnen gemacht[83]).

Wie aber und wo erfassen wir diese höhere Wahrheit oder dieses System von Wahrheiten? Sicherlich nicht durch die äußeren Sinne, denn, wenn wir beispielsweise ein Gesetz erkennen, welches von allen Zahlen gilt, so können wir dies unmöglich den Sinnen verdanken, mit denen wir niemals die unzähligen Fälle erreichen würden, welche die Allheit ausmachen[84]). — Von den Intellektualerkenntnissen haben die einen schlechterdings nichts mit den Sinneswahrnehmungen gemein, wie wenn ich den Intellekt selbst denke oder die verschiedenen Tugenden. Ihr Inhalt ist von dem der körperlichen Erscheinungen durchaus verschieden. In anderen Fällen bringen die Sinne als Boten der Seele Angaben aus der äußeren Welt, der Verstand aber urteilt über sie, ihre Bedeutung und ihren Wert. So gibt es ein innerliches Sehen oder Schauen, welches freilich mit dem äußeren nicht zu vergleichen ist, aber größere Gewißheit als dieses gewährt[85]).

---

sunt quasi nunc non sint, sed ipsum esse semper habuerunt, semper habitura sunt. Manent autem non tamquam in spatiis locorum fixa veluti corpora, sed in natura incorporali sic intelligibilia praesto sunt mentis adspectibus, sicut ista in locis visibilia vel contrectabilia corporis sensibus. Non autem solum rerum sensibilium in locis positarum sine spatiis localibus manent intelligibiles incorporalesque rationes, verum etiam motionum in temporibus transeuntium sine temporali transitu stant etiam ipsae ubique intelligibiles non sensibiles. Ad quas mentis acie pervenire paucorum est, et cum pervenitur, quantum fieri potest, non in eis manet ipse perventor, sed veluti acie ipsa reverberata repellitur, et fit rei non transitoriae transitoria cogitatio.

82) Soliloqu. II, c. 11, n. 21: Si eo verae sunt quo sunt disciplinae, negabitne quispiam, veritatem ipsam esse per quam omnes verae sunt disciplinae? Confess. X, c. 12, n. 19: Sensi etiam numeros omnibus corporis sensibus quos numeramus, sed illi alii sunt, quibus numeramus, nec imagines eorum sunt, et ideo valde sunt.

83) Soliloqu. I, c. 15, n. 27 u. 28. De vera religione, c. 39, n. 73.

84) De lib. arb. II, c. 8, n. 23: Hoc ergo quod per omnes numeros esse immobile, firmum incorruptumque conspicimus, unde conspicimus? non enim ullus ullo sensu corporis omnes adtingit; innumerabiles enim sunt: unde ergo novimus per omnes hoc esse aut qua phantasia vel phantasmate tam certa veritas numeri per innumerabilia tam fidenter, nisi in luce interiore conspicitur quam corporalis sensus ignorat.

85) Gen. ad litt. XII, c. 24, n. 50: . . . illud mentis atque intelligentiae lumen, quo et ista inferiora diiudicantur et ea cernuntur, quae neque sunt corpora neque ullas gerunt formas similes corporum, velut ipsa mens et omnis animae affectio bona, cui contraria sunt eius vitia . . . Quo

Darum ist die Bedingung jeder höheren Erkenntnis, die Voraussetzung jedes eigentlichen Verstehens und Wissens, die Einkehr in uns selbst. Äußere Belehrung kann nur den Erfolg haben, daß sie uns hierzu anregt. Denn nur in unserem Innern findet sich die Wahrheit; hier beurteilen wir, ob das Gehörte wahr ist; in den verborgenen Tiefen unseres Geistes erfassen wir die wahren Begriffe; im inneren Menschen wohnt die Wahrheit. Aber er selbst findet sie nur, wenn er nicht an das Sinnliche und Äußerliche gefesselt ist, und der eine mehr, der andere weniger [86].

Als bedeutsames Moment ergibt sich sodann die enge Beziehung, in welcher für Augustinus die Wahrheit mit Gott steht. Menschliche Weisheit ist Teilnahme an der Weisheit Gottes [87]. Wenn die Schrift sagt, der Mensch sei nach dem Bilde Gottes geschaffen, so bezieht sich dies auf die Vernunft oder den Verstand oder die Intelligenz, oder welchen Ausdruck man wählen will; es besteht nicht in körperlicher Gestaltung, sondern im Lichte der Erkenntnis-

---

enim alio modo ipse intellectus nisi intelligendo conspicitur? Ita et caritas, gaudium, pax, longanimitas, benignitas . . . . . et cetera huiusmodi. — Ep. 147 (De videndo Deo) c. 17, n. 41:. Cum ergo interiores oculi iudices sint oculorum exteriorum, isti autem illis quodam officio nuntiandi et ministerio famulentur, multaque illi videant, quae isti non vident, nihil isti vident, unde non illi tamquam praesides iudicant; quis non illos incomparabili aestimatione praeponat? Ep. 120, c. 2, n. 10: Iustitiam et sapientiam quidquid eiusmodi est . . . haec invisibilia simplici mentis atque rationis intentione intellecta conspicimus sine ullis formis et motibus corporalibus . . . Ipsumque lumen, quo cuncta ista discernimus . . . . non utique sicut huius solis et cuiusque corporei luminis fulgor per localia spatia circumquaque diffunditur mentemque nostram quasi visibili candore illustrat, sed invisibiliter et ineffabiliter et tamen intelligibiliter lucet, tamque nobis certum est, quam nobis efficit certa, quae secundum ipsum cuncta conspicimus. — De vera religione 30, n. 55. — Gen. ad litt. XII, c. 36, n. 69: Sapientes autem ita sunt in his corporalibus, visis, ut quamvis ea praesentiora videantur, certiores sunt tamen in illis quae praeter corporis speciem praeterque corporis similitudinem intelligendo utcunque perspiciunt, quamvis ea non valeant ita mente conspicere, ut haec sensu corporis intuentur. Vgl. Ep. 13 ad Nebridium.

86) De immortalitate animae, c. 10, n. 17: Ea quae intelligit animus cum se avertit a corpore, non sunt profecto corporea et tamen sunt, maximeque sunt, nam eodem modo semper sese habent. Nam nihil absurdius dici potest, quam esse quae oculis videmus, ea non esse quae intelligentia cernimus, cum dubitare dementis sit, intelligentiam incomparabiliter oculis anteferri. Haec autem quae intelliguntur eodem modo sese habentia, cum ea intuetur animus, satis ostendit, se illis esse coniunctum miro quodam eodemque incorporali modo, scilicet non localiter. Ibid. c. 4, n. 6: Manifestum est immortalem esse animum humanum et omnes veras rationes in secretis eius esse, quamvis eas sive ignoratione sive oblivione aut non habere aut amisisse videatur.

87) De Genesi, op. imperf., c. 16, n. 57 . . . in Deo, ubi est etiam illa sapientia quae non participando sapiens est, sed cuius participatione sapiens est anima quaecunque sapiens est.

kraft[88]). Gott ist die Wahrheit und das Licht der menschlichen Vernunft[89]). Daß der Mensch in der Erkenntnis mit der Wahrheit vereinigt wird, ist gleichbedeutend mit dem Satze, daß er mit Gott in Verbindung trete[90]). Durch den Blick unseres Geistes erfassen wir die ewige Wahrheit, nach der alles Zeitliche geschaffen wurde[91]). Das ist das Ziel wissenschaftlicher Unterweisung, daß sie den Geist vom Irdischen abzieht und zur Vereinigung mit Gott ohne Scheidung und Trennung hinleitet[92]). Oder auch die Wahrheit wird mit dem Logos der christlichen Heilslehre identifiziert; Christus erscheint als der Lehrmeister, der in unserem Innern wohnt und von uns zu Rate gezogen wird und sich uns nach dem Maße unserer Fassungskraft und unseres guten Willens mitteilt[93]). Wie groß

---

88) Gen. ad litt. III, 20, n. 30.

89) Ep. 137, c. 5, n. 17 (Es ist vom Gebot der Gottes- und Nächstenliebe die Rede): Hic logica, quoniam veritas lumenque animae rationalis nonnisi Deus est.

90) De utilitate credendi c. 15, n. 33: Cum enim sapiens sit Deo ita mente coniunctus, ut nihil interponatur quod separet, Deus enim est veritas, nec ullo pacto sapiens quisquam est, si non veritatem mente contingat.

91) De Trinit. IX, c. 7, n. 12: In illa igitur aeterna veritate, ex qua temporalia facta sunt omnia, formam secundum quam sumus et secundum quam vel in nobis vel in corporibus vera et recta ratione aliquid operamur, visu mentis adspicimus: atque inde conceptam rerum veracem notitiam tamquam verbum apud nos habemus.

92) De divers. quaest. 83, qu. 51, n. 2: Quae sapiunt, ita illi similitudine sunt proxima, ut in creaturis nihil sit propinquius . . . quare cum homo possit particeps esse sapientiae secundum interiorem hominem, secundum ipsum ita est ad imaginem, ut nulla natura interposita formetur, et ideo nihil sit Deo coniunctius. — Qu. 54: Quod est omni anima melius, id Deum dicimus, cui quisquis eum intelligit, iunctus est. Quod enim intelligitur verum est . . . Deo igitur iunctum est quod intelligit Deum. Intelligit autem rationalis anima Deum. Nam intelligit quod semper eiusmodi est, neque ullam patitur mutationem . . . Quod autem semper eodem modo est, melius profecto est quam id quod non ita est. Nec quidquam est melius rationali anima, nisi Deus. Cum igitur intelligit aliquid, quod semper eodem modo sese habet, ipsum sine dubio intelligit. Haec autem est ipsa veritas, cui quia intelligendo anima rationalis iungitur etc. De vera religione c. 55, n. 113: Inter mentem nostram qua illum intelligimus Patrem et Veritatem id est lucem interiorem nulla interposita creatura est. — De musica VI, 1: Die Schrift will dazu beitragen, daß alle, quos bono ingenio donavit Deus . . . a sensibus carnis atque carnalibus litteris . . . duce ratione avellerentur atque uni Deo et Domino rerum omnium, qui humanis mentibus nulla natura interposita praesidet, incommutabilis veritatis amore adhaerescerent.

93) De magistro c. 11, n. 38: De universis autem quae intelligimus, non loquentem qui personat foris sed intus ipsi menti praesidentem consulimus veritatem, verbis fortasse, ut consulamus, admoniti. Ille autem qui consulitur, docet, qui in interiore homine habitare dictus est Christus, id est incommutabilis Dei virtus atque sempiterna sapientia, quam quidem omnis rationalis anima consulit, sed tantum cuique panditur, quantum capere propter propriam sive malam sive bonam voluntatem potest.

auch der Abstand zwischen dem Schöpfer und den Geschöpfen gedacht werden muß, Gott ist uns dennoch näher als vieles von dem, was er hervorgebracht hat[94]). Denn in ihm, wie der Apostel sagt, leben wir und bewegen wir uns und sind wir. Es gibt nur eine Wahrheit, und doch kann der Psalmist von vielen Wahrheiten reden, denn wie ein und dasselbe Antlitz in vielen Spiegeln, so spiegelt sich die eine göttliche Wahrheit in der Vernunft der verschiedenen Menschen[95]).

Im Zusammenhange dieser Gedanken kehrt das Bild von der Sonne immer wieder, das zuerst von Plato im sechsten und siebenten Buche der Republik angewandt worden war. Intelligibel ist Gott, intelligibel sind die Lehren der Wissenschaft, aber zwischen beiden besteht ein großer Unterschied. Denn wie die Sonne sichtbar ist und die Erde, die letztere aber nur, wenn die Sonne sie bestrahlt, so erkennen wir auch die intelligibelen Wahrheiten nur, wenn sie beleuchtet sind von dem Lichte ihrer, der geistigen Sonne. Und wie die sichtbare Sonne für uns ein dreifaches einschließt, daß sie ist, daß sie glänzt und daß sie anderes erleuchtet, so gilt von Gott, daß er ist, daß er erkannt wird und daß er anderes erkennbar macht[96]). Denn ein anderes ist, was in der intellektuellen Anschauung die Seele in sich selbst erblickt, ein anderes das Licht, welches sie erleuchtet, damit sie es erblicken könne. Jenes gehört, wie die Seele selbst,

---

94) Gen. ad litt. V, c. 16, n. 34: . . . . tamen propinquior nobis est qui fecit, quam multa quae facta sunt. In illo enim vivimus et movemur et sumus: illorum autem pleraque remota sunt a mente nostra propter dissimilitudinem sui generis, quoniam corporalia sunt, nec idonea est ipsa mens nostra in ipsis rationibus quibus facta sunt, ea videre apud Deum, ut per hoc sciamus quot et quanta qualiaque sint, etiamsi non ea videamus per corporis sensus.

95) Enarr. in Psalm. XI, c. 2: Veritas una est, qua illustrantur animae sanctae: sed quoniam multae sunt animae, in ipsis multis veritates dici possunt; sicut ab una facie multae in speculis imagines apparent.

96) Soliloqu. I, c. 6, n. 12: R. Bene moveris. Promittit enim ratio quae tecum loquitur, ita se demonstraturum Deum tuae menti, ut oculis sol demonstratur. Nam mentis quasi sui sunt oculi sensus animae: disciplinarum autem quaeque certissima talia sunt, qualia illa quae sole illustrantur ut videri possint, veluti terra est atque terrena omnia: Deus autem est ipse qui illustrat. Ego autem ratio ita sum in mentibus ut in oculis est aspectus. c. 8, n. 15: Intelligibilis nempe Deus est intelligibilia etiam illa disciplinarum spectamina, tamen plurimum differunt. Nam et terra visibilis et lux, sed terra nisi luce illustrata videri non potest. Ergo et illa, quae in disciplinis traduntur, quae quisquis intelligit, verissima esse nulla dubitatione concedit, credendum est, ea non posse intelligi nisi ab alio quasi suo sole illustrantur. Ergo quomodo in hoc sole tria quaedam licet animadvertere, quod est, quod fulget, quod illuminat, ita in illo secretissimo Deo, quem vis intelligere, tria quaedam sunt, quod est, quod intelligitur, et quod cetera facit intelligi.

der geschaffenen Welt an, dieses dagegen ist Gott. Versucht sie aber ihren Blick zum Lichte selbst, zu dieser geistigen Sonne, zu erheben, so wird sie geblendet und vermag es nicht, und doch erkennt sie, was sie erkennt, nur in dem Lichte, das von dort stammt[97]).

Der Ursprung dieser Gedanken aus dem Neuplatonismus ist unverkennbar, aber sie sind in christlichem Geiste umgeschmolzen. Der νοῦς des Plotinos ist mit dem überweltlichen Einen zusammengefallen oder zur Weisheit Gottes, zum Logos und der zweiten Person der Gottheit geworden. Geblieben ist der κόσμος νοητός, die intelligibele Welt[98]), in der sich die Fülle des νοῦς auseinanderlegt und mit welcher die vernünftige Seele in Verbindung steht, nicht räumlich, sondern in andrer, eigenartiger Weise. Gott ist die absolute Wahrheit, welche die einzelnen Wahrheiten in sich umfaßt. Indem die Seele sich in sich selbst zurückzieht, findet sie diese in sich vor. Die intelligibele Welt, in die sie eintritt, ist wie die lichte Atmosphäre, die die ewige Lichtquelle umgibt; was sie erkennt, erkennt sie in ihr und durch sie, jene selbst aber bleibt ihr verborgen. Sie erkennt die Richtung, in der sie Gott selbst suchen muß; nur indem sie über sich selbst hinausgeht, kann sie ihn zu finden hoffen, aber das letzte Ziel, die wirkliche Vereinigung mit ihm selbst, wird ihr in diesem Leben höchstens in einzelnen flüchtigen Augenblicken, in der Ekstase, zuteil[99]).

---

[97]) Gen. ad litt. XII, c. 31, n. 59: In illo genere intellectualium visionum alia sunt, quae in ipsa anima videntur, velut virtutes . . . . aliud est ipsum lumen quo illustratur anima, ut omnia vel in se vel in illo veraciter intellecta conspiciat; nam illud iam ipse Deus est, haec autem creatura, quamvis rationalis et intellectualis ad eius imaginem facta, quae cum conatur lumen illud intueri, palpitat infirmitate et minus valet. Inde est tamen quidquid intelligit sicut valet. Cum ergo illuc rapitur et a carnalibus subtracta sensibus illi visioni expressius praesentatur, non spatiis localibus sed modo quodam suo, etiam supra se videt illud, quo adiuta videt quidquid etiam in se intelligendo videt. — In Johann. tract. XIV, 1: Aliud est enim lumen quod illuminat et aliud lumen quod illuminatur, nam et oculi nostri lumina dicuntur et tamen in tenebris patent et non vident. Lumen autem illuminans a seipso lumen est et sibi lumen est et non indiget alio lumine ut lucere possit, sed ipso indigent cetera ut luceant.

[98]) A. verwahrt sich Retract. I, 3, n. 2 gegen das Wort, welches der kirchliche Sprachgebrauch nicht kenne, und mißbilligt, daß er De ordine I, c. 11 den Ausspruch bei Joh. 18, 36 auf die intelligibele Welt Platos und der Platoniker gedeutet habe. Die Sache verwirft er nicht: Nec Plato quidem in hoc erravit, quia esse mundum intelligibilem dixit, si non vocabulum, quod ecclesiasticae consuetudini in re illa non usitatum est, sed ipsam rem velimus adtendere. Mundum quippe intelligibilem nuncupavit ipsam rationem sempiternam atque incommutabilem, qua fecit Deus mundum. Damit ist die Gleichstellung der intelligibelen Welt mit Gott und der göttlichen Wahrheit festgehalten.

[99]) Confess. IX, 10, n. 25. Sermo 52, c. 6, n. 16.

Der Lehr- und Lernbetrieb der mittelalterlichen Schulen brachte es mit sich, daß man weder Anlaß hatte, noch das Bedürfnis empfand, sich mit diesen weit ausgreifenden und bei Augustinus selbst von überschwenglichen Gefühlen getragenen Gedanken als mit einem zusammenhängenden Ganzen von eigenartigem Gepräge auseinanderzusetzen. Es waren immer nur einzelne, aus dem Zusammenhange gelöste Bruchstücke, auf welche man stieß, und das Interesse ging nicht dahin, eben jene Eigenart richtig zu verstehen, sondern die Autorität des großen Kirchenvaters für die vertretene Schulmeinung anrufen zu können, sei dies nun die allgemein herrschende, wie sie sich in Jahrhunderte langer Entwicklung festgestellt hatte, sei es eine besondere, wie sie einer bestimmten Richtung innerhalb der Scholastik entsprach.

S. th. I, qu. 16, a. 7 wirft Thomas die bezeichnende Frage auf, ob die geschaffene Wahrheit ewig sei. Die Antwort muß verneinend ausfallen, denn nichts Geschaffenes, nur Gott ist ewig. Wie die Erörterung zeigt, ist jede Erinnerung an eine Verdinglichung der Wahrheit ausgelöscht. Wahrheit findet sich nur im Denken, ewige Wahrheit setzt ewige Gedanken voraus, kann sich also nur in Gott finden. Von dem so bestimmten Standpunkte aus wird eine frei wiedergegebene Äußerung Augustins gedeutet, welche als erste Objektion dienen muß[100]). Was zum Begriffe des Kreises gehört, oder daß die Summe von zwei und drei fünf ist, hat Ewigkeit allein im Verstande Gottes. Aber der Gedankengang bei Augustin und bei Thomas deckt sich nicht. Jener meint: die Wahrheit ist ewig, die Wahrheit ist Gott. Dieser dagegen sagt: Gott ist ewig, und darum auch die im göttlichen Verstande beruhende Wahrheit. Völlig in gleichem Sinne erfolgt die Entscheidung im nächsten Artikel, wo nach der Unveränderlichkeit der Wahrheit gefragt wird[101]).

Nahe verwandt damit ist die andere Frage, ob es nur eine einzige Wahrheit gebe, durch welche alles andere wahr ist[102]). Thomas erklärt, daß man je nachdem von einer oder mehreren Wahrheiten sprechen könne. Das einemal meine man die vielen wahren Ge-

---

100) Das aus zwei verschiedenen Stellen zusammengeflossene Zitat (s. oben S. 121, Anm. 76) findet sich in wörtlich gleicher Fassung auch Qu. disp. de veritate I, a. 5, ob. 8. Die im übrigen gleichlautende Antwort fügt dort noch den Zusatz bei: vel accipitur aeternum pro perpetuo.
101) Hier wird aus De liber. arbitr. II zitiert: veritas non est aequalis menti quia esset mutabilis sicut et mens, was die Stelle zwar nicht wörtlich, aber dem Sinne nach richtig wiedergibt, vgl. S. 122, Anm. 77.
102) S. th. qu. 16, a. 6.

danken in den verschiedenen denkenden Wesen, das anderemal meine man die Wahrheit der Sache nach, welche in der Beziehung der Dinge auf den göttlichen Verstand begründet sei, von dem dann in erster und eigentlicher Weise die Wahrheit ausgesagt werde. Von Interesse ist dabei die Verwertung der auf Aristoteles zurückgehenden Unterscheidung zwischen univoker und analoger Prädikation[103]). Unter den Objektionen erscheint in freier Wiedergabe der Augustinische Gedanke, daß die Wahrheit, weil sie höher stehe als der menschliche Geist, Gott sein müsse[104]). Die Erwiderung geht leicht darüber hinweg, indem sie sich mit der Andeutung begnügt, daß die vielen Wahrheiten die Spiegelbilder der einen ungeschaffenen Wahrheit seien, um sodann hervorzuheben, daß auch die geschaffene Wahrheit in gewissem Sinne höher stehe als die einzelne Seele, die sich in ihrer Erkenntnis vollende. Etwas ausführlicher setzt sich Thomas mit den Gedanken Augustins in der Quaestio disputata de veritate I, Artikel 4 auseinander. Über das Verhältnis der Wahrheit im göttlichen Verstande zu der Wahrheit im menschlichen Denken wird gesagt: a veritate intellectus divini exemplariter procedit in intellectum nostrum, ein etwas unklarer Ausdruck, der an dieser Stelle ohne genauere Bestimmung bleibt, demnächst aber seine Erklärung finden wird. Dann wird hinzugefügt: den Maßstab der Beurteilung könnten die obersten Wahrheiten in unserem Verstande nur abgeben wegen ihrer Ähnlichkeit mit der göttlichen Wahrheit, und in diesem Sinne könne man sagen, daß wir über alles secundum primam veritatem urteilen. Daß der Gedankengang Augustins damit nicht getroffen ist, ergibt sich aus der obigen Darlegung. Weiter aber wird nun noch unter den für die von Thomas vertretene Auffassung sprechenden Autoritäten ein ungenaues Zitat aus De Trinitate XII, 15 angeführt: Credendum est mentis humanae naturam sic rebus intelligibilibus connexam, ut in quadam luce sui generis omnia, quae cognoscit, intueatur, — und dies dahin erklärt: das Licht, dem gemäß — secundum quam — die Seele alles erkennt, ist die Wahrheit, also ist die Wahrheit de

---

103) Met. IV, 2, 1003a 33 ff. wird nicht zitiert, liegt aber der Erörterung zugrunde.
104) Videtur quod una sola sit veritas secundum quam omnia sunt vera. Quia secundum Augustinum . . . . nihil est maius mente humana nisi Deus. Für das Zitat, welches in gleicher Fassung Qu. disp. de veritate, a. 4, ob 5 wiederkehrt, z. vgl. De liber. arbitr. I, c. 10, n.21: . . rationabili et sapienti mente quidquam esse praestantius. Nihil praeter Deum arbitror.

genere ipsius animae, und so gibt es eine geschaffene Wahrheit und in den verschiedenen Geschöpfen verschiedene Wahrheiten. Thomas wird hier durch das ungenaue Zitat irregeführt[105]), so daß er die Worte sui generis auf die Seele bezieht. Augustin aber sagt ausdrücklich: ein anderes ist das, was die Seele in sich wahrnimmt, ein anderes das Licht, in dem sie es wahrnimmt; dieses letztere ist Gott, jenes etwas Geschöpfliches[106]). Die Deutung also, die Thomas der angezogenen Stelle gibt, widerstreitet direkt Augustins eigener Meinung.

Drei Fragen aber sind es, bei denen der Gegensatz der beiden Richtungen in der Scholastik, des Augustinismus und des Aristotelismus, seinen deutlichsten Ausdruck findet: erkennen wir in diesem Leben Gott dem Wesen nach? Erkennen wir die geschaffenen Dinge irgendwie aus Gott oder den göttlichen Ideen, so daß wir also zuerst ihn selbst erkennen müßten? Kommt die Erkenntnis Gottes auf dem gleichen Wege zustande, wie die Intellektualerkenntnis überhaupt, oder bedürfen wir dazu einer besonderen Hilfe? Auch jetzt kann es sich nicht darum handeln, zu diesen Fragen sachlich Stellung zu nehmen oder sich für die eine der beiden Richtungen zu entscheiden, die bei ihrer Beantwortung innerhalb der Scholastik sich geltend machen; es soll lediglich das Verfahren untersucht werden, welches Thomas in ihrer Erörterung den Aussprüchen Augustins gegenüber einhält; die Feststellung ihres ursprünglichen Sinnes ist aber damit untrennbar verknüpft.

Die erste Frage wird in der theologischen Summe I, qu. 12, a. 11, aufgeworfen. Im Hauptteile entwickelt und begründet Thomas den Satz, daß wir in diesem Leben Gottes Wesenheit nicht schauen können. Dem gegenüber wendet die dritte Objektion ein: das, worin wir alles andere erkennen und wonach wir über alles urteilen, ist uns selbst offenbar durch sich selbst bekannt, per se notum. Nun aber erkennen wir schon in diesem Leben alles in Gott, denn Augustinus sagt in den Konfessionen[107]), wenn zwei sich über ein und dasselbe Wahre verständigen, so kann dies nur dadurch geschehen, daß sie es beide in der unseren Verstand überragenden einen, unveränderlichen Wahrheit erkennen; in der Schrift De vera

---

105) Vgl. oben S. 123, Anm. 79. Ungenau ist ebendort auch das Zitat aus De vera relig. c. 36: Sicut similitudo est forma similium ita veritas est forma verorum. Bei A. a. a. O. n. 66 heißt es umgekehrt: ut ergo veritas forma verorum est, ita similitudo forma similium est.
106) Vgl. oben S. 128, Anm. 97.
107) Vgl. oben S. 120, Anm. 73.

religione c. 31 führt er aus, daß wir alles nach der Wahrheit beurteilen[108]), und im zwölften Buch De Trinitate c. 2[109]), daß es Sache der Vernunft ist, über die körperlichen Dinge nach Maßgabe der unveränderlichen, ewigen Ideen, rationes, zu urteilen, die nur darum unveränderlich sein können, weil sie über unserer Vernunft stehen.

Folgendermaßen weiß sich Thomas mit diesen Sätzen abzufinden. Wenn man sagt, daß wir alles in Gott sehen und nach ihm über alles urteilen, so heißt dies, daß wir durch Teilnahme an seinem Lichte alles erkennen und beurteilen. Denn das natürliche Licht unserer Vernunft ist nichts anderes als eine Anteilnahme an dem göttlichen Lichte. In derselben Weise sagt man ja auch, daß wir alles Sichtbare sehen und beurteilen im Lichte der Sonne, d. h. durch das Licht der Sonne. Und das meine auch Augustin, wenn er in den Soliloquien sage, die Erkenntnisse der Wissenschaften könnten nur geschaut werden, wenn sie von ihrer Sonne beleuchtet sind, nämlich Gott[110]). Wie es nun aber, um die sichtbaren Gegenstände zu sehen, nicht nötig ist, die Sonne selbst zu sehen, so auch sei es, um das Intelligibile mit den Augen des Geistes zu schauen, nicht erforderlich, daß wir Gottes Wesen schauen[111]).

Die Verwertung des Bildes ist geistreich und treffend. Auch Augustinus behauptet nicht, daß wir von Gott eine vollkommene und unmittelbare Erkenntnis haben; er nennt ihn secretissimum[112]). Trotzdem ist es ein von dem seinen verschiedener Gedankengang, der hier von Thomas in jene Aussprüche hineingelegt wird. Der platonisierende Ausdruck participatio, Teilnahme unsrer Vernunft an der göttlichen, verdeckt dies nur oberflächlich, denn er hat bei Thomas eine völlig veränderte Bedeutung gewonnen. Er besagt nun nichts anderes, als daß Gott etwas, was in ihm in absoluter Vollkommenheit vorhanden ist, den Geschöpfen nach Maßgabe ihrer geschöpflichen Natur verliehen hat: die von Gott stammende mensch-

---

108) Secundum veritatem divinam de omnibus iudicamus, was den Inhalt der A.schen Erörterung in eine kurze Formel zusammenzieht, vgl. oben S. 122, Anm. 77. Der Sentenzenkommentar, IV, dist. 49, qu. 2, a. 7, ob. 9 zitiert mit Bezug auf die gleiche Stelle: secundum veritatem increatam de omnibus iudicamus. S. c. g. II, c. 47: secundum veritatem divinam usw.
109) Oben S. 122, Anm. 77.
110) Soliloqu. I, c. 8, oben S. 127, Anm. 96.
111) Sicut ergo ad videndum aliquid sensibiliter non est necesse quod videatur substantia solis, ita ad videndum aliquid intelligibiliter non est necessarium quod videatur essentia Dei.
112) Vgl. oben S. 127, Anm. 96.

liche Vernunft ist nur ein schwaches Abbild der göttlichen. Es ist das gleiche, was an der früheren Stelle durch die Worte exemplariter procedit ausgedrückt wurde, die nunmehr ihre Erklärung finden. Gott ist causa exemplaris für die ganze Schöpfung, also auch für die menschliche Vernunft und die Wahrheit, zu welcher diese sich erheben kann. Vor allem aber ist er causa efficiens, und zwar absolute und transzendente, von den Geschöpfen durch einen unendlichen Abstand getrennte Ursache. Denkt man aber an dieses Verhältnis der kreatürlichen Abbildlichkeit, so paßt der Augustinische Vergleich mit der Sonne und dem Sehen nicht mehr, denn nicht das Sehen, sondern das Beleuchtetsein ist ein Teilnehmen an ihrem Lichte. Und daß Augustinus die eigene Kraft der Seele ausdrücklich von dem erleuchtenden Sonnenlichte scheidet, ist soeben erst hervorgehoben worden. Hätte Thomas die von ihm zitierte Stelle aus den Soliloquien vollständig und im Zusammenhange eingesehen, so hätte ihm dies wohl kaum verborgen bleiben können.

Völlig parallel mit den Ausführungen der theologischen Summe gehen die in der sogenannten Summa contra gentiles, wo im 47. Kapitel des dritten Buches die gleiche Frage behandelt wird. Zu den dort in den Einwendungen herangezogenen Augustinus-Zitaten kommen hier noch zwei weitere hinzu. Das eine aus De Trinitate IX, 7, wo gesagt wird, daß unsere Erkenntnis vermöge eines Blickes unsres Geistes in der ewigen Wahrheit zustande komme, in welcher das Zeitliche geschaffen wurde[113]); das andere aus den Soliloquien genommen: prius ipsa (sc. veritas) cognoscenda est, per quam possunt illa (sc. Deus et anima) cognosci[114]). Daß nun aber Augustinus wirklich gelehrt habe, wir vermöchten in diesem Leben Gott dem Wesen nach zu erkennen, will Thomas trotzdem nicht annehmen, da er in dem Briefe an Paulina, der auch als Liber de videndo Deo angeführt zu werden pflegt, das Gegenteil sage[115]). Ist dies ausgeschlossen, so bleibt dann freilich zu untersuchen, auf welche Weise wir im irdischen Leben jene unveränderliche Wahrheit und jene ewigen Ideen — rationes — schauen, nach denen wir, wie Augustinus lehrt, das andere beurteilen.

---

113) Oben S. 126, Anm. 91.
114) Soliloqu. I, c. 15, n. 27: R. Animam te certe dicis et Deum velle cognoscere? B. Hoc est totum negotium meum. R. Nihilne amplius? A. Nihil prorsus. R. Quid, veritatem non vis comprehendere? A. Quasi vero possim haec nisi per illam cognoscere. R. Ergo prius ipsa cognoscenda est, per quam possunt illa cognosci.
115) Ep. 147, c. 4 und 5.

Thomas nimmt Ausgang davon, daß Augustinus selbst zugestehe, die Wahrheit finde sich in der menschlichen Seele, da er ja hieraus sogar ihre Unsterblichkeit beweise[116]). Nun aber sei die Wahrheit in ihr nicht nur in der Weise, wie Gott vermöge seiner Allgegenwart seiner Wesenheit nach in allen Dingen ist, und nicht nur so, wie sich Gott der Ähnlichkeit nach in allen Dingen findet, sondern auf eine besondere Weise, nämlich in der Form der Erkenntnis und insofern das von der Seele Erkannte ein Abbild der von Gott erkannten ewigen Wahrheit ist, und die vielen Menschenseelen nach dem Vergleich der Glosse zum elften Psalm[117]) die eine göttliche Wahrheit widerspiegeln wie viele Spiegel ein und dasselbe Antlitz. Das gelte nun ganz besonders von den obersten Prinzipien, den theoretischen sowohl wie den praktischen, bezüglich deren alle Menschen übereinstimmen, so daß sich also mit Rücksicht auf diese in allen Menschen das gleiche Abbild der göttlichen Wahrheit herausstelle. Da wir nun alles, was wir mit Gewißheit erkennen, in diesen Prinzipien schauen, so könne man sagen, daß wir alles in der göttlichen Wahrheit schauen. Aber wenn Augustinus sich in dieser Weise ausdrücke, so meine er doch nicht, daß uns in diesem Leben eine andere als eine unvollkommene Gotteserkenntnis zukomme. Hier also wird das Schauen in der einen unveränderlichen Wahrheit auf das Erkennen des Abgeleiteten aus den Prinzipien, der Schlußfolgerungen aus den Obersätzen gedeutet.

Das gleiche, nur kürzer, hatte Thomas schon in einem seiner frühesten Werke gesagt, in dem Kommentar zu den Sentenzenbüchern des Petrus Lombardus IV, dist. 49, qu. 2, a. 7. Dort aber findet sich noch ein anderes, bisher nicht erörtertes Augustinus-Zitat. In der elften Objektion heißt es: secundum Augustinum mens nostra a Deo nulla interposita creatura formatur: sed in omni mediata visione aliquid interponitur: ergo et in hac vita mens nostra immediate videt Deum. Für das Zitat, das in der gleichen Form auch im Kommentar zu des Boethius Traktat De Trinitate wiederkehrt, verweisen die Ausgaben auf De Genesi ad litt. VII, c. 13. Dort steht indessen hiervon nichts, sondern in einer durch mehrere Kapitel sich hindurchziehenden Erörterung wird festgestellt, daß Gott die Menschenseele nicht aus einem Körper, sondern aus nichts

---

116) Vgl. oben S. 121, Anm. 76.
117) Oben S. 127, Anm. 95.

geschaffen habe. Wörtlich findet es sich dagegen De divers. quaest. 83, qu. 51, n. 2, wo von der Gottebenbildlichkeit des Menschen die Rede ist: quare cum homo possit particeps esse sapientiae secundum interiorem hominem, secundum ipsum ita est ad imaginem, ut nulla natura interposita formetur, et ideo nihil sit Deo coniunctius. Et sapit enim et vivit et est: qua creatura nihil est melius. Der Ausspruch besagt also hier nicht, daß der Mensch Gott ohne jede kreatürliche Vermittlung erkenne, sondern daß er secundum interiorem hominem Gott am nächsten stehe. Einen anderen Sinn hat allerdings der gleiche Ausspruch in der Schrift De vera religione, c. 55, n. 113, wo es heißt: inter mentem nostram, qua illum intelligimus patrem, et veritatem, id est lucem interiorem, per quam illum intelligimus, nulla interposita creatura est. Hier finden wir uns völlig in die früher dargelegte Denkweise zurückversetzt. Indem unser Geist sich von der Außenwelt abwendet und in sich selbst einkehrt, tritt er zugleich in die intelligibele Welt ein, kommt er in Verbindung mit den von Gott gleichsam ausstrahlenden, in seinem Lichte erleuchteten intelligibelen Wahrheiten. Daß er nun auch Gott seinem Wesen nach schaue, ist damit nicht gesagt, sondern nur die höhere Erkenntnis auf eine direkte Verbindung der Seele mit der intelligibelen Welt zurückgeführt[118]).

Auf den gleichen Gegenstand kommt Thomas auch noch in einem ganz anderen Zusammenhang zu sprechen in der Quaest. disp. de spiritual. creat. a. 10. Die achte Objektion führt aus einer schon früher erwähnten Stelle die von Augustin hervorgehobenen Gründe für die Unzuverlässigkeit der Sinneswahrnehmungen[119]) an und schließt daraus, daß wir aus ihnen kein Urteil über die Wahrheit gewinnen können; da nun aber die gleichen Gründe auf alles

---

118) Mit dem gleichen Material operiert Qu. disp. de veritate X, a. 11; auch hier heißt es übereinstimmend mit den anderen Auslegungen: Secundum ergo hoc nos in veritate increata aliquid videre dicimur, secundum quod per eius similitudinem in mente nostra resultantem de aliquo iudicamus, ut cum per principia per se nota iudicamus de conclusionibus, unde non oportet quod ipsa increata veritas a nobis per essentiam videatur.

119) De divers. quaest. 83, qu. 9: Omne quod corporeus sensus adtingit, quod et sensibile dicitur, sine ulla intermissione temporis commutatur: . . . Quod autem non manet, percipi non potest: illud enim percipitur quod scientia comprehenditur. Comprehendi autem non potest quod sine intermissione mutatur. Non est igitur expectanda sinceritas veritatis a sensibus . . . . ; illud certe nemo est, qui non cogatur fateri, nihil esse sensibile, quod non habeat simile falso, ita ut internosci non possit. Nam . . . omnia quae per corpus sentimus, etiam cum ea non adsunt sensibus, imagines tamen eorum patimur tamquam prorsus adsint, vel in somno vel in furore.

Geschaffene zuträfen, so sei das Urteil über die Wahrheit überhaupt nicht bei etwas Geschaffenem zu finden und müßte deshalb der intellectus agens — von ihm ist in jenem Artikel die Rede — etwas Ungeschaffenes sein. Die Antwort unterscheidet zunächst. Wenn man sage, daß wir durch etwas oder mit Hilfe von etwas über ein anderes urteilen, so könne man dabei an einen Maßstab oder eine Regel denken, welche wir dabei zugrunde legen, oder an unsere Urteilskraft. Augustinus habe das erstere im Auge[120]). Dann aber soll tiefer in die Meinung des Kirchenvaters eingedrungen werden. Es wird berichtet, einige von den alten Philosophen hätten kein anderes als das sinnliche Erkenntnisvermögen angenommen und in Übereinstimmung damit behauptet, daß es wegen des steten Flusses der Dinge und der Ähnlichkeit der Traumbilder mit den Vorstellungen im wachen Zustande keinerlei Gewißheit geben könne[121]). Darum habe sich Sokrates ausschließlich auf die Ethik geworfen, sein Schüler Plato aber zwar um jener Gründe willen an der Unerkennbarkeit der Sinnendinge festgehalten, daneben aber ein Wissen um die von den Dingen getrennten species derselben angenommen und mit Rücksicht hierauf dem Menschen eine höhere Erkenntniskraft zugeschrieben, den Verstand oder den Intellekt, der darum von einer höheren Sonne erleuchtet sei. Die letzteren Worte haben in dem Berichte, welchen Aristoteles in der Metaphysik[122]) über die Genesis der Platonischen Ideenlehre gibt und welchem Thomas gefolgt ist, keinen Anhalt. Aber der Vergleich mit dem Lichte, den dieser an einer anderen Stelle, De anima III, 5[123]), gebraucht, wo vom Ursprunge unserer Gedanken die Rede ist, war den mittelalterlichen Denkern schon allein von den neutestamentlichen Schriften her vollkommen geläufig. Dabei bleibt es zunächst bei einem

---

120) Iudicare enim aliquo de veritate dicimur dupliciter, uno modo sicut medio, sicut iudicamus de conclusionibus per principia et de regulatis per regulam, et sic videntur rationes Augustini procedere. Non enim illud quod est mutabile, vel quod habet similitudinem illius, potest esse infallibilis regula veritatis. Alio modo dicimur aliquo iudicare de veritate aliqua, sicut virtute iudicativa, et hoc modo per intellectum agentem iudicamus de veritate.

121) Von diesen beiden Argumenten gehört nur das erste der vorsokratischen Philosophie an, das zweite entstammt der antiken Skepsis. Th. nimmt es aus Augustin und stellt es unbedenklich neben das erste.

122) Met. I, 6, 987a 32 ff.

123) P. 430a 10 ff. Dort ist davon die Rede, daß, wie in der ganzen Natur, so auch in der Seele sich ein wirkendes und ein die Wirkung aufnehmendes Prinzip finden müsse: ἀνάγκη καὶ ἐν τῇ ψυχῇ ὑπάρχειν ταύτας τὰς διαφοράς. καὶ ἔστιν ὁ μὲν τοιοῦτος νοῦς τῷ πάντα γίνεσθαι, ὁ δὲ τῷ πάντα ποιεῖν, ὡς ἕξις τις, οἷον τὸ φῶς.

bildlichen Ausdruck, aus dem sich Schlüsse irgendwelcher Art nicht ziehen lassen. Wenn ihn Thomas hier gebraucht, so geschieht es wohl, um zu der Ausdrucksweise Augustins überzuleiten. Dieser, so wird weiter gefahren, habe sich an Plato angeschlossen, soweit der katholische Glaube es zuließ, und darum habe er an Stelle der für sich bestehenden Ideen die ewigen Begriffe — rationes — im Verstande Gottes gesetzt und gelehrt, daß wir durch sie vermöge des vom göttlichen Lichte erleuchteten Intellekts über alles urteilen, aber nicht in der Weise, daß wir jene Begriffe selbst erfaßten, denn das könnten wir nur durch Erfassung des göttlichen Wesens. Denn auch Plato, so wird versichert, habe ja das Wissen um die für sich bestehenden Ideen nicht darauf gegründet, daß wir diese selbst schauten, sondern darauf, daß unser Geist durch Teilnahme an ihnen ein Wissen um die Dinge habe[124]). Diese Teilnahme an ihnen will somit Thomas ausdrücklich nicht so verstanden haben, daß sich die Ideen als vorgestellte oder begriffene in unserem Geiste fänden. Und auch die Meinung Augustins wird ziemlich unbestimmt dahin angegeben, daß jene obersten Begriffe auf unseren Geist einwirkten. Sodann folgt wieder der Vergleich mit dem einen Antlitz in den vielen Spiegeln. Aristoteles dagegen, so fährt Thomas fort, schlug einen anderen Weg ein. Er zeigte, daß auch in den Sinnendingen nicht alles veränderlich ist, daß die Sinne bezüglich des ihnen eigentümlichen Objekts keiner Täuschung unterliegen, und daß über den Sinnen das intellektuelle Vermögen steht, welches über die Wahrheit urteilt, nicht nach Maßgabe für sich bestehender intelligibeler Dinge, sondern vermöge des Lichts des intellectus agens, der die intelligibelen Objekte als solche hervorbringt oder die Dinge intelligibel macht. Während nun aber wir heute dafür halten müssen, daß diese Tätigkeit des intellectus agens, wie sie von dem mittelalterlichen Aristotelismus formuliert worden war, mit der Auffassung Augustins schlechterdings nichts gemein habe, meint Thomas, es komme im Grunde nicht viel darauf an, ob man

---

[124]) Augustinus autem Platonem secutus quantum fides catholica patiebatur, non posuit species rerum per se subsistentes, sed loco earum posuit rationes rerum in mente divina, et per eas secundum intellectum illustratum a luce divina de omnibus iudicamus, non quidem sic quod ipsas rationes videamus, hoc enim esset impossibile nisi Dei essentiam videremus, sed secundum quod illae supremae rationes imprimunt in mentes nostras. Sic enim Plato posuit scientias de speciebus separatis esse, non quod ipsae viderentur, sed secundum quod eas mens nostra participat de rebus scientiam habet.

sage, das Intelligibele selbst, oder das Licht, welches das Intelligibele als solches hervorbringe, sei uns von Gott mitgeteilt[125]).

Immerhin wird hier eine Verschiedenheit anerkannt, und nur die Bedeutung derselben herabgesetzt. Aber die Erörterung ist zu kurz und zu wenig bestimmt, als daß großes Gewicht hierauf gelegt werden könnte. Wichtiger ist, was Thomas dort über den Sachverhalt äußert, wo er ihn eigens in Behandlung nimmt.

S. th. I, qu. 84, a. 5 fragt, ob die vernünftige Seele die körperlichen Dinge in den ewigen Ideen erkenne? Nach dem, was soeben aus der Quaest. disp. de spiritualibus creaturis mitgeteilt wurde, möchte man eine verneinende Antwort erwarten. Aber das Gegenteil ist der Fall, wie sogleich die aus den Konfessionen[126]) genommene Hauptautorität andeutet. Dieselbe besagt, daß wir übereinstimmend das Wahre in der unveränderlichen Wahrheit erfassen. Die Wahrheit aber, fügt Thomas bei, ist in den ewigen Begriffen oder Ideen beschlossen, also erkennt die menschliche Seele in ihnen alles andere.

So wären wir also plötzlich im Platonismus oder Augustinismus drinnen? Die Darlegung im Hauptteile geht aus von De doctrina christiana II, 40, wo gesagt wird, daß man das Gute, was man bei den heidnischen Philosophen finde, sich aneignen, das Falsche und Abergläubische aber meiden solle. Daher nun habe auch Augustinus selbst, der von den Lehren der Platoniker durchtränkt war, angenommen, was er unter ihren Aussprüchen mit dem Glauben übereinstimmend fand, das diesem Widerstreitende aber habe er verbessert. So gleich die Ideenlehre, indem er vielmehr geltend mache, daß die Ideen oder Wesensbegriffe aller Dinge sich im göttlichen Geiste fänden, daß nach ihnen alles geformt sei und auch die menschliche Seele ihnen gemäß alles erkenne[127]). Bezüglich der jetzt zur Erörterung stehenden Frage aber müsse unterschieden werden, in welchem Sinne man sage, daß etwas in einem anderen erkannt werde. Es könne das heißen, man erkenne etwas in einem anderen als in einem erkannten Objekte, so wie man etwas im Spiegel sieht; man sieht den Spiegel und den Gegenstand in ihm. In dieser Weise sehen die Seligen im Himmel alles in den ewigen Ideen, denn sie sehen Gott selbst und mit ihm die in ihm beschlossenen Ideen, in diesen

---

125) Non multum autem refert dicere quod ipsa intelligibilia participentur a Deo, vel quod lumen faciens intelligibilia participetur.
126) Oben S. 120, Anm. 73.
127) Augustinus . . . posuit loco harum idearum, quas Plato ponebat, rationes omnium creaturarum in mente divina existere, secundum quas omnia formantur et secundum quas etiam anima humana cognoscit.

aber das, was nach ihnen gebildet ist. Man könne aber mit jenem Ausdrucke auch das Prinzip der Erkenntnis bezeichnen; in diesem Sinne sage man, daß wir die Dinge in der Sonne sehen, weil diese sie sichtbar macht. Verstehe man es in diesem Sinne, so könne mit Recht gesagt werden, daß die Seele alles in den ewigen Ideen erkenne, denn wir erkennen alles durch die Anteilnahme an ihnen. Die ewigen Ideen bedeuten also das Prinzip der Erkenntnis, aber was ist unter Anteilnahme zu verstehen? Thomas fährt fort: das lumen intellectuale in uns, also unsere Erkenntniskraft, ist nichts anderes als eine uns zuteil gewordene Ähnlichkeit mit dem ungeschaffenen Lichte, ein Abbild also oder Nachbild des göttlichen Verstandes, in welchem die ewigen Ideen eingeschlossen sind. In Anlehnung an die Worte des Psalmisten kann man daher sagen, daß, weil wir bezeichnet sind durch das göttliche Licht, in uns alles aufgewiesen und erkannt werde[128]).

Das also ist es, was Thomas einschärfen will: wir erkennen in uns, was wir erkennen, und wir sind hierzu fähig, weil unsere Erkenntniskraft ein Abbild der göttlichen ist. Die Bedeutung der ewigen Ideen für unsere Erkenntnis ist völlig zurückgedrängt. Der Zusammenhang mit ihnen beruht nur noch auf dem Verhältnisse der Ähnlichkeit, in welchem unser Verstand mit dem göttlichen steht. Zum Überflusse fährt Thomas fort: „weil jedoch, um von den materiellen Dingen eine Wissenschaft zu besitzen, neben dem Lichte der Erkenntniskraft in uns auch noch die von den Dingen hergenommenen intelligibelen species — die objektiven Wesensbegriffe — erfordert werden, so haben wir die Kenntnis von den materiellen Dingen nicht, wie die Platoniker meinten, durch bloße Teilnahme an den ewigen Begriffen". — Aber was bedarf es dieser letzteren überhaupt noch, wenn wir in den Dingen oder in den von den Dingen herrührenden Phantasmen mit Hilfe des intellectus agens die Intellektualvorstellungen gewinnen? In Wirklichkeit sind sie voll-

---

128) Cum ergo quaeritur, utrum anima humana in rationibus aeternis omnia cognoscit, dicendum est quod aliquid in aliquo dicitur cognosci dupliciter. Uno modo sicut in obiecto cognito . . . et hoc modo in statu praesentis vitae non potest videre omnia in rationibus aeternis . . . . . Alio modo . . . sicut in cognitionis principio: sicut si dicamus, quod in sole videntur ea quae videntur per solem; et sic necesse est dicere, quod anima humana omnia cognoscat in rationibus aeternis per quarum participationem omnia cognoscimus. Ipsum enim lumen intellectuale, quod est in nobis, nihil aliud est quam quaedam participata similitudo luminis increati . . . . Per ipsam sigillationem divini luminis in nobis omnia demonstrantur.

kommen beseitigt. Aber ein Gegensatz gegen Augustinus wird damit nicht zugegeben, vielmehr wird umgekehrt seine Autorität angerufen. Sage er doch De Trinitate IV, 16, daß die Philosophen, trotzdem sie sich auf die ewigen Ideen beziehen, aus ihnen die Zahl und Art der lebenden Wesen nicht herleiten konnten, sondern sie auf dem Wege zeitlich-räumlicher Erfahrung aufsuchen mußten. Aber so frappant das Zitat gerade in diesem Zusammenhange wirkt, und so wichtig es im übrigen für die genaue Feststellung von Augustins eigener Denkweise ist[129]), so betont es zunächst doch nur die Schranken der Intellektualerkenntnis, und eine unbefangene Betrachtung kann sicherlich nicht daraus entnehmen, daß wir, wie der mittelalterliche Aristotelismus lehrt, mit Hilfe der uns verliehenen Erkenntniskraft, des intellectus agens, aus den Sinnenbildern die Wesensbegriffe der Dinge gewinnen.

Thomas aber möchte völlige Übereinstimmung konstatieren. Daß Augustinus unter der Erkenntnis in rationibus aeternis nichts anderes habe verstehen wollen, daß also der oben vorgenommenen Distinktion zufolge damit nur unsere gottebenbildliche Erkenntniskraft gemeint sei, soll auch daraus hervorgehen, daß er anderswo — De diversis quaest. 83, qu. 46 — sage, nicht jede Seele sei geeignet, die Ideen zu schauen, sondern nur die reine und heilige, so daß er also deutlich diese andere Erkenntnis den Seligen im Himmel vorbehalte. Aber Thomas irrt. Wie der Zusammenhang ergibt, spricht dort Augustin zunächst im Sinne der Platoniker[130]).

---

129) A. a. O. n. 21: Numquid enim quia verissime disputant et documentis certissimis persuadent, aeternis rationibus omnia temporalia fieri, propterea potuerunt in ipsis rationibus perspicere, vel ex ipsis colligere quot sint animalium genera, quae semina singulorum in exordiis, qui modus in incrementis, . . . qui motus in appetendis quae secundum naturam sunt, fugiendisque contraria? Nonne ista omnia non per illam incommutabilem sapientiam, sed per locorum ac temporum historiam quaesierunt? — Vgl. auch oben S. 127, Anm. 94.

130) Es ist die schon erwähnte klassische Stelle, wo A. die Ideenlehre in die christliche Spekulation eingliedert. Nachdem von ihrer Einführung durch Plato und dem Namen der Ideen die Rede war, heißt es weiter: Anima vero negatur eas intueri posse nisi rationalis, ea sui parte, qua excellit, id est ipsa mente atque ratione, quasi quadam facie vel oculo suo interiore atque intelligibili. Et ea quidem ipsa rationalis anima, non omnis et quaelibet sed quae sancta et pura fuerit, haec asseritur illi visioni esse idonea; id est quae illum ipsum oculum, quo videntur ista, sanum et sincerum et serenum et similem his rebus, quas videre intendit, habuerit. Quis autem religiosus et vera religione imbutus, quamvis nondum possit haec intueri, negare tamen audeat . . . omnia quae sunt . . . . Deo auctore esse procreata . . . . . .? Quo constituto atque concesso, quis audeat dicere Deum irrationabiliter omnia condidisse? . . . . Has autem rationes ubi arbitrandum est esse, nisi in ipsa mente Crea-

Aber auch wo er weiterhin auseinandersetzt, in welchem Sinne die Ideenlehre angenommen werden könne oder angenommen werden müsse, spricht er ganz allgemein von der menschlichen Seele, welche als das oberste aller Geschöpfe Gott am nächsten stehe und um so mehr von dem Lichte der göttlichen Erkenntnis durchstrahlt sei, je reiner und heiliger sie sei. Von einer Beschränkung auf das selige Schauen im Jenseits ist nicht die Rede. In den Retraktationen korrigiert Augustinus einen Satz aus den Soliloquien, wo es heißt, daß Gott nur die Reinen zur Erkenntnis der Wahrheit zulasse, aber nicht so, daß er auf den Unterschied des seligen Schauens und der Erkenntnis im Diesseits hinweist, sondern so, daß er zugesteht, daß auch diejenigen, welche nicht rein sind, vieles erkennen können[131]; er verwahrt sich also nur gegen einen gewissen Überschwang neuplatonischer Reminiszenzen. Daß er aber einen Zusammenhang zwischen dem Grade der Erkenntnis und dem Grade sittlicher Reinheit für dieses Leben annimmt, zeigt er ebendort, wo ein Ausspruch aus dem Buche De moribus ecclesiae catholicae richtig gestellt wird[132]. Dort hatte er gesagt, daß wir Gott, den wir erkennen wollen, zuerst mit voller Liebe lieben sollen. Die Worte plena caritate gehen ihm zu weit, sincera caritate wäre treffender, damit für die Steigerung der Liebe im Jenseits, wo das Schauen von Angesicht zu Angesicht eintritt, noch Raum bleibt. Auch dann also, wenn der oben dargelegte Zusammenhang nicht so bestimmt dagegen spräche, hätten wir kein Recht, jene Beschränkung auf die reinen und heiligen Seelen mit einer Beschränkung auf die Seligen im Jenseits zu identifizieren.

Verwandt mit der soeben erörterten Frage ist die andere, ob

---

toris? . . . . . . Quod si hae rerum omnium creandarum creatarumve rationes in divina mente contineantur, neque in divina mente quidquam nisi aeternum atque incommutabile potest esse . . . . . non solum sunt ideae, sed ipsae verae sunt quia aeternae sunt . . . .; quarum participatione fit, ut sit quidquid est, quoquomodo est. Sed anima rationalis inter eas res, quae sunt a Deo conditae, omnia superat et Deo proxima est, quando pura est; eique in quantum caritate cohaerescit, in tantum ab eo lumine illo intelligibili perfusa quodam modo et illustrata cernit, non per corporeos oculos, sed per ipsius sui principale, quo excellit, id est per intelligentiam suam, istas rationes, quarum visione fit beatissima.

131) Retract. I, 4, n. 2.
132) Ibid. c. 7, n. 4. — Dazu Soliloqu. l. c. 6, n. 12 (vgl. oben S. 127, Anm. 96): Non enim hoc est habere oculos quod adspicere: aut idem hoc est adspicere, quod videre. Ergo animae tribus quibusdam rebus opus est: ut oculos habeat, quibus iam bene uti possit, ut adspiciat, ut videat. Oculus animi mens est ab omni labe corporali pura, id est a cupiditatibus rerum mortalium iam remota atque purgata. Vgl. auch De vera religione, c. 35, n. 65.

Gott das erste ist, was der menschliche Geist erkennt? Die Antwort, welche S. th. I, qu. 88, a. 3 erteilt wird, lautet verneinend. Gott ist nicht das erste, was wir erkennen, sondern wir kommen zu seiner Erkenntnis, indem wir aus der Schöpfung auf den Schöpfer schließen. Auch die Meinung Augustins geht nicht dahin, wie aus den früheren Angaben deutlich ist. Trotzdem wird unter Berufung auf ihn als erste Objektion angeführt, daß wir alles im Lichte der ersten Wahrheit erkennen, und durch sie über alles urteilen[133]). Die Zurückweisung derselben läßt die gewaltsame Umdeutung mit besonderer Schärfe hervortreten. In dem Lichte der ersten Wahrheit, heißt es hier, erkennen wir alles und beurteilen wir alles insofern, als das Licht unseres Intellekts selbst, das natürliche wie das gnadenmäßige, nichts anderes ist, als ein Abdruck der ersten Wahrheit. Da nun das Licht unserer Erkenntnis — die Erkenntniskraft — sich zu unserer Erkenntnis — dem einzelnen Akte — nicht als das verhält, was erkannt wird, sondern als das, wodurch erkannt wird, so ist um so weniger Gott das, was zuerst von uns erkannt wird[134]).

Ausführlich wird das gleiche Thema von Thomas im Kommentar zu Boethius De Trinitate erörtert. Es könnte scheinen, heißt es dort, Qu. 1, a. 3, daß das erste, was der menschliche Geist er-

---

133) Omnia in luce primae veritatis cognoscimus et per eam de omnibus iudicamus, ut dicit Augustinus in lib. de Trinitate. Es ist offenbar das gleiche Zitat, wie oben S. 132, Anm. 108, doch kann auf seinen besonderen Wortlaut die Erinnerung an De Trin. XII, 2, oben S. 122, Anm. 77, eingewirkt haben. Auch Civ. Dei XI, 27 läßt sich heranziehen, wo es heißt: .... lucem illam incorpoream ... qua mens nostra quodam modo irradiatur, ut de his omnibus recte iudicare possimus. Nam in quantum eam capimus in tantum id possumus.

134) Ad primum ergo dicendum quod in luce primae veritatis omnia intelligimus et iudicamus, in quantum ipsum lumen intellectus nostri, sive naturale sive gratuitum, nihil aliud est quam quaedam impressio veritatis primae ... Unde cum ipsum lumen intellectus nostri non se habeat ad intellectum nostrum sicut quod intelligitur, sed sicut quo intelligitur, multo minus Deus est id quod primo a nostro intellectu intelligitur. — Der gleichen Unterscheidung bedient sich Th. auch qu. 84, a. 1. Gegen die Lehre, daß wir mittels des Intellekts die Körper zu erkennen vermögen, werden zwei Aussprüche aus Augustin angeführt. Der erste: corpora intellectu comprehendi non possunt, nec aliquod corporeum nisi sensibus videri potest — zieht in eine Formel zusammen, was Soliloqu. II, c. 4, n. 6 steht: R. Videturne tibi quaeque corpora, id est sensibilia, intellectu posse comprehendi? A. Non videntur. Der zweite: dicit etiam 12 super Gen. ad litt. quod visio intellectualis est eorum quae sunt per essentiam suam in anima — kann nicht einmal als richtige Inhaltsangabe der Erörterung a. a. O. c. 24 gelten, vgl. oben S. 124, Anm. 85. Die Antwort lautet: Verbum Augustini est intelligendum quantum ad ea quibus intellectus cognoscit, non autem quantum ad ea quae intellectus cognoscit; cognoscit enim corpora intelligendo, sed non per corpora neque per similitudines materiales et corporeas sed per species immateriales et intelligibiles, quae per sui essentiam in anima esse possunt.

kenne oder erfasse, Gott selbst sei. Denn das, worin alles andere erkannt wird, und wodurch wir über alle unsere Erkenntnisse urteilen, wird von uns zuerst erkannt, wie das Licht den Augen früher bekannt ist, als was darin gesehen wird, und die Prinzipien früher eingesehen werden als die Schlußfolgerungen. Aber, wie Augustin in den Büchern De Trinitate und De vera religione sagt: wir erkennen alles in der ersten Wahrheit, und urteilen durch sie über alles andere. Also ist die erste Wahrheit das zuerst von uns Erkannte. Aus der Begründung der gegenteiligen Lehre ist hervorzuheben, daß sich Thomas hier unter anderem auf zwei aus Aristoteles übernommene Grundsätze stützt. Alle unsere Erkenntnis hat ihren Ursprung aus der Sinneswahrnehmung, Gott aber ist am weitesten von der Sinneswahrnehmung entfernt. Ferner: was der Natur nach später ist, ist früher für uns, und das der Natur nach minder Erkennbare ist für uns das Erkennbarere. Weil also die Geschöpfe von Natur später und minder erkennbar sind als Gott, so ist umgekehrt für uns Gott später erkennbar. Mit Bezug auf die vorausgeschickte Objektion aber heißt es: solche und ähnliche Aussprüche Augustins seien nicht so zu verstehen, als ob die ungeschaffene Wahrheit selbst das nächste Prinzip wäre, durch welches wir erkennen und urteilen, sondern vielmehr dahin, daß wir durch das uns verliehene Licht, welches ein Abbild der ungeschaffenen Wahrheit ist, erkennen und urteilen. Die Wirksamkeit dieses Lichtes aber beruht auf jenem ersten Lichte, wie beim Beweisverfahren abgeleitete Prinzipien uns die Gewißheit verleihen, die sie selbst auf Grund der obersten Prinzipien haben. Und eben darum ist es auch nicht nötig, daß das uns eingepflanzte Licht zuerst von uns erkannt wurde, denn wenn wir durch dasselbe erkennen, so geschieht dies doch nicht so, daß es, selbst erkannt, uns andere Erkenntnisse vermittelte, sondern so, daß es das andere erkennbar macht[135]). Nur an oder aus diesem letzteren, dem Erkennbaren, müssen wir es erkennen, sowie auch das Licht von den Augen nur an den beleuchteten Farben gesehen werden muß.

So ist der Gedankengang überall derselbe. Wir erkennen die Dinge, indem unser Intellekt sie erkennbar macht; unser Intellekt ist uns von Gott gegeben, er ist ein Abglanz des göttlichen Lichtes, ein Abbild der höchsten Wahrheit, von da stammt seine Leistungs-

---

135) Non enim eo alia cognoscimus, sicut cognoscibili quod fit medium cognitionis, sed sicut eo quod facit alia cognoscibilia.

fähigkeit, und insofern kann man sagen, daß wir alles im Lichte der ewigen Wahrheit erkennen und beurteilen. Die Theorie des scholastischen Aristotelismus wird in die Aussprüche Augustins unbedenklich hineingelegt.

Eine letzte Ergänzung erhält dieses Verfahren da, wo die Frage aufgeworfen wird, ob der Mensch zur Erkenntnis der Wahrheit göttlicher Gnadenhilfe bedürfe? In der S. th. 1, II, qu. 109, a. 1 wird aus einem Zitat aus den Soliloquien[136]) der Einwand hergeleitet, daß der menschliche Geist ohne göttliche Erleuchtung, die auf Gnadenhilfe beruhe, die Wahrheit nicht zu erkennen vermöge. Thomas führt aus, die Wahrheit erkennen heiße, von dem lumen intellectuale oder der Erkenntniskraft Gebrauch machen. Jedweder Gebrauch aber oder jedwede Betätigung schließe eine Bewegung ein, sofern dieser Begriff so weit gegriffen werde, daß auch Erkennen und Wollen darunter fallen, wie dies Aristoteles im dritten Buche De anima tue[137]). Der so gewonnene Begriff der Bewegung muß nun weiterführen. Zur Bewegung, hören wir, ist nicht nur die Formalursache gefordert, welche nach Aristotelischer Lehre das Prinzip der Bewegung und Tätigkeit ist, sondern auch die Bewegung des ersten Bewegers, unter dessen Einfluß sich alles betätigt. Wie nun — nach der mittelalterlichen Kosmologie — alle körperliche Bewegung auf die Bewegung des Fixsternhimmels zurückgeht, der das primum movens corporale ist, so geht alle Bewegung überhaupt, die körperliche wie die geistige, auf den zurück, der das primum movens simpliciter ist, auf Gott. Daraus ergibt sich, daß die intellektuelle Betätigung jeder Kreatur in doppelter Beziehung von Gott abhängt, einmal sofern sie von ihm die Wesensbestimmung oder Form erhält, durch welche oder gemäß welcher sie sich betätigt, sodann aber sofern sie von ihm zur Betätigung bewegt wird. Die den geschaffenen Dingen von Gott verliehenen Formen haben

---

136) I, 6, n. 12, oben S. 127, Anm. 96.
137) Die angezogene Stelle ist De anima III, c. 7, 431a 4 ff., wo von dem Zustandekommen der Sinneswahrnehmung gesagt wird, es sei eine andre Art von Bewegung: διὸ ἄλλο εἶδος τοῦτο κινήσεως· ἡ γὰρ κίνησις τοῦ ἀτελοῦς ἐνέργεια ἦν, ἡ δ' ἁπλῶς ἐνέργεια ἑτέρα ἡ τοῦ τετελεσμένου. Hierzu bemerkt Th. in seinem Kommentar: Quia motus, qui est in rebus corporalibus . . . est de contrario in contrarium, manifestum est quod sentire si dicatur motus, est alia species motus . . . Ille enim motus est actus existentis in potentia . . . . . Sed iste motus est actus perfecti: est enim operatio sensus iam facti in actu per suam speciem . . . Et huiusmodi motus dicitur proprie operatio ut sentire et intelligere et velle. Es handelt sich also nicht um einen Ausspruch des Aristoteles, sondern um die Ausdeutung desselben durch Th.

nun jede eine spezifische Wirksamkeit. Was den Umfang derselben überschreitet, können sie nur leisten, wenn ihnen ein weiterer wirksamer Faktor mitgeteilt wird, oder wie Thomas es ausdrückt: per aliquam formam superadditam. So reicht die dem menschlichen Geiste eigentümliche Form, das intelligibele Licht, aus eigener Kraft dazu aus, einen gewissen Umfang intelligibeler Kenntnisse zu gewinnen, diejenigen nämlich, zu denen wir auf Grund der Sinneswahrnehmung gelangen können. Was darüber hinausliegt, kann der menschliche Geist nur mit Hilfe eines höheren Lichtes erfassen, durch das Licht des Glaubens oder das Licht der Prophetie; als ein dem Menschen hinzugegebenes wird es lumen gratiae genannt. Daher könne man allerdings sagen, daß der Mensch zu jeglicher Erkenntnis der göttlichen Hilfe bedürfe, nämlich sofern der Intellekt von Gott zu seiner Tätigkeit bewegt werde, nicht aber bedürfe er dazu jedesmal des Hinzutretens einer besonderen zu der natürlichen Erleuchtung. In der Beantwortung des Einwurfs aber sagt Thomas: Die körperliche Sonne erleuchtet äußerlich, die intelligibele Sonne, das ist Gott, innerlich. Daher ist eben das uns eingepflanzte natürliche Licht die Erleuchtung Gottes, durch welche er uns erleuchtet, um das zu erkennen, was in das Bereich der natürlichen Erkenntnis fällt[138]). Und in Übereinstimmung damit heißt es an einer andern Stelle[139]) mit Bezug auf Augustins Schrift De magistro: Insofern belehrt uns Gott innerlich bei der natürlichen Erkenntnis, als er die Ursache des natürlichen Lichts in uns ist und dasselbe auf die Wahrheit hinleitet; anderswo aber so, daß er uns ein neues Licht eingießt.

Kein Element der Augustinischen Überlieferung soll aufgegeben werden, und doch ist so gut wie nichts von der ursprünglichen Denkweise des Kirchenvaters übrig geblieben. Es ist, wie schon wiederholt bemerkt wurde, nicht die Absicht, in eine sachliche Würdigung weder dieser letzteren, noch der an ihre Stelle getretenen thomistischen Erkenntnislehre einzutreten und die eine und andere

---

138) Ad secundum dicendum quod sol corporalis illustrat exterius; sed sol intelligibilis, qui est Deus, illustrat interius; unde ipsum lumen naturale animae inditum est illustratio Dei, qua illustramur ab ipso ad cognoscendum ea, quae pertinent ad naturalem cognitionem; et ad hoc non requiritur alia illustratio, sed solum ad illa, quae naturalem cognitionem excedunt.

139) Im Kommentar zu Boethius, De Trin., qu. 1, a. 1, ad 2: Secundum hoc Deus nos interius docet in naturali cognitione, quod naturale lumen in nobis causat et illud dirigit in veritatem: in aliis vero etiam lumen novum infundendo.

auf ihre wissenschaftliche Grundlage und ihren bleibenden Gehalt zu untersuchen. Auch braucht nicht erst hervorgehoben zu werden, wie weit das von der harmonisierenden Tendenz des Mittelalters geleitete Verfahren von unseren wissenschaftlichen Gewohnheiten abliegt. Zwei Umstände aber lassen sich aufzeigen, welche dieses Verfahren in den hier untersuchten Fällen leichter verständlich machen. Wenn Thomas auch darüber unterrichtet ist, daß Augustin unter dem Einflusse der Platonischen Philosophie gestanden hat, so stützt sich doch die Kenntnis, die er selbst von der letzteren besitzt, nahezu ausschließlich auf die Angaben, die er bei Aristoteles fand. Von den Neuerungen Plotins, von der ganzen Ausgestaltung des Neuplatonismus, von eben den Elementen also, deren bedeutsame Einwirkung Augustin an sich erfuhr, weiß er wenig oder nichts. Wo er bei den Problemen der Intellektualerkenntnis Anlaß nimmt, von dieser Einwirkung zu sprechen, denkt er lediglich an die Platonische Ideenlehre und bemerkt jedesmal, Augustin habe die selbständigen Wesenheiten in Gedanken Gottes umgesetzt[140]). Von anderem ist nie die Rede. Daß die geläufigen bildlichen Ausdrücke von Licht und Erleuchtung bei Augustin eine spezifische Bedeutung haben, daß die enge Verbindung, in welche er die Intellektualerkenntnis mit Gott bringt, dadurch noch nicht erschöpft sein könnte, daß diese unsere Erkenntnis als ein Abbild der göttlichen, unsere Erkenntniskraft als eine uns von Gott mitgeteilte erfaßt, unsere erkennende Tätigkeit wie jede Tätigkeit und Bewegung auf die göttliche Mitwirkung zurückgeführt wird, kommt ihm nicht in den Sinn. So gewaltsam die Umdeutung uns erscheint, so mag es sich für Thomas um eine völlig naive Assimilation der fremden Gedanken gehandelt haben, und dies um so mehr, als ihm die letztern in weitaus den meisten Fällen nicht in ihrem ursprünglichen Zusammenhange, sondern in Gestalt von einzelnen herausgerissenen Aussprüchen entgegentraten.

Dazu kommt dann noch ein zweites. Thomas hatte sehr bestimmte Gründe, gegen eine andere Ausdeutung dieser Aussprüche Stellung zu nehmen. Mit den Schriften des Aristoteles waren dem christlichen Abendlande auch die Schriften der arabischen Philosophen in lateinischen Übersetzungen zugekommen. Der arabische Aristotelismus ist eine durch neuplatonische Interpretation beeinflußte phantastische Ausgestaltung des ursprünglichen Systems und

---

140) Oben S. 137, Anm. 124, S. 138, Anm. 127.

seiner einzelnen Bestandteile, in welcher die Intelligenzen als Zwischenwesen zwischen dem obersten Einen und dem Menschen eine große Rolle spielen. Zu ihnen gehören der intellectus agens und der intellectus possibilis, die, obwohl jeder von ihnen nur einmal vorhanden ist, doch für alle Menschen Prinzip und Ort der Gedankenbildung sein sollen. Insbesondere in der Form, welche die Lehre durch Averroes gefunden hatte, scheint sie die mittelalterliche Gelehrtenwelt sehr ernsthaft beschäftigt zu haben. Albert wie Thomas sahen sich veranlaßt, ihr nicht nur in ihren großen Werken, sondern auch in besonderen Schriften entgegenzutreten[141]). So wird es glaubhaft, daß der Gegensatz gegen den Averroismus die Deutung der Aussprüche Augustins durch Thomas mitbeeinflussen konnte.

Was oben S. 135 aus der Quaestio disp. de spirit. creaturis angeführt wurde, gehört in diesen Zusammenhang. Artikel 10 wirft die Frage auf, ob es nur einen intellectus agens für alle Menschen gebe? Sehr bezeichnend verweist gleich die erste Objektion auf den Prolog zum Johannesevangelium: erat lux vera, quae illuminat etc.; das Erleuchten aber sei Sache des intellectus agens, also sei dieser Gott. Was die achte Objektion zur Begründung der gleichen Meinung beibringt, ist früher besprochen worden[142]). Aber noch drei weitere auf Augustinus zurückgeführte Aussprüche werden als Einwürfe in demselben Sinne verwertet. Im vierzehnten Buche De Trinitate[143]) weist dieser darauf hin, daß auch Gottlose gelegentlich richtige Urteile über das moralische Verhalten der Menschen abgeben, was nur deshalb möglich sei, weil sie die unveränderlichen Regeln des Rechttuns im Lichte der Wahrheit erblicken. Daraus gehe also hervor, macht die neunte Objektion geltend, daß uns aus dem über unserem Geiste stehenden Lichte das Vermögen zukomme, über gerecht und ungerecht zu urteilen; eben dies aber sei Sache des intellectus agens, und so gebe es nur einen für alle Menschen. Die zehnte Objektion folgert das gleiche unter Bezugnahme auf die Schrift De vera religione, wo Augustinus behaupte, wenn unter zwei Dingen kein bestes sei, so lasse sich beurteilen,

---

141) Im Eingange seiner kleinen Schrift De unitate intellectus contra Averroistas (opusc. 16) sagt Th.: Inolevit siquidem iamdudum circa intellectum error apud multos, ex dictis Averrois sumens exordium. Er spricht nur vom intellectus possibilis, aber die Lehre der Araber vom intellectus agens hängt damit aufs engste zusammen.
142) Oben S. 135 ff.
143) Oben S. 122, Anm. 77.

welches von ihnen das bessere sei, nur durch etwas, was besser sei als beide. Urteilen wir also, daß der Engel besser oder vollkommener ist als der Mensch, so können wir dies nur durch etwas, was besser ist als diese, also Gott, und da Urteilen Sache des intellectus agens ist, so folgt, daß eben dieser Gott ist. Das Zitat findet sich in der von Thomas angeführten Form weder in dem erwähnten Werke, noch anderswo, immerhin konnte der Gedanke für augustinisch gelten[144]). Die zwölfte Objektion endlich zieht die Stelle aus dem zweiten Buche De libero arbitrio heran, wo von der Allgemeingültigkeit der Wahrheit mit besonderer Rücksicht auf die Zahlenverhältnisse die Rede ist[145]). Wenn es somit eine und dieselbe Wahrheit für alle gebe, die allen in der gleichen Weise nahe steht, so müsse eben der die allgemeinen Begriffe bildende intellectus agens einer und derselbe für alle sein. Daneben sind freilich auch die beiden Autoritäten, welche neben Aristoteles, De anima III 5, 430 a 13, für die gegenteilige Ansicht beigebracht werden, aus Augustin entnommen[146]); um so einleuchtender konnte es alsdann gemacht werden, daß zwischen seinem Standpunkte und dem der arabischen Philosophen keine Verwandtschaft bestehe. Darauf ist die ganze Auseinandersetzung angelegt.

Dieselbe erinnert zunächst an die Gründe, welche Aristoteles zur Annahme des intellectus agens geführt hätten, und erwähnt sodann die verschiedenen Auslegungen, welche diese Lehre gefunden habe. Die einen erblickten in dem intellectus agens eine für sich bestehende immaterielle Substanz, die anderen eine jeder Einzelseele gleichmäßig zukommende Kraft. In gewissem Sinne haben beide recht. Denn einerseits muß über der Menschenseele ein Intellekt stehen, von dem ihr Erkennen abhängt. Dafür werden

---

144) Vielleicht ist es eine Reminiszenz aus De Trin. VIII, c. 3, n. 4, oben S. 123, Anm. 78.
145) Oben S. 121, Anm. 74.
146) Die Auswahl derselben ist höchst bezeichnend. Die eine ist die oben S. 140 mit Anm. 129 besprochene Stelle, welche folgendermaßen zitiert wird: Philosophi ceteris meliores non sunt in illis summis aeternisque rationibus intellectu contemplati ea, quae ab historia veritatis differunt. Daraus wird dann geschlossen, quod in aliqua luce eis connaturali sint ea contemplati. Lux autem in qua contemplamur veritatem, est intellectus agens, ergo intellectus agens est aliquid animae. Die andre ist die etwas weniger ungenau, aber auch jetzt noch nicht wörtlich wiedergegebene Stelle De Trin. XII, 15, n. 24, über deren mißverständliche Auslegung oben S. 130 gehandelt wurde: Credendum est lucis intellectualis ita conditam esse naturam, ut substantia ista sic videat in quadam luce sui generis incorporea, quemadmodum oculus carnis videt, quae in hac corporea luce circumadiacent.

drei Gründe angeführt. Das Eisen ist nur warm, weil das Feuer ihm die Wärme mitteilt, dieses selbst aber ist nicht nur warm per participationem, sondern per substantiam. Der Satz wird verallgemeinert: wo immer sich eine mitgeteilte Natur oder Eigenschaft findet, setzt dies ein anderes voraus, dem diese substantialiter zukommt. Nun ist die menschliche Seele nicht ihrem ganzen Wesen nach, sondern nur ihrem höheren Teile nach denkend, also — was freilich durch das obige Beispiel nicht mit illustriert wird — muß es etwas geben, was seinem ganzen Wesen nach Denken und Intellekt ist, und wovon die Intellektualität und das Denken der Menschenseele abhängt. Ferner: allem Beweglichen muß ein Unbewegliches vorangehen. Das menschliche Denken geschieht nach Art einer Bewegung; es geht diskursiv von einem zum anderen am Leitfaden der Kausalität, der Ähnlichkeit und des Gegensatzes. Also muß über der Menschenseele ein Intellekt stehen, dessen Denken ein unwandelbares ist. Endlich: das menschliche Denken geht von der Potenz zum Akt, von dem bloßen Vermögen zum wirklichen Erkennen über. Also muß über der Menschenseele ein Intellekt stehen, der immer in actu ist und die vollkommene Erkenntnis der Wahrheit in sich beschließt.

Andererseits aber braucht nun nicht angenommen zu werden, daß dieser höhere Intellekt unmittelbar auf uns einwirkt und das Intelligibele in uns hervorbringt. Vielmehr gilt innerhalb der ganzen Schöpfung das Gesetz, daß den Dingen eine eigene, ihrer Beschaffenheit entsprechende Wirksamkeit zukommt, die sie, wenn auch in Abhängigkeit von der obersten schöpferischen Ursache, betätigen. Und so kommt auch der Menschenseele, welche das vollkommenste Geschöpf in dieser niederen Welt ist, eine besondere Kraft zu, durch welche sie die intelligibelen Objekte als solche hervorbringt. Daher ist die Tätigkeit des intellectus agens im Menschen vielmehr eine Betätigung des einzelnen Individuums, und er kommt demgemäß jedem Menschen seinem Wesen nach zu. Was also in uns das Intelligibele aktuell macht nach Weise eines mitgeteilten Lichtes, ist eine Eigenschaft der Seele, die sich in jedem Menschen findet. Was dagegen nach Weise der Sonne das Intelligibele macht — wie dies zu verstehen ist, wird nicht weiter erklärt —, ist ein einziges und für sich bestehendes: Gott[147]). Eben dies meine auch Augu-

---

147) Sic igitur id, quod facit in nobis intelligibilia actu per modum luminis participati, est aliquid animae et multiplicatur secundum multitudinem animarum et hominum. Illud vero, quod facit intelligibilia per modum solis illuminantis, est unum separatum, quod est Deus.

stinus in den Soliloquien. Dort verspricht die Vernunft Gott ebenso für den denkenden Geist aufzuzeigen, wie die Sonne für die Augen. Die Kräfte der Seele sind gleichsam ihre Augen, die höchsten Erkenntnisse der Wissenschaft lassen sich dem vergleichen, was die Sonne erleuchtet, und Gott ist es, der erleuchtet[148]). Aber damit wird er nicht dem intellectus agens gleichgesetzt, da dieser vielmehr das Licht ist, welches unsere Seele von Gott empfangen hat.

Von den Antworten auf die Objektionen ist die eine schon oben S. 135 mitgeteilt worden. Gegen den aus De Trinitate XIV, 15 hergeleiteten Einwand macht Thomas geltend: jene Regeln, welche auch die Gottlosen erkennen, sind die obersten Prinzipien des Handelns; im Lichte des von Gott uns mitgeteilten intellectus agens werden diese ganz ebenso erkannt, wie die obersten theoretischen Prinzipien. Mit Bezug auf den anderen, vermeintlich Augustinischen Ausspruch wird gesagt: um zu beurteilen, welches von zweien das bessere ist, bedarf es eines dritten, das besser ist als beide, sofern wir darunter die Regel und den Maßstab begreifen, nicht aber, sofern darunter die Erkenntniskraft gemeint ist, und so reicht der uns eigentümliche intellectus agens aus, um zu urteilen, daß der Engel höher steht als die Menschenseele. Der Einwand endlich, der aus dem zweiten Buche De libero arbitrio genommen war, wird durch die Bemerkung beseitigt, wenn alle in übereinstimmender Weise eine und dieselbe Wahrheit erkennen, so liegt das in der Einheit der erkannten Sache, nicht darin, daß ein und derselbe intellectus agens sie erkennt.

Deutlich tritt hier überall das Bestreben hervor, die Augustinischen Aussprüche nicht nur im Sinne des scholastischen Aristotelismus zu deuten, sondern auch der Gefahr vorzubeugen, daß die Anhänger des Averroes die Autorität des Kirchenvaters für sich in Anspruch nehmen könnten.

Vor einer historisch-kritischen Betrachtungsweise hält das Verfahren nicht stand. Das Vertrauen zu seinen Ergebnissen mußte erschüttert werden, sobald die Alleinherrschaft der Scholastik gebrochen war und andere Richtungen aufkamen. Im siebzehnten Jahrhundert berief sich Malebranche auf Augustin für seine Lehre, wonach wir die Dinge in Gott erkennen und nur in ihm erkennen können. Sowohl in seinem Hauptwerke, der Recherche de la vérité, wie in den erläuternden Entretiens sur la méthaphysique zieht er eine

---

148) Oben S. 127, Anm. 96.

Reihe der oben erörterten Aussprüche heran, um sie in seinem Sinne zu verwerten. Seinem Beispiele folgten im neunzehnten Jahrhundert die Vertreter des sogenannten Ontologismus. Beide mit Unrecht, denn für Augustin ist Gott nicht der Anfang, sondern das letzte Ziel der Erkenntnis, welches wir in diesem Leben niemals erreichen. Ihre Gegner aber schwächten die eigene Stellung, indem sie sich ihrerseits in der Auffassung jener Aussprüche an Thomas anschlossen. Das Wort, daß man Augustin verstehen müsse, wie Thomas ihn interpretiere, hat einen verständlichen Sinn, wenn es besagen soll, daß in dieser Ausdeutung die Sätze des großen Kirchenvaters zu bleibenden Bestandteilen der traditionellen Schuldoktrin geworden sind; als methodischer Grundsatz, um zum Verständnis seiner ursprünglichen Meinung zu gelangen, konnte es selbstverständlich niemals gelten wollen.

VII.
Wissenschaftliche Richtungen und philosophische Probleme im dreizehnten Jahrhundert.

Festrede gehalten in der öffentlichen Sitzung der K. B. Akademie der Wissenschaften am 12. November 1910.

Ein weiter Abstand trennt den Wissenschaftsbetrieb der modernen Welt von dem des abendländischen Mittelalters. Das Interesse der Gegenwart gilt der vor unseren Sinnen ausgebreiteten räumlich-zeitlichen Welt. Sie wollen wir in immer wachsendem Umfange erkennen, die einzelnen Gebilde in ihrer charakteristischen Eigenart wie nach den gegenseitigen Beziehungen der Ähnlichkeit und Verschiedenheit erfassen, in den gleichförmig wiederkehrenden Ereignissen, großen wie kleinen, die Regel des Ablaufs feststellen, in möglichster Vollständigkeit die Bedingungen ausfindig machen, an welche auf Grund einer tatsächlich bestehenden Einrichtung das Naturgeschehen sich gebunden erweist.

Und indem wir diesen Weg gehen, findet das Wort Bacos von Verulam, daß Wissen Macht bedeutet, an jedem Tage neue Bestätigung in unserer glänzenden, vielgestaltigen, alle Zweige des Lebens umfassenden technischen Kultur. Daß sie uns dieses Leben bereichere, verschöne, erleichtere, daß sie uns anleite, die der Natur abgelauschten Gesetze in den Dienst des Tagesbedürfnisses zu stellen, daß sie Mittel erfinde, die Entfernungen zu besiegen, welche dem Verkehr der Völker oder der nutzbaren Verwendung der Naturkräfte im Wege stehen, daß sie allen schädlichen Einflüssen nachspüre, welche die Gesundheit unseres Leibes bedrohen, und uns Waffen in die Hand gebe, ihnen zu wehren, — das erscheint heute vielen, vielleicht den meisten, als die eigentliche Aufgabe der Wissenschaft und das, was ihren Wert und ihren Ruhm ausmache.

Wie weltentrückt, wie blutlos und schattenhaft erweist sich daneben das Treiben der mittelalterlichen Gelehrten! Die sinnfällige Wirklichkeit scheint sie nicht zu kümmern. Das Ziel ihres Interesses, die Welt ihrer Gedanken liegt weit darüber hinaus, und nicht durch anschauliche Erfahrung, durch Beobachtung und Experiment wollen sie sich ihrer bemächtigen, sondern allein durch die Kraft des begrifflichen Denkens, des logischen Räsonnements. Dann erinnern wir uns vielleicht, daß der Wert geistiger Bestrebungen nicht einseitig nach dem Ertrag abgemessen werden darf, der daraus für materielle Kultur erwächst, und weiter auch daran, daß exakte Naturerkenntnis nicht das Ganze menschlicher Wissenschaft ausmacht. Aber auch mit diesem doppelten Zugeständnis gelangen wir noch nicht zum Verständnis und zur richtigen Würdigung des mittelalterlichen Geisteslebens. Was den modernen Menschen vor allem fremdartig anmutet, was den Problemstellungen und Lösungsversuchen das charakteristische Gepräge gibt, das ist das traditionelle Element. Die Wissenschaft des christlichen Abendlandes entsteht im engsten Anschlusse an das aus dem römischen Altertum und der Zeit der Kirchenväter überlieferte Material, sie erweitert sich mit der Bereicherung dieses Materials; an seiner Verarbeitung, seiner Ausdeutung und Verwendung bekundet sie ihre wachsende Kraft und Selbständigkeit.

Ein anderes kommt hinzu. Die mittelalterliche Wissenschaft ist theologisch gerichtet. Ihre Träger sind der überwiegenden Mehrzahl nach Kleriker, ihr Ziel ist der Nachweis, daß zwischen Wissen und Glauben, zwischen den Forderungen der Vernunft und der von der Kirche verkündeten Offenbarungslehre Übereinstimmung besteht. Der überlieferte Stoff wird in das System der Kirchenlehre eingegliedert, in seinem Sinne ausgelegt und umgedeutet. Die harmonisierende Tendenz begnügt sich nicht damit, jene Übereinstimmung nur als das letzte Ergebnis eines umfassenden Assimilierungsprozesses zu verkünden. Schritt für Schritt, an jedem einzelnen Punkte will sie sich geltend machen. Insbesondere aber gilt es, die autoritativen Aussprüche, auf die man sich in den Schulen zu berufen pflegte, als untereinander in völligem Einklange stehend, nachzuweisen.

Die scholastische Methode des Lehrens wie der schriftstellerischen Darlegung ist dadurch bedingt. Abälards Sic et non, eine Gegenüberstellung einander scheinbar widerstreitender Väterstellen, unter Hinzufügung von Regeln, nach denen die Auflösung der Widersprüche zu geschehen hat, ist von maßgebendem Einflusse auf die

Folgezeit gewesen[1]). In seiner ausgebildeten Gestalt verlangt das Schema zuerst die genau formulierte Frage, gewöhnlich auf ja oder nein gestellt. Dann folgen Einwürfe gegen die demnächst zu vertretende Meinung, auf Autoritäten gestützt, welche ihr zu widerstreiten scheinen, hierauf die Beantwortung der gestellten Frage im Sinne dieser Meinung in mehr oder minder ausführlicher dialektischer Begründung und wiederum auf Autoritäten gestützt, und zuletzt die Auflösung der an die Spitze gestellten Objektionen. Dabei darf nicht übersehen werden, daß die als auctoritates dienenden Zitate aus geistlichen oder weltlichen Autoren den mittelalterlichen Gelehrten in der Regel nur in Florilegien und Sentenzensammlungen zu Gebote standen, wo sie aus dem Zusammenhange gelöst aneinander gereiht waren. Und gar manches darunter hatte durch den Gebrauch in der Schule die Schärfe seiner ursprünglichen Prägung eingebüßt.

Man hat die großen Summen und die Quaestiones disputatae der Scholastiker mit den gotischen Domen verglichen und in den Einwendungen und Lösungen, den Distinktionen und kunstgerecht formulierten Beweisen ein Gegenstück zu all den Pfeilern und Bögen und Giebeln und dem mannigfachen Zierat erblickt, welche den gesetzlich geregelten Reichtum jener Bauwerke ausmachen. Aber auch ein anderer Vergleich läßt sich heranziehen, der vielleicht dem modernen Leser scholastischer Lehrschriften, zumal dem Neuling, näher liegt. Man könnte an eine Dornhecke denken, durch die sich hindurcharbeiten muß, wer in die Gedankenwelt des Mittelalters eindringen will.

Lasse man sich nicht abschrecken! Ist erst die ungewohnte Außenseite überwunden, hat man gelernt, zwischen der geschichtlich bedingten Form und dem gedanklichen Inhalte zu scheiden, den sie im tiefsten Innern einschließt, so wird man gewahren, daß die menschliche Vernunft zu allen Zeiten die gleiche war, von gleichen Fragen bewegt oder gequält, immer wieder gleiche Wege wandelnd, von denen die einen zu gesicherten Ruhepunkten leiten, die niemals aufgegeben werden sollten, selbst wenn sie eine abschließende Befriedigung nicht bieten, andere aussichtslos und hoffnungslos von Irr-

---

1) Neuerdings hat M. Grabmann, Die Geschichte der scholastischen Methode, 1. Bd. (1909), S. 234 f. darauf hingewiesen, daß schon Bernold von Konstanz, gest. 1100, in seinen kanonistischen Streitschriften jene äußere Technik der wissenschaftlichen Darlegung verwendet, „die wir als die Sic-et-non-Methode Abälards bezeichnen".

tum zu Irrtum führen. Gelingt es, die Probleme, mit denen die Philosophen des Mittelalters rangen, in unsere Sprache zu übersetzen, dann reden sie auch wieder zu uns, wir verstehen die gewaltige geistige Arbeit, die auf ihre Lösung verwandt wurde, und müssen bekennen, daß sie keine verlorene war.

In der zweiten Hälfte des dreizehnten Jahrhunderts erreichte die Scholastik ihren Höhepunkt. Es war unrichtig, den bedeutsamen Aufschwung, welcher das Zeitalter eines Albert und Thomas von dem Anselms und Abälards trennt, ausschließlich auf die Bereicherung des Materials zurückzuführen, welche dem Abendlande durch die Vermittelung der Araber über Spanien her zukam. Zeigen doch die europäischen Völker seit dem Ausgange des zwölften Jahrhunderts auf allen Gebieten eine gesteigerte Lebensbetätigung. Der gesteigerte Wissenschaftsbetrieb ist nur ein besonderes Moment innerhalb der Gesamtbewegung. Wohl aber war es bei dem Gange, den die wissenschaftliche Entwicklung von Anfang an genommen hatte, von größter Bedeutung, daß der vermehrte Eifer und die erstarkte geistige Kraft sich einem nach Inhalt und Umfang bereicherten Materiale gegenüber fand.

Längst war man in der Logik bei Aristoteles in die Schule gegangen. Seit den letzten Jahrzehnten des abgelaufenen Jahrhunderts besaß man in lateinischen Übersetzungen seine sämtlichen hierher gehörigen Schriften, insbesondere die wichtigsten Bestandteile des Organon, die beiden Analytiken. Darüber hinaus gab es eine Tradition, welche, hauptsächlich durch die Schriften des Boethius getragen, in die Schule des großen griechischen Philosophen zurückreichte. Aus ihr war man längst gewohnt, einzelne Bestandteile, Begriffe und Ausdrucksformen, zu entlehnen. Aber der eigentliche Führer war nicht Aristoteles, sondern Augustin. Ihm folgte man nicht nur, wo es sich um theologische Gegenstände handelte, sondern auch in metaphysischen, psychologischen, erkenntnistheoretischen Fragen. Man lebte von seinem Geiste und bewegte sich in seiner einen christlich modifizierten Platonismus darstellenden Denkweise. Jetzt erst wurde Aristoteles sein Rivale. In der rasch aufgeblühten Kultur der Araber bildet eine phantastische, auf Aristoteles aufgebaute, aber von neuplatonischen Elementen durchsetzte Spekulation einen fremdartigen Bestandteil. Mit den Arabern waren ihre Übersetzungen der aristotelischen Schriften nach Spanien gekommen. Dort, in Toledo, wurden sie seit der zweiten Hälfte des zwölften Jahrhunderts ins Lateinische übertragen. In dieser

Gestalt zuerst lernte das Abendland die Metaphysik und die Bücher naturwissenschaftlichen und naturphilosophischen Inhalts kennen. Sie machten den wertvollsten Teil des neuen Materials aus, aber nicht das Ganze. Denn gleichzeitig erhielt man auch Übersetzungen von den Schriften der arabischen Philosophen und Erklärer des Aristoteles, des Alkendi und Alfarabi, des Avicenna und Averroes, sowie der Juden Avencebrol und Moses Maimonides. Kein Wunder, daß man sich in dem kaum zu übersehenden Besitzzuwachs nicht sogleich zurecht zu finden vermochte und insbesondere nicht zu scheiden wußte zwischen solchem, was Aristoteles selbst angehörte, und dem, was die Ausleger, was namentlich der eine, den man schlechtweg den Kommentator nannte, was Averroes daraus gemacht hatte. Erleichtert wurde das Verständnis, als seit dem zweiten Drittel des dreizehnten Jahrhunderts neue, direkt aus dem griechischen Urtext geflossene Übersetzungen Verbreitung fanden.

Das Zentrum des geistigen Lebens war Paris, wo sich um die Jahrhundertwende Lehrer der vier Disziplinen, Theologen, Dekretisten, Mediziner und Artisten, zur universitas magistrorum zusammengeschlossen hatten. Hier strömten aus allen Ländern lernbegierige Jünglinge und Männer zusammen, hier lehrten die berühmten Meister, hier disputierte man vor einer großen Korona über alle Fragen, welche der Entwicklungsgang der Scholastik aufwarf, hier, mehr als an irgendeinem anderen Orte, galt es zu dem neuen Lernstoffe Stellung zu nehmen. Wie bekannt, geschah dies auch alsbald, aber in völlig ablehnendem Sinne. Ein bischöfliches Verbot vom Jahre 1210 untersagte unter Strafe der Exkommunikation seine Verwendung, ebenso fünf Jahre später die von dem päpstlichen Legaten erlassene Studienordnung. Genannt werden die naturphilosophischen Schriften und die Metaphysik, dazu die Kommentare, ohne Zweifel die der arabischen Ausleger, vor allem des Averroes. Sie sollen zu Paris weder in öffentlichen noch in privaten Vorlesungen erläutert werden[2]).

---

2) Der Wortlaut der Erlasse bei Denifle, Chartularium Universitatis Parisiensis I, No. 11 und No. 20. In dem von 1210 heißt es: nec libri Aristotelis de naturali philosophia nec commenta legantur Parisiis publice vel secreto et hoc sub pena excommunicationis inhibemus, a. a. O., p. 70. In dem von 1215: Non legantur libri Aristotelis de metafisica et de naturali philosophia, nec summe de eisdem, aut de doctrina magistri David de Dinant aut Amalrici heretici, aut Maurici hyspani, a. a. O., p. 78 f. Die „commenta" werden allgemein auf die Kommentare der Araber, insbesondere des Averroes, bezogen. Wahrscheinlich verbirgt sich der letztere auch unter dem Mauricius hyspanus. Zwar führt, wie Denifle, a. a. O., S. 80

Der Umstand, daß der Erlaß des Bischofs, welcher das Verbot enthält, in erster Linie gegen die Häretiker Amalrich von Bene und David von Dinant gerichtet war, deutet darauf, daß man von der Beschäftigung mit Aristoteles eine Verdunkelung der kirchlichen Lehre befürchtete. So verstand es auch Roger Bacon, der ein Menschenalter später in Paris weilte. Er spricht ausdrücklich von einer Verdammung der aristotelischen Naturphilosophie und Metaphysik[3]). Andererseits darf aber auch die Tragweite des Verbots nicht überschätzt werden. Den einzelnen wird nicht verwehrt, sich mit dem Inhalt jener Schriften bekannt zu machen. Daß dies tatsächlich in weiten Kreisen geschah, wird durch die Erscheinungen der Folgezeit sichergestellt. Wichtiger noch ist, daß man sich anderwärts an jenes Verbot überhaupt nicht gebunden erachtete. Gegen Ende des Jahres 1229 richteten die Magister von Toulouse ein Sendschreiben an alle Hochschulen, worin sie zum Besuch ihrer neubegründeten Universität einluden und unter den Vorzügen derselben neben der Fruchtbarkeit des Landes und den billigen Lebensmitteln auch das anführten, daß die in Paris verbotenen libri naturales des Aristoteles dort vorgetragen würden, und so einem jeden der Weg zu den Tiefen der Naturerkenntnis offenstehe[4]). Für Paris dagegen schärfte Papst Gregor IX. am 13. April 1231 das Verbot abermals ein. Jedoch mit einem Vorbehalte. Die aus bestimmtem Grunde verbotenen naturphilosophischen Bücher sollten so lange nicht im Unterrichte verwertet werden, bis sie geprüft und von jedem Verdacht des Irrtums gereinigt worden seien. Daß die Vorschrift

---

bemerkt, Albert einen Kommentator dieses Namens neben Averroes an, von einem solchen ist indessen schlechterdings nichts bekannt. Mandonnets Vermutung (Siger de Brabant et l'Averroisme latin au XIIIme siècle, I. partie: Étude critique, Louvain 1911, 2. édit., p. 17 f.), der berühmte Philosoph von Cordova sei wegen der Schwierigkeit, die sein arabischer Name, Ibn Roschd, den Lateinern verursacht habe, vor der Einbürgerung der latinisierten Form (Averroes) kurzweg Maurus Hispanus, der spanische Araber, genannt, hiefür dann aber wieder der Eigenname Mauricius gesetzt worden, hat mehr für sich als die ältere von Renan (Averroes et l'Averroisme, 3. édit., p. 222), der in demselben eine Verunstaltung des arabischen Namens erblicken will.

3) Vgl. Mandonnet, a. a. O. p. 30; Luquet, Aristote et l'université de Paris pendant le treizième siècle (1904), p. 22, Anm. 36 und 37.

4) Denifle, Chartularium I, No. 72 . . . Et ut libentius Tolose gloriam simul cum studio studiosi dinoscant, sciant hanc alteram esse terram promissionis fluentem lac et mel, ubi fetose pascue virent, ubi arbores pomifere frondent, ubi Bacchus regnat in vineis, ubi Ceres imperat in arvis . . . Libros naturales, qui fuerant Parisiis prohibiti, poterunt illic audire qui volunt naturae sinum medullitus perscrutari . . . De foro rerum venalium fugata caristia etc., p. 130 f.

auch keineswegs allgemeine Nachachtung gefunden hatte, beweist ein zweites Schreiben des Papstes vom 20. April, worin er dem Abt von St. Viktor und dem Prior der Predigermönche Vollmacht erteilt, Magister und Scholare, welche der angedrohten Strafe verfallen waren, davon loszusprechen. In einem dritten Schreiben endlich vom 23. des gleichen Monats beauftragt der Papst drei Magister der Pariser Universität, die vorbehaltene Prüfung der Bücher vorzunehmen[5]). Der Auftrag kam nicht zur Ausführung, und eine förmliche Zurücknahme des Verbots hat niemals stattgefunden. Wirksam aber scheint es von da ab nicht mehr gewesen zu sein. In den Statuten vom 19. März 1255, durch welche die Artistenfakultät ihren Lehrplan festlegte, werden die verpönten Schriften des Aristoteles ausdrücklich unter denen aufgeführt, welche an der Universität interpretiert werden sollten[6]). Wie ein Anachronismus muß es daher anmuten, wenn das ursprüngliche Verbot im Jahre 1263 nochmals durch Urban IV. eingeschärft wurde[7]).

Man wird nicht fehlgehen, wenn man das wechselnde Schicksal der aristotelischen Schriften mit den verschiedenen und gegeneinandergehenden Strömungen an der Pariser Universität in Verbindung bringt. Zu allen Zeiten haben sich die Vertreter einer altüberlieferten Denkweise dem Aufkommen neuer Richtungen entgegengestellt. Die Macht der Gewohnheit, die Scheu vor dem Fremden und die Unlust, sich in gesteigerter geistiger Arbeit mit ihm auseinanderzusetzen, wirken zusammen und kleiden sich dabei je nach Zeit und Umständen in verschiedene Formen. Von Aristoteles besaß man vorerst nur eine mangelhafte und ungenaue Kenntnis. Einzelne Lehrbestimmungen, wie die von der Ewigkeit der Welt, widersprachen offenkundig dem christlichen Dogma. Noch mehr galt dies von dem Aristotelismus der arabischen Philosophen. Warum also den altgewohnten sicheren Weg verlassen und sich der Gefahr unheilvollen Irrtums aussetzen? Es ist sehr wohl zu verstehen, wenn die Theologen der Pariser Universität das neu orientierte wissenschaftliche Interesse mit Mißtrauen verfolgten und den Versuch unternahmen, ihm mit obrigkeitlichen Verboten in den Weg zu treten. Die Vermutung liegt nahe und wird durch spätere Vorkommnisse unterstützt, daß auch das wiederholte Eingreifen der römischen Kurie auf das Betreiben der dem Alten anhängenden

---

5) A. a. O. No. 79, No. 86, No. 87.
6) A. a. O. No. 246.
7) A. o. O. No. 384.

Pariser Kreise zurückzuführen ist. Aber die Bewegung war nicht aufzuhalten. Hochangesehene Männer, Leuchten der kirchlichen Wissenschaft waren inzwischen zu der Überzeugung gelangt und bemühten sich, den Nachweis zu erbringen, daß gerade umgekehrt die aristotelischen Bestimmungen, richtig verstanden, als das geeignetste Hilfsmittel einer konsequent durchgeführten systematischen Ausgestaltung dieser Wissenschaft anzusehen seien. In ihnen stellte sich dem Konservativismus der Pariser Universitätslehrer eine fortschrittliche Richtung entgegen, und dem bisher allein herrschenden Augustinismus gegenüber drang der neue christlich modifizierte Aristotelismus siegreich vor. Die hierin begründeten Gegensätze aber wurden noch durch äußere Parteibildungen verstärkt und verfestigt.

Man weiß, welch heftiger Kampf um die Mitte des Jahrhunderts zwischen den Universitätslehrern aus dem Weltklerus und den Bettelorden entbrannte[8]), von denen die Franziskaner seit 1231 eine, die früher gekommenen Dominikaner sogar zwei Lehrkanzeln in der theologischen Fakultät erlangt hatten[9]). Der Dominikanerorden war in der Folgezeit der vornehmste Träger des Aristotelismus, während die Franziskaner, seitdem Alexander von Hales auf der Höhe seines Ruhmes sich ihnen angeschlossen hatte, auf die alte Richtung eingeschworen waren. Der Gegensatz zwischen Augustinismus und Aristotelismus macht einen der bedeutsamsten Züge im Bilde der Hochscholastik aus[10]). Seine eigentliche Zuspitzung gewinnt er in der zweiten Hälfte des Jahrhunderts. Thomas von Aquin steht im Mittelpunkt des Kampfes, er ist der große Neuerer[11]),

---

8) Vgl. F. X. Seppelt, Der Kampf der Bettelorden an der Universität Paris in der Mitte des 13. Jahrhunderts, 1907. (Breslauer Dissertation.)
9) M. de Wulf, Histoire de la philosophie médiévale, 1912, 4. édit., p. 310. Vgl. H. Felder, Geschichte der wissenschaftlichen Studien im Franziskanerorden bis um die Mitte des 13. Jahrhunderts, 1904.
10) Vgl. Ehrle, Der Augustinismus und der Aristotelismus in der Scholastik gegen Ende des 13. Jahrhunderts (Archiv für Literatur- und Kirchengeschichte des Mittelalters V, S. 603 ff.), 1889. Derselbe, John Peckham über den Kampf des Augustinismus und Aristotelismus in der zweiten Hälfte des 13. Jahrhunderts (Zeitschrift für katholische Theologie XIII, S. 172 ff.), 1889.
11) Ehrle, Der Augustinismus usw., S. 608 führt aus Wilhelm von Tocco, dem Verfasser einer der ältesten Biographien des Thomas (abgedruckt in Acta SS. VII martii, Nr. 15), die folgenden Worte an: Erat enim novos in sua lectione movens articulos, novum modum et clarum determinandi inveniens et novas reducens in determinationibus rationes, ut nemo, qui ipsum audisset nova docere et novis rationibus dubia definire, dubitaret, quod eum Deus novi luminis radiis illustraret, qui statim tam certi coepisset [esse] iudicii, ut non dubitaret, novas opiniones docere et scribere, quas Deus dignatus esset noviter inspirare. Vgl. auch J. A. Endres, Thomas von Aquin (Weltgeschichte in Charakterbildern), 1910, S. 65 ff.

gegen den die Anhänger des Alten offen oder versteckt ihre Pfeile richten. Aber nicht nur den Vertretern des Augustinismus gegenüber mußten die christlichen Aristoteliker ihre Lehrsätze verteidigen. Die Beschäftigung mit dem neuen Material hatte in der Stille noch eine andere Richtung aufkommen lassen, welche den Befürchtungen der kirchlichen Behörde eine nachträgliche Rechtfertigung gab, den lateinischen Averroismus.

Die erste Spur seines Vorhandenseins findet sich in des Albertus Magnus Schrift über die Einheit des Intellekts vom Jahre 1256[12]). Albert hielt sich damals mit seinem Schüler Thomas in Anagni auf, um dort vor der päpstlichen Kurie die Sache der Bettelorden gegen Wilhelm von St. Amour und die Pariser Universitätslehrer zu führen. Wenn er sich gleichzeitig veranlaßt sah, gegen eine Lehre der Averroisten aufzutreten, so muß diese doch wohl schon im christlichen Abendlande, möglicherweise in Italien, Anhänger gehabt haben. Demnächst finden wir ihre Vertreter innerhalb der Pariser Artistenfakultät. Das erste urkundliche Zeugnis ist die Verurteilung von dreizehn, zweifellos dem averroistischen Gedankenkreise angehörigen Sätzen durch den Bischof von Paris Stephan Tempier am 10. Dezember 1270[13]). Einige Jahre später, am 7. März 1277, erfolgte eine zweite Verurteilung, die sich auf eine weit größere Anzahl von Sätzen, im ganzen zweihunderteinundzwanzig, erstreckt. Und jetzt erfahren wir auch die Namen der Männer, welche an erster Stelle damit getroffen werden sollten, es sind Siger von Brabant und Boethius der Dacier[14]).

Die Persönlichkeit des letzteren ist auch heute noch mehr oder minder in Dunkel gehüllt, über Sigers Lebensumstände und die von ihm eingeschlagene Richtung sind wir dagegen durch Forschungen der neuesten Zeit, die auch seine wichtigsten Schriften ans Licht gezogen haben, hinreichend unterrichtet[15]). Ein berühmter Lehrer der Artistenfakultät, veranlaßte er als das Haupt der Averroistenpartei

---

12) P. Mandonnet, a. a. O., p. 61.
13) Denifle, Chartularium I, No. 432.
14) Ebenda No. 473.
15) Baeumker, Die Impossibilia des Siger von Brabant, eine philosophische Streitschrift aus dem 13. Jahrhundert. Zum ersten Male vollständig herausgegeben und besprochen (Beiträge zur Geschichte der Philosophie des Mittelalters II, 6), 1898. Neuerdings publizierte Mandonnet die Impossibilia in dem 1908 erschienenen Textband zu seinem Siger de Brabant, in dem sechs weitere Schriften Sigers stehen. Vgl. auch Fr. Bruckmüller, Untersuchungen über Sigers (von Brabant) Anima intellectiva, 1908. (Münchener Dissertation.)

innerhalb derselben so tiefgreifende Mißhelligkeiten, daß die Vorlesungen längere Zeit ausgesetzt werden mußten. Gegen ihn schrieb Thomas im Jahre 1270 die Schrift De unitate intellectus. Wie Dante dazu gekommen ist, ihn im zehnten Gesange des Paradiso mit hohem Lobe unter den Leuchten der kirchlichen Wissenschaft aufzuführen, wird wohl immer ein Rätsel bleiben.

Denn daß er als der eigentliche Vertreter des lateinischen Averroismus gelten muß, kann heute nicht mehr zweifelhaft sein. Er selbst will ja freilich nur den wahren Sinn des aristotelischen Textes feststellen, der von Albert und Thomas falsch ausgelegt werde. Was aber nach seiner Meinung Aristoteles wirklich lehrt, das ist ihm gleichbedeutend mit dem, was die Vernunft fordert. Widerspricht es der kirchlichen Lehre, so wird Siger nicht müde, seine Orthodoxie zu beteuern. Denn etwas anderes seien die Meinungen der Philosophen, etwas anderes der Glaube. So wird er, wenn auch vielleicht ohne deutliches Bewußtsein, ein Vorläufer der von den Averroisten einer späteren Periode ausdrücklich proklamierten Lehre von der zweifachen Wahrheit.

Französische Forscher hatten geglaubt, einen zweiten Herd des lateinischen Averroismus in der älteren Franziskanerschule finden zu sollen[16]). Mit Unrecht, denn auch Roger Bacon, auf den man sich hauptsächlich bezieht, folgt, wenn überhaupt von arabischen Einflüssen die Rede sein kann, vielmehr dem Avicenna[17]). Ein anderes aber läßt sich sagen. In der arabischen Philosophie bis zu Averroes herab sind die aristotelischen Bestimmungen von neuplatonischer Denkweise getragen und in sie umgesetzt. Die Emanationslehre Plotins, die nur das überweltliche Eine, den Nus und die Seele kennt, ist, wie schon bei den griechischen Neuplatonikern der späteren Zeit, zu einem reich gegliederten System entwickelt. Als letzte in der Reihe der von dem höchsten Wesen, der obersten Ursache ausgegangenen Intelligenzen erscheint der wirkende Verstand des Aristoteles. Auf neuplatonischem Grunde aber steht ebenso der einflußreichste Lehrer des christlichen Abendlandes, Augustin. Daher die starke neuplatonische Unterströmung, welche durch die Entwicklung der Scholastik hindurch geht und über die sich erst

---

16) J. A. Endres, Geschichte der mittelalterlichen Philosophie im christlichen Abendlande, 1908, S. 122.
17) Baeumker, Die europäische Philosophie des Mittelalters (Allgemeine Geschichte der Philosophie, Kultur der Gegenwart I, 5), 2. Aufl. 1913, S. 409.

Thomas vollkommen erhebt, während Albertus ihr noch unterlag. Für Thomas und seine Schule ist deshalb auch Averroes „kein Peripatetiker, sondern der Verderber der peripatetischen Philosophie"[18]), während der Augustinismus, dem die Franziskanerschule huldigte, mit dem Averroismus durch eine gemeinsame letzte Wurzel verbunden war. Die Zeitgenossen hatten freilich keinen Blick für diese geschichtlichen Zusammenhänge. So konnten die Gegner des Thomas die scharfe Grenzlinie übersehen, welche den von ihm vertretenen Aristotelismus von dem der Averroisten schied.

Unter den zweihunderteinundzwanzig Sätzen, welche Stephan Tempier am 7. März 1277 verurteilte, sind einige, als deren Verfechter Thomas bekannt war[19]). Der Widerstand der Universitätslehrer gegen die Neuerung kommt darin zum Ausdruck. Sie wollen nicht über den Standpunkt hinausgehen, den Wilhelm von Auvergne und Alexander von Hales in der ersten Hälfte des Jahrhunderts begründet hatten. Beide haben Kenntnis von dem bereicherten Material und geben ihm in ihren Schriften eine dekorative Verwendung. Aber zum vollen Verständnis sind sie nicht gelangt und noch weniger gewähren sie der anders gerichteten Denkweise des Stagiriten einen bestimmenden Einfluß auf die ihre, im herkömmlichen Augustinismus sich bewegende. Die Sonderung zwischen dem eigenen Besitztum des Aristoteles und den Zutaten der Araber ist noch nicht durchgeführt. Den gleichen Standpunkt nimmt in der zweiten Hälfte des dreizehnten Jahrhunderts Heinrich von Gent ein, der zu den heftigsten Gegnern der Bettelorden gehörte. Daß es auch der der Franziskanerschule war, ist schon gesagt worden. Aber selbst die Dominikaner folgten zu Anfang nur zaghaft ihrem berühmten Ordensgenossen. Die Opposition hatte schon bei seinen Lebzeiten eingesetzt, doch scheint die Achtung vor der Persönlichkeit ihr Schranken gezogen zu haben. Anders nach seinem im Jahre 1274 erfolgten

---

18) Minus volunt cum ceteris peripateticis recte sapere, quam cum Averrhoe aberrare, qui non tam fuit peripateticus quam peripateticae philosophiae depravator. Thomas Aq., De unitate intellectus contra Averrhoistas (Opusc. 16).

19) Chartularium, No. 473. Denifle hat gewiß recht, wenn er ebenda S. 556 bemerkt: Certe in condemnatione an. 1277 Parisiis non aperte agitur de S. Thoma. Wenn er aber selbst wenige Zeilen vorher sagt: Sententiam S. Thomae de Aquino de principio individuationis tangere videntur „errores" 81, 96, 191, so ist kein Zweifel, daß die Sätze: quod, quia intelligentiae non habent materiam, Deus non posset facere plures eiusdem speciei (81), quod Deus non potest multiplicare individua sub una specie sine materia (96) und quod formae non recipiant divisionem, nisi per materiam (191) dem Inhalte, wenn auch nicht überall dem Wortlaute nach der Lehrmeinung des Thomas entsprechen.

Tode. Einer alten Angabe zufolge hätte noch Albert kurz vor seinem Ende Veranlassung genommen, in Paris, wohin er, seine hohen Jahre nicht scheuend, gereist wäre, mit dem Gewichte seines Ansehens für die Rechtgläubigkeit seines ihm vorausgegangenen Schülers einzutreten.

Aber der eigentliche Sitz der Gegner war nicht dort, sondern in England. Der Erzbischof von Canterbury, Robert Kilwardby, der, selbst dem Dominikanerorden angehörend, in Paris unter der Vorherrschaft der alten Schulmeinungen seine Studien gemacht und dieselben auch in eigenen Schriften vertreten hatte, dann mehrere Jahre an der Universität in Oxford lehrte, verurteilte wenige Tage, nachdem in Paris die Sentenz des Bischofs Tempier ergangen war, und möglicherweise im Zusammenhange mit dessen Vorgehen, am 18. März 1277 dreißig Sätze, darunter solche, die für Thomas und und seine Schule bezeichnend waren[20].

Nach der Seite des Ordens hin kam die Verurteilung zu spät, denn hier war inzwischen die Autorität des Aquinaten gewachsen. Ein im Juni 1278 in Mailand abgehaltenes Generalkapitel schickte zwei mit allen Vollmachten ausgerüstete Visitatoren nach Oxford, um die daselbst im Kreise der eigenen Familie laut gewordene Opposition zum Schweigen zu bringen[21]. Im folgenden Jahre schrieb das Generalkapitel zu Paris dem gesamten Orden vor, solidarisch für die Ehre des berühmten Mitgliedes einzutreten. In dem gleichen Sinne äußern sich eine Reihe späterer Kapitel[22]. Von jetzt ab war die von Thomas inaugurierte Neuerung die Doktrin des Dominikanerordens. Daran vermochte auch der von Robert Kilwardbys Nachfolger auf dem erzbischöflichen Stuhle von Canterbury, dem Franziskaner Johann Peckham, neuerdings aufgenommene Kampf nichts zu ändern[23]. Sein Versuch, die römische Kurie zum Einschreiten

---

20) A. a. O., Nr. 474. Vgl. die Sätze 3, 7, 12, 13, 16 unter der Überschrift „in naturalibus".

21) Der Beschluß des Kapitels, a. a. O., No. 481, lautet: Iniungimus districte fratri Raymundo de Medullione et fratri Johanni Vigorosi lectori Montispesulani, ut cum festinatione vadant in Angliam, inquisituri diligenter super statum fratrum, qui in scandalum Ordinis detraxerunt scriptis venerabilis patris fratris Thomae de Aquino, quibus ex nunc plenam damus auctoritatem in capite et in membris; quos culpabiles invenerint in predictis puniendi, extra provinciam mittendi et omni officio privandi plenam habeant potestatem.

22) Reichert, Monumenta ordinis Fratrum Praedicatorum historica, T. III. Acta capitulorum generalium I (1898), p. 204. Vgl. Mandonnet, a. a. O., 1. partie, p. 236.

23) Ehrle, John Peckham über den Kampf des Augustinismus und Aristotelismus, a. a. O., S. 174 ff.

zu bestimmen hatte keinen Erfolg. Aber der Gegensatz zwischen der Schule der Dominikaner und der dem Alten anhängenden Franziskanerschule war damit besiegelt und durchzieht die weitere Geschichte der Scholastik.

Die skizzierten Vorgänge verstärken nochmals den fremdartigen Eindruck, den uns heute der Wissenschaftsbetrieb des Mittelalters erweckt. Korporationen treffen durch ihre Beschlüsse die Entscheidung in Fragen der abstraktesten Theorie. Die Stellungnahme zu wissenschaftlichen Problemen wird zum Feldgeschrei feindlicher Heerlager, in denen sich in wechselnder Gruppierung Weltklerus und Bettelmönche, Dominikaner und Franziskaner, Albertisten und Averroisten zusammenfinden. Gehört dies alles zu der früher besprochenen Außenseite, zu dem geschichtlich Bedingten, so fragt es sich nunmehr, welches Verständnis wir den Problemen entgegenbringen können, um welche zuletzt der Streit sich drehte.

In einem Briefe an den Bischof von Lincoln vom 1. Juni 1285 hebt der schon genannte Johann Peckham drei Punkte hervor, an denen die Überlieferung Augustins von den Neueren, wie er sagt, entkräftet und zerstört werde. Es ist die Lehre von den ewigen Wahrheitsnormen und dem unveränderlichen Lichte, von den Vermögen der Seele und von den Samengründen der Dinge[24]).

Von diesen drei Punkten scheint der zweite unserem Verständnisse ohne weiteres geläufig zu sein, aber die knappe Zusammenfassung ist an dieser Stelle ungenau und irreführend. Es handelt sich nicht um die Aufzählung unterschiedener Gruppen seelischer Vorgänge; was hier gemeint ist, wird anderwärts als die Lehre von der Einheit der Wesensform bezeichnet. Es ist ein metaphysisches Problem, oder vielmehr eine Vielheit von Problemen, das Prinzip des Lebens, das Verhältnis von Seele und Leib, die Einheit der menschlichen Persönlichkeit und der seelischen Lebensbetätigung. Die zuletzt genannten Samengründe der Dinge sind

---

24) A. a. O., S. 186: Philosophorum studia minime reprobamus, quatenus mysteriis theologicis famulantur; sed prophanas vocum novitates, quae contra philosophicam veritatem sunt in sanctorum iniuriam citra viginti annos in altitudines theologicas introductae, abiectis et vilipensis sanctorum assertionibus evidenter. Quae sit ergo solidior et sanior doctrina, vel filiorum s. Francisci, sanctae scilicet memoriae fratris Alexandri ac fratris Bonaventurae et consimilium, qui in suis tractatibus, ab omni calumnia alienis, sanctis et philosophis innituntur; vel illa novella quasi tota contraria, quae quidquid docet Augustinus de regulis aeternis et luce incommutabili, de potentiis animae, de rationibus seminalibus inditis materiae et consimilibus innumeris destruat pro viribus et enervet, pugnas verborum inferens toti mundo, videant antiqui, in quibus est sapientia, videat et corrigat Deus coeli.

die λόγοι σπερματικοί der Stoa, aber so, wie Augustinus sie verstand, als die von Gott bei der Schöpfung in die Dinge hineingelegten, in vorbestimmter Zielstrebigkeit wirkenden Kräfte. Die Diskussion darüber aber geht alsbald über die geschichtlich bedingte Fassung hinaus und erörtert ganz allgemein die letzten Gründe des Werdens in der Natur. Versuchen wir endlich das an erster Stelle Gemeinte in unserer Sprache auszudrücken, so werden wir sagen: der Gegensatz zwischen Augustinismus und Aristotelismus betraf das apriorische Element in unserer Erkenntnis.

Frühzeitig war der griechischen Philosophie die Einsicht aufgegangen, daß die Summe der Sinneswahrnehmungen nicht das Ganze unseres Erkennens ausmache, sondern darüber hinausliegend, davon verschieden, ja vielleicht im Gegensatze dazu stehend, ein engerer oder weiterer Umfang geltender Wahrheiten angenommen werden müsse. Aus solcher Überzeugung heraus, wenn auch ohne die Fähigkeit, ja selbst ohne das Bedürfnis, sie zu begründen, verkünden Jonier und Eleaten ihre wahre Lehre im Gegensatz zu den trügerischen Meinungen der Menge. Die Pythagoreer dagegen waren zu jener Einsicht gekommen durch ihre Beschäftigung mit der Mathematik — Zahlenverhältnisse haben Gültigkeit, auch wo sie über die Tragweite unmittelbarer Sinneswahrnehmung hinausreichen — und in realistischer Ausprägung des so Gefundenen behaupten sie, mehr als Wasser oder Luft oder Feuer mache Zahl das Wesen der Dinge aus[25]). Plato endlich scheidet zuerst mit deutlichem Bewußtsein die höhere Erkenntnis der Vernunft von der der Sinne, indem er sie zugleich auf spezifisch verschiedene Gegenstände verweist, dort die übersinnliche Welt der ewigen Ideen, hier die sichtbare Welt des steten Werdens und Vergehens. Ein Wissen aber gibt es nur von der ersteren, denn das Merkmal der Wahrheit ist Unveränderlichkeit.

Ein Ziel war damit aufgewiesen, aber der Weg nicht gezeigt, auf dem wir dorthin gelangen. Und dem Reiche der Wirklichkeit, in dem wir leben und handeln, stand die Welt der Wahrheit fremd und unnahbar gegenüber. Nur in Bildern und Gleichnissen, nur in mythischer Form wußte Plato in der einen wie in der anderen Richtung die trennenden Abstände zu überbrücken. Anders Aristoteles. Er hat den Glauben an ewig geltende Wahrheiten nicht aufgegeben, denn das Wissen, wie auch er es versteht, schließt

---

25) Arist. Met. I, c. 5, 985b, 23 sq.

die Einsicht in einen notwendigen, nicht bloß faktischen Sachverhalt ein. Aber sein Blick ruht auf der wirklichen Welt. Nicht hoch hinausgehoben über die Dinge, sondern in und aus den Dingen will er die Wahrheit erkennen. Die Erfahrung ist die Grundlage des Wissens. Wir erfassen die ewigen Wesenheiten der Dinge nur in und mit den Sinnenbildern. Philosoph und Naturforscher zugleich, setzt er dem überfliegenden Apriorismus Platos einen energisch betonten Empirismus entgegen.

In dem Entwicklungsgange der mittelalterlichen Spekulation spielt das empiristische Prinzip keine Rolle. Man lernte aus Büchern, und die Vorlagen, denen man Fragestellungen und Lösungen entnahm, waren mehr oder minder von platonischem oder vielmehr neuplatonischem Geiste erfüllt. Für Augustin war die Bekanntschaft mit neuplatonischen Schriften zu einem Ereignis seines inneren Lebens geworden. Durch sie war er zur Anerkennung einer übersinnlichen Welt gelangt. Bei ihm fanden die Scholastiker tiefsinnige Aussprüche über eine einzige höchste und allumfassende Wahrheit, von der alle Einzelerkenntnisse nur besondere Strahlen sind; von dem göttlichen Licht, das in unseren Geist hineinscheint, so daß wir in ihm die Wahrheit erkennen; von höchsten Normen des Wahren und Guten, von denen alles richtige Urteilen und Werten abhängt. Nicht durch die Sinne werden sie uns mitgeteilt, denn diese könnten niemals ihre Allgemeingültigkeit verbürgen, wir finden sie, wenn wir in uns selbst einkehren, in den unergründlichen Tiefen unseres eigenen Innern. In der Erkenntnis der übersinnlichen Wahrheiten treten wir mit Gott in Verbindung. Auch die geschaffenen Dinge erkennen wir in den ewigen Ideen [26]).

Es ist der Apriorismus in theologischer Form. Was wir im Gesamtbereich unseres Vorstellens und Erkennens vorfinden, ausgezeichnet durch die Merkmale der Allgemeingültigkeit, der Unveränderlichkeit und Notwendigkeit, das können wir nicht der sinnlichen Erfahrung verdanken, aber es wird auch nicht auf eine nicht weiter zu erörternde Organisation unserer Vernunft zurückgeführt, sondern auf Gott, die Quelle alles Lichts und aller Wahrheit. Diesem augustinischen Apriorismus huldigen Heinrich von Gent und die übrigen Vertreter der älteren Denkweise unter den Universitätslehrern, nicht minder die Anhänger der Franziskanerschule, die

---

[26] v. Hertling, Augustinus-Zitate bei Thomas von Aquin (Sitzungsberichte der philos.-philol. und der histor. Klasse der Kgl. Bayer. Akademie der Wissenschaften, 1904, Heft 4), S. 563 ff. und oben S. 120 ff.

sich um die Autorität eines Alexander von Hales und Bonaventura scharen.

Im engsten Anschlusse an den letzteren fragt Matthäus von Aquasparta nach dem Grunde, auf dem die unveränderlichen und allgemeingültigen Wahrheiten beruhen, wie sie beispielsweise die einfachen, unmittelbar einleuchtenden mathematischen Sätze darstellen. Der Grund liegt nicht in den Dingen, denn jene Wahrheiten bleiben gültig, auch wenn die Dinge untergehen, auch nicht in dem menschlichen Intellekt, der wandelbar ist wie alles Geschaffene. Nur in Gott können sie ihren Grund haben, „dem ewigen Vorbild alles Seienden und Gedachten, Gott, in welchem aller veränderlichen Dinge unveränderliche Urgründe und aller wandelbaren Dinge unwandelbare Ideen sind"[27].

Auch die christlichen Aristoteliker sind nicht gewillt, ein solches höchstes Besitztum des menschlichen Geistes preiszugeben. Aber den Spuren ihres Meisters folgend wollen sie der Erfahrung ihr Recht wahren und den inhaltlichen Zusammenhang der Intellektualerkenntnis mit der sinnlichen aufrecht erhalten. Freilich, wo Aristoteles im dritten Buche von der Seele hierauf zu reden kommt, zieht er seine ohnehin knappe Darstellungsweise in kurze Rätselworte zusammen. Bestimmt spricht er es aus, daß wir nur denken können in Anlehnung an die Sinnenbilder und daß wir in diesen, in den Phantasmen, die Wesensbegriffe erfassen. Und auch das läßt sich als seine Meinung feststellen, daß die vernünftige Seele durch eigene Kraft diese Begriffe erkennt, aus denen sie alsdann deduktiv alle weitere Erkenntnis ableitet. Auf diese fragmentarischen Bestimmungen gründet sich, was Albert und Thomas über die Aufgabe des wirkenden Verstandes dem aristotelischen Texte entnahmen. Er ist eine der Seele selbst innewohnende aktive Kraft, durch die sie die Sinnenbilder erst intelligibel macht und in eine höhere, geistige Sphäre erhebt, damit sie rückwirkend das Denkvermögen bestimmen können, und dieses nun die intellektuale Vorstellung in sich aufnimmt, zum aktuell denkenden Verstande wird[28].

---

[27] M. Grabmann, Die philosophische und theologische Erkenntnislehre des Kardinals Matthäus von Aquasparta. Ein Beitrag zur Geschichte des Verhältnisses zwischen Augustinismus und Aristotelismus im mittelalterlichen Denken. Wien 1906, S. 46.

[28] Thomae Aquinatis Commentaria in Arist. de anima librum tertium, lectio X. Summa theol. I, qu. 79, art. 1—4. Quaest. disp. de anima art. 4. Über Albert vgl. A. Schneider, Die Psychologie Albert des Großen. Nach den Quellen dargestellt, II. Teil (Beiträge zur Geschichte der Philosophie des Mittelalters, Bd. IV, Heft 6), 1906, S. 334 ff.

Die künstliche Konstruktion kann eine abschließende Lösung nicht bringen, aber sie bezeichnet die Richtung, in der sie immer wieder gesucht werden muß. Die Verwendung des aristotelischen Schemas von Potenz und Akt, welche die Konstruktion in unseren Augen unnütz beschwert, kann dabei auf sich beruhen. Daß mit der einmaligen Darbietung eines Sinnenbildes das Geschäft der Erfahrung nicht abgeschlossen ist, leuchtet ohne weiteres ein. Welche Fülle vielgestaltiger Aufgaben dasselbe umschließt, hat uns die Geschichte der induktiven Forschung gelehrt. Aber nicht das ist das Entscheidende. Der theologische Apriorismus führt, konsequent durchgedacht, zum Theognostizismus. Sollen wir alles in den ewigen Wahrheitsnormen, den göttlichen Ideen, erkennen, so besagt dies zuletzt, daß wir Gott unmittelbar und in ihm alles andere erfassen. Aber wie Augustin selbst, so scheuen auch die Vertreter der augustinischen Richtung im Mittelalter vor einer solchen Behauptung zurück und kommen eben darum über unklare Vorstellungen und schillernde Bilder nicht hinaus. Der Apriorismus Kants weiß nur von inhaltslosen Formen, durch die wir in einen fremden Stoff systematische Ordnung bringen müssen. Der spekulative Idealismus seiner nächsten Nachfolger hat uns endgültig davon überzeugt, daß gesetzmäßig fortschreitende Vernunfttätigkeit allein niemals einen wirklichen Inhalt des Bewußtseins hervorbringen kann. Nur aus dem Zusammenwirken zweier Faktoren, der Vernunft und der Erfahrung, erwächst uns das Wissen. Nirgends besteht es in einem bloßen durch die Sinne vermittelten Aufnehmen von außen. Schon in seinen einfachsten Bestandteilen zeigt es sich durchzogen und getragen vom selbsttätigen Denken, dazu veranlagt und dazu hingeordnet, den denkbaren Inhalt des Seienden nachbildend zu ergreifen. Dies durch eindringende Analyse im einzelnen festzustellen, ist die immer wieder sich aufdrängende Aufgabe. Es in bezug auf den Ursprung der Begriffe grundsätzlich ausgesprochen zu haben, bleibt das Verdienst des großen griechischen Philosophen, dem kein Abbruch dadurch geschieht, daß er nicht sofort auch schon die sämtlichen psychologischen, erkenntnistheoretischen und metaphysischen Fragen ins Auge gefaßt oder gar gelöst hat, welche damit aufgeworfen werden. Wenn Thomas und seine Anhänger den Grundgedanken des Aristoteles erneuerten und in ihrer Weise zu einer konsequent durchgeführten Theorie zu entwickeln bemüht waren, so bedeutete dies gegenüber dem in neuplatonischen Bahnen sich bewegenden Augustinismus einen zweifellosen Fortschritt.

Nur muß man nicht erwarten, daß sie den von ihnen eingenommenen Standpunkt nun in ausdrücklichem Gegensatz gegen die Autorität des großen lateinischen Kirchenvaters und in historisch-kritischer Würdigung desselben zur Geltung gebracht hätten. Dies würde völlig aus dem Rahmen des scholastischen Wissenschaftsbetriebs hinausführen. Vielmehr muß die harmonisierende Auslegung über den vorhandenen Gegensatz hinwegtäuschen, jetzt mit Hilfe kaum merklicher Akkomodation, jetzt so, daß die einer ganz andern Denkweise entstammende Meinung durch kühne Umdeutung in den Aussprüchen Augustins wiedergefunden wird. Insbesondere werden die platonisierenden Ausdrücke von dem göttlichen Urbilde und unserer Teilnahme an demselben resolut im Sinne kausaler Abhängigkeit verstanden[29]).

Man muß tiefer graben, um in den beiden anderen Kontroversen unter den übergelagerten Schichten traditioneller Gedankengänge und schulmäßiger Formulierungen die heute noch lebendigen Probleme zu erfassen.

Die dem aristotelischen Lehrgebäude entstammenden Termini von Materie und Form waren der Scholastik seit ihren Anfängen geläufig, aber der Einblick in die Motive, welche zu ihrer Aufstellung geführt hatten, war aus der Erinnerung geschwunden. Für Aristoteles waren sie das Mittel, das Rätsel des Werdens zu lösen[30]). Das Rätsel des Werdens, denn wenn etwas werden soll, darf es nicht zuvor schon dagewesen sein, und doch kann unmöglich ein Seiendes aus dem Nichts emportauchen. Darum hatten Empedokles und Demokrit, die ältesten Vertreter einer mechanischen Naturerklärung, das Werden im eigentlichen Sinne geleugnet. Was die gewöhnliche Meinung so nennt, ist nur wechselnde Zusammenordnung unveränderlicher Grundbestandteile. Aristoteles will sich damit nicht zufrieden geben. Um der Macht der Tatsachen willen glaubt er an einem wirklichen Werden der Dinge festhalten zu müssen, jene Schwierigkeit aber glaubt er dadurch zu beseitigen, daß er neben und vor dem wirklichen Sein ein Sein der Möglichkeit nach statuiert, das also noch nicht die volle Realität, aber doch einen ersten Grad derselben besitzt. Denn nun wird nicht mehr das Seiende aus dem Nichtseienden, was als unmöglich gelten muß, sondern das Wirkliche aus dem Möglichen. Das Sein der Möglich-

---

29) v. Hertling, Augustinus-Zitate bei Thomas von Aquin (oben S. 97 ff.).
30) Vgl. zu dem Folgenden meine Jugendschrift: Materie und Form und die Definition der Seele bei Aristoteles, Bonn 1871.

keit nach liegt allem Werden zugrunde, es ist das, woraus das Ding wird, das Substrat des Werdens, die Materie in dem Sinne, in dem Aristoteles zuerst Begriff und Name festgestellt hat. Sie ist das Bleibende im Wechsel. Aber was ist das Wechselnde, wenn aus einem Dinge ein anderes entsteht? Was muß zu der Materie hinzukommen, damit ein neues Wirkliches vorhanden sei? Das eben ist die Form, aber nicht als ein von außen Gestaltendes, sondern als das konstituierende Prinzip des Seins und Soseins gedacht, dasjenige, was die bloße Möglichkeit aktualisiert, was mit der Materie zusammen das wirkliche Ding in seiner spezifischen Eigenart innerlich bestimmt.

Man sieht, die Ableitung ist rein dialektisch, die erfahrungsmäßige Grundlage zunächst nur der Vorgang des Werdens überhaupt und in seinen allgemeinsten Bestimmungen. Und doch zeigt tieferes Eindringen, daß Aristoteles hier eine große und fruchtbare Einsicht aufgegangen ist. Vergessen wir einen Augenblick die Gleichsetzung der Materie mit der bloßen substantiellen Möglichkeit — Aristoteles selbst kann sie in der weiteren Durchführung nicht festhalten — und verstehen wir statt dessen unter jenem Namen die Vielheit der verwirklichenden Bedingungen, an deren Vorhandensein die Entstehung eines neuen Dinges geknüpft ist, und vergegenwärtigen wir uns sodann, daß die Erklärung der Naturvorgänge durch die vollständige Aufzählung dieser Bedingungen noch nicht zum Abschlusse kommt. Möge es gelingen, das Leben eines organischen Wesens in eine Vielheit mechanischer Prozesse aufzulösen, die Vielheit dieser miteinander und nebeneinander verlaufenden Prozesse gehorcht einem einheitlichen Gesetze, und nur dadurch entsteht aus ihr ein einstimmiges Ganzes. Darum sind wir genötigt, ohne uns freilich auf anschauliche Erfahrung stützen zu können, der Vielheit verwirklichender Bedingungen ein zentrales Prinzip gegenüberzustellen, das an ihnen jenes Gesetz des Ganzen in den bestimmten Formen der Entwickelung und der definitiven Ausgestaltung des besonderen organischen Typus zur Geltung bringt[31]). Daß es dieses innere Prinzip der Entwicklung und Ausgestaltung war, woran Aristoteles bei der Form oder, wie er sie auch nennt, der Entelechie dachte, wird sofort deutlich in den grundlegenden Bestimmungen seiner Biologie. Die Seele ist Form, sie ist Verwirklichung, Entelechie des in Möglichkeit lebenden organischen Körpers.

---

31) Das hier nur kurz Angedeutete hoffe ich an anderer Stelle ausführlich erörtern und begründen zu können.

Sie ist das Prinzip aller Lebensfunktionen, der sensitiven wie der vegetativen. Ein totes Auge, eine tote Hand sind nur dem Namen nach Auge und Hand, denn ihre Wesensbestimmtheit empfangen sie aus der empfindenden bewegenden Seele.

Aber es bleibt bei einer großen Intuition. In der näheren Durchführung häufen sich sofort die Schwierigkeiten. Die größte entsteht dadurch, daß zu der bisher erörterten Gedankenreihe eine andere hinzutritt, ohne sich widerspruchsfrei mit ihr verbinden zu können.

Um das Problem des Werdens zu lösen, hatte Aristoteles angenommen, daß jedes dem Wandel unterworfene Ding innerlich aus zwei Faktoren zusammengesetzt sei, aus Materie und Form. Zwei Bestandteile hatte aber auch schon Plato an den Dingen unterschieden, ohne freilich über poetische Metaphern hinauszukommen. Sie sind Abbilder ewiger Ideen, und indem sie uns an diese erinnern, erfassen wir in den allgemeinen Begriffen, die die Vernunft in sich findet, das Wesen, das sie in wechselnden Erscheinungen darstellen. Der Grund dieses Wechsels aber und der bloß relativen, unzulänglichen Ähnlichkeit mit den Ideen ist ein anderes, das nicht schon Plato selbst, wohl aber die Späteren gleichfalls mit dem Namen Materie bezeichnet haben. Aristoteles polemisiert gegen die platonische Ideenlehre. Wie kann das Wesen der Dinge getrennt von den Dingen sein? Aber das dem Dinge immanente Wesen, der Inhalt des allgemeinen Begriffs, unter dem wir das Ding denken, fällt es nicht mit der Form zusammen? Wird die Ableitung aus dem Werdevorgange in strenger Konsequenz festgehalten, so muß die Frage verneint werden. Die Form ist nicht das Wesen, wie es der allgemeine Begriff Tier, Mensch oder was sonst ausspricht, sondern das innerliche Prinzip, welches ein Ding nach Natur und Beschaffenheit durchaus bestimmt, also Prinzip des Wesens, nicht das Wesen selbst. Der Inhalt des Menschheitsbegriffs und die Seele des Einzelmenschen decken einander nicht. Daß Aristoteles selbst diese Scheidung nicht festhält, liegt an der realistischen Denkweise, die in Plato ihren stärksten Ausdruck gefunden hatte, aber auch in seinem Schüler noch wirksam ist. Der real gedachte, verdinglichte, allgemeine Wesensbegriff absorbiert immer wieder die Form, die in Konsequenz des zu ihr hinführenden Gedankenganges ein Individuelles sein mußte.

Anderes kommt hinzu. Auch die Materie schwankt bei Aristoteles zwischen der bloßen substantiellen Möglichkeit und dem Stoffe mit bestimmten Eigenschaften. Nur in diesem letzteren Sinne kann sie bei der Einzelerklärung Verwendung finden. Je mehr aber die Materie Ursache positiver Wirkungen wird, desto mehr verengert sich die der Form zufallende Funktion. So führt die Ausgestaltung des Systems selbst dazu, die Absicht, in der jene beiden Termini ursprünglich aufgestellt waren, und die Aufgabe, die sie leisten sollten, zu verdunkeln.

Den Späteren ist Form, sofern sie nicht darunter die äußere Gestalt verstehen, nur ein anderer Name für Idee, Wesensbegriff, begriffliche Realität[32]). Aber Wesensbegriffe, und zumal, wenn sie real gefaßt werden, stehen in starrer Abgeschlossenheit nebeneinander und können keine Gemeinschaft eingehen. Darum verwirft Robert Kilwardby den Satz[33]), der ihm vollkommen unverständlich sein mußte, daß die vegetative, sensitive und intellektive Seele zur Einheit der menschlichen Wesensform verbunden seien. Nach den Grundsätzen der aristotelischen Biologie dagegen steigert sich das Lebensprinzip von der Stufe des bloß vegetativen Lebens, wie es die Pflanzenwelt darstellt, zu dem sensitiven Leben der Tiere und endlich — was freilich wieder mehr aus Andeutungen erschlossen, als klaren Aussprüchen entnommen werden kann — zum vernünftigen Leben des Menschen. Demgemäß lehrt Thomas[34]) ausdrücklich, daß der Intellekt, das Prinzip der intellektiven Tätigkeit, Form des menschlichen Körpers sei. Die vernünftige Seele ist es, die das Wesen des Menschen bestimmt, aus ihr stammt daher der ganze Umfang menschlicher Lebenskräfte und Funktionen, die sensitiven so gut wie die vegetativen.

Nicht alle Vertreter des Augustinismus gingen so weit, wie der Erzbischof von Canterbury, daß sie die Menschenseele aus drei reell unterschiedenen Formen zusammengesetzt sein ließen, einig aber sind sie alle darin, daß sie neben der einen geistigen

---

32) Vgl. Augustin, De libero arbitrio II, 16, 44: . . . esse aliquam formam aeternam et incommutabilem, quae neque contineatur et quasi diffundatur locis, neque protendatur atque varietur temporibus, per quam cuncta ista formari valeant et pro suo genere implere atque agere locorum ac temporum numeros. Boetius, Comment. in Ar. libr. de interpr., rec. Meiser II, 368, 22: Album musicum, quoniam in unam formam non concurrunt. Forma ist nichts anderes als species, Boet., a. a. O, I, 133, 25: Quantum ad speciem formamque adfirmationis et negationis. Petrus Lombardus bedient sich dieses Namens, um die Formalursache zu bezeichnen, II Distinct. 1, 2: Aristoteles posuit principia scilicet materiam et speciem et tertium operatorium dictum.

33) A. a. O., No. 474, 12. Item quod vegetativa, sensitiva et intellectiva sint una forma simplex.

34) Summa theol. I, qu. 76, a. 1: Necesse est dicere, quod intellectus, qui est intellectualis operationis principium, sit humani corporis forma.

Seele noch eine oder mehrere Wesensformen im Menschen annehmen[35]), durch welche derselbe nach der Seite seines körperlichen Lebens konstituiert wird. Und damit stehen sie durchaus auf dem Boden des großen lateinischen Kirchenvaters, der den früher von ihm selbst gehegten Gedanken, die Seele sei es, welche auch den Leib nach seinem Sein und Sosein bestimme, als einen freventlichen ablehnt[36]), offenbar, weil ihm die Superiorität des geistigen Prinzips dadurch gefährdet erscheint. Wird aber nicht umgekehrt durch eine solche Auffassung die Einheit der menschlichen Persönlichkeit gefährdet, wenn der Intellekt nicht Wesensprinzip des ganzen Menschen ist? Wie kann ich von Sokrates sagen, meint Thomas, daß er, Sokrates, denkt, wenn es nicht sein denkender Geist, seine vernünftige Seele ist, die ihn zum Sokrates macht? Und nicht minder kompliziert sich die Frage nach dem Verhältnis der Seele zum Leib. Wenn sie einander so fremd gegenüberstehen, was verbindet die eine mit dem anderen? Dagegen bedarf es, wie schon Aristoteles geltend macht, eines Bandes oder einer Vermittlung nicht, wenn die Seele das einheitliche Prinzip des Lebens nach seinem ganzen Umfange ist[37]).

In der aristotelischen Lehre von den Ursachen bezeichnet die Materie den schwächsten Punkt. Soll sie nur das sein, was die ursprüngliche Ableitung ergibt, die substantielle Möglichkeit, so ist sie ein bloßes Gedankending und sie ist für die Erklärung der einzelnen Werdevorgänge in ihrer jeweiligen Besonderheit völlig wertlos. Durchaus konsequent lehren Thomas und seine Schule, daß sie niemals ohne Form existiere, wie auch die Formen der körperlichen Dinge nur in und mit diesen existieren. Aber wie kommt nun das Werden zustande, dessen Ergebnis die aus Materie und Form als ihren Wesensbestandteilen konstituierte Einzelsubstanz ist? Wenn das Wirkliche nur entstehen kann aus einem Möglichen, so kann es nach einem weiteren aristotelischen Grundsatze nur werden durch ein Wirkliches[38]). Jede aus einem Werdeprozesse hervor-

---

35) Ehrle, Der Augustinismus usw., a. a. O., S. 635. Thomas a. a. O., a. 3.
36) Retractat. I, c. 5, n. 3: Illud quoque temere dictum est: A summa essentia speciem corpori per animam tribui, qua est, inquantumque est. Per animam ergo corpus subsistit, et eo ipso est, quo animatur, sive universaliter, ut mundus, sive particulariter, ut unumquodque animal intra mundum. Vgl. De immortalitate animae, c. 15, 24.
37) Arist. De anima II, 1, 412 b 6. Vgl. Thomas, a. a. O., Artikel 6 und 7.
38) Arist. Met. IX, 8, 1049 b, 23.

gegangene Substanz setzt eine andere, und zwar eine mit ihr gleichartige Substanz voraus, durch deren Wirksamkeit sie entstanden ist. Der vollkommene Organismus erzeugt einen neuen Organismus der gleichen Art[39]. So ergibt sich jetzt eine zweite Gegenüberstellung: Materie und wirkende Ursache. Vorbildlich ist dafür die Tätigkeit des Menschen, der in die Welt der Dinge eingreift, ihnen neue Gestalten gibt, sie zu erhöhten Leistungen befähigt. Die Materie ist das passive Prinzip, nur dazu da, die Wirkung in sich aufzunehmen. Alle Aktivität und somit auch aller positive Erfolg ist auf die wirkende Ursache zurückzuführen.

Sehr verschieden hiervon war die Auffassung von der Materie und das Werden der Naturdinge im anderen Lager. Daß sie eine Materie auch der geistigen Wesen annehmen, mag im Vorbeigehen bemerkt werden. Bei der Materie der körperlichen Dinge aber denken sie unter der Nachwirkung stoischer Lehrmeinungen an den Stoff, dem zwar noch jede bestimmte Gestalt und Eigenschaft fehlt, aber doch die allgemeinen Bestimmungen der körperlichen Natur eignen. Und in Verschmelzung stoischer und augustinischer Gedanken schreiben sie sodann der Materie Kräfte zu, die Gott in der Schöpfung in sie hineingelegt hat. Das sind die verborgenen Samengründe, die rationes seminales, aus denen in gesetzmäßiger Entwickelung die Dinge, insbesondere die organischen Wesen, hervorgehen.

Daher verwirft Robert Kilwardby den von Thomas vertretenen Satz, der Materie komme keinerlei aktive Kraft zu[40]. Doch will er damit, wie er in einem erläuternden Briefe bemerkt, diesen und die anderen, gleichzeitig verurteilten Sätze nicht als häretisch bezeichnet haben[41]. Wo er sich aber anschickt, ihn als irrig zu erweisen, macht er geltend, daß niemals in den Naturvorgängen dasjenige, was eine Einwirkung erfährt, diese lediglich passiv in sich aufnimmt, sondern der Erfolg jederzeit bedingt ist, wie durch die von außen wirkende Ursache, so durch die eigene Natur und Beschaffenheit oder die Mitwirkung des Aufnehmenden[42]. Und daß

---

39) Met. VII, 7, 1032a, 24 und öfter.
40) A. a. O. 3. Item quod nulla potentia activa est in materia.
41) Mitgeteilt bei Ehrle, a. a. O. 614: Damnatio ibi facta non fuit talis, quomodo solebat esse expressarum haeresum, sed fuit prohibitio in scolis determinando vel legendo vel alias dogmatizando talia asserendi; tum quia quidam sunt manifeste falsi, tum quia quidam sunt veritati philosophice devii, tum quia quidam sunt erroribus intolerabilibus proximi, tum quia quidam sunt apertissime iniqui, quia fidei catholicae repugnantes.
42) A. a. O., S. 618: Differt motus naturalis a motu violento. Motus

er hier die Wahrheit auf seiner Seite hat, wird ihm heute kaum jemand bestreiten wollen[43]).

So ist der Gegensatz, der die beiden Lager trennt, tief genug. Es hat sich gezeigt, daß die von dem Erzbischof von Canterbury hervorgehobenen Streitpunkte eine Reihe von grundlegenden Problemen unter sich befassen. Aber der Gegensatz liegt auf dem wissenschaftlichen Gebiete. Darüber hinaus sind beide geeinigt durch das gemeinsame Band der christlichen Glaubenslehre. Anders ist das Verhältnis zwischen Albertisten und Averroisten. Der Streit der Schulen ist hier in seinem letzten Grunde ein Kampf der Weltanschauungen. Sie streiten um die richtige Auslegung des aristotelischen Textes, aber für die einen ist Aristoteles der Schild, mit dem sie sich decken, wenn sie Schöpfung und Weltregierung und die Willensfreiheit des Menschen leugnen, während die anderen, Albert und Thomas, mit eindringendem Scharfsinne bemüht sind, den vom geschichtlichen Hintergrunde losgelösten griechischen Philosophen überall so zu verstehen, daß ein Widerspruch gegen das Dogma nicht hervortritt. Ihrem Bestreben kam die Gestalt des aristotelischen Lehrvortrags entgegen. An wichtigen, entscheidenden Stellen weist er Lücken auf, die durch selbständige Fortführung des Gedankenganges ausgefüllt werden müssen.

Wo der Philosoph im zwölften Buche der Metaphysik zur höchsten Spitze seines Systems, dem unbewegten Beweger, aufgestiegen ist, leitet er uns an, diesen als denkenden Verstand zu begreifen. Aber was ist der Gegenstand seines Denkens? Nichts von ihm Verschiedenes, nichts Außergöttliches kann es sein, denn dann wäre der höchste Verstand abhängig von einem Fremden. Nur er selbst kann dieser Gegenstand sein. Wechsellos ruht er in

enim violenti principium est extra, passo vim non conferente, id est non coagente motori. Licet enim principium motus naturalis sit extra, tamen motum confert et quoquo modo coagit, ut sit motus; alioquin enim omnis motus esset violentus. (In Wirklichkeit ist natürlich auch der Erfolg einer „gewaltsamen" Einwirkung durch die Natur und Beschaffenheit dessen bedingt, was eine solche Einwirkung erfährt.) Si ergo generatur et corrumpitur aliquid naturaliter, necesse est, quod sit aliquid intra rem motam coagens extrinseco motori. Et illud est potentia activa, quae cum tangitur a virtute rei moventis . . . confortatur et motu movet, et disposita disponit, promota promovet.

43) Vgl. Lotze, Metaphysik, S. 115: „Kein Ding ist in dem Sinne passiv oder rezeptiv, daß es irgend einen fertigen Zustand als Zugabe zu seiner Natur von außen aufnehmen könnte; zu allem, was in ihm als Zustand entstehen soll, liegt eine wesentliche und unentbehrliche Mitbedingung in seiner eigenen Natur. Nur mit dieser zusammen kann ein äußerer Anstoß den vollständigen Grund bilden, welcher Art und Form der entspringenden Veränderung bestimmt."

der denkenden Erfassung des eigenen Wesens. Schon die griechischen Ausleger hatten daraus die Konsequenz gezogen und die Araber hatten sie bereitwillig übernommen, daß somit das Außergöttliche seiner Kenntnis entzogen sei. Das höchste Wesen weiß nichts von der Welt und kümmert sich nicht um sie. Albert und Thomas bestreiten die Konsequenz. Gott erkennt sich selbst und er erkennt sich in der vollkommensten Weise. Gott aber ist die Ursache von allem. Also erkennt er sich in dieser seiner Ursächlichkeit und damit auch alles das, was davon abhängt und daraus hervorgeht.

Aber selbst an einem Punkte, wo die Aussprüche des Philosophen der christlichen Lehre direkt widerstreiten, da, wo er die Anfangslosigkeit der Weltbewegung und damit der Welt selbst beweisen will, weiß Thomas noch einen Ausweg zu finden. Die Argumente des Aristoteles, so meint er, sollen nicht dartun, daß ein Anfang der Welt schlechthin unmöglich sei, sondern nur, daß ein solcher unmöglich in der Weise angenommen werden könne, wie dies von einigen seiner Vorgänger, Empedokles, Anaxagoras und auch Plato, geschehen sei[44]). Dann aber geht er noch einen Schritt weiter. Die Alternative, ob zeitlicher Anfang oder ewige Dauer der Welt, läßt sich aus bloßer Vernunft nicht entscheiden; nur der Glaube lehrt uns, das erstere festzuhalten[45]). Ein Vorläufer Kants ist aber Thomas trotzdem nicht. Der Gedanke, daß es von dem Unbedingten keine theoretische Erkenntnis geben könne, liegt ihm völlig ferne, aber in dem Weltbilde, das er der antiken Kosmologie entnimmt, fehlen ihm die Anhaltspunkte, von denen aus sich ein Anfang des Naturlaufes als denknotwendig herausstellen müßte. Er blieb mit dieser seiner Meinung allein, so nachdrücklich er auch dafür eintrat. Die kleine Streitschrift, die er der Frage widmet, ist nicht gegen die arabischen Ausleger und ihre Anhänger, sondern gegen die Unzufriedenen im eigenen Lager gerichtet[46]).

In einer anderen dagegen, in der Abhandlung über die Einheit des Intellekts, wendet er sich direkt gegen Siger, das Haupt der lateinischen Averroisten. Mehr noch als die bisher berührten Lehrmeinungen stand die hier behandelte Frage im Mittelpunkte der gelehrten Diskussion.

Aristoteles hatte die höhere Seelentätigkeit, das Denken im

---

44) Thomas, S. th. I, qu. 14, a. 5.
45) A. a. O., qu. 46, a. 1 und 2.
46) De aeternitate mundi, contra murmurantes. Opusc. 27.

eigentlichen Sinne, auf einen besonderen Seelenteil, den Nus, zurückgeführt, über die Herkunft desselben aber und seine Verbindung mit den übrigen Seelenkräften nur wenige, verschiedener Deutung fähige Angaben hinterlassen. Schon bei den griechischen Erklärern zeigt sich das Bestreben, ihn völlig aus dem Verbande derselben herauszuheben und als ein höheres, der Vielheit der Menschen einheitlich und selbständig gegenüberzustellen. Demnächst wird er mit der neuplatonischen Lehre von den aus der höchsten Güte ausstrahlenden Intelligenzen in Verbindung gebracht. In dieser Umgestaltung kommt die aristotelische Lehre zu den Arabern. Nach Averroes denkt der einzelne Mensch nur durch den in ihm tätigen allgemeinen Verstand, oder richtiger: dieser denkt in dem einzelnen Menschen, mit dem er durch wechselnde Phantasmen verbunden ist. Er denkt immer, weil er in der Gesamtheit der menschlichen Individuen stets Sinnenbilder oder Phantasmen vorfindet, die er durch seine Tätigkeit erleuchtet.

Schon 1256 war Albertus gegen diesen verderblichsten aller Irrtümer aufgetreten, welcher die Persönlichkeit des Menschen vernichtet, seine Verantwortlichkeit aufhebt, der christlichen Lehre von der Vergeltung im Jenseits den Boden entzieht. Wir fragen heute verwundert, wie es möglich war, daß sich irgend jemand ernsthaft dazu bekannte. Welche Tatsache der Erfahrung hätte jene seltsame Konstruktion unterstützen, welcher Vorgang des seelischen Lebens hätte von dort aus verständlich gemacht werden können? Es war ein geistreicher Einfall Renans[47]), wenn er an die Einheitlichkeit der psychischen Organisation der Menschheit und die allgemeine Geltung der Vernunftprinzipien erinnerte und so den in allen Menschen denkenden Intellekt des Averroes mit dem hyperindividuellen Ich Fichtes auf eine Stufe stellte. Die Deutung würde völlig aus dem Gedankenkreise nicht nur der christlichen Scholastiker, sondern auch der arabischen Philosophen hinausführen. Sie alle sind, wie ihre Lehrmeister die Griechen, durchaus objektiv gerichtet. Die Wahrheit ist ihnen ein Gegebenes, ein Gegenstand, den wir erfassen, und nur darüber gehen die Meinungen auseinander, ob sie uns aus einer höheren Quelle zufließt oder wir imstande sind, sie aus eigener Kraft zu finden. Fichtes kühne Konstruktion war erst möglich, nachdem der kritische Idealismus Kants vorausgegangen

---

[47]) Averroes et l'Averroisme, p. 137: L'unité de l'intellect ne signifie pas autre chose que l'universalité des principes de la raison pure et l'unité de constitution dans toute l'espèce humaine.

war. Dagegen liegt hier der Punkt, auf den früher hingedeutet wurde, wo Averroes sich mit Augustinus berührt, und man wird annehmen dürfen, daß, wenn Thomas die Aussprüche Augustins umdeutet, das Motiv bei ihm mitwirkt, jeden Schein der Verwandtschaft zwischen diesen und der Lehre des arabischen Philosophen zu beseitigen. Wie dem aber auch sei, und will man selbst annehmen, daß das erkenntnistheoretische Problem im Hintergrunde gestanden habe, in der Polemik mit den lateinischen Averroisten spielt es inhaltlich keine Rolle. Für Thomas und Siger handelt es sich ausschließlich darum, welches der richtig verstandene Sinn des aristotelischen Textes und die wahre und volle Bedeutung seiner ontologischen und psychologischen Lehrbestimmungen ist. Die Kontroverse ist nur geschichtlich bedingt, aufgeworfen durch das überlieferte Material, und nur die Folgerungen, welche sich aus der einen oder anderen Deutung für den christlichen Glauben herausstellen, geben ihr das darüber hinausragende Interesse.

Und unter diesem Gesichtspunkt verbreitert sich auch der Gegensatz. Schon Ägidius von Rom, Thomas' jüngerer Zeitgenosse, erhebt gegen Averroes den Vorwurf, er habe alle Religionen für unwahr, wenn auch für nützlich erklärt. Der Averroismus ist nicht eine wissenschaftliche Richtung neben den anderen, seine Lehrsätze sind nicht bloße Schulmeinungen, seine Anhänger keineswegs nur auf den engen Kreis der Gelehrten beschränkt. Averroismus bedeutet Häresie, Auflehnung gegen die Kirche, Emanzipation der Philosophie von der Theologie, der Vernunft von dem Glauben. Es ist der geistige Vorstoß, den die Kultur des Islam gegen die geschlossene Weltanschauung des christlichen Abendlandes unternimmt.

In diesem Lichte stellte er sich insbesondere dem merkwürdigen Manne dar, den Renan den Vorkämpfer in dem dawider geführten Kreuzzuge nennt „le héros de cette croisade contre l'Averroisme", Raymundus Lullus. Auf Majorka geboren, hat er auf den Balearen und in Spanien durch die Berührung mit der mohammedanischen Bevölkerung jene Kultur kennen gelernt, und sie ängstigt ihn. Seitdem er den Tändeleien der Jugend entsagt hat, ist das große Ziel, dem er sein Leben widmet, die Bekehrung der Sarazenen. Immer wieder schärft er kirchlichen und weltlichen Behörden die Pflicht ein, Missionäre dafür auszusenden, aber diese zugleich in gehöriger Weise auszurüsten. Dazu rechnet er in erster Linie die Kenntnis des Arabischen, sodann aber sollen sie befähigt sein, die Einwendungen der Ungläubigen zu widerlegen und die schwankenden

Christen von der Vernünftigkeit ihres Glaubens zu überzeugen. Dazu will er selbst Mithilfe leisten, und so verfaßt er eine lange Reihe von Schriften, die teils gegen den Islam überhaupt, teils gegen seine philosophische Ausgestaltung, den Averroismus, gerichtet sind, ohne daß im einzelnen überall eine scharfe Trennung durchgeführt ist. In einer derselben, welche kürzlich zum ersten Male gedruckt wurde, unternimmt er es, die Irrtümer zu widerlegen, gegen welche sich die Verurteilung der zweihunderteinundzwanzig Thesen durch Stephan Tempier gerichtet hatte.

Im Jahre 1288 ist Lullus in Paris. Es wird ihm gestattet, Vorträge zu halten, aber es gelingt ihm nicht, die Universität für seine Pläne zu gewinnen. Sein Leben verläuft ruhelos und erfolglos. Den einen ist er ein lästiger Eiferer, den anderen scheint er des Rationalismus verdächtig. Noch mehr verschiebt sich sein Bild in der Erinnerung der späteren Geschlechter. Es hat ihm nicht an begeisterten Anhängern gefehlt, die seinen erleuchteten Geist und sein ausgebreitetes Wissen mit überschwänglichem Lobe feierten. Andere wollten in ihm einen Meister der schwarzen Kunst und Verfasser alchimistischer Schriften erblicken. Für Giordano Bruno bildete die Erläuterung seiner Lehre das Mittel, um in gelehrten Kreisen Eingang zu finden. In der Regel aber weiß man nur von seinem törichten Beginnen zu berichten, die Tätigkeit der Vernunft durch die Handhabung eines mechanischen Apparats ersetzen zu wollen.

Forschungen der neuesten Zeit[48]) haben uns in den Stand gesetzt, richtiger zu urteilen. Wir wissen jetzt, daß die vielbesprochene Lullische Kunst, die ars generalis, wie er selbst sie nannte, keine ars inveniendi sein sollte, nicht ein Weg, die Wahrheit zu finden, sondern das Mittel, die gegebene Wahrheit in geordneter, vollständiger und überzeugender Weise zur Erörterung zu bringen. Wir wissen ebenso, daß die abstrakten Begriffe seiner drehbaren Kreise nicht gedankenlos aufgerafft sind. Als absolute Prädikate sind sie die Eigenschaften Gottes, die mit seinem Wesen zusammenfallen und untereinander identisch sind, auf denen das innere Leben Gottes, wie seine Wirksamkeit nach außen beruht. Es sind die rationes divinae, aus denen unser Erkennen stammt und an denen

---

48) Otto Keicher, Raymundus Lullus und seine Stellung zur arabischen Philosophie. Mit einem Anhange, enthaltend die zum ersten Male veröffentlichte „Declaratio Raymundi per modum dialogi edita" (Beiträge usw., Bd. VII, Heft 4—5), 1909. Münchener Dissertation.

es seinen Maßstab hat. Aus versprengten Bruchstücken des Augustinismus baut sich ein theosophisches System auf, auf welches möglicherweise die Theologie des Islam Einfluß geübt hat, unklar und haltlos, aber doch nicht so völlig jedes Sinnes bar, wie die bisher herrschende Meinung angenommen hat.

So knüpft sich an den Namen des Raymundus Lullus nicht die Erinnerung an einen wertvollen Beitrag, den er zur Formulierung oder Lösung eines philosophischen Problems geliefert hätte. Wohl aber reflektiert sein Bild in eigenartiger Weise geistige Strömungen und Kämpfe, welche das dreizehnte Jahrhundert bewegt haben.

Arbeiten zur Geschichte der Philosophie des Mittelalters, welche den letzten Jahrzehnten angehören, verdanken wir die nähere Bekanntschaft mit ihnen. Sie haben gezeigt, daß die Macht der Überlieferung und die Kontinuität des Entwicklungsganges die Sonderung in charakteristisch unterschiedene Gruppen nicht aufgehoben und den maßgebenden Einfluß hervorragender Persönlichkeiten nicht ausgelöscht hat. Das Ergebnis wird vertieft und bereichert werden, wenn die noch in den Anfängen stehende Durchforschung des in den Bibliotheken aufgespeicherten handschriftlichen Materials in größerem Umfange unternommen wird. Dann erst wird sich die Vielgestaltigkeit der Erscheinungen herausstellen, welche der Name der Scholastik verdeckt. Manche unter ihnen werden nur insofern das Interesse der Wissenschaft wachrufen, als man den geschichtlichen Bedingungen nachgehen kann, die sie gerade in dieser Form entstehen ließen. Daneben aber wird man immer wieder auf Gedankengänge stoßen, die man nur der geschichtlich bedingten Hülle zu entkleiden braucht, um Ziele zu erkennen, die auch wir heute unserem Nachdenken setzen, und Motive, deren treibende Kraft der Ablauf der Jahrhunderte nicht gemindert hat.

VIII.
Descartes' Beziehungen zur Scholastik.

Vorgetragen in der philos.-philol. Klasse der K. B. Akademie der Wissenschaften am 6. November 1897 und 7. Januar 1899.

I.

In einem vor zehn Jahren erschienenen Aufsatze über Spinoza und die Scholastik hat Freudenthal[1]) den Nachweis erbracht, daß nicht nur die Cogitata metaphysica, sondern auch Spinozas eigentliches System nach Form und Inhalt unter dem nachwirkenden Einflusse der mittelalterlichen Schulphilosophie stehe. Der Nachweis kam vielen überraschend, weil die Kenner Spinozas in der Regel nicht mit scholastischer Denkweise und Terminologie vertraut sind und umgekehrt diejenigen, denen beides geläufig ist, nur selten eine aus den ursprünglichen Quellen geschöpfte Kenntnis Spinozas besitzen. In der Tat reichte die Kette der scholastischen Überlieferung viel weiter, als gewöhnlich angenommen zu werden pflegt, ganz abgesehen von den besonderen Kreisen, welche es bis auf den heutigen Tag als ihre Aufgabe ansehen, diese Kette fortzuführen. Erst bei Kant ist der Bruch mit der Vergangenheit wirklich vollzogen, den die vorangegangene Entwicklung angebahnt hat. Aus dem Systeme des Kritizismus reichen keine Fäden mehr zu Aristoteles und seinen Nachfolgern im christlichen Mittelalter zurück. Wer aber, vom Banne des Kantschen Kritizismus unberührt, metaphysische Fragen zu behandeln unternimmt, wird immer wieder, bewußt oder unbewußt, dahin kommen, den einen oder anderen dieser Fäden aufzunehmen.

Im folgenden sollen die Beziehungen Descartes' zur Scholastik einer Erörterung unterzogen werden. Freudenthal hat dieselben kurz gestreift, aber seine Bemerkungen geben weder ein erschöpfen-

---

1) In: Philos. Aufsätze, Ed. Zeller zu seinem 50 jähr. Doktorjub. gewidmet, Leipzig 1887, S. 83—138.

des noch ein zutreffendes Bild. Um ein solches zu gewinnen, sind die verschiedenen Seiten des Verhältnisses auseinanderzuhalten und zunächst zwischen Descartes' ausdrücklicher Stellungnahme der bisherigen Schulphilosophie gegenüber und dem inhaltlichen Zusammenhange seiner Lehre mit der letzteren zu unterscheiden. Auch in bezug auf diesen Zusammenhang aber werden sich weiterhin verschiedene Gesichtspunkte der Betrachtung und Beurteilung ergeben.

Bekannt sind die Äußerungen in dem Discours de la méthode. Sie stehen mit dem Gange der Erörterung in engstem Zusammenhange. Trotz jahrhundertelanger Bemühung der hervorragendsten Geister hat die Philosophie keine sicheren, dem Zweifel entrückten Ergebnisse aufzuweisen, sondern nur einander widersprechende Behauptungen. Über einen und denselben Gegenstand werden von den Gelehrten die verschiedensten Meinungen aufgestellt, und keine ist so töricht, daß sie nicht einen Vertreter gefunden hätte[2]). Entnehmen nun aber die übrigen Wissenschaften aus der Philosophie ihre Prinzipien, so sieht man leicht, daß auf so unsicherem Fundamente kein fester Bau aufgeführt werden kann.

Hier ist zunächst nicht von der Scholastik, sondern von der Philosophie überhaupt die Rede, und die daran geübte Kritik zielt nur dahin, den Zweifel an allen überkommenen Vorstellungen und Lehrmeinungen zu begründen. Auf die Scholastik geht dagegen die kurze Bemerkung, die Philosophie, die im Kollegium in La Flêche gelehrt worden sei, verschaffe die Fertigkeit, über alles zu reden, um sich von Unkundigen bewundern zu lassen, und weiterhin, was von der alten Logik gesagt wird: sie leite nicht an, neue Erkenntnisse aufzufinden, sondern nur das, was man selbst schon weiß, anderen mitzuteilen. Was sie Wahres und Gutes enthalte, sei mit so vielem Überflüssigen oder gar Schädlichen vermengt, daß sich beides kaum voneinander scheiden lasse. Endlich die scharfe Absage an die Nachtreter des Aristoteles im letzten Abschnitte: weit entfernt, ihren Meister an Naturerkenntnis zu übertreffen, seien sie vielmehr unter denselben herabgesunken; sie wollen bei ihm die Lösung von Fragen finden, mit denen er sich noch gar nicht beschäftigt hat. Nur die Unverständlichkeit ihrer Distinktionen und Prinzipien ermöglicht es ihnen, keck über alle Dinge zu reden, als ob sie etwas davon wüßten. Sie gleichen einem Blinden, der

---

[2]) Der Ausspruch stammt bekanntlich aus Cicero, De divinatione II, 58.

seine Gegner in einen dunklen Keller führt, weil er sonst nicht mit gleichen Waffen gegen sie kämpfen könnte.

Aber auch dieser Vorwurf, so scharf er lautet, hält sich wie die früheren ganz im allgemeinen und richtet seine Spitze nicht gegen bestimmte einzelne Schuldoktrinen. Man hat den Eindruck, als ob die Erinnerung daran vor den Begebenheiten des Weltlebens und den ganz neuen Problemen, denen Descartes sein Interesse zugewendet hatte, in den Hintergrund getreten sei. Ja noch mehr; in einer der auf den Discours de la méthode folgenden Abhandlungen, welche beispielsweise den Nutzen der neuen Forschungsweise dartun sollen, am Schlusse des ersten Kapitels der Meteore, erklärt Descartes, daß er, um den Frieden mit den Philosophen zu wahren, durchaus nicht die Existenz der substanziellen Formen und realen Qualitäten leugnen wolle und was jene sonst noch, über seine Annahmen hinausgehend, in den Körpern als vorhanden setzten. Nur erscheine es ihm als eine Empfehlung seiner Lehre, daß sie dessen nicht bedürfe. Im Zusammenhalte damit wird es kaum als eine Kriegserklärung an die Scholastik gelten können, wenn es an einer zuvor nicht herangezogenen Stelle im Discours heißt, die vermeintliche Schwierigkeit, Gott und die immaterielle Seele zu denken, komme von der Gewöhnung, nur solches zu betrachten, was sich mit der Phantasie vorstellen läßt, so daß man vermeine, das, wovon sich keine Phantasmen bilden lassen, könne auch nicht gedacht werden. Beweis hierfür der gewöhnlich von der Schulphilosophie als Axiom hingestelllte Satz, nihil esse in intellectu, quod non prius fuerit in sensu. Und doch seien die Ideen Gottes und der vernünftigen Seele sicherlich niemals in der Sinneswahrnehmung vorhanden.

Noch weniger findet sich eine solche Kriegserklärung in den 1641 erschienenen Meditationen. Das vorgedruckte Widmungsschreiben an die Doktoren der Sorbonne weist lediglich auf die verbreitete Meinung hin, es gebe in der Philosophie nichts, worüber sich nicht entgegengesetzte Behauptungen aufstellen lassen. Die sechs Meditationen selbst enthalten keinerlei Polemik. In den Antworten auf die eingeholten Einwendungen bedient sich Descartes scholastischer Argumente, beruft er sich auf Aristoteles, den Magister Sententiarum, auf den Jesuiten Suarez, den berühmtesten von allen späteren Scholastikern.

Die im Jahre 1644 veröffentlichten Principia Philosophiae vermeiden wiederum jede Bezugnahme auf die Scholastik. 1647 erschien die von dem Abbé Picot verfaßte Übersetzung. Descartes schrieb dazu eine Vorrede in Form eines Briefes an den Übersetzer, die auch in die späteren lateinischen Ausgaben übergegangen ist. Hier findet sich der bekannte Ausspruch, für das Verständnis der wahren Philosophie seien die am geeignetsten, welche am wenigsten von alle dem gelernt hätten, was bisher den Namen der Philosophie geführt habe, und wiederholt wird in stolzen Worten die neue Lehre der alten gegenübergestellt.

Schon vorher war er allerdings in einer Streitschrift aus der in den beiden Hauptwerken beobachteten Zurückhaltung herausgetreten, in dem Briefe an den Jesuitenpater Dinet vom Frühjahr 1642, welchen er der zweiten, in Amsterdam in dem genannten Jahre herausgekommenen Ausgabe der Meditationen beifügte. Da ist von Vertretern der alten Schulphilosophie die Rede, welche lieber gelehrt scheinen, als es sein wollen, welche einen gewissen Namen in der Gelehrtenwelt nur darum besitzen, weil sie über Schulstreitigkeiten eifrig zu disputieren wissen. Diese fürchten, daß die Entdeckungen der neuen Philosophie ihrem ganzen bisherigen Gebaren den Boden entziehen und ihre Gelehrsamkeit der Verachtung anheimfallen lassen werden. Ausdrücklich werden die Peripatetiker in die Schranken gefordert. Man mache eine Aufzählung der Probleme, welche während der langen Dauer ihrer Herrschaft aus den ihnen eigentümlichen Prinzipien eine Lösung gefunden haben! Wo sind sie? Descartes macht sich anheischig, zu beweisen, daß alle Lösungsversuche unzutreffend und erschlichen sind.

Hiermit ist erschöpft, was sich aus Descartes' zur Veröffentlichung bestimmten Schriften über seine Stellungnahme der Scholastik gegenüber anführen läßt. Weit zahlreicher sind die hierher gehörigen Äußerungen in den Briefen. Sie lassen erkennen, daß Descartes' öffentliche Stellungnahme durch ganz bestimmte Motive bedingt ist, oder, um das Ergebnis der Untersuchung sogleich vorweg zu nehmen, daß sie bedingt ist durch sein Verhältnis zu den Jesuiten.

Das Verhältnis durchläuft verschiedene Stadien. In dem ersten hofft der ehemalige Zögling von La Flèche durch Vermittlung einzelner ihm befreundeter Mitglieder die Unterstützung der einflußreichen Ordensgesellschaft für seine neue Philosophie zu gewinnen. Dann glaubt er sich in dieser Hoffnung getäuscht, er sieht voraus, daß es zu einem Kampf mit den Jesuiten kommen werde, er bereitet sich darauf vor und sieht sich nach anderen Bundesgenossen um. Der Kampf wird vermieden, es findet eine förmliche Versöhnung statt, und so ist das neue Stadium abermals durch die Hoffnung bestimmt, die Jesuiten oder doch die tüchtigsten und am meisten für wissenschaftliche Forschung empfänglichen Köpfe unter ihnen zur Annahme seiner Lehre und zum Verlassen der alten aristotelischen Pfade bestimmen zu können.

Der näheren Darlegung des Sachverhalts muß ein kurzes Wort über die Beschaffenheit des Beweismaterials vorausgeschickt werden[3]).

Descartes' handschriftlicher Nachlaß, darunter die Konzepte zu seinen Briefen, wurden von dem französischen Gesandten in Stockholm, Chanut, mit dem er in enger Verbindung gestanden hatte, im Jahre 1653 nach Frankreich verbracht. Das Schiff, welches denselben samt dem Gepäck des Gesandten die Seine aufwärts nach Paris transportiert hatte, sank angesichts des Louvre. Erst nach drei Tagen gelang es, die Kiste aufzufinden, man hing die Papiere zum Trocknen auf, wobei es, zumal die Arbeit der Dienerschaft überlassen war, nicht ohne Verwirrung und Schaden abgehen konnte[4]). Clerselier, der Herausgeber der zuerst im Jahre 1657 zu Paris erschienenen dreibändigen Briefsammlung, tat sein Bestes, Ordnung und Zusammenhang herzustellen, erlaubte sich aber dabei, wie er selbst bekennt, allerhand Willkürlichkeiten, indem er bemüht war, die in seinen Händen befindlichen Bruchstücke zu einem Ganzen zu vereinigen. Auch ordnete er die Briefe nicht chronologisch, sondern nach einer sehr äußerlich hergestellten inhaltlichen Verwandtschaft. Nur bei wenigen findet sich das Datum angegeben, die Eigennamen sind zu einem großen Teile durch Buchstaben oder Sternchen ersetzt. Cousin unternahm es, für seine große, leider nicht mit der nötigen Sorgfalt ausgeführte Gesamtausgabe die chronologische Reihenfolge der Briefe herzustellen, welche den sechsten bis zehnten Band füllen. Er stützte sich dabei auf ein in der Bibliothek des Instituts befindliches Exemplar der Clerselierschen Sammlung, in welchem von verschiedenen Händen schriftliche Bemerkungen eingetragen sind, teils zur Feststellung von Personen und Daten, teils zur Berichtigung des Textes mit Hilfe der Vergleichung der Handschriften. Nach Tannerys Vermutung rühren die wertvollsten dieser Bemerkungen von Marmion her,

---

3) Vgl. Paul Tannery, Les lettres de Descartes, in: Annales de Philosophie Chrétienne, N. S. T. 35, 1896, p. 26—39.
4) Baillet, La vie de M. Des Cartes, Paris 1691. II, p. 428.

der durch Erbgang in den Besitz eines Teiles der Papiere gelangt war. Zur Zeit, da Cousin seine Ausgabe unternahm, fand sich derselbe noch im Archiv der Académie des sciences. Bis auf einen kleinen Rest wurde er späterhin von dem bekannten Libri gestohlen und zerstreut, darunter dreißig unedierte Briefe. Ein Teil davon ist seitdem wieder aufgefunden worden, aber abgesehen von dem noch fehlenden, war auch das, was Marmion besaß, keineswegs vollständig, wie insbesondere die Verweisungen in Baillets Vie de M. Des Cartes erkennen lassen. Die Zuverlässigkeit der in das Exemplar des Instituts eingetragenen Datierungen läßt sich in vielen Fällen nicht mehr feststellen; es ist möglich, daß Irrtümer untergelaufen sind. Zurzeit ist man in Frankreich mit der Vorbereitung einer neuen kritischen Ausgabe der Briefe beschäftigt. Die Namen derer, die damit betraut sind, lassen erwarten, daß geleistet werden wird, was überhaupt geleistet werden kann.

Für die hier behandelte Frage kommen gegen fünfzig Briefe in Betracht, darunter drei von Baillet bruchstückweise mitgeteilte, fünf neuerdings von Tannery im Archiv für Geschichte der Philosophie veröffentlichte. Die übrigen gehören der Clerselierschen Sammlung an.

Im Juni 1637 war Descartes mit seinen Essays philosophiques zum ersten Male vor die Öffentlichkeit getreten. Acht Tage, nachdem das Werk die Presse verlassen hatte, am 15. Juni, schrieb er an einen Jesuiten, ohne Zweifel seinen früheren Lehrer in La Flêche. Er überschickt ihm die Essays als die ihm zukommenden Erstlingsfrüchte seines Geistes und wünscht, daß der Adressat und sonst etwa dazu geeignete Mitglieder der Gesellschaft dem Verfasser die ihnen aufstoßenden Fehler und Irrtümer angeben möchten[5]). Nachdem er ein höfliches Dankschreiben erhalten hat, wiederholt er im Oktober nochmals den gleichen Wunsch. Vor allem möge der Adressat seine Bemerkungen schicken, da dieser ihm gegenüber die größte Autorität besitze. Sodann geht er einen Schritt weiter. Er spricht es als seine Überzeugung aus, daß man in den Jesuitenschulen künftighin über die in seinen Essays behandelten Materien, speziell über die Meteore, nicht mehr dozieren könne, ohne die von ihm aufgestellten Erklärungen entweder zu bestreiten oder zu akzeptieren. Dabei versichert er, daß eine Gefahr für die Religion von seinen Neuerungen nicht zu befürchten sei[6]).

---

5) II, 78 Clerselier; VI, p. 320 Cousin.
6) II, 83 Clerselier; VI, p. 332 Cousin.

Einer seiner Freunde, der Holländer Vobiscus Fortunatus Plemp, Professor der Medizin in Löwen, hatte die Essays einem Jesuitenpater zu lesen gegeben. Descartes schreibt ihm am 20. Dezember, er würde sich freuen, das Urteil des letzteren zu erfahren, denn von einem Mitgliede der Gesellschaft Jesu sei nur etwas völlig Ausgereiftes zu erwarten und ihm seien die stärksten Einwürfe die liebsten[7]). Wenige Wochen später übersandte ihm Plemp ein Schreiben des Jesuiten Ciermans, welcher im Kollegium in Löwen Mathematik dozierte. Derselbe ist voll von Bewunderung für das Buch und seinen Verfasser. Vor allem freut ihn die Kühnheit, womit dieser die gewohnten Pfade verläßt und gerade dadurch neue Entdekkungen macht. Heißt es doch wirklich, eine neue Welt in der Philosophie entdecken und unbekannten Straßen folgen, wenn man wie Descartes das ganze Heer der Qualitäten verwirft, um ohne sie und durch Dinge, die in die Sinne fallen und gleichsam greifbar sind, die tiefsten Geheimnisse der Natur zu erklären. An einigen Stellen hätte er allerdings vollständigere Aufklärung gewünscht, er führt als ein Biespiel Descartes' Theorie vom Regenbogen an, gegen welche er einige Bemerkungen richtet[8]). Das Antwortschreiben vom 9. Januar 1638 läßt erkennen, wie günstig diese Ausführungen aufgenommen wurden[9]). Nicht lange danach erhielt Descartes die Zuschrift eines Jesuiten von La Flèche, über deren Inhalt nichts Näheres bekannt ist, aber seine Antwort vom 24. Januar ergeht sich in verbindlichen Dankesäußerungen. Er erläutert die im Discours de la méthode verfolgte Absicht und schließt mit der erneuten Hervorhebung des ganz besonderen Wertes, welchen eine aus La Flèche kommende Anerkennung für ihn besitze[10]).

Wie er um diese Zeit über die Autorität des Aristoteles dachte, erhellt aus einem vier Tage früher geschriebenen Briefe an Plemp, der gemeint hatte, Descartes Ansicht über die Herzbewegung stimme mit dem überein, was De respiratione, cap. 20, stehe. Er dankt ihm für die Angabe, wonach er sich in diesem Punkte auf die Autorität des großen Schulhauptes stützen könne, „denn," heißt es wörtlich, „da jener Mann so glücklich war, daß, was immer er mit oder ohne Gedanken hingeschrieben hat, heute von den meisten für ein Orakel gehalten wird, so kann ich nichts mehr wünschen,

---

7) II, 9 Clerselier; VI, p. 362 Cousin.
8) I, 55 Clerselier; VII, p. 180 Cousin.
9) I, 56 Clerselier; VII, p. 190 Cousin.
10) I, 114 Clerselier; VII, p. 376 Cousin.

als, ohne mich von der Wahrheit zu entfernen, seinen Spuren zu folgen"[11]).

Wichtig aber ist namentlich ein Schreiben, das er am 20. März 1638 an Konstantin Huyghens, Herrn von Zuytlichem richtete, den Vater des berühmten Huyghens, neben dem P. Mersenne sein vertrautester Freund. „Was mein Buch betrifft," heißt es hier, „so weiß ich nicht, welche Meinung die Weltleute davon haben werden, von den Männern der Schule aber höre ich, daß sie schweigen, und erbost darüber, daß sie nicht genug Anhaltspunkte finden, um mit ihren Argumenten einzusetzen, sich mit der Erklärung begnügen, wenn sein Inhalt wahr wäre, müßte ihre ganze Philosophie falsch sein." Nachdem er sodann über wissenschaftliche Auseinandersetzungen mit dem Löwener Theologen Fromond und dem schon genannten Plemp berichtet hat, die durchaus in freundschaftlichen Formen verlaufen seien, fährt er fort: „In der Tat, ich wünsche, daß mehrere mich auf diese Art angreifen, und ich werde die Zeit nicht beklagen, die ich darauf verwenden werde, ihnen zu antworten, bis daß ich damit einen ganzen Band füllen könnte, denn ich bin der Meinung, daß dies ein treffliches Mittel ist, um zu erkennen, ob die Dinge, die ich geschrieben habe, widerlegt werden können oder nicht. Ich würde namentlich gewünscht haben, daß die Jesuiten in die Zahl der Opponenten eingetreten wären, und sie hatten mich dies durch Briefe aus La Flêche, Löwen und Lille erhoffen lassen. Seitdem aber habe ich einen Brief eines der Herren aus La Flêche erhalten, worin ich soviel Anerkennung finde, als ich mir nur immer wünschen könnte. Er geht soweit, zu sagen, daß er nichts in dem vermißt, was ich habe erklären, sondern nur in dem, worüber ich nicht habe schreiben wollen, und nimmt davon Veranlassung, mich aufs dringendste um meine Physik und meine Metaphysik zu bitten. Und da ich nun den Zusammenhang und die enge Verbindung der Mitglieder dieses Ordens untereinander kenne, so genügt das Zeugnis eines einzelnen, um mich hoffen zu lassen, daß ich sie alle auf meiner Seite haben werde."[12])

So also stellt sich ihm die Situation dar: von den Vertretern der Scholastik wird ein Teil in der alten Weise beharren und sich gegen die Methode und die Errungenschaften der neuen — Cartesianischen — Philosophie ablehnend verhalten. Von einem anderen wegen seiner Macht und seines Einflusses bedeutungsvollen

---

11) I, 78 Clerselier; VII, p. 343 Cousin.
12) II, 87, Clerselier; VII, p. 417 Cousin.

Teile aber, den Jesuiten, hofft er, daß sie in die neuen Bahnen einlenken werden. Im Sommer des folgenden Jahres, 1639, begannen für ihn die Kämpfe in den Niederlanden und die Angriffe, welche Gisbert Voëtius, das Haupt der reformierten Theologen in Utrecht, gegen ihn richtete[13]). Um so höher mochte sich ihm der Wert der erhofften Bundesgenossenschaft der Jesuiten steigern.

Da erhielt er im Juli 1640 von Mersenne die Nachricht, im Collège Clermont der Jesuiten zu Paris seien am 30. Juni und dem folgenden Tage auf Veranlassung des P. Bourdin, welcher dortselbst Mathematik dozierte, Thesen verteidigt worden, die zweifellos, obschon sein Name nicht genannt war, ihre Spitze gegen ihn gerichtet hätten[14]). Die Nachricht versetzte Descartes in eine gewaltige Erregung, die man noch jahrelang in seinen Briefen nachzittern sieht. Baillet und andere nach ihm[15]) haben sich darüber gewundert und gemeint, der frühere Schüler von La Flèche hätte doch aus eigener Erfahrung wissen müssen, was es mit solchen Schuldisputationen auf sich habe. Auch bezogen sich tatsächlich die Angriffe auf Einzelheiten in seiner Dioptrik. Aber das Collège Clermont war das größte von allen, welche die Jesuiten in Frankreich besaßen[16]). Diese selbst befanden sich damals, in den letzten Jahren Ludwigs XIII., auf dem Gipfel ihrer Macht und ihres Ansehens. Ihre Beziehungen zu Richelieu waren die besten, seitdem der Beichtvater des Königs, P. Caussin, durch seinen Ordensgenossen, P. Sirmond, ersetzt worden war[17]). Über die Schulfeier im Sommer 1640 erfahren wir nichts Näheres, 1641 aber, ziemlich um dieselbe Zeit, wurde im Collège Clermont der Schluß des Schuljahres durch eine theatralische Vorstellung gefeiert, welcher Richelieu und die Großen des Reiches beiwohnten[18]). Möglich also immerhin, daß auch jene Disputation vor einer ausgedehnten und glänzenden Korona stattfand und daher Descartes' Unmut, vor der

---

13) Kuno Fischer, Gesch. d. neueren Philos., 1. Bd. (4. Aufl.) 1897, S. 225 ff.
14) Baillet a. a. O. II, 73.
15) Kuno Fischer a. a. O. S. 214 d. zweite Aufl.
16) Zu Ende des Jahres 1627 zählte dasselbe 1827 Zöglinge, Crétineau-Joly, Histoire de la Compagnie de Jesus III, p. 429; im Jahre 1675 gegen 3000; E. Piaget, Histoire de l'établissement des Jésuites en France (1540—1640), Leide 1893, p. 452.
17) Piaget a. a. O. p. 599—620, Crétineau-Joly a. a. O. p. 437 ff. p. 441: Le Père Sirmond s'occupa de mettre d'accord ses devoirs envers la royauté et les obligations que son titre lui imposait.
18) Crétineau-Joly a. a. O. S. 430.

Elite der Pariser Welt dem Spotte preisgegeben worden zu sein[19]), nicht ohne allen Grund war. Sofort, am 22. Juli, schrieb er an den P. Rektor[20]) und bat, daß man ihm ausführlich dartun möge, worin sein Irrtum bestände, und daß dies, entsprechend dem engen Zusammenhange der Mitglieder untereinander, von der Gesellschaft als solcher ausgehe[21]). Eine derartige Widerlegung seiner Lehre sei um so wichtiger, als bereits hervorragende Männer sich geneigt fänden, dieselbe anzunehmen, und sie müsse den Jesuiten am ehesten gelingen bei der großen Zahl von Philosophen, welche unter ihnen zu finden seien[22]). Am Schlusse verfehlt er nicht, auf seine Studienzeit in La Flêche zu verweisen und damit seinen Wunsch zu unterstützen. In einem zweiten Briefe vom gleichen Datum meldet er Mersenne den unternommenen Schritt[23]). Dieser hatte ihm außer einem Bericht und den Hauptthesen auch den Einleitungsvortrag geschickt, welcher, weil er wie ein vorausgeschicktes Geplänkel zum Disputierkampf auffordern sollte, die Bezeichnung Velitatio führte. Descartes nun beschwert sich bitter, daß ihm darin durchaus fremde Meinungen untergeschoben seien. Drei Tage später, am 25. Juli, berichtet er in gleicher Weise an Zuytlichem[24]). Er glaubt, daß er mit den Jesuiten in Kampf kommen werde, und so will er lieber mit allen zugleich zu tun haben, als mit einem nach dem andern.

Er war damals gerade mit der Ausarbeitung der Meditationen beschäftigt. Wie er am 15. November 1639 an Mersenne geschrieben hatte, war es seine Absicht, zunächst eine beschränkte

---

19) Baillet a. a. O. p. 74.
20) Das lateinische Original bei Clerselier III, 3, die französische Übersetzung ebenda III, 4 und bei Cousin VIII, p. 288.
21) Cumque noverim omnia membra vestri corporis tam arcte inter se esse coniuncta, ut nihil unquam ab uno fiat, quod non ab omnibus approbetur, habeantque idcirco multo plus autoritatis, quae a vestris quam quae a privatis scribuntur, non immerito, ut opinor, a V. R. vel potius a tota vestra Societate peto et expecto id quod ab uno ex vestris publice fuit promissum.
22) Atque ut non tantum ad illa de quibus in Thesibus egistis, sed etiam ad reliqua quae a me scripta sunt examinanda, et quaecunque in iis a veritate aliena erunt refutanda, vos invitem, libere hic dicam, non paucos esse in mundo, et non contemnendi ingenii, qui ad meas opiniones amplectendas valde propendent; ideoque communi rei literariae bono multum interesse, ut mature, siquidem falsae sint, refutentur, ne forte familiam ducant. Neque profecto ulli sunt, a quibus id commodius fieri posset, quam a Patribus vestrae Societatis: Habetis enim tot millia praestantissimorum Philosophorum, ut singuli tam pauca non possint afferre, quin si illa simul iungantur, facile omnia, quae a quibuslibet aliis possent obiici, comprehendant.
23) III, 2 Clerselier; VIII, p. 286 Cousin.
24) III, 107 Cleselier; VIII, p. 294 Cousin.

Zahl von Exemplaren drucken zu lassen und sie vor der Veröffentlichung den tüchtigsten Theologen zur Prüfung vorzulegen[25]). Jetzt, am 30. Juli, schreibt er dem Freunde, die fünf oder sechs Blätter Metaphysik seien längst fertig, aber noch nicht in den Druck gegeben. Was ihn daran hindere, sei der Umstand, daß er sie nicht in die Hände der Prediger und von jetzt ab auch nicht in die Hände der Jesuiten fallen lassen wolle — mit denen er voraussichtlich in Krieg geraten werde —, bevor sie von verschiedenen Doktoren und womöglich von der Sorbonne, den Theologen der Pariser Universität, geprüft worden seien. Demnächst werde er die Exemplare an Mersenne schicken, damit dieser sie an die tüchtigsten und am wenigsten in den Irrtümern der Schule befangenen Doktoren verteile[26]). Übereinstimmend damit heißt es in einem Briefe vom 30. September, den kleinen metaphysischen Traktat drucken zu lassen, sei bedenklich, weil er dann doch vorzeitig von allerhand Leuten werde gesehen werden. Daher ziehe er vor, sein Manuskript an Mersenne zu schicken, damit er es zuerst dem P. Gibieuf und sodann nach eigenem Ermessen einigen andern zeige. Mit der Approbation von einigen wenigen könne man es alsdann drucken, und wolle er, falls Mersenne einverstanden sei, das Buch den Herrn der Sorbonne in ihrer Gesamtheit widmen, um sie zu bitten, seine Beschützer zu sein. „Denn ich muß sagen," fügt er hinzu, „daß die Sophistikationen von einigen Leuten mich zu dem Entschlusse gebracht haben, mich in Zukunft soviel als möglich durch die Autorität an-

---

25) II, 33 Clerselier; VIII, p. 170 Cousin; ib. p. 175: J'ai maintenant entre les mains un discours où je tâche d'éclaircir ce que j'ai écrit cidevant sur ce sujet; il ne sera que de cinq ou six feuilles d'impression; mais j'espère qu'il contiendra une bonne partie de la métaphysique: et afin de le mieux faire, mon dessein est de n'en faire imprimer que vingt ou trente exemplaires, pour les envoyer aux vingt ou trente plus savants théologiens dont je pourrai avoir connaissance, afin d'en avoir leur jugement, et apprendre d'eux ce qui sera bon d'y changer, corriger ou ajouter, avant que de le rendre public.

26) II, 40 Clerselier; VIII, p. 298 Cousin; ibid. p. 304: Je n'ai pas encore fait imprimer mes cinq ou six feuilles de métaphysique, quoiqu'elles soient prêtes il y a long-temps; et ce qui m'en a empêché est que je ne désire point qu'elles tombent entre les mains des ministres, ni dorénavant en celles des PP. NN. (avec lesquels je prévois que je vais entrer en guerre), jusque' à ce que je les aie fait voir et approuver par divers docteurs, et, si je puis, par le corps de la Sorbonne . . . .
. . . je vous en envoierai dix ou douze exemplaires, ou plus, si vous jugez qu'il en soit besoin; car je n'en ferai pas imprimer davantage, et je vous prierai d'en être le distributeur et protecteur, et de ne les mettre qu'entre les mains des théologiens que vous jugerez les plus capables, les moins préoccupés des erreurs de l'école, les moins intéressés à les maintenir, et enfin les plus gens de bien etc.

derer zu decken, da die Wahrheit so wenig geschützt wird, wenn sie allein steht."[27])

Um die Bedeutung dieser Pläne zu verstehen, muß man sich erinnern, daß zwischen der Sorbonne und den Jesuiten von Alters her Spannungen und Zwistigkeiten bestanden. Das vorangehende Menschenalter war angefüllt mit Konflikten, aus denen bald die einen, bald die anderen als Sieger hervorgingen.[28]). Und ebenso waren die Beziehungen der Jesuiten zu den Oratorianern nicht immer die freundlichsten. Der oben genannte P. Gibieuf aber gehörte beiden Gruppen an. Er war Doktor der Sorbonne und einer der Gründer und Leiter des Oratoriums, und in dieser letzteren Eigenschaft gelegentlich in einer Angelegenheit beteiligt gewesen, in welcher die Jesuiten gegen das Oratorium Stellung genommen hatten[29]). Man sieht hiernach, Descartes ist bemüht, nachdem das frühere freundliche Verhältnis in sein Gegenteil umgeschlagen ist, Bundesgenossen und Verteidiger bei den Gegnern seiner ehemaligen Freunde zu gewinnen.

Am 10. oder 11. November 1640 schickte er das Manuskript an Mersenne ab. Sobald es von Gibieuf und zwei oder drei andern gesehen ist, soll es gedruckt und sodann samt der handschriftlichen Widmung der Genossenschaft der Sorbonne vorgelegt werden. Das Urteil der letzteren samt dem Widmungsschreiben mag man an den Kopf des Buches setzen[30]).

Noch am 4. März des folgenden Jahres schrieb Descartes an Mersenne, er habe ihm sein Manuskript geschickt, um das Urteil der Sorbonnisten zu erhalten, nicht aber, um seine Zeit zu verlieren, indem er gegen alle kleinen Geister disputiere, denen es einfallen

---

27) II, 43 Clerselier; VIII, p. 346 Cousin.
28) Piaget a. a. O. p. 395 ff., womit zu vergleichen Crétineau-Joly a. a. O. 419 ff., 429 ff.
29) Piaget a. a. O. p. 514 ff.
30) II, 47 Clerselier; VIII, p. 395 Cousin: . . . il me semble que le meilleur serait, après que tout aura été vu par le P. G., et, s'il vous plaît, par un ou deux autres de vos amis, qu'on imprimât le traité sans la lettre . . . et qu'on le présentât ainsi imprimé au corps de la Sorbonne avec la lettre écrite à la main. En suite de quoi il me semble que fle droit du jeu sera, qu'ils commettent quelques uns d'entre eux pour l'examiner, et il leur faudra donner autant d'exemplaires pour cela qu'ils en auront besoin, ou plutôt autant qu'ils sont de docteurs, et s'ils trouvent quelque chose à objecter, qu'ils me l'envoient afin que j'y réponde, ce qu'on pourra faire imprimer à la fin du livre. Et après cela il me semble qu'ils ne pourront refuser de donner leur jugement, lequel pourra être imprimé au commencement du livre avec la lettre que je leur écris. Vom selben Datum ein Brief an einen Doktor der Sorbonne II, 46 Clers.; VIII, 393 Cousin.

könnte, ihm ihre Einwürfe zu schicken[31]). In der Ausführung erlitt der ursprüngliche Plan jedoch sehr erhebliche Modifikationen. Zwar blieb es bei der Widmung an die Sorbonne, von einer ausdrücklichen Gutheißung durch dieselbe aber verlautet nichts und das erste Blatt zeigt lediglich den kurzen Vermerk „mit Approbation der Doktoren"[32]).

Inzwischen hatte er sich noch mit einem anderen Gedanken getragen. In dem angeführten Briefe vom 30. September 1640 spricht er davon, daß er in vier bis fünf Monaten die Einwürfe der Jesuiten erwarte, sich also in Positur setzen müsse, sie zu empfangen. Er will daher ihre, seit zwanzig Jahren von ihm vernachlässigte Philosophie wieder einmal nachlesen, ob sie ihm vielleicht jetzt besser zusagt wie früher. Mersenne soll ihm die Namen der in den Jesuitenschulen gebräuchlichen neuen Lehrbücher nennen. Er selbst erinnert sich nur noch an den bändereichen Kursus der Philosophie, welchen die Jesuiten von Coimbra in Form von Kommentaren zu Aristoteles herausgegeben hatten. Auch möchte er ein anderes scholastisches Kompendium kennen und hat von einem solchen gehört, das von einem Karthäuser oder Feuillanten herrührt[33]).

Nach Baillet[34]) hätte Mersenne die Absicht, den Kampf mit der Schulphilosophie aufzunehmen, lebhaft unterstützt. Descartes, der in einem Buchladen in Leyden die kleine Summa Philosophiae

---

31) Brieffragment, herausgegeben von Tannery im Archiv für Gesch. d. Philos. IV, S. 446.

32) Baillet a. a. O. p. 137 sagt mit Bezug auf Mersenne: Au lieu de se contenter de faire marquer au bas de la prémière feuille que le livre paraissait avec l'approbation des Docteurs comme avec le privilège du Roy, nous souhaiterions aujourd'hui qu'il eût fait mettre une copie de ces approbations en bonne forme, comme il a eu soin de n'y pas omettre l'extrait du privilège. — Man versteht hiernach und nach dem im Texte Mitgeteilten nicht, wie Descartes in einem Briefe an den P. Gibieuf, wahrscheinlich im Jahre 1642, schreiben konnte: Mon espérance n'a point été d'obtenir leur approbation en corps; j'ai trop bien su et prédit, il y a long-temps, que mes pensées ne seraient pas au goût de la multidude, et qu'où la pluralité des voix aurait lieu, elles seraient aisément condamnées. Je n'ai pas aussi désiré celle des particuliers, à cause que je serais marri qu'ils fissent rien à mon sujet qui pût être désagréable à leurs confrères, et aussi qu'elle s'obtient si facilement pour les autres livres, que j'ai cru que la cause pour laquelle on pourrait juger que je ne l'ai pas ne me seroit point désavantageuse; mais cela ne m'a pas empêché d'offrir mes Méditations à votre faculté, afin de les faire d'autant mieux examiner, et que ceux d'un corps si célèbre ne trouvaient point de justes raisons pour les reprendre, cela me pût assurer des vérités quelles contiennent. I, 105 Clers.; VIII, 568 Cousin, ibid. p. 569 f. Weder was Descartes eigentlich wollte, noch was seitens der Sorbonnisten geschah, läßt sich hieraus mit Sicherheit erkennen.

33) II, 43 Clerselier; VIII, p. 346 Cousin.

34) A. a. O. p. 86.

des P. Eustachius a Sto. Paulo aus der Kongregation der Feuillanten[35]) aufgetrieben hatte, schrieb ihm am 11. November[36]), eine Widerlegung der Scholastik sei nicht schwierig wegen der großen Verschiedenheit der Meinungen. Man könne nämlich leicht die Grundlagen umstürzen, in denen alle übereinkommen, wodurch dann sofort die sämtlichen Streitigkeiten über besondere Schulmeinungen hinfällig würden. Er habe vor, einer kurzen systematischen Darstellung seiner eigenen Philosophie eine solche des scholastischen Lehrgebäudes gegenüberzustellen, wozu sich vielleicht das erwähnte Kompendium, welches ihm in seiner Art vortrefflich schien, gut eignen werde. Eine Vergleichung der beiden miteinander sollte den Schluß machen[37]). Doch sollte Mersenne nicht davon reden, ehe die Meditationen heraus sind, sonst würde am Ende die angestrebte Approbation der Sorbonne verhindert, die seinen Absichten doch außerordentlich dienlich sein könnte[38]).

Am 3. Dezember hat er das Buch des P. Eustachius durchgelesen. Er bedauert, daß die Conimbricenses so ausführlich sind, denn er hätte doch lieber mit der großen Gesellschaft Jesu zu tun, als mit einem außerhalb derselben stehenden Einzelnen[39]). Drei Tage später ist er mit der Ausführung des Planes beschäftigt. Er möchte wissen, ob der P. Eustachius noch lebt, da man alsdann, wie er schon in einem früheren Briefe bemerkt hatte, seine Erlaubnis nachsuchen müßte[40]). Am 3. Januar meldet ihm Mersenne

---

35) Die aus dem Cisterzienserorden hervorgegangene, von Sixtus V. 1589 bestätigte Kongregation führte ihren Namen von dem Stammkloster Les Feuillans (Haute-Garonne). Näheres über den P. Eustachius bei Baillet a. a. O. p. 97. Sein philosophisches Kompendium ist oft gedruckt, auch in Köln 1616 und 1620; von den vier kleinen Bändchen enthält das erste die Logik (De optimo disserendi usu), das zweite die Ethik (De iis quae spectant ad mores), das dritte die Physik (De natura et iis quae natura constant), der vierte die Metaphysik (De ente et substantiis separatis).
36) II, 45 Clerselier; VIII, p. 387 Cousin.
37) Ibid. p. 386: Pour la philosophie de l'école, je ne la tiens nullement difficile à réfuter, à cause des diversités de leurs opinions; car on peut aisément renverser tous les fondements desquels ils sont d'accord entre eux, et cela fait, toutes leurs disputes particulières paraissent ineptes. J'ai acheté la Philosophie du frère Eust. a Sancto P., qui me semble le meilleur livre qui ait jamais été fait en cette matière, je serai bien aise de savoir si l'auteur vit encore.
38) Ibid. p. 390: Je vous supplie de ne rien encore dire à personne de ce dessein, surtout avant que ma Métaphysique soit imprimée .... Cela pourrait aussi peut-être empêcher l'approbation de la Sorbonne que je désire, et qui me semble pouvoir extrêmement servir à mes desseins: car je vous dirai que ce peu de métaphysique que je vous envoie contient tous les principes de ma physique.
39) III, 14 Clerselier; VIII, p. 409 Cousin.
40) II, 49 Clerselier; VIII, p. 401 Cousin.

den Tod desselben. Aus Descartes' Antwortschreiben vom 21. ersehen wir, daß er an dem Plane festhielt[41]).

Längere Zeit erfahren wir nichts mehr darüber, bis uns in einem Briefe an Mersenne vom 22. Dezember 1641[42]) die Nachricht überrascht, er habe es aufgegeben, die scholastische Philosophie in der beschriebenen Weise zu bekämpfen oder zu widerlegen. Dieselbe sei ohnehin durch die Aufstellung seiner neuen Philosophie zu Grunde gerichtet. Übrigens will er nichts versprechen, da er seinen Plan ändern könnte. Mersenne braucht für ihn nichts zu fürchten, die Jesuiten haben ebensoviel Grund, sich mit ihm gut zu stellen, als er mit ihnen. Wollten sie seinen Absichten entgegentreten, so würden sie ihn nötigen, eines ihrer Lehrbücher einer Prüfung zu unterziehen, und zwar in einer Weise, daß die Schande für immer auf ihnen haften bliebe.

Gleichzeitig mit diesem Briefe schickt er einen zweiten, lateinisch geschriebenen zur Beantwortung einer Anfrage, die ihm Mersenne im Namen der Jesuiten hatte zukommen lassen. Derselbe soll dem P. Provinzial vorgelegt werden. „Ich habe mich zwar gestellt," bemerkt er, „als wagte ich nicht zu bitten, den Brief den P. Provinzial sehen zu lassen, ich wäre aber sehr betrübt, wenn er ihn nicht sähe." Das Amt eines Provinzials für Frankreich bekleidete seit 1639 der P. Dinet, der in La Flèche Descartes' Studienpräfekt gewesen war.

Der Brief fehlt bei Clerselier und auch Baillet hat ihn, wie es scheint, nicht gekannt. Er ist vor einigen Jahren von Tannery im Archiv für Geschichte der Philosophie[43]) herausgegeben und damit unsere Kenntnis der merkwürdigen Verhandlungen um ein wichtiges Glied bereichert worden.

Bei Descartes gehen fortwährend zwei Anschauungen und demgemäß zweierlei Stimmungen nebeneinander her, oder sie wechseln miteinander ab. Das eine Mal sieht er den ganzen Orden wie eine geschlossene Streitmacht gegen sich anrücken, dann sinnt er auf energische Abwehr und der Angriff erscheint ihm als die beste Form derselben. Offener Kampf ist ihm lieber als verdeckte Feindschaft, aber dann Kampf gegen die Gesellschaft im ganzen, nicht gegen einzelne Mitglieder, die vielleicht nachträglich desavouiert werden. Daneben aber tritt von Anfang an die **Hoffnung** hervor, den

---

41) II, 52 Clerselier; VIII, p. 440 Cousin.
42) III, 28 Clerselier; VIII, p. 560 Cousin.
43) 1891, Bd. IV, 538 ff.

Urheber des Angriffs im Collège Clermont von den übrigen zu trennen. Nur so erklären sich Einzelheiten in seinem Verhalten, welche an einem strengen Maßstabe gemessen, nicht in allewege mit den Begriffen von Aufrichtigkeit und Loyalität zu vereinbaren sind. Freilich muß nochmals daran erinnert werden, daß das Material unvollständig ist und uns namentlich die Schriftstücke von der Gegenseite so gut wie ganz fehlen.

Beim Beginne versucht er, zwischen dem Urheber der Thesen und dem Verfasser der Velitatio zu unterscheiden und tut, als wisse er nicht, daß beide eine und dieselbe Person sind. Am meisten hatte die Velitatio seinen Unwillen erregt. Der P. Bourdin, heißt es in dem früher angeführten Briefe an Mersenne vom 30. Juli 1640, schreibe ihm Dinge zu, die er nie gesagt habe, und setze ihn so vor seinen urteilslosen Zuhörern herab. Wenn er am Leben bleibe, werde er die Wahrheit über dieses Vorgehen ans Licht bringen, inzwischen mögen alle darum wissen, denen Mersenne seine Antwort zu zeigen beliebt[44]). Diese Antwort liegt vor in einem lateinischen Schreiben vom selben Datum[45]). Er hätte sich begnügen können, heißt es darin, einfach zu konstatieren, daß der Verfasser ihn Dinge sagen lasse, die er nicht gesagt habe, er will ihm jedoch eine Antwort geben, damit jener nicht behauptet, er habe ihn nicht widerlegen können. Näher befassen aber will er sich nicht mit ihm, um so weniger, als er Einwendungen über den nämlichen Gegenstand von den Jesuiten erwartet, die seine Lehre von der Reflexion und Refraktion in Thesen angegriffen haben. Er hat sie vor acht Tagen gebeten — gemeint ist der Brief an den Rektor des Collège Clermont —, ihm ihre Ausführungen zu schicken, und zweifelt nicht, daß sie seinen Wunsch erfüllen werden. Und sollte er selbst von jenen gepanzerten Rittern besiegt werden, so wäre ihm dies lieber, wie er mit Anspielung auf den Titel Velitatio sagt, als der Triumph über einen bloßen Plänkler[46]). Inzwischen hatten die Freunde, welche jenes Schreiben an den Rektor übermitteln sollten, Anstand genommen, dasselbe abzugeben. Am 30. August schreibt Descartes neuerdings zwei Briefe an Mersenne, der eine ist nur für ihn bestimmt, der andere, lateinisch geschriebene, soll gezeigt wer-

---

44) II, 40 Clerselier; VIII, p. 298 Cousin. Ibid. p. 305 f.
45) III, 10 Clerselier; die französische Übersetzung III, 11 Clerselier; VIII, p. 366 Cousin.
46) Et vel vinci malim ab istis catafractis, quam de isto velite triumphare.

den. In dem ersten[47]) heißt es, aus dem Vorgehen des P. Bourdin und mehrerer anderer — wer diese sind, erfahren wir nicht —, habe er ersehen, daß mehrere Jesuiten unvorteilhaft von ihm sprechen, und können sie ihm auch nicht schaden durch die Stärke ihrer Gründe, so doch vielleicht durch die Zahl ihrer Stimmen. Eben darum wolle er sich nicht mit den einzelnen auseinandersetzen, es würde dies ein endloses und unmögliches Beginnen sein, vielmehr fühle er sich stark genug, ihnen allen zusammen Widerstand zu leisten. Mögen sie ihm also ihre Beweisgründe vorlegen, oder ihm dies ausdrücklich abschlagen. Das letztere würde bedeuten, daß sie ihm nichts zu antworten wissen. Was dann nachher ein einzelner gegen ihn sagt, hat keine Bedeutung mehr. Dabei will er die Jesuiten mit aller Hochachtung behandeln, damit ein etwa zu erwartendes anderes Verhalten von ihrer Seite ganz auf sie zurückfalle[48]). Die Hauptsache ist für jetzt nur, daß der Brief vorgezeigt wird, denn er würde Unrecht tun, sie öffentlich anzugreifen, ohne zuvor den Versuch einer privaten Verständigung gemacht zu haben.

Daß der zweite, zum Vorzeigen bestimmte Brief[49]) einen etwas anderen Ton anschlägt, ist natürlich. Die Freunde, heißt es darin, hätten wohl gefürchtet, durch Angabe des Briefes die ganze Gesellschaft gegen ihn mobil zu machen, deren Ansturm er nicht gewachsen sein würde. Er aber habe gerade umgekehrt gehofft, sich durch denselben das Wohlwollen der Jesuiten zu erwerben. Seien diese doch stets bereit, gelehrigen Leuten von ihrem Wissen mitzuteilen, also sicherlich auch ihm, ihrem ehemaligen Schüler, der jederzeit eine besondere Verehrung für sie an den Tag gelegt hat. Und so hätte er denn gehofft, viel mehr und viel bessere Einwürfe von dort gegen seine Aufstellung zu erhalten. Denn daß sie gar nichts in denselben zu widerlegen fänden und etwa darum seine Herausforderung übel genommen hätten, bilde er sich nicht ein. Daß er sich aber an den Rektor und nicht an den Urheber der Thesen gewendet habe, könne keinen Vorwurf gegen ihn abgeben, denn er kenne den letzteren nicht und nach seinem Vorgehen scheine derselbe nicht von Empfindungen christlicher Liebe erfüllt zu sein. In jedem gesunden Körper könne es aber gelegentlich ein einzelnes unge-

---

47) III, 7 Clerselier; VIII, 322 Cousin.
48) Je tâche à les traiter avec tant de respect et de soumission, qu'ils ne peuvent témoigner aucune haine ou mépris contre moi, que cela ne leur tourne à blâme et ne soit à leur confusion.
49) III, 8 Clerselier; die französische Übersetzung III, 9 Clerselier; VIII, p. 330 Cousin.

sundes Glied geben⁵⁰). Und nachdem er in Erfahrung gebracht, der Urheber der Thesen sei mit dem Verfasser der Velitatio identisch, habe er um so mehr Anlaß, sich an die Gesellschaft zu wenden, damit die Obern von dem ihrer wenig würdigen Verhalten eines Mitgliedes Kenntnis gewännen, das sich nicht gescheut habe, ihm falsche Ansichten unterzuschieben. Neuerdings habe er von dort Mitteilung erhalten, P. Bourdin sei auf eigene Faust vorgegangen und wolle ihm nunmehr in sechs Monaten seine Ausführungen schicken, die er nicht veröffentlichen werde, ehe Descartes sie gesehen. Aber darauf lege er keinen Wert, vielmehr erhoffe er als Erfolg seines Briefes an den Rektor, daß ihm die gemeinschaftliche und durchgeprüfte Arbeit der tüchtigsten Köpfe zugehen werde, damit er darin entweder eine Beseitigung seiner Irrtümer oder eine Bestätigung der von ihm aufgestellten Wahrheiten finde. Nicht ohne Selbstgefühl spricht er sodann von der Anerkennung, die seine Leistungen in der Mathematik auch bei Gegnern gefunden hätten.

Im Collège war man indessen nicht geneigt, die Gesellschaft als solche in den Streit zu verwickeln, und der Rektor, dem endlich im Oktober die Briefe zu Gesicht kamen, beauftragte den P. Bourdin selbst den Handel mit Descartes zu schlichten⁵¹). Dieser war übrigens schon vorher mit ihm in Briefwechsel getreten⁵²). Nach dem einzigen Antwortschreiben Descartes' vom 7. September⁵³), welches davon übrig ist, scheint die gegenseitige Aussprache eine unfreundliche gewesen zu sein. Trotzdem unterzog er sich selbstverständlich dem ihm gegebenen Befehle und schrieb an Descartes, daß er sich in Zukunft jeder speziellen Bekämpfung seiner Ansichten enthalten werde. Dieser, der auf den Erfolg seines für den Rektor bestimmten Briefes wartete, zudem er, wir wissen nicht wann und von wem, eine Antwort der Jesuiten angekündigt erhalten hatte, glaubte diese letztere in dem Briefe Bourdins erblicken zu sollen, zumal derselbe mit dem Siegel der Gesellschaft versehen war, und fand sich nur halb befriedigt⁵⁴). Eine neue Verwicklung trat sodann dadurch ein,

---

50) Omnes sciunt nullum unquam esse corpus tam sanum, in quo non interdum aliqua pars aliquantulum laboret.
51) Baillet a. a. O. p. 81: Le P. Recteur ne parut point mal satisfait des sentimens de son coeur, mais il ne crut pas que toute la Compagnie dût s'intéresser dans un différent où elle n'avait aucune part.
52) Baillet a. a. O. p. 79.
53) III, 15 Clerselier; die französische Übersetzung III, 16 Clerselier; VIII, p. 338 Cousin.
54) Baillet a. a. O. p. 81. III, 12 Clerselier (die franz. Übersetzung III, 13 Clerselier; VIII, p. 358 Cousin): Quod autem addant, Nullum a

daß Mersenne an Descartes noch außerdem ein nicht für denselben bestimmtes Privatschreiben Bourdins geschickt hatte, und während dieses durch seinen Inhalt neuerdings Descartes' Unwillen erregte, war der Pater seinerseits über den Vertrauensbruch ungehalten[55]). Nun legten sich Freunde ins Mittel, insbesondere war der Mathematiker Desargues bemüht, Bourdin friedlich zu stimmen[56]). Descartes wollte einstweilen noch nichts von Versöhnung wissen, er sah in Bourdins Ausführungen nur Sophisterei und bösen Willen[57]) und schrieb noch am 8. Januar 1641 an Mersenne, wenn er erführe, daß einer oder der andere von den Jesuiten in ihren Lehrvorträgen ungerechte Angriffe gegen ihn richte, so werde er es geeigneten Orts an die Öffentlichkeit bringen, auch werde er sich zu verschaffen suchen, was der P. Bourdin zur Zeit seinen Schülern über die Reflexion vortrage[58]).

Die nächsten Monate waren ausgefüllt mit dem Drucke und der Fertigstellung der Meditationen, welche bekanntlich zugleich mit der Beantwortung verschiedener Einwürfe erschienen. Mersenne hatte dieselben gesammelt und Descartes übermittelt, ohne sich dabei an die ihm ursprünglich vorgezeichneten engen Grenzen zu halten. In einem Briefe vom 28. Februar 1641 dankt ihm Descartes für die aufgewandte Mühe und fügt am Schlusse die charakteristische Äußerung hinzu : „Unter uns gesagt, diese sechs Meditationen enthalten die sämtlichen Grundlagen meiner Physik, aber das bitte ich, nicht zu sagen, denn die Anhänger des Aristoteles könnten sonst vielleicht mehr Schwierigkeiten machen, ihre Zustimmung zu geben. Von den Lesern hoffe ich, daß sie sich unmerklich an meine Prinzipien gewöhnen und zuvor die Wahrheit derselben anerkennen werden, ehe sie merken, daß die Prinzipien des Aristoteles damit zusammen-

---

se suscipi, nec iri susceptum peculiare praelium adversus meas opiniones, nescire an mihi gaudendum sit vel dolendum. Nam si forte abstineant, ut mihi gratificentur, tamquam si ex illorum numero essem qui aegre ferunt sibi contradici, valde doleo nondum ipsis posse persuaderi, me nihil magis optare quam ut discam atque ut meae opiniones, si quae falsae sint, et mature et ab illis potissimum refutentur ne familiam ducant. Si vero aliam ob causam abstineant, quia tantum una alia esse potest, quod nempe nihil (saltem quod sit operae pretium) in meis scriptis invenerint, quod falsitatis argui possit, admodum laetor. Et sane sola est tenuitatis meae conscientia, quae prohibet, ne in hanc maxime partem propendeam. Gleichzeitig mit diesem, zum Vorzeigen bestimmten Schreiben läßt er am 28. Oktober 1640 einen Privatbrief an Mersenne abgehen, II, 44 Clerselier; VIII, p. 377 Cousin.

55) Baillet a. a. O. 82 f.
56) II, 48 Clerselier; VIII, p. 397 Cousin.
57) III, 14 Clerselier; VIII, p. 409 Cousin.
58) II, 51 Cleselier; VIII, p. 434 Cousin.

stürzen"[59]). Hiermit verträgt sich vollkommen, wenn er erklärt, mit Einwürfen, die ihm weiter nichts als die Autorität des Aristoteles und seiner Schule entgegenzuhalten wüßten, mühe er sich nicht weiter ab, da ihm die Vernunft mehr gelte[60]).

Nicht ohne eine gewisse Verwunderung liest man dagegen einen Brief, den die handschriftlichen Bemerkungen im Exemplar des Pariser Instituts mit triftigen Gründen in den August des gleichen Jahres verlegen[61]). Derselbe ist an einen ungenannten Freund gerichtet, welcher Descartes wegen der Erziehung seines Sohnes um Rat gefragt hatte. „Obgleich", heißt es darin, „meine Meinung nicht ist, als ob alles, was in der Philosophie gelehrt zu werden pflegt, wahr wäre, wie das Evangelium, so glaube ich trotzdem, weil eben die Philosophie den Schlüssel der übrigen Wissenschaften besitzt, daß es sehr nützlich ist, einen vollständigen Kursus derselben durchgemacht zu haben, in der Weise wie er in den Anstalten der Jesuiten vorgetragen wird, ehe man seinen Geist über die Schulweisheit erhebt und ein Gelehrter richtiger Art wird. Und ich muß meinen Lehrern die Ehre antun, zu erklären, daß man sie nirgendwo besser vorträgt als in La Flêche"[62]).

So deutlich sich Descartes des Gegensatzes seiner Lehre, wenigstens seiner naturwissenschaftlichen und naturphilosophischen Aufstellungen, zu den herrschenden Meinungen bewußt war, und so abfällig er sich gelegentlich über die letzteren und ihre Vertreter äußert, eine radikale Opposition, das beweist dieser Brief, lag nicht in seinem Charakter. Auch das aber wird man demselben entnehmen können, daß ihn um jene Zeit wieder eine freundlichere Stimmung

---

59) II, 53 Clerselier; VIII, p. 491 Cousin. S. S. 194, Anm. 38. Kuno Fischer a. a. O. S. 220.
60) II, 16 Clerselier; VIII, p. 266 Cousin.
61) II, 90 Clerselier; VIII, p. 546 Cousin.
62) Man vgl. übrigens damit die folgende Stelle in den Regulae ad dirigendum animum: Neque tamen idcirco damnamus illam, quam caeteri hactenus invenerunt, philosophandi rationem et scholasticorum aptissima bellis probabilium syllogismorum tormenta, quippe exercent puerorum ingenia, et cum quadam aemulatione promovent, quae longe melius est eiusmodi opinionibus informari, etiamsi illas incertas esse appareat, cum inter eruditos sint controversae, quam si libera sibi ipsis relinquerentur fortasse enim ad precipitia pergerent sine duce; sed quamdiu praeceptorum vestigiis insistent, licet a vero nonnunquam deflectant, certe tamen iter capessent, saltem hoc nomine magis securum, quod iam a prudentioribus fuerit probatum. Atque ipsimet gaudemus, nos etiam olim ita in scholis fuisse institutos. Reg. II, XI, p. 206 Cousin. — Ist die Datierung des angeführten Briefes zutreffend, so wird damit das Argument hinfällig, welches Mellin (Histoire de D. avant 1639 p. 160) dieser Stelle entnimmt, um die Abfassung der Regulae in eine frühe Periode zu versetzen.

gegen die Jesuiten erfüllte und er jedenfalls nicht gewillt war, bei Dritten als ein Gegner derselben zu gelten.

Am 28. August 1641 verließ die erste Auflage der Meditationen in Paris die Presse und gewann sofort die Aufmerksamkeit aller wissenschaftlichen Kreise. Daß man sich auch bei den Jesuiten damit beschäftigte, war natürlich. In der Briefsammlung findet sich jedoch hier eine Lücke, da Mersenne im Herbst des genannten Jahres eine Reise nach Rom unternommen hatte[63]). Die erste Nachricht gibt das schon früher erwähnte Schreiben vom 22. Dezember, worin die Absicht, eine Widerlegung der Scholastik zu veröffentlichen, als eine aufgegebene erwähnt wird[64]). Welcher Art die Botschaft war, die ihm die Jesuiten durch Mersenne hatten zukommen lassen, wird nicht völlig klar, Descartes aber wünscht, daß dieser künftig keine mündlichen Aufträge mehr entgegennehmen möge, die nachträglich desavouiert werden könnten. Sodann erfahren wir, daß P. Bourdin brieflich angefragt hatte, ob es wahr sei, daß Descartes gegen die Jesuiten schreibe. Hierauf bezieht sich die oben angeführte Antwort in dem von Tannery veröffentlichten lateinischen Schreiben, das dem P. Provinzial vorgelegt werden sollte[65]).

Descartes spricht darin seine Verwunderung aus über die an ihn ergangene Anfrage. Gegen die Jesuiten zu schreiben, würde durchaus gegen seine Lebensgewohnheiten verstoßen und ebenso gegen seine Verehrung für die Gesellschaft[66]). Er schreibe eine Summa philosophiae, die allerdings viel enthalte, was von dem in ihren Schulen Gelehrten abweiche. Aber da er frei von jedem Geiste des Widerspruchs und nur erfüllt sei von der Liebe zur Wahrheit, so sei er sich auch bewußt, nicht gegen, sondern für die Jesuiten zu schreiben, die ja die eifrigsten Liebhaber der Wahrheit seien. Dann folgen sechs mit miror beginnende Sätze. Descartes verwundert sich, daß der P. Bourdin im Namen der Gesellschaft eine Abhandlung verfaßt und dem P. Provinzial gezeigt hat, in welcher er zu beweisen vorgibt, daß alles, was Descartes über Metaphysik geschrieben habe, falsch oder lächerlich oder wenigstens unnütz sei, die er aber nicht veröffentlichen will, falls Descartes nichts gegen die Gesellschaft schreibt. Er wundert sich, daß Bourdin, dem doch das frühere Geplänkel gegen die Dioptrik nicht

---

63) Baillet a. a. O. p. 137, p. 158.
64) Oben S. 195, Anm. 42.
65) Oben S. 195, Anm. 43.
66) Hoc enim a moribus meis vitaeque instituto, et a perpetua mea in ipsos observantia quam maxime est alienum.

sonderlich geglückt ist, lieber ihn als einen andern angreift, daß er mit der Veröffentlichung einer Abhandlung droht, nachdem er früher trotz aller Bitten und Beschwörungen und eigenem Versprechen nicht zur Herausgabe des gegen die Dioptrik Geschriebenen zu bestimmen war. Es wundert ihn, daß so offen zugestanden wird, die Jesuiten würden eine gegen sie gerichtete Schrift unliebsam empfinden, als ob er so bedeutend wäre, um von ihnen als Gegner gefürchtet zu werden. Es wundert ihn, daß jener die Voraussicht soweit getrieben und sich zur Rache gerüstet hat, noch ehe er sich erkundigt hatte, ob es wahr sei, daß er, Descartes, eine solche Schrift vorbereite. Tatsächlich sei dies nicht wahr. Er verwundert sich über die vorgeschlagenen Friedensbedingungen, da jener doch weiß, daß er nichts mehr wünscht, als von möglichst vielen und gelehrten Männern angegriffen zu werden, damit die Wahrheit seiner Lehren um so deutlicher hervortrete. Mersenne möge in jeder Weise den P. Bourdin zu bestimmen suchen, daß er seine Abhandlung entweder veröffentliche oder an Descartes einsende, damit dieser sie den übrigen Einwürfen zu seinen Meditationen hinzufügen könne. Am meisten aber wundern ihn die angedeuteten Drohungen. Weil ihm die lateinische Übersetzung nicht genau genug ist, wiederholt er wörtlich, was Mersenne ihm mitgeteilt hatte: Le R. P. Bourdin m'a bien fait voir combien ils vous peuvent aysement perdre de réputation à Rome et partout. Diese Drohungen lassen ihn völlig kalt. Er ist überzeugt, daß sie lediglich von dem einen Manne ausgehen, der ein Interesse daran hat, einen feindseligen Schriftenwechsel zwischen Descartes und der Gesellschaft herbeizuführen, weil er es übel erträgt, daß dieser in dem früheren Falle ihn von den übrigen Ordensgenossen zu trennen und die eigene Verteidigung so zu führen gewußt hat, daß er dabei zugleich darauf bedacht war, durch den schuldigen Respekt das Wohlwollen der Gesellschaft zu verdienen[67]). Darum wünscht er nichts mehr, als daß der Provinzial, P. Dinet, von dem allem unterrichtet würde. Denn bei der ihm noch sehr wohl erinnerlichen hohen Weisheit dieses seines früheren Studienpräfekts von La Flêche bezweifelt er nicht, daß wenn er nur Gelegenheit hätte, ihm seine Absichten zu erklären, er leicht durch ihn die Gunst und das Wohl-

---

[67] Multoque est credibilius ipsum, qui me iam superiore anno sine ulla ratione lacessivit, dolere quod non omnes suos in eadem secum causa coniunxerim, sed ita ius meum tueri conatus sim ut simul etiam Societatis benevolentiam omni cultu atque observantia demereri studerem.

wollen der ganzen Gesellschaft gewinnen und sogar den P. Bourdin versöhnen könne. Nur ganz leise aber will er am Schlusse noch beifügen, daß es nach seiner ernsten Überzeugung durchaus in dem eigenen Interesse der Jesuiten gelegen sei, seine Absichten zu fördern[68]).

Ton und Inhalt des Briefes lassen vermuten, daß Descartes bereits von der günstigen Aufnahme unterrichtet war, welche seine Meditationen bei einem Teile der Gesellschaft gefunden hatten und daß er nicht ohne Grund die Fortdauer der alten freundschaftlichen Gesinnungen bei dem nunmehrigen P. Provinzial voraussetzte. Im Widerspruche mit wiederholten früheren Äußerungen bezeichnet er jetzt als Motiv seines bisherigen Verhaltens, dem Zwiste mit dem P. Bourdin keinen Einfluß auf seine Stellung zu der Gesellschaft im ganzen zu verstatten. Tatsächlich handelte der Provinzial wie früher der Rektor des Collège Clermont ganz in diesem Sinne, wenn er den P. Bourdin anwies, mit Descartes in Verbindung zu treten und ihm seine Abhandlung zu schicken[69]).

Descartes aber bleibt unsicher. Am 19. Januar schreibt er an Mersenne[70]), er sehe in dem Handel mit den Jesuiten nicht klar. Aus dem Brief des P. Bourdin hat er entnommen, daß sie keine Verständigung suchen, und er glaubt auch nicht, daß es ihnen um den Frieden zu tun ist, solange sie durch dieses Mitglied mit ihm verhandeln. Mersenne kann ihnen wohl versprechen, daß er nicht gegen sie schreiben, das heißt, wie einschränkend hinzugefügt wird, daß er keine Beleidigungen und Verleumdungen anwenden wird, um sie zu diskreditieren, nicht aber, daß er nicht einmal eines ihrer Lehrbücher hernehmen wird, um ihre Irrtümer aufzudecken. Im Gegenteile sollen sie wissen, daß er dies tun wird, sobald er es im Interesse der Wahrheit für notwendig hält, und sie können ihn deshalb nicht tadeln, wenn sie anders die Wahrheit höher schätzen als das eitle Bestreben, für gelehrter zu gelten, als sie sind. Einstweilen will er das Eintreffen ihrer Einwendungen abwarten, um danach seine Entschließungen zu treffen.

Wenige Wochen darauf ist dies geschehen. Am 10. März schickt er die ersten Blätter der Objektionen, die nun ausdrücklich als Einwürfe des P. Bourdin bezeichnet werden, samt seinen Bemerkungen

---

68) Sed in aure tantum dicam me serio mihi persuadere non magis meae quam ipsorum gloriae interesse ut faveant meis institutis.
69) Baillet a. a. O. p. 163.
70) III, 114 Clerselier; VIII, p. 564 Cousin.

an Mersenne[71]). „Sie erstaunen sich vielleicht," fügt er hinzu, „daß ich ihn so sehr der Falschheit anklage, aber Sie werden im folgenden noch Schlimmeres sehen, und doch habe ich ihn so höflich behandelt, als es mir nur möglich war, aber ich habe noch nie ein Schriftstück gesehen, das so voll von Fehlern gewesen wäre. Immerhin hoffe ich, seine Sache in solcher Art von der seiner Ordensgenossen zu trennen, daß diese es mir nicht übel nehmen können, falls sie sich nicht offen als Feinde der Wahrheit und Förderer der Verleumdung erklären wollen."

In dem gleichen Briefe berichtet Descartes kurz über die Verfolgungen, von denen seine Philosophie, zunächst in der Person seines Schülers Deroy, gewöhnlich Regius genannt, in Utrecht betroffen worden war, und den Machinationen des Voëtius. Wenige Tage später, am 16. März 1642, erfolgte dort ein förmliches Verdammungsurteil gegen die neue Philosophie[72]). Descartes war nicht genannt, aber jedermann wußte, daß er gemeint sei. Er antwortete durch den offenen Brief an den P. Dinet, welchen er demnächst samt den Einwürfen Bourdins und seinen Bemerkungen der zweiten Auflage der Meditationen einverleibte.

Man muß fragen, was ging den Jesuitenprovinzial der Utrechter Handel an? Aber der Brief zerfällt in zwei, dem Umfange nach ziemlich gleiche Teile, erst der zweite ist den Kämpfen in den Niederlanden und der Charakteristik des Voëtius gewidmet, voransteht ein ausführlicher wenn auch keineswegs einwandfreier[73])

---

71) II, 60 Clerselier; VIII, p. 609 Cousin.
72) Kuno Fischer, a. a. O. S. 230.
73) So heißt es in dem Briefe an P. Dinet (p. 145 der Amsterd. Ausgabe von 1654), er habe zu Anfang nicht gewußt, daß der Verfasser der Velitatio dem Jesuitenorden angehöre. Damit vergleiche man die Äußerung in dem vertraulichen Briefe an Mersenne vom 22. Juli 1640 (III, 2 Clersel.; VIII, 286 Cousin): Au reste, je feins d'ignorer l'auteur de ces thèses dans la lettre que j'écris à leur recteur, pour avoir plus d'occasion de m'adresser à tout le corps . . . . . mais je m'étonne de ce qu'il a osé m'envoyer sa belle vélitation. Auch die Behauptung wenige Seiten später (p. 148), die Angriffe B.'s hätten ihn nicht sonderlich gekümmert, so lange sie nur seine mathematischen und physikalischen Ansichten betroffen hätten, wird durch die im Texte angeführten Tatsachen widerlegt. Und wenn er kurz vorher (p. 147) es dem P. B. zum Vorwurfe macht, daß dieser eine Abhandlung gegen seine Metaphysik geschrieben habe, „quamvis . . . . ex quo nullum se peculiare praelium in meas opiniones suscepturum esse promiserat, nihil mihi novi cum illo vel alio ullo ex vestris intercessisset", so konnte man doch sehr leicht in den Kreisen des Ordens von seinen längere Zeit gehegten Angriffsplänen unterrichtet sein. Ist doch Descartes selbst überzeugt, daß ihn die Jesuiten sorgsam beobachten (II, 48 Clerselier; VIII, p. 397 Cousin), und daß sie überall ihre Korrespondenten haben (II, 49 Clerselier; VIII, p. 401 Cousin).

Bericht über den Streit und die Verhandlungen mit dem P. Bourdin und wegen desselben. So kann man ebensogut umgekehrt fragen: welches Interesse hatten die in den Utrechter Handel verwickelten Personen an dem Inhalte dieses Berichtes? Im übrigen ist der Zweck gerade dieses Abschnittes völlig klar. Descartes will vor der Öffentlichkeit so, wie er es Mersenne angekündigt hatte, den P. Bourdin von den Jesuiten in ihrer Gesamtheit trennen, ja zwischen beiden einen Gegensatz statuieren. Jener erscheint als ein zurückgebliebener eitler Schulfuchs, der sich nicht scheut, zu Verdrehungen und Sophistikationen zu greifen, die Majorität der Ordensgenossen dagegen als erleuchtete, von Wahrheitsliebe erfüllte und darum auch für die neue Lehre zugängliche Männer. Das früher gebrauchte Bild kehrt wieder von dem einen kranken Gliede in einem übrigens gesunden Organismus[74]). Von seiner Philosophie spricht er mit großer Zuversicht. Dieselbe stützt sich nicht auf willkürliche neue Erfindungen, wie sie gerade bei den Aristotelikern jeden Tag gemacht und jeden Tag wieder abgeändert werden, sondern nur auf die allgemeinsten und darum von Anfang an von allen Philosophen anerkannten Prinzipien, aus denen demgemäß auch nur Sicheres und Feststehendes abgeleitet wird. Weit entfernt darum, daß aus ihr der Theologie irgend welche Gefahr erwachsen wird, da ja Wahrheit der Wahrheit nicht widersprechen kann, gibt sie vielmehr die besten Mittel an die Hand, die Lehren der Religion zu erklären, während gerade umgekehrt in der Vulgärphilosophie vieles sich findet, was mit theologischen Wahrheiten streitet, wenn man dies auch zu verbergen sucht oder der langen Gewöhnung wegen nicht mehr bemerkt. Daß die neue Philosophie die ungebildete Menge anlocken werde, ist nicht zu befürchten, zeigt doch schon jetzt die Erfahrung, daß es vorzüglich die besser unterrichteten sind, die sich ihr zuwenden. Und ebensowenig ist zu befürchten, daß sie den Frieden unter den Philosophen stören werde. Im Gegenteil, während die Philosophen sich dergestalt mit allen möglichen Streitfragen bekämpfen, daß der Krieg unter ihnen gar nicht größer sein könnte, gibt es kein besseres Mittel zur Herstellung des Friedens und zur Verminderung der aus jenen Streitfragen täglich aufschießenden Häresien, als daß man sich wahren Lehrmeinungen zuwendet, wie sie erwiesenermaßen die

---

74) Ib. p. 144: Ac proinde ut magna unius partis a communi totius corporis lege dissensio indicat ipsam morbo aliquo sibi peculiari laborare; ita omnino ex dissertatione R. P. manifestum est ipsum ea sanitate non frui, quae in reliquo vestro corpore existit. Vgl. oben S. 198, Anm. 50.

Cartesianische Philosophie darbietet. Aber gerade diese Wahrheit und Gewißheit ist es, welche den Neid der Gegner erweckt und an diesem Neide eine neue Bestätigung findet.

Damit ist der Übergang gewonnen, um einen Bericht über die Streitigkeiten in Utrecht folgen zu lassen, und zugleich der stärkste Schlag gegen Bourdin geführt, der so mit Voëtius und seinem Anhange auf eine Stufe gestellt wird. Anfang Juni schrieb Descartes an Regius[75]): „Ich bin entzückt, daß meine Geschichte des Voëtius Ihren Freunden nicht mißfallen hat. Ich habe noch niemand gesehen, nicht einmal einen von den Theologen, der nicht froh gewesen wäre, ihm eines über die Ohren gegeben zu sehen. Man kann mir nicht vorwerfen, daß ich in meiner Erzählung zu piquant wäre. Ich habe die Sache lediglich so erzählt, wie sie sich zugetragen hat. Ich habe mit noch größerer Lebhaftigkeit gegen einen Jesuitenpater geschrieben."

Das Strafgericht, welches er an dem letzteren vollzog, war strenge, vielleicht zu strenge, wenn man die Unbedeutendheit der Person ins Auge faßt. Daß es nicht unverdient war, zeigt ein Blick in die Objectiones et responsiones septimae. Aber er wollte nicht nur das Strafgericht an diesem einzelnen vollziehen, er wollte durch Loslösung desselben von den übrigen sich das Wohlwollen der letzteren neuerdings sichern. Darauf deuten nicht nur die wiederholten Versicherungen der Hochachtung und Verehrung für die Gesellschaft überhaupt und den P. Dinet im besonderen, der Schluß des Briefes spricht es unumwunden aus. Kein Zweifel, heißt es hier, daß auch aufrichtig gesinnte Männer gegen seine Lehrmeinungen Verdacht hegen, teils weil sie sehen, daß andere dieselben tadeln, teils aus dem einzigen Grunde, weil sie neue sind. Das kann nicht wundernehmen. Fortwährend werden neue Meinungen aufgebracht, von denen sich alsbald zeigt, daß sie keineswegs besser sind als die hergebrachten, sondern gefährlicher. Fragt man also solche, die die Cartesianischen noch nicht klar eingesehen haben, um ihr Urteil, so wird dieses begreiflicherweise in verwerfendem Sinne ausfallen. Und so müßte er fürchten, daß dieselben trotz ihrer Wahrheit von der Gesellschaft Jesu und allen mit dem Unterrichte befaßten Genossenschaften verworfen würden, ebenso wie jüngst von dem Senate der Utrechter Universität, wenn er nicht hoffen dürfte, daß der Pater Provinzial bei seiner ganz besonderen Güte und Klugheit

---

75) I, 95 Clerselier; VIII, p. 627 Cousin.

sie in Schutz nehmen werde. Neuerdings bittet er daher diesen, entweder selbst oder durch berufene Kräfte eine gründliche Prüfung seiner in den bisher veröffentlichten Schriften enthaltenen Lehren vorzunehmen. Das Ergebnis ist ihm um so wichtiger, als er mit einer Darstellung seiner gesamten Philosophie beschäftigt ist. Sollte sich die Mehrheit der gelehrten Genossenschaften, auf bessere Gründe gestützt, jenem Utrechter Verdammungsurteile anschließen, so würde er damit zurückhalten. „Denn," heißt es wörtlich, „da ich nicht zweifle, daß die Seite, auf welche Deine Gesellschaft sich wendet, das Übergewicht über die andere davon tragen werde, so wirst Du mir den größten Dienst erweisen, wenn Du mir Deine und der Deinigen Ansicht mitteilst, damit, wie ich im übrigen Leben Euch stets besonders geachtet und verehrt habe, ich auch in dieser, meines Erachtens nicht unwichtigen Angelegenheit nichts unternehme, was Ihr nicht billigen würdet."

Vielleicht ist es hiernach auch nicht mehr schwierig, einen inhaltlichen Zusammenhang zwischen den beiden Teilen des offenen Briefes zu erkennen. In den Utrechter Streitigkeiten spielte das konfessionelle Moment eine Rolle, Voëtius war vor allem bemüht, die neue Philosophie als gefährlich für den Protestantismus erscheinen zu lassen[76]. Konnte nicht Descartes annehmen, daß der Bericht über die Angriffe, denen er von dorther ausgesetzt war, ihm bei den Jesuiten als captatio benevolentiae dienen würde? Und nach der anderen Seite hin mochte es ihm erwünscht sein, sich durch die Anlehnung an die mächtige und einflußreiche Genossenschaft den Rücken zu decken. Kurze Zeit nach der Abfassung des an den P. Dinet gerichteten Briefes wurde der P. Sirmond entlassen und der erstere zum Beichtvater des Königs ernannt[77]. In seinem drei Jahre später verfaßten Schreiben an die Obrigkeit von Utrecht[78] verfehlt Descartes nicht, dieses wichtige und bedeutungsvolle Amt auszuspielen: Nur die Feinde Frankreichs könnten es ihm zum Vorwurfe machen, daß er die Freundschaft derer sucht, denen die französischen Könige ihre innersten Gedanken mitzuteilen pflegen, indem sie sie zu ihren Beichtvätern erwählen. Jedermann wisse, daß den Jesuiten in Frankreich diese Ehre zukomme und daß eben der P. Dinet, bald nachdem er den an ihn adressierten Brief veröffentlicht habe, zum Beichtvater Ludwigs XIII. ernannt worden sei.

---

76) Kuno Fischer, a. a. O. S. 228, 229.
77) Crétineau-Joly, a. a. O. p. 444; vgl. Grégoire, Histoire des confesseurs des empereurs et rois. Piaget, a. a. O. p. 620.
78) III, 1 Clerselier; IX, p. 250 Cousin; ib. p. 270.

Wie es sich aber auch mit diesem letzteren Motive verhalten haben möge [79]), sicher ist, daß Descartes bei den Jesuiten für die nächste Zeit wenigstens und innerhalb bestimmter Grenzen seine Absicht erreichte [80]). Zwei Mitglieder des Ordens, die PP. Mesland und Vatier, sprachen ihm noch im Herbst 1642 die volle Zustimmung zu seinen Meditationen aus. Der erste hatte es unternommen, dieselben in schulmäßige Form zu bringen und sich damit den Dank und die volle Anerkennung des Autors erworben [81]), der andere geht soweit, sich völlig mit der Art und Weise einverstanden zu erklären, in der Descartes versucht hatte, auf der Grundlage und mit den Prinzipien seiner Philosophie das Altarsakrament zu erklären [82]). Von Wichtigkeit ist besonders ein Brief an diesen letzteren vom 17. November des genannten Jahres [83]). Der P. Vatier hatte ihm geschrieben, daß er stets auf seiner Seite gestanden und alles mißbilligt habe, was gegen ihn geschehen sei. Wie es scheint, hatte schon nach der Veröffentlichung der Essays philosophiques ein brieflicher Austausch zwischen beiden Männern stattgefunden. Aus Descartes' Antwort erfahren wir nun weiter, daß dieser schon vor vier bis fünf Monaten, also, wenn die Angabe genau ist, kurz nach dem Erscheinen des Briefes an P. Dinet, an ein anderes Mitglied des Ordens, den P. Charlet, geschrieben hatte [84]). Dieser war ehe-

---

[79]) In dem von Foucher de Careil veröffentlichten Schreiben an den französischen Gesandten im Hag, de la Thuillière (Oeuvres inédites de Descartes, II, p. 50), das wohl im Spätjahr 1643 geschrieben ist, gibt D. ein anderes Motiv an: Obiter tantum in epistola in qua de patre quodam societatis conquerebar, et quam tunc commodam sub praelo habebam, paucas de illo (sc. Voëtio) paginas inserui, nec sine consilio duas illas querelas simul iunxi, ut in iis non de religione, sed tantum de privatis iniuriis agi appareret, quia nempe cum ultraiectino theologo non alio modo quam cum patre societatis agebam, ac etiam multo pauciora de illo quam de hoc scribebam.

[80]) Baillet, a. a. O. p. 159 ff.

[81]) Ein Bruchstück aus dem „sehr langen" Dankschreiben Descartes' bei Baillet, p. 162.

[82]) Vgl. den Brief an Mersenne vom 17. Nov. 1642, III, 113 Clerselier; IX, p. 70 Cousin.

[83]) I, 116 Clerselier; IX, p. 62 Cousin.

[84]) Ibid. p. 62 Cousin: Bien que je ne doute point que ce que j'ai écrit ne contienne plusieurs fautes, je me suis toutefois persuadé qu'il contenait aussi quelques vérités, qui donneraient sujet aux esprits de la trempe du vôtre, et qui auraient autant de franchise que vous, d'en excuser les défauts. Ce que je me suis persuadé de telle sorte, qu'en écrivant, il y a quatre ou cinq mois, au R. P. Charlet, touchant les objections du P. Bourdin, je le priai, si ses occupations le lui permettaient, qu'il examinât lui-meme les pièces de mon procès, qu'il vous en voulût croire, vous et vos semblebles, plutôt que les semblables de mon adversaire etc.

mals Rektor in La Flèche gewesen und hatte sich des jungen Descartes, mit dem er verwandt war, mit besonderem Wohlwollen angenommen und ihm auch noch späterhin ein warmes Interesse bewahrt. Er bekleidete jetzt das wichtige Ordensamt eines Assistenten für Frankreich bei dem Jesuitengeneral in Rom[85]). Descartes hatte ihn gebeten, wie er sich ausdrückt, die Akten seines Prozesses mit dem P. Bourdin zu prüfen. Sodann aber schreibt er an Vatier: „Ich bitte Sie ganz ergebenst, zu glauben, daß ich nur mit großem Widerstreben auf die siebten Objektionen geantwortet habe, welche meinem Briefe an P. Dinet, den Sie gesehen haben, vorausgehen. Es hat mich ganz denselben Entschluß gekostet, wie wenn ich mir einen Arm oder ein Bein abgeschnitten hätte, weil ich kein sanfteres Mittel wußte, mich von einer Krankheit zu heilen."[86]) Aufs lebhafteste erklärt er sich dem P. Dinet verpflichtet wegen des Freimuts und der Klugheit, welche dieser bei der Angelegenheit bewiesen habe. Leider erfahren wir hierüber nichts Näheres, zu Anfang Januar 1643 aber berichtet Descartes an Mersenne über Äußerungen, welche der genannte Jesuitenpater, der sein Amt als Provinzial an den P. Filleau abgegeben und in den Herbstmonaten des Vorjahrs eine Reise nach Rom unternommen hatte, ihm hatte zukommen lassen. Er glaubt denselben entnehmen zu dürfen, daß der P. Charlet nur das Erscheinen seiner Principia philosophiae abwarte, um sich offen für ihn zu erklären[87]).

Mehrere Briefe aus dem folgenden Jahre bestätigten die wiederhergestellten freundlichen Beziehungen[88]). Ja, der Fürsorge Dinets gelang es sogar, eine Aussöhnung Descartes' mit dem P. Bourdin zustande zu bringen, die bei des ersteren Anwesenheit in Paris im Oktober 1644 besiegelt wurde. Baillet erzählt, Bourdin habe sich nicht mit de simples embrassements begnügen wollen, sondern sei bestrebt gewesen, Descartes seine veränderte Gesinnung durch die Tat zu beweisen[89]). Nach allem, was zwischen den beiden Männern vorgegangen war, muß man darin ein merkwürdiges Beispiel von Friedensliebe oder auch von Ordensdisziplin erblicken.

Im Juli 1644 erschienen die Principia philosophiae[90]). Bei seinem

---

85) Baillet, I, p. 18, 28; II, p. 159, 165.
86) A. a. O. IX, p. 63 Cousin.
87) Baillet, II, p. 160.
88) III, 17 Clerselier, IX, p. 154 Cousin; I, 115 Clerselier, IX, p. 162 Cousin; III, 18 Clerselier, IX, p. 174 Cousin.
89) Baillet, a. a. O. p. 239, 264.
90) Ebenda p. 222.

Aufenthalte in Paris schickte Descartes an einen Jesuiten, dessen Namen wir nicht kennen, zwölf Exemplare mit der Bitte, dieselben an die ihm befreundeten Mitglieder der Gesellschaft, vor allem Charlet und Dinet, zu verteilen[91]). In dem beigefügten Schreiben an den ersteren[92]) spricht er sich mit großer Zuversicht aus. Seine Lehren haben die volle Zustimmung einer so großen Anzahl von urteilsfähigen Personen gefunden, daß er eine Widerlegung kaum mehr zu fürchten hat. Denen, die sie unbedachterweise angreifen, wird daraus nur Schande erwachsen, und die Klügeren werden eine Ehre darein setzen, die ersten zu sein, die ein günstiges Urteil fällen. Dazwischen aber finden sich die folgenden beiden Sätze: „Ich weiß, daß man geglaubt hat, meine Meinungen wären neu, aber man wird in dem Buche sehen, daß ich mich keines Prinzips bediene, das nicht von Aristoteles und allen denen angenommen worden wäre, die sich jemals mit Philosophie befaßt haben." Den gleichen Gedanken hatte er auch in dem Briefe an Dinet ausgesprochen[93]). Und sodann: „Man hat sich auch eingebildet, ich beabsichtigte, die in den Schulen herkömmlichen Meinungen zu widerlegen und lächerlich zu machen, aber man wird sehen, daß ich davon so wenig rede, als ob ich sie niemals gelernt hätte."

Der Brief wie das Werk fanden eine günstige Aufnahme. Am 18. Dezember schreibt Descartes neuerdings an den P. Charlet[94]). Er ergeht sich in den verbindlichsten Wendungen, bekennt aber zugleich, welch großen Wert er auf das Wohlwollen und die Unterstützung seiner Philosophie von seiten der Gesellschaft Jesu lege. Sie stellt die Mehrheit unter denen, die darüber urteilen können. Sie hat es also in der Hand, ob die Aufnahme eine rasche oder langsame sein wird. Läßt sie sich durch das Wohlwollen für den Verfasser bestimmen, seine Lehre zu prüfen, so wagt er zu hoffen, daß sie darin soviel Wahres finden werde, was geeignet ist, die herkömmlichen Meinungen zu ersetzen, und mit Vorteil zur Erklärung der Glaubenswahrheiten verwertet werden kann, ohne daß man dabei dem Text des Aristoteles widersprechen müßte, daß sie sich sicherlich dafür erklären werde. Alsdann aber wird seine Philosophie in wenig Jahren ein Ansehen gewinnen, wie sie es ohne solche

---

91) III, 21 Clerselier; IX, p. 179 Cousin.
92) III, 19 Clerselier; IX, p. 176 Cousin. Das für P. Dinet bestimmte Begleitschreiben III, 20 Clerselier; IX, p. 178 Cousin.
93) A. a. O. p. 152: Quantum ad principia, ea tantum admitto, quae omnibus omnino philosophis hactenus communia fuere.
94) III, 22 Clerselier; IX, p. 180 Cousin.

Unterstützung erst nach einem Jahrhundert erlangen könnte. Aber auch die Gesellschaft ist dabei interessiert, denn sie darf nicht dulden, daß Wahrheiten von einiger Wichtigkeit früher von andern als von ihr angenommen würden.

Das gleiche schreibt er am nämlichen Datum an einen andern Jesuiten, vermutlich den P. Dinet[95]). „Eure Gesellschaft", sagt er ihm, „vermag mehr als die ganze übrige Welt, um meine Philosophie in Geltung oder Mißachtung zu bringen." Man stößt sich zumeist an Meinungen, die von den gewöhnlichen weit abliegen, und so hat auch er nicht erwartet, daß die seinigen sogleich auf den ersten Schlag die Billigung der Lehrer finden würden, aber je mehr man sie prüft, desto glaubhafter und vernünftiger werden sie sich herausstellen.

In freudigster Stimmung schrieb er am 9. Februar 1645 an den Abbé Picot: „Ich habe Briefe von den PP. Charlet, Dinet, Bourdin und zwei anderen Jesuiten erhalten, welche in mir den Glauben erwecken, daß die Gesellschaft auf meine Seite treten wird."[96])

Daß er bei der Abfassung der Prinzipien mit dieser Aussicht gerechnet und sie danach eingerichtet hatte, erfahren wir aus einem Briefe aus demselben Jahre, von dem übrigens weder der Adressat noch das genauere Datum bekannt ist[97]). Er spricht darin seine Verwunderung aus, daß man von irgend einer Seite eine Widerlegung der scholastischen Argumente von ihm wünsche. Vor Jahren hätte ihn die Bosheit einzelner beinahe dazu vermocht und vielleicht nötigt sie ihn schließlich noch dazu, aber, fährt er fort: „da die Jesuiten hierbei am meisten interessiert sind, so war bisher die Rücksicht auf den P. Charlet, einen Verwandten von mir, der jetzt, nach dem Tode des Generals, dessen Assistent er war, der erste in ihrer Gesellschaft ist, und den P. Dinet, sowie einige andere hervorragende Mitglieder, die ich für meine aufrichtigen Freunde ansehe, die Ursache, daß ich bisher davon abgestanden bin. Ja ich habe sogar meine Prinzipien in der Art abgefaßt, daß sie in keiner Weise der hergebrachten Philosophie entgegentreten, sondern dieselbe nur um einige Dinge bereichern, die bisher nicht darin enthalten waren. Denn da man in ihr eine Menge anderer Meinungen aufnimmt, von denen die einen den andern entgegengesetzt sind, warum sollte man da nicht auch den meinen Aufnahme verstatten?"

---
95) III, 23 Clerselier; IX, p. 183 Cousin.
96) Bruchstück, mitgeteilt bei Baillet a. a. O. p. 264.
97) I, 109 Clerselier; IX, p. 342 Cousin.

In dem Briefwechsel der nächsten Jahre tritt das sich enger knüpfende freundschaftliche Verhältnis mit dem Jesuitenpater Stephan Noel hervor. Derselbe war, als Descartes in La Flêche weilte, Repetitor der Philosophie gewesen, jetzt war er Rektor im Collège Clermont. Den Cartesianischen Ansichten zugeneigt, nahm er in seinen naturphilosophischen Schriften offen darauf Bezug[98]). Descartes leitete daraus den erfreulichen Schluß ab, die Jesuiten hingen nicht so fest an den alten Meinungen, daß sie nicht auch neue aufzustellen wagten[99]). Aber die Zuversicht, die ihn unmittelbar nach dem Erscheinen der Prinzipien erfüllt hatte, hielt nicht lange an. Schon am 1. September 1646 schrieb er an Noel[100]), man behaupte, mehrere Jesuiten redeten unvorteilhaft von seinen Schriften. Einer seiner Freunde gehe daher mit der Absicht um, eine vergleichende Abhandlung zu schreiben, die natürlich zum Nachteile der in den Jesuitenschulen dozierten Philosophie ausfallen würde. Er wünscht Noels Ansicht zu hören und will sich dessen Rat gern fügen. Seinerseits schwankt er zwischen den Empfindungen dankbarer Verpflichtung und Verehrung für die Jesuiten auf der einen und dem Gefühle des Unmuts über das ihm angetane Unrecht auf der anderen Seite. Auch lehre die Klugheit, offene Feindschaften den verdeckten vorzuziehen. Gerade damals muß er ungünstige Nachrichten erhalten haben, denn in einem Briefe an Mersenne vom 7. September heißt es: „Ich wünschte zunächst Nachrichten von P. Charlet zu erhalten, dem ich vor acht oder vierzehn Tagen geschrieben habe, um wahrheitsgemäß zu erfahren, in welchen Ausdrücken die Mitglieder der Gesellschaft von meinen Schriften reden."[101])

Am 1. November schreibt er an Chanut, die Schulphilosophen sähen ihn mit scheelen Augen an und suchten auf alle Weise ihm zu schaden. Aus der Art, wie er die Angriffe des P. Bourdin erwähnt, ergibt sich, daß die alte Wunde nicht völlig geheilt war. Durch den ganzen Brief geht ein Zug von Resignation. Er will sich in Zukunft jeder Schriftstellerei enthalten, nur für seine eigene Belehrung arbeiten und seine Gedanken höchstens dem engen Kreise

---

98) Baillet a. a. O. p. 285 f. Außer den daselbst angeführten Schriften, Aphorismi physici und Sol flamma, verfaßte Noel (Natalis): Interpres naturae, sive arcana physica VII libris comprobata. Flexiae 1653. Examen Logicorum. Flexiae 1658. Genannt werden sodann noch von ihm: De gravitate comparata, De mundo magno et parvo, Physica vetus et nova.
99) III, 5 Clerselier; IX, p. 429 Cousin.
100) I, 113 Clerselier; IX, p. 427 Cousin.
101) Archiv für Geschichte der Philosophie IV, 545 ff., speziell S. 546.

seiner Freunde mitteilen[102]). Und ähnlich heißt es in einem Briefe vom 15. Dezember an die Pfalzgräfin Elisabeth, in ganz Europa gebe es nur wenige Philosophen, die nicht in den Irrtümern der Schule befangen sind, hätte er das vorausgesehen, so würde er vielleicht nie etwas haben drucken lassen. Freilich hat noch keiner gewagt, mit ihm in die Schranken zu treten, und selbst von den Jesuiten, von denen er doch stets annahm, daß sie am meisten bei der Publikation einer neuen Philosophie interessiert seien, und die ihn am wenigsten schonen würden, wenn sie mit Grund etwas auszusetzen hätten, erhalte er nur Komplimente[103]).

Auch der P. Noel hatte ihm beruhigende Mitteilungen zukommen lassen. Descartes erklärt ihm am 15. März 1647, daß er hiernach suchen werde, den früher erwähnten Freund von der Eröffnung einer Polemik gegen die Jesuiten abzuhalten. Zugleich freut er sich, daß der Pater damit einverstanden ist, wenn man, ohne jemanden direkt anzugreifen, ganz im allgemeinen seine Ansicht über die herkömmliche Schulphilosophie ausspricht. Descartes hat Lust, in dieser Weise zu verfahren, und zwar nicht in einer langen Abhandlung, wohl aber gelegentlich in einer Vorrede auszusprechen, was ihn, wie er glaubt, sein Gewissen dem Publikum kundzugeben nötigt[104]). In der Tat schrieb er in dem gleichen Jahre die früher[105]) erwähnte Vorrede zu der französischen Ausgabe der Prinzipien, welche eine scharfe aber ganz allgemein gehaltene Gegenüberstellung der alten und der neuen Philosophie brachte.

Wie wenig er auch jetzt geneigt war, es zu einem eigentlichen Konflikte kommen zu lassen, zeigt das letzte der hier zu verwertenden Zeugnisse. Am 1. Februar 1648 schrieb er an die Pfalzgräfin, er könne das von ihr gewünschte Werk de l'érudition nicht schreiben, da dies die Schulphilosophen gegen ihn aufbringen würde, deren Haß er nicht unterschätze[106]).

Im voranstehenden sind die Faktoren aufgezeigt, welche Descartes' nicht immer gleichmäßige Stellungnahme zur Scholastik bestimmen. Er ist sich eines bedeutsamen Gegensatzes zwischen dieser und seiner eigenen Philosophie bewußt, aber er hält es gerade in seinen beiden Hauptwerken für angebracht, diesen Gegensatz

---

102) I, 34 Clerselier; IX, p. 413 Cousin.
103) I, 17 Clerselier; IX, p. 403 Cousin.
104) III, 6 Clerselier; IX, p. 432 Cousin.
105) Oben S. 184.
106) I, 25 Clerselier; X, p. 120 Cousin.

zurücktreten zu lassen. Bei den Meditationen leitet ihn der Wunsch, sich die Protektion der Sorbonne zu sichern, bei den Prinzipien die Aussicht, die Jesuiten auf seine Seite zu bekommen. Das eine Mal meint er, es sei besser, die Leser allmählich mit der neuen Denkweise bekannt zu machen und für dieselbe zu gewinnen, ehe sie die Spitze gewahr werden, welche diese Denkweise gegen den überlieferten Aristotelismus richtet, das andere Mal stellt er die Sache so dar, als handle es sich weit eher um eine Ergänzung als um eine Beseitigung der Schulphilosophie.

Daß diese Zurückhaltung und die damit in Verbindung stehenden Bemühungen um die Unterstützung einflußreicher geistlicher Korporationen den gewünschten Erfolg schließlich nicht hatten, ist bekannt. Nach Baillet[107]) wäre es der Jesuitenpater Fabri gewesen, in welchem allerdings schon Descartes einen Gegner erkannt hatte[108]), welcher durch seine Bemühungen die römische Index-Kongregation dazu vermochte, die Schriften Descartes' im Jahre 1663 auf die Liste der verbotenen Bücher zu setzen.

Wo es aber umgekehrt dem Verfasser darauf ankommt, jenen Gegensatz zu betonen, da bezeichnet er als die Vorzüge seiner neuen Lehre die Einfachheit und Allgemeingültigkeit ihrer Voraussetzungen, die der Mathematik abgeborgte Sicherheit ihrer Beweisführung, und als die Folge hiervon die Beseitigung aller unnützen Kontroversen, welche in der bisherigen Schulphilosophie einen übermäßig breiten Raum einnahmen. Die klare Erkenntnis der Wahrheit wird die Philosophen einigen und allem Streite ein Ende machen, aber auch die Theologen erhalten in den zuverlässigen Annahmen der neuen Philosophie ein weit besseres Mittel zur Erklärung der theologischen Lehrstücke, als sie bisher besaßen[109]). Wichtig ist sodann noch die gelegentliche Andeutung, das Gebiet, auf welchem der vorhandene Gegensatz offenbar werde, sei die Physik[110]). Hieraus ergibt sich, daß Descartes nicht daran dachte, aus der gesamten bisherigen Welt- und Lebensanschauung herauszutreten und dem wissenschaftlichen Denken ein völlig verändertes Ziel zu stecken, sondern daß er nur vermeinte, mit Hilfe seiner Voraussetzungen und seiner Methode dieselben Probleme, die schon immer, wenn auch ohne Erfolg, die Forscher beschäftigt

---

107) A. a. O. p. 529.
108) Archiv f. Gesch. d. Philos. IV, 548 ff., speziell S. 550.
109) Vgl. den Brief an den P. Dinet a. a. O. p. 151 ff. Oben S. 205 Vgl. die Vorrede zu den Principia, bei Cousin III, p. 28 f.
110) Vgl. oben S. 195, Anm. 38 und S. 200 mit Anm. 59.

hatten, einer abschließenden Lösung entgegenzuführen [111]). Er wollte ein Reformator der Philosophie sein, der Gedanke an eine Revolution, wie sie später Kant durch die Umkehrung des Verhältnisses von Subjekt und Objekt proklamierte, lag ihm fern. Wäre es anders, so müßten seine Versuche, die Gegensätze zu verdecken und sich die Zustimmung der Leser gleichsam zu erschleichen, nicht nur weit schärfer beurteilt werden, sie wären vielmehr völlig unbegreiflich. Mag daher auch eine rückwärtsblickende Geschichtsbetrachtung in der Cartesianischen Philosophie bereits die Keime finden, deren weitere Entwicklung nicht nur zur Beseitigung der aristotelisch-scholastischen Philosophie, sondern der ganzen bisherigen Weise des Philosophierens überhaupt hinführten, daß Descartes selbst sich dieser Konsequenz bewußt gewesen wäre, ist nicht anzunehmen. Aber auch für die nachträgliche Konstruktion dieses Zusammenhangs, welche sich auf den Inhalt der Cartesianischen Philosophie und einzelne seiner Lehraussprüche stützt, ist die Stellung nicht gleichgültig, welche der Begründer der neueren Philosophie zu der der alten Schule selbst und mit Bewußtsein eingenommen hat.

II.

Daß der skeptische Prolog und die versuchte neue Grundlegung der Philosophie Descartes nicht verhindert haben, zahlreiche Bestandteile der überkommenen Denkweise aufzunehmen und weiterzuführen, ist im allgemeinen bekannt und schon längst hervorgehoben worden. Freudenthal in dem erwähnten Aufsatze findet seine Psychologie, seine Erkenntnislehre, Ethik und Metaphysik erfüllt von scholastischen Anschauungen. „In der Lehre vom Raum, den Elementen und Qualitäten der Naturdinge, von Gott und seinen Attributen, den Beweisen für seine Existenz, der Schöpfung und Erhaltung der Welt, den Substanzen und ihrem Verhältnisse zu den Accidenzien, den einzelnen Ideen und der Vernunfterkenntnis, den tätigen und leidenden Zuständen der Seele, den Lebensgeistern, den Beziehungen des Willens zum Intellekt, endlich in seinen Ansichten über Religion und ihr Verhältnis zur Philosophie" soll dem genannten Gelehrten zufolge Descartes' Abhängigkeit von der Scholastik sichtbar sein.

Die genauere Feststellung erfordert indessen eine Unterscheidung des mehrfachen Sinnes, in dem von einer solchen gesprochen werden kann.

---

111) Vgl. den Brief an den P. Dinet a. a. O. p. 152.

Daß Descartes sich in weitem Umfange der scholastischen Terminologie bedient hat, kann nicht überraschen; es war in den gegebenen Verhältnissen begründet. Zwar hat gerade der Umstand, daß er in seinen Schriften von der schulmäßigen Form Umgang nahm, seine ersten epochemachenden Abhandlungen sogar französisch schrieb und auch in den lateinisch abgefaßten sich einer klaren und durchsichtigen Sprache befleißigte, ganz erheblich dazu beigetragen, seine Lehre zu verbreiten und ihr Anhänger zu verschaffen. Es genügt, in dieser Beziehung auf das Zeugnis Lockes zu verweisen[112]). Andrerseits aber ist einleuchtend, daß es immer wieder Fälle geben mußte, wo er sich auf den Gebrauch der herkömmlichen Formeln und Bezeichnungen hingewiesen fand. Bald war es das Bedürfnis, sich verständlich zu machen, welches ihn zwang, auch neue Gedanken in eine Sprache zu übersetzen, welche den Lesern geläufig war, bald liefen ihm ganz von selbst die eigenen Gedanken in den Bahnen fort, welche die seit Jahrhunderten ausgeprägte und entwickelte Terminologie vorzeichnete. Wenn er selbst gelegentlich ungenügende Bekanntschaft mit dem philosophischen Sprachgebrauch vorschützt[113]), so ist darauf nicht viel Gewicht zu legen.

Mit den Scholastikern unterscheidet er zwischen obiectum materiale und obiectum formale und versteht unter ersterem das Gebiet, auf welches sich die Untersuchung erstreckt, unter letzterem das, was nach der besonderen Absicht der jeweiligen Untersuchung innerhalb dieses Gebietes ausdrücklich ins Auge gefaßt wird[114]). Er spricht von distinctio realis, modalis und distinctio rationis, identifiziert die von ihm bevorzugte distinctio modalis mit der distinctio formalis des Skotus und unterscheidet sie von der distinctio rationis rationatae, die einen geringeren, wenn auch immerhin sachlich begründeten Unterschied ausdrückt, während er die jedes fundamentum in re entbehrende distinctio rationis ratiocinantis gänzlich verwirft, da wir, was keinerlei Grund in der Sache hätte, auch nicht denken können[115]). Die Ausdrücke habitus[116]) und privatio[117]) sind ihm geläufig, mit der Schule unterscheidet er zwischen causae universales und parti-

---

112) Vgl. Hertling, J. Locke und die Schule von Cambridge S. 307.
113) Responsiones quartae, p. 129 der Amsterdamer Ausgabe von 1654.
114) Brief an Plemp aus 1637, II, 9 Clerselier; VI p. 362 Cousin.
115) Brief an P. Vatier S. J. vom Nov. 1642, I, 116 Clerselier; IX, p. 62 Cousin. Principia I, § 60; vgl. Resp. ad primas obiectiones p. 62.
116) Brief an Regius vom Februar 1642, I, 89 Clerselier; VIII, p. 579 Cousin.
117) Meditatio quarta, p. 26; vgl. den Brief an die Pfalzgräfin Elisabeth vom Februar 1646, I, 9 Clerselier; IX, 366 Cousin.

culares[118]), causa secundum esse und secundum fieri[119]), zwischen amor concupiscentiae et benevolentiae[120]), zwischen essentia und existentia[120]), substantia completa und incompleta[122]). Er weiß, daß Kenntnis der Prinzipien von den Dialektikern nach dem Vorgange des Aristoteles nicht Wissenschaft genannt wird[123]), er spricht von univoker und analoger Prädikation und erläutert die letztere durch das von Aristoteles im vierten Buche der Metaphysik gebrauchte Beispiel[124]); die Berührbarkeit und Undurchdringlichkeit der Körper ist ihm ein proprium quarto modo iuxta vulgares logicae leges und zum Vergleiche bezieht er sich, wie herkömmlich, auf die risibilitas, die den Menschen auszeichnende, aber darum doch nicht sein Wesen konstituierende Fähigkeit, zu lachen[125]). Er liebt es, gelegentlich scholastische Lehrsätze zu zitieren, so in dem Briefwechsel mit der Pfalzgräfin das „bonum ex integra causa, malum ex quolibet defectu"[126]), oder in der Unterweisung für Regius „nullam substantiam creatam esse immediatum suae operationis principium"[127]). Auffälliger ist, wenn im Eingange des Discours de la méthode die Ansicht, daß die Vernunft allen Menschen in gleicher Weise zukomme, durch die communis sententia der Philosophen gestützt wird, wonach sich Gradunterschiede nur innerhalb der Accidenzien, nicht aber zwischen den substanziellen Formen von Individuen einer Art finden.

Wie an dieser Stelle, so wird man auch anderwärts nicht fehlgehen, wenn man in der Anlehnung an den alten Sprachgebrauch gelegentlich eine gewisse Absichtlichkeit erkennt. Daß der zuvor genannte eifrige Vertreter der neuen Philosophie an der Universität Utrecht in einer seiner Thesen den aus den beiden Substanzen, Leib und Seele, zusammengesetzten Menschen ein ens per accidens genannt hatte, ist Descartes höchst ärgerlich. Der Ausdruck sei in diesem Sinne in den Schulen nicht gebräuchlich. Regius möge offen bekennen, daß er ihn mißverstanden habe, und bei jeder Gelegenheit

---

118) Brief an die Pfalzgräfin, I, 9 Clerselier; IX, 366 Cousin.
119) Responsiones quintae, appendix, p. 67.
120) Brief an Chanut vom 1. Februar 1647, I, 35 Clerselier; X, p. 3 Cousin.
121) Meditatio quinta, p. 32; Resp. ad prim. obiect., p. 60.
122) Respons. quartae, p. 122.
123) Resp. ad secundas obiect., p. 74.
124) Brief an H. More vom 5. Februar 1649, I, 67 Clerselier; X, p. 193. Cousin.
125) Ebend.
126) I, 10 Clerselier; IX, 371 Cousin.
127) Vom 11. Mai 1641, I, 84 Clerselier; VIII, 511 Cousin.

nachdrücklich erklären, er sehe in dem Menschen ein wirkliches ens per se, Geist und Körper seien realiter und substantialiter miteinander verbunden, so, wie die herkömmliche Ansicht dies besage, wenn auch niemand einen rechten Begriff davon habe[128]). Nicht minder macht er es ihm zum Vorwurf, daß er, statt dem von Descartes in den Meteoren gegebenen Beispiele zu folgen, die substanziellen Formen und realen Qualitäten ausdrücklich verworfen habe[129]). Er selbst ist vorsichtiger. Wenn er in den Regulae ad directionem ingenii sagt, er würde gerne auseinandersetzen, quid sit mens hominis, quid corpus, quo modo hoc ab illa informetur[130]), so könnte man vermuten, daß er zur Zeit der Abfassung noch nicht mit der traditionellen Lehre gebrochen habe, welche in der Seele das mit dem Leibe zur Einheit verbundene, den ganzen Menschen innerlich ausgestaltende Prinzip erblickt. Aber noch in seinem systematischen Hauptwerk, den Prinzipien, verdeckt er gelegentlich den von ihm proklamierten schroffen Dualismus durch den Satz, daß die Seele den ganzen Körper informiere[131]). Verwandt damit, aber sachlich weniger zu beanstanden ist die Geflissentlichkeit, mit der er in seinen Erwiderungen auf die Einwürfe Arnaulds seine Übereinstimmung mit Aristoteles in der Gleichsetzung der integra rei essentia mit der causa formalis hervorhebt[132]). Dem vertrauten Freunde Mersenne gegenüber hält er mit seiner wirklichen Meinung nicht zurück, sondern bezeichnet die substantiellen Formen und realen Qualitäten als Hirngespinste[133]). Auch der Satz, den Descartes in den Prinzipien anführt[134]), der Name Substanz komme Gott und den kreatürlichen Dingen nicht in eindeutiger Weise, univoce, zu, gehört hierher. Schon H. Ritter hat bemerkt[135]), daß derselbe bei Descartes nicht den gleichen Sinn habe, wie bei den Scholastikern, da nach der bekannten von dem ersteren aufgestellten Definition der Substanz der Name derselben in eigentlichem Sinne nur Gott beigelegt und von den Geschöpfen nur in uneigentlichem Sinne ausgesagt werden könne. Bei den Scholastikern dagegen wird durch jenen Satz nur der unüberbrückbare Abstand der Geschöpfe vom Schöpfer angedeutet, ohne zu behaupten, daß nicht auch die Ge-

---

128) I, 89 Clerselier; VIII, 579 Cousin.
129) Ebenda.
130) Regula XII zu Anfang.
131) Principia IV, § 189.
132) Resp. quartae, p. 129, p. 132.
133) Vom 28. Oktober 1640, II, 44 Clerselier; VIII, 377 Cousin.
134) I, § 51.
135) Geschichte der Philosophie, Bd. 10, S. 56.

schöpfe im eigentlichen Sinne Substanzen seien[136]). Ich habe früher gezeigt[137]), daß und warum es Descartes bei der Abfassung der Prinzipien ganz besonders am Herzen lag, den Unterschied seiner Lehre von der herkömmlichen Schulphilosophie möglichst zurücktreten zu lassen. Versichert er doch sogar in einem der letzten Paragraphen, er habe sich keines Prinzips bedient, welches nicht bei Aristoteles und allen anderen Philosophen anerkannt wäre, und seine Philosophie sei somit keine neue, sondern im Gegenteile von allen die älteste und am meisten geläufige.

Wichtiger als die von selbst sich ergebende oder auch absichtlich gesuchte Anlehnung an den scholastischen Sprachgebrauch ist der innere Zusammenhang der Denkweise und Lehre. Auch hier aber ist zur richtigen Würdigung sofort ein Punkt herauszuheben. Die Herrschaft der Scholastik war nicht auf die Schule beschränkt, sondern reichte beträchtlich darüber hinaus. Mochte man auch die weit ausgesponnenen logischen Regeln und die in der Naturphilosophie hergebrachten gelehrten Ausdeutungen den Lehrern und Schülern überlassen, die scholastische Theologie war längst durch das Medium der religiösen Unterweisung, durch Predigt und Erbauungsliteratur, in das allgemeine Bewußtsein übergegangen. Descartes hätte völlig aus dem christlichen Ideenkreise heraustreten, er hätte der gesamten durch und durch mit theologischen Elementen versetzten Denkweise seiner Zeit in bewußter Feindseligkeit den Rücken kehren müssen, um jeden Zusammenhang mit der Scholastik abzubrechen. Daran dachte er nicht. An der Religion, in der er erzogen war, festzuhalten, fordert die erste Regel seiner provisorischen Moral, die er im Discours de la méthode mitteilt. Ich habe nicht zu untersuchen, welchen Wert er innerlich den christlichen Heilswahrheiten beilegte, oder welche Macht auf das Leben sie für ihn besaßen[138]). Tatsächlich bewegt er sich ganz und gar in dem herkömmlichen Vorstellungskreise. Die religiösen Wahrheiten sind ihm ein Gegebenes; auch da, wo er sie nach den Kategorien seiner neuen Philosophie zurecht zu legen sucht, nimmt er sie, wie er sie vorfindet, also in der ausgebildeten Gestalt, die sie durch die Arbeit der Jahrhunderte, von der Zeit der Kirchenväter an, erhalten hatten. Endlich aber wirkte hier Descartes' bekannte Ängstlichkeit ein, die

---

136) Vgl. E. Ludwig, Der Substanzbegriff des Cartesius, Philosoph. Jahrbuch der Görres-Gesellschaft V, 167 ff.
137) S. oben S. 211.
138) Vgl. Maurice Blondel, Le Christianisme de Descartes, Revue de Métaphysique et de Morale, 4me année, Nr. 4, Paris 1896.

ihn gerade auf theologischem Gebiete alles vermeiden ließ, was irgend hätte Anstoß erregen können[139]).

Sucht man nach Belegen für diese Stellungnahme, so mag sogleich an den Nachdruck erinnert werden, mit welchem er die Glaubenswahrheiten von dem methodischen Zweifel ausgenommen wissen will[140]). Ein andermal macht er geltend, daß die Annahme dunkler Glaubenslehren dem aufgestellten Prinzip, nur das klar und deutlich Erkannte für wahr zu halten, nicht widerspreche. Denn man müsse unterscheiden zwischen dem Inhalte und dem Grunde des Glaubens. Nur für den letzteren, der den Willen bewegt, zuzustimmen, ist Klarheit erforderlich, aber auch, selbst wo es sich um undurchdringliche Glaubensgeheimnisse handelt, in der Tat gegeben, ja sogar mehr als bei irgendeiner anderen, dem natürlichen Lichte der Vernunft zugänglichen Erkenntnis. Der Grund des Glaubens ist die Autorität der göttlichen Offenbarung[141]). Auch gibt es keine zweifache Wahrheit, und die Befürchtung wäre frevelhaft, daß etwas in der Philosophie als wahr Befundenes der Theologie widerstreiten könne[142]). Da er nun auf der einen Seite fest an die Unfehlbarkeit der Kirche glaubt, auf der anderen an der Stringenz seiner eigenen Beweise nicht zweifelt, so fürchtet er auch nicht, daß ein wirklicher Widerspruch bestehe zwischen seiner Philosophie und der kirchlichen Theologie[143]). Ausdrücklich bekennt er sich zu der von der letzteren angenommenen Scheidung verschiedener Gruppen von Wahrheiten und Problemen. Die Mysterien der Trinität und Inkarnation fallen ausschließlich in das Bereich des Glaubens, das Dasein Gottes und die Geistigkeit der Menschenseele gehören zwar ebenfalls dem Glauben an, sind aber zugleich der Erforschung

---

139) Vgl. die Äußerung in den Responsiones quartae, p. 134: Haec vero prolixius hic persequutus sum quam res forte postulabat, ut ostendam summae mihi curae esse cavere ne vel minimum quid in meis scriptis reperiatur quod merito Theologi reprehendant. Sodann namentlich die beiden Briefe an Mersenne vom 22. Juli 1633 und 10. Januar 1634, Clerselier II, 75 und 76; VI, p. 236, p. 242 Cousin.

140) Resp. quartae, p. 135: . . . quodque ea quae ad fidem pertinent . . . . semper exceperim, cum asserui, nulli nos rei assentiri debere, nisi quam clare cognoscamus, totius scripti mei contextus ostendit.

141) Responsio ad secundas obiectiones, p. 78. Principia I, § 31: Praeter caetera autem, memoriae nostrae pro summa regula est infigendum, ea quae nobis a Deo revelata sunt, ut omnium certissima esse credenda; et quamvis forte lumen rationis, quam maxime clare et evidens, aliud quid nobis suggerere videretur, soli tamen authoritati divinae potius, quam proprio nostro iudicio, fidem adhibendam.

142) Brief an P. Dinet, Appendix p. 152 f.

143) Brief an Mersenne vom Dezember 1640, II, 49 Clerselier; VIII, 407 Cousin.

des menschlichen Verstandes zugänglich. Wie es dagegen mit der Quadratur des Zirkels stehe, ob sich mit Hilfe der Chemie Gold machen lasse und ähnliches, hängt mit dem Glauben in keiner Weise zusammen und unterliegt ausschließlich dem Urteile der menschlichen Vernunft. Es wäre ebenso falsch, Fragen der letzteren Art aus den Aussprüchen der hl. Schriften beantworten, wie die eigentlichen Geheimnisse aus philosophischen Beweisgründen herleiten zu wollen. Nur das behaupten alle Theologen, es müsse gezeigt werden, daß auch die übernatürlichen Wahrheiten dem natürlichen Lichte der Vernunft nicht widerstreiten. Was aber die anderen, gleichsam in der Mitte liegenden Wahrheiten betrifft, so fordern sie die Philosophen ausdrücklich auf, sie nach Kräften durch Vernunftgründe zu erweisen[144]).

Mit der Versicherung, daß seine Philosophie nicht gegen die Religion und die kirchliche Theologie streite, verbindet Descartes nicht selten die andere, daß er sich um spezifisch theologische Fragen nicht kümmere[145]). Herbert von Cherbury's Buch De veritate ist ihm unsympathisch, weil darin Religion und Philosophie vermengt seien[146]), und er beruft sich darauf, in seinen eigenen Schriften alles weggelassen zu haben, was die eigentliche Theologie angeht[147]). In einem Briefe an Chanut erwähnt er die Lehre „einiger Philosophen", daß nur die christliche Religion durch die Lehre von der Menschwerdung uns zur wahren Gottesliebe befähige. Descartes ist anderer Ansicht, will aber die weitere Frage, ob eine solche Liebe ohne hinzutretende Gnade verdienstlich sei, den Theologen überlassen[148]). Ebenso die andere, weit tiefer greifende, ob es der Güte

---

144) Notae in Programma quoddam etc., p. 182 Ausgabe von 1654; I, 99 Clerselier; X, 70 Cousin. Vgl. den Brief an Mersenne vom 8. Januar 1641, II, 51 Clerselier; VIII, 434 Cousin, und die Äußerung am Schlusse des Briefes an Zuytlichem vom 8. Oktober 1642, III, 120 Clerselier; VIII, 632 Cousin.

145) Je m'abstiens le plus qu'il m'est possible des questions de théologie, IX, p. 172 Cousin; I, 115 Clerselier. Ebenso in einem Briefe an Mersenne vom 30. August 1640 (III, 7 Clerselier, VIII, 322 Cousin): J'ai très expressément excepté en mon discours tout ce qui touche la religion.

146) Brief an Mersenne vom 27. August 1639, II, 30 Clerselier; VIII, 138 Cousin.

147) Responsiones sextae, p. 159: Nunquam me theologicis studiis immiscui, nisi in quantum ad privatam meam institutionem conferebant, nec tantum in me divinae gratiae experior, ut ad illa sacra me vocatum putem. Itaque profiteor me nihil in posterum de talibus responsurum. Brief an P. Dinet, p. 161: Jam saepe testatus sum, nolle me unquam ullis Theologiae controversiis immiscere.

148) Brief an Chanut vom 1. Februar 1647, I, 35 Clerselier; X, 3 Cousin.

Gottes entspreche, Menschen auf ewig zu verdammen. Denn wenn er auch den Argumenten der Freigeister keinerlei Kraft zuerkennt, ja sie für nichtig und lächerlich hält, so scheint es ihm andrerseits, daß man den Glaubenswahrheiten, welche die menschliche Vernunft übersteigen, Unrecht tut, wenn man sie durch menschliche, im besten Falle doch nur Wahrscheinlichkeitsgründe liefernde Argumente zu stützen unternimmt[149]). Steigert er hier seine Zurückhaltung noch über die angeführte grundsätzliche Unterscheidung hinaus, so hat er dieselbe bekanntlich anderwärts nicht festgehalten. Von der Behauptung, daß seine Philosophie nichts der katholischen Religion Widerstreitendes einschließe, geht er gelegentlich über zu der anderen, daß keine Philosophie besser als die seine geeignet sei, dieselbe durch vernunftgemäße Argumente zu stützen, und ganz besonders ist es das Geheimnis der Eucharistie, das sich, wie er meint, mit Hilfe seiner Prinzipien am leichtesten erklären lasse[150]). Ich gehe auf das einzelne nicht ein. Die Frage hat in der frühen Geschichte der Cartesianischen Philosophie eine Rolle gespielt, doch ist es den Anhängern der letzteren nicht gelungen, den von Descartes aufgestellten Erklärungsversuch zur Aufnahme in dem theologischen Lehrsysteme zu bringen.

Welch wichtige Stelle im Aufbau der Cartesianischen Philosophie die Lehre vom Dasein und den Eigenschaften Gottes einnimmt, ist bekannt. Daß er sich dabei nach Freudenthals Ausdruck von der Scholastik abhängig erweist, ist nach dem zuvor Bemerkten und in dem angegebenen Sinne nicht anders zu erwarten. Er bedurfte dazu keines erneuten Studiums oder des bewußten Anschlusses an einen bestimmten Scholastiker. In seiner Beantwortung der Einwürfe von Caterus, welche unter den den Meditationen angehängten an der ersten Stelle stehen, sucht Descartes überdies, wenn auch nicht mit durchschlagendem Erfolge, die volle Übereinstimmung seiner Auffassung mit der des Aquinaten darzutun[151]). Ganz deutlich aber klingt der Beweis für Gottes Güte und Vollkommenheit in der Form, wie Descartes ihn in seiner Beantwortung der Responsiones secundae gibt, an Thomas an[152]). Gegen Gassendi beruft er sich zur Bekräfti-

---

149) Brief an einen Unbekannten vom April 1637, I, 110 Clerselier; VI, 305 Cousin.
150) Brief an einen Jesuiten von La Flèche vom 24. Januar 1638, I, 114 Clerselier; VII, 376 Cousin; vgl. I, 115 Clerselier; IX, 162 Cousin. Brief an Mersenne vom 28. Februar 1641, II, 53 Clerselier; VIII, 491 Cousin.
151) Responsio ad primas obiectiones, p. 59 f.
152) Vgl. Summa Theol. I, qu. 4, art. 2.

gung des einen seiner Gottesbeweise auf einen Satz, der bei allen Metaphysikern als zweifellos gelte, daß nämlich die Fortdauer unserer Existenz von dem fortdauernden Einflusse der göttlichen Kausalität abhänge[153]), oder — wie er es in einem ohne Zweifel an den nämlichen gerichteten Briefe ausdrückt, — ohne den concursus Dei alles ins Nichts versinken würde[154]). Es hat keinen Wert, die Reminiszenzen dieser Art vollständig zu sammeln.

Auch aus den Briefen gewinnt man hie und da den Eindruck, daß Descartes, so abschätzig er gelegentlich von den Scholastikern und ihrem wertlosen Hausgerät redet[155]), Gewicht darauf legt, seine Vertrautheit mit der überlieferten Theologie hervortreten zu lassen.

Zu den durch das Medium der allgemeinen Bildung übernommenen Bestandteilen läßt sich weiterhin auch dasjenige rechnen, was Freudenthal vermutlich unter den Beziehungen des Willens zum Intellekt versteht. Es ist vollkommen aristotelisch, wenn Descartes lehrt, daß unser Wille nur das, und nur insoweit erstrebt und flieht, was und inwieweit es ihm der Intellekt als gut oder böse hinstellt, und somit die Liebe, auch die ungeordnete, jedesmal das Gute zum Gegenstand habe[156]).

Interessanter aber als diese Übereinstimmung mit der von der Scholastik entwickelten und getragenen communis opinio ist es, daß Descartes an einem Punkte der Gotteslehre mit Bewußtsein von der Auffassung abweicht, zu welcher die weit überwiegende Zahl der Theologen sich bekannte. Es ist das seine Lehre von der göttlichen Indifferenz.

Zwischen den verschiedenen Motiven, welche auf die Ausgestaltung des Gottesbegriffs einwirken, scheint eine gewisse Gegensätzlichkeit zu bestehen. In der einen Richtung gilt es, die transzendente schöpferische Ursache nach der Seite der Macht und Freiheit über alle Schranken und Grenzen hinauszuheben. Gott ist allmächtig, d. h. er kann alles, was er will. Aber muß er nicht auch alles wollen können? Heißt es nicht seine unendliche Machtfülle beschränken, wenn seinem Willen irgendwo eine Grenze gesteckt wird? Nichts also ist seiner Herrschaft entzogen. Wie das Sein der realen, so ist auch das Gelten der idealen Welt durch seinen

---

153) Responsiones quintae p. 67.
154) Brief vom 25. Juli 1641, II, 16 Clerselier; VIII, 266 Cousin.
155) Notae in programma quoddam, p. 189; X, p. 106 Cousin.
156) Dissertatio de Methodo, p. 24 der Ausgabe von 1654; Brief an Chanut, I, 35 Clerselier; X, 3 Cousin, ebend. p. 18: L'amour, quelque déréglée qu'elle soit, a toujours le bien pour objet.

Willen bedingt. Auch die der letzteren entstammenden, für unser menschliches Denken als notwendig sich darstellenden Wahrheiten gelten nur, weil und solange Gott es will.

Andrerseits aber: die vernünftige Ordnung der Welt fordert ein vernünftiges Prinzip als ihre Ursache. Wir müssen Gott denken als höchste Vernunft, ein vernünftiges Wesen aber begreifen wir nur nach Analogie des eigenen Geistes. In der realen Welt geht die vernünftige Ordnung zurück auf einen ursprünglichen Plan. Die Gesetze, die in ihr herrschen, sind dazu da, den Plan durchzuführen und die einmal bestimmte Ordnung aufrecht zu erhalten. Ohne eigene innere Notwendigkeit sind sie durch den Zweck des Ganzen bedingt. Die Wahrheiten der idealen Welt dagegen wollen notwendig gelten. Es ist unmöglich, das Gegenteil zu denken, unsere Vernunft würde sich gegen sich selbst wenden, wenn sie den Satz des Widerspruchs aufheben oder die obersten Axiome der Mathematik leugnen wollte. Also tritt uns in diesen Wahrheiten das Reich der Vernunft selbst entgegen. Es sind ewige Wahrheiten, die darum auch für Gott Geltung besitzen, die seiner Willkür entzogen sind, die sich somit als Schranken seiner Freiheit darstellen. Gott kann nicht alles wollen, sondern nur das Gute und Vernünftige; aber es erhebt sich zugleich die Frage, ob er nicht das Gute und Vernünftige wollen muß und somit das, was er wirklich will, eine Forderung der Vernunft ist, der auch er sich nicht entziehen kann?

Die kirchliche Theologie löst den Gegensatz, indem sie dem göttlichen Willen das göttliche Wesen gegenüberstellt. Auf den ersteren führt sie die frei geschaffene reale Welt zurück, in diesem erblickt sie den unveränderlichen Urgrund der idealen Welt. Daher ist alles gut und vernünftig, was Gott will, ja er kann nur Gutes und Vernünftiges wollen, aber nicht so, daß damit seiner Macht und Freiheit ein ihr Fremdes entgegenträte, dem sie sich unterwerfen müßte, sondern so, daß in dem unendlich vollkommenen Wesen Gottes der letzte Grund alles Vernünftigen und Guten ist, weil alles idealen Seins mit dem ganzen Umfange der Beziehungen, die es einschließt, also auch alle metaphysischen und moralischen Gesetze.

Unter den Scholastikern hatte Abälard die eine dieser Gedankenreihen bis zum letzten Ende durchgeführt und als der erste den sogenannten Optimismus aufgestellt. Gott mußte schaffen, weil es besser war, als nicht zu schaffen; er mußte diese wirklich vorhandene Welt schaffen, weil es besser war, diese, als eine andere mögliche zu schaffen. Die wirklich vorhandene Welt ist sonach die beste unter allen möglichen.

Das andere Extrem war bisher überwiegend, wenn nicht ausschließlich, in der Form des sogenannten Moralpositivismus aufgetreten. Suarez[157] nennt Occam, Gerson, Peter von Ailly und Andreas von Newcastle als Vertreter der Ansicht, wonach das Sittengesetz ganz und gar vom Willen Gottes abhänge, so zwar, daß eine Handlung nur böse sei, weil und insoweit sie von Gott verboten ist, und die nämliche Handlung eine gute würde, wenn Gott sie befehle, es somit ein an sich Gutes und Böses nicht gebe. Dieser Denkweise huldigt nun auch Descartes, und zwar so, daß er vor den schroffsten Konsequenzen nicht zurückschreckt.

Die Veranlassung, sich dazu vor der Öffentlichkeit zu bekennen, ist eigenartig. Aus dem, was in der vierten Meditation über Willensfreiheit ausgeführt ist, hatte einer der Theologen, deren Meinung Mersenne im Auftrage des Verfassers eingeholt hatte, das Bedenken geschöpft, derselbe bewege sich in den Bahnen Abälards. Denn sei die Freiheit im Sinne einer völligen Indifferenz, wie dort zu lesen, eine Unvollkommenheit, welche in dem Maße aufgehoben werde, als unser Verstand klar und deutlich erkennt, was man glauben, was tun und was meiden soll, so hebe eine absolut klare und deutliche Erkenntnis die Freiheit ganz auf, Gott also, dem diese vollkommene Erkenntnis zugeschrieben werden müsse, könne sich nicht von Ewigkeit her indifferent gegen Schaffen und Nichtschaffen, Schaffen dieser oder unzähliger anderer Welten verhalten haben, was doch Glaubenslehre sei[158]. Möglich, daß Descartes' Redaktion den Einwand schärfer zugespitzt hat, als er es in der Fassung eines kundigen Theologen ursprünglich gewesen sein mochte, jedenfalls zeigt er sich in seiner Antwort[159] bemüht, gerade umgekehrt, den soweit als möglich überspannten Begriff der göttlichen Freiheit als ein Bestandstück seiner Denkweise hervortreten zu lassen. Die Natur der Freiheit, führt er aus, ist anders in Gott, anders in uns. Es wäre ein Widerspruch, anzunehmen, daß der Wille Gottes sich nicht von Ewigkeit her indifferent verhalten habe gegen alles, was geworden ist oder jemals werden wird. Und warum? Weil nichts Wahres oder Gutes, nichts, was zu glauben, zu tun oder zu meiden wäre, er-

---

157) De legibus, lib. 2, cap. 6, nr. 4. — Über die Bedeutung der Frage für die englische Philosophie des 17. Jahrhunderts vgl. Hertling, J. Locke und die Schule von Cambridge, S. 126 ff.
158) Obiectiones sextae, p. 151.
159) Responsiones sextae, p. 160.

sonnen werden kann, dessen Idee früher im göttlichen Verstande gewesen wäre, als sich der göttliche Wille dazu bestimmt hätte, zu bewirken, daß es ein Sobeschaffenes sei. Und zwar ist hier nicht von zeitlicher, sondern von innerer und sachlicher Priorität die Rede. Was abgelehnt werden soll, ist der Gedanke, daß die Idee eines Guten oder Besseren den göttlichen Willen angetrieben habe, das eine statt des anderen zu wählen. „So wollte Gott beispielsweise nicht darum die Welt in der Zeit schaffen, weil dies besser war, als sie von Ewigkeit zu schaffen, und er wollte nicht, daß die drei Winkel eines Dreiecks gleich seien zweien Rechten, weil er erkannte, daß das Gegenteil nicht möglich sei, sondern umgekehrt: weil er die Welt in der Zeit schaffen wollte, darum ist es so besser, als wenn er sie von Ewigkeit her geschaffen hätte, und weil er wollte, daß die drei Winkel eines Dreiecks mit Notwendigkeit zweien Rechten gleich seien, darum ist dies wahr und ein anderes Verhalten nicht möglich, und so im übrigen."

In der Diskussion mit Gassendi war der Punkt ebenfalls zur Sprache gekommen und Descartes hatte erklärt, daß auch die Wesenheiten der Dinge und die mathematischen Wahrheiten keineswegs von Gott unabhängig seien, sondern weil Gott es so gewollt und so angeordnet habe, darum seien sie unabänderlich und ewig[160]). Aber in welchem Sinne ist diese Abhängigkeit zu verstehen? So war von jener theologischen Seite gefragt worden. In welchem Kausalitätsverhältnisse steht Gott zu den ewigen und unveränderlichen Wahrheiten? Konnte er bewirken, daß die Natur des Dreiecks eine andere wäre, als sie ist? Daß die Winkelsumme nicht gleich wäre zweien Rechten? Daß der Satz: zweimal vier ist acht, falsch wäre?[161]) Descartes erwidert: Die Unermeßlichkeit Gottes schließt die Möglichkeit aus, daß irgend etwas nicht von ihm abhängig wäre, da vielmehr alles von ihm abhängig ist, die ideale so gut wie die reale Welt. Die metaphysischen so gut wie die moralischen Wahrheiten hängen von Gott ab, wie das Gesetz von dem Gesetzgeber. Freilich können wir nicht begreifen, wie zweimal vier nicht acht sein sollte, aber daraus folgt nicht, daß Gott es nicht so hätte einrichten können[162]).

In den Briefen kommt Descartes ebenfalls wiederholt auf die Frage zurück und fügt hinzu, die Schwierigkeit, die es macht, jene einfachsten Wahrheiten als nicht geltend oder durch ihr Gegenteil

---

160) Responsiones quintae, Appendix, p. 72.
161) Obiectiones sextae, p. 152.
162) Responsiones sextae, p. 162.

ersetzt zu denken, verschwände bei der Betrachtung von Gottes schrankenloser Vollkommenheit auf der einen und der Beschränktheit unseres Geistes auf der anderen Seite. Und darum will er nicht einmal behaupten, Gott hätte nicht machen können, daß ein Berg ohne Tal, oder daß die Summe von eins und zwei nicht drei wäre[163]).

Es ist hier nicht die Aufgabe, das Problem selbst einer eindringenden Erörterung zu unterziehen. Aber die Frage drängt sich auf, ob Descartes in seiner Auffassung vielleicht unter dem Einfluß einer bestimmten Richtung oder Schule innerhalb der scholastischen Philosophie stand? Die Frage geht in ihrer Tragweite über das einzelne Problem hinaus. Freudenthal läßt Descartes auch in der Lehre von dem Verhältnisse der Accidenzien zu den Substanzen von der Scholastik abhängig sein. Aber dies trifft im besten Falle zu, wenn man dabei an die Schule der Nominalisten denkt. Denn Descartes verwahrt sich ausdrücklich dagegen, daß die von den Dingen unterschiedenen Eigenschaften der Dinge ihrerseits als Realitäten zu gelten hätten, und macht sie zu bloßen Modi[164]). Damit nimmt er in bestimmter Weise Stellung zu einem Problem, welches die Scholastiker in verschiedene Lager spaltete. Bei den Nominalisten hatte nun auch der Moralpositivismus seine Vertreter, wie die zuvor angeführten, sämtlich dieser Schule angehörigen Namen beweisen. — Sollte in La Flêche vielleicht eine nominalistische Richtung den philosophischen Unterricht beherrscht haben, die ihren Einfluß auf Descartes geltend machte, als er schon längst der Scholastik im ganzen den Rücken gekehrt und neue Bahnen eingeschlagen hatte? Daß bei der englischen Philosophie des siebzehnten Jahrhunderts von einer solchen Nachwirkung der in Oxford herrschenden Richtung gesprochen werden kann, hat insbesondere Rémusat hervorgehoben.

Zu Ostern 1604 wurde Descartes, damals neun Jahre alt, in das Jesuitenkolleg zu La Flêche gebracht. Nach Baillet, welcher sich

---

[163] Brief vom 20. Mai 1630, I, 112 Clerselier; VI, 130 Cousin, von 1637 (?), I, 110 Clerselier; VI, 305 Cousin; vom 15. Mai 1644, I, 115 Clerselier; IX, 162 Cousin; vom 29. Juli 1648, II, 6 Clerselier; X, 156 Cousin. Ebend. p. 163: Pour moi, il me semble qu'on ne doit jamais dire d'aucune chose qu'elle est impossible à Dieu; car tout ce qui est vrai et bon étant dépendant de sa toute-puissance, je n'ose pas même dire que Dieu ne peut faire une montagne sans vallée, ou qu'un et deux ne fassent pas trois; mais je dis seulement qu'il m'a donné un esprit de telle nature, que je ne saurais concevoir une montagne sans vallée, ou que l'agrégé d'un et de deux ne fasse pas trois.

[164] Responsiones sextae, p. 162. Völlig nominalistisch sind auch die Aufstellungen Principia I, § 56 u. ff.

auf den herkömmlichen Unterrichtsplan bezieht, begann er das Studium der Philosophie im Herbst 1609 mit der Logik, woran sich in den folgenden Jahren zuerst die Moral anreihte, dann Physik und Metaphysik. Wer damals in La Flêche Philosophie dozierte, wußte man bis vor kurzem nicht. Descartes selbst erwähnt, auch da, wo er von dem ihm erteilten philosophischen Unterrichte spricht, niemals den Namen eines Lehrers. Baillet, aus dem die Späteren fast ausnahmslos ihre biographischen Nachrichten geschöpft haben, kennt ihn nicht. Auch die bekannte Literatur über die Gelehrten und Schriftsteller des Jesuitenordens läßt hier völlig im Stiche. Erst die Einsichtnahme der im Archiv des Gesù in Rom noch vorhandenen Listen des Kollegs durch den Verfasser eines im Jahre 1889 erschienenen Werks über La Flêche hat ergeben, daß bei Beginn des Schuljahrs 1609 der P. Franz Varon Logik vortrug, im folgenden Jahre Physik und 1611 Metaphysik. Man kann hiernach mit Bestimmtheit annehmen, daß dieser der Lehrer Descartes' war [165].

Einige kleine Schwierigkeiten bleiben allerdings zurück. Der Moral scheinen die erwähnten Listen keine Erwähnung zu tun. Physik und Metaphysik, welche Baillet zusammen nennt und in das letzte Schuljahr verlegt, verteilen jene auf zwei Jahre. Auch könnte eine Äußerung im Discours de la méthode dahin gedeutet werden, daß der philosophische Unterricht in La Flêche in der Hand von mehreren lag.

Das eigentliche Fach des P. Varon war die Philosophie dem Anscheine nach nicht. Seine Stärke war die Kontroverstheologie [166]. Vielleicht erklärt sich daraus, daß die Persönlichkeit keinerlei Spuren in dem Gedächtnisse seines berühmten Schülers zurückließ. Ob er an der Abneigung schuld war, mit der dieser bei seinem Austritte aus der Schule der Philosophie den Rücken kehrte, mag dahingestellt bleiben. Der Gedanke aber, einen Zusammenhang herzustellen zwischen einer besonderen in La Flêche vertretenen Schuldoktrin und Descartes' späteren Ansichten, muß aufgegeben werden. P. Varon hat nichts Philosophisches veröffentlicht. Daß er die Lehre von der absoluten Indifferenz Gottes vorgetragen habe, ist bei der ganzen theologischen Haltung des Ordens, dem er angehörte, nicht anzunehmen. Ob er in anderen Beziehungen nominalistischen Tendenzen

---

[165] Un Collège des Jésuites au XVII et XVIII siècle, le Collège Henri IV de la Flêche par le P. Camille de Rochemonteix. Le Mans 1889. Die auf Descartes bezüglichen Nachrichten t. IV, p. 50 ff.

[166] Ebenda p. 52.

huldigte und die eine oder andere Autorität dieser Schule hochhielt, läßt sich nicht ausmachen.

Wo also Descartes in seinen Aufstellungen mit Lehrmeinungen zusammentrifft, welche nicht Gemeingut der Scholastik waren, sondern speziellen Richtungen innerhalb derselben angehörten, muß es offen gelassen werden, ob das Zusammentreffen ein zufälliges ist, ob eine Erinnerung an früher Gehörtes mitspielt, oder ob sich für Gedanken, die sich ihm als Konsequenzen eines einmal eingenommenen Standpunktes herausgestellt hatten, nachträglich die Anlehnung an eine Fassung ergab, welche die gleichen oder nahe verwandte Gedanken bei einem früheren Philosophen gefunden hatten. Um ein Beispiel anzuführen, so hat Descartes bekanntlich die Ursache des Irrtums mit besonderem Nachdruck in den Willen verlegt. Der Wille als Ursache des Irrtums findet sich nun auch bei Suarez, und zwar in unmittelbarer Nachbarschaft einer Stelle, auf welche Descartes in den Responsiones quartae verweist, um derselben einen Beleg für die von ihm gebrauchte Ausdrucksweise zu entnehmen[167]).

Die Äußerungen über die göttliche Indifferenz führen übrigens noch auf eine ganz andere Fährte. In einem Briefe an einen Ungenannten schreibt Descartes, er freue sich, von diesem gehört zu haben, daß die von ihm selbst vertretene Auffassung der göttlichen Freiheit völlig mit derjenigen übereinstimme, welche der P. Gibieuf in seinem Buche De libertate Dei et creaturae entwickelt habe. Er kenne das Buch nicht, werde es sich aber zu verschaffen suchen[168]). In einem Briefe an Mersenne bestätigt er die Übereinstimmung und gründet darauf die Hoffnung, daß der gelehrte Oratorianer auf seine Seite treten werde[169]). Von demselben ist früher in anderem Zusammenhange die Rede gewesen[170]). Er gehörte dem Kreise des Kardinals Berulle an, in welchen auch Descartes vorübergehend eingetreten war und in dem er Eindrücke empfangen haben könnte. Vielleicht, daß ein weiteres Verfolgen dieser Spur zu bestimmten Ergebnissen führen würde.

Verwertung der schulmäßigen Terminologie, Übernahme von Bestandteilen der scholastischen Philosophie, welche in das Be-

---

167) Responsiones quartae, p. 129 verweist Descartes auf Suarez, Metaphys. disp. 9, sect. 2, num. 4. Ebendort heißt es unter num. 5: Quoad exercitium vero propria causa est voluntas ipsius hominis iudicantis, quod universale est in omni iudicio falso.
168) I, 110 Clerselier; VI, 305 Cousin. Das genannte Werk erschien Paris 1630.
169) Vom 22. April 1641, II, 54 Clerselier; VIII, 504 Cousin.
170) Vgl. oben S. 192.

wußtsein der gebildeten Welt übergegangen waren, und gelegentliches Zusammentreffen mit Lehrmeinungen einzelner Scholastiker, ohne daß darum schon gleich eine direkte Beeinflussung angenommen werden müßte, das sind die drei Gesichtspunkte, unter denen von einem Zusammenhang Descartes' mit der alten Schule gesprochen werden kann, und unter denen die von Freudenthal ohne nähere Unterscheidung aufgezählten Belege zu prüfen sind. Von dem größeren Teile ist dies in dem Vorangehenden geschehen, anderes würde sich ohne Mühe einordnen lassen; nur ein Punkt bedarf noch einer besonderen Betrachtung. Zu den Lehrmeinungen Descartes', welche seine Abhängigkeit von der Scholastik bekunden, soll auch die von den angeborenen Ideen gehören. Kenner der Scholastik werden geneigt sein, diese Behauptung völlig abzulehnen und zu betonen, daß die genannte Lehre derselben in allen ihren Gruppen und Verzweigungen fremd geblieben sei, und hierin gerade einer der markantesten Unterschiede liege, welche die neue Philosophie von der älteren trennen. Indessen wäre die Sache damit keineswegs abgemacht, vielmehr läßt sich hier an einem interessanten Beispiele zeigen, wie gewisse Vorstellungsweisen durch die Geschichte der Philosophie hindurchwirken, zeitweilig gleichsam latent werden, dann aber plötzlich mit besonderem Nachdrucke hervortreten.

Selbstverständlich kann hier keine vollständige Geschichte der angeborenen, oder, wie man nach Euckens richtiger Bemerkung allein sagen wollte, der eingeborenen Ideen gegeben werden. Nur um die Umrisse zu einer solchen kann es sich handeln. Dabei muß als Kern- und Grundgedanke der Lehre die Annahme gelten, daß nicht, was dem gewöhnlichen Bewußtsein immer am nächsten liegen wird, unser gesamtes Wissen und Verstehen allmählich von außen erworben wird, sondern ein näher zu bestimmender Bestandteil desselben irgendwie und in irgendeiner Form ursprünglich gegeben ist. Bei Plato, dem zuerst die Notwendigkeit einer derartigen Annahme aufleuchtete, ist Begriffliches und Bildliches noch ungeschieden, aber die Lehre von der Wiedererinnerung spricht doch deutlich die Vorstellung von einem ursprünglichen Besitzstande fertiger Erkenntnisse aus. „Da die Seele unsterblich ist," heißt es im Meno (81 C), „und oftmals geboren, und, was hier ist und in der Unterwelt, alles erblickt hat: so ist auch nichts, was sie nicht hätte in Erfahrung gebracht. So daß nicht zu verwundern ist, wenn sie auch von der Tugend und allem anderen vermag sich dessen zu erinnern, was sie früher gewußt hat. Denn da die ganze Natur unter sich verwandt ist, und die Seele alles inne gehabt hat: so hindert nichts, daß, wer nur an ein einziges erinnert wird — was bei den Menschen lernen heißt — alles übrige selbst auffinde, wenn er nur tapfer ist und nicht ermüdet im Suchen." Und im Phädrus (249 B) wird dieser ursprüngliche Besitzstand ausdrücklich als das spezifische Merkmal der Menschenseele bezeichnet: „Denn eine Seele, die niemals die Wahrheit erblickt hat, kann auch niemals die Gestalt des Menschen annehmen, denn der Mensch muß das auf die Gattungen sich Beziehende begreifen, welches als eines hervorgeht aus vielen durch den Verstand zusammengefaßten Wahrnehmungen. Und dieses ist Erinnerung von jenem, was einst unsere Seele gesehen."

Eben hiergegen wendet sich Aristoteles. Fertige Erkenntnisse, um die wir doch nicht wissen sollen, scheinen ihm ein Ungedanke zu sein. Als ursprünglich gegeben gilt ihm lediglich das Vermögen, die Anlage, Kenntnisse zu erwerben. Aber genügt eine solche bloße Anlage? Müssen wir nicht, um das Vorhandensein gewisser, bei allen Menschen gleichmäßig wiederkehrender und somit von den Zufälligkeiten individueller Erfahrung unabhängiger Erkenntnisse zu begreifen, eine ganz bestimmt gerichtete Disposition der menschlichen Vernunft annehmen, sodaß, wie mannigfach auch die empirischen Ausgangspunkte sein mögen, stets und in allen Menschen die Betätigung der Vernunft zu diesen Erkenntnissen hinführt? Das war der Gedanke, der die Stoiker leitete, wenn sie von einer „naturgemäßen" Begriffsbildung sprechen, von den κοιναὶ ἔννοιαι, die vermöge der Natur unseres Denkens von allen Menschen gleichmäßig aus der Erfahrung abgeleitet werden. Die römische Philosophie hat dafür den Ausdruck, daß die Natur uns die Samenkörner des Wahren und Guten eingepflanzt habe, die wir zur Entfaltung bringen müssen[171]). Von der Natur erhielten wir als ursprüngliche Mitgift die Grundbegriffe des Sittlichen, unsere Aufgabe ist, die Prinzipien in ihre Konsequenzen zu entwickeln[172]). Der Natur verdanken wir insbesondere die Erkenntnis der Gottheit[173]).

---

171) Die bekannte Stelle bei Cicero, Tusc. III, 1, 2: Sunt enim ingeniis nostris **semina innata virtutum**; quae si adolescere liceret, ipsa nos ad beatam vitam natura perduceret. Seneca, Ep. 102: Quomodo ad nos prima boni honestique notitia pervenit. Hoc nos docere natura non potuit: **semina nobis scientiae** dedit, scientiam non dedit.

172) Cicero, De finibus V, 21, 59: Etsi dedit (natura) talem mentem, quae omnem virtutem accipere posset, **ingenuitque sine doctrina notitias parvas rerum maximarum**, et quasi instituit docere, et induxit in ea, quae inerant, tamquam elementa virtutis; sed virtutem ipsam **inchoavit**: nihil amplius. Itaque nostrum est (quod nostrum dico, artis est) ad ea principia, quae accepimus, consequentia exquirere.

173) Tusc. I, 16, 36.

Die völlig veränderte Gedankenrichtung, welche das letzte Stadium der griechischen Philosophie charakterisiert, brachte auch eine neue Auffassung von dem Ursprunge des wahren Wissens. Unsere Seele gewinnt dasselbe, indem sie irgendwie mit dem die intelligibele Welt umfassenden νοῦς in Verbindung tritt, von seinem Glanze durchleuchtet seine Spuren in sich wahrnimmt, aus ihm die Prinzipien der Erkenntnis empfängt[174]). Von Plotinos übernimmt Augustinus diese Auffassung, aber so, daß er an die Stelle des von dem obersten Urwesen ausgegangenen νοῦς den persönlichen Gott des Christentums setzt. Gott ist der Menschenseele im tiefsten Innern gegenwärtig; auf sich selbst zurückgezogen, vernimmt sie in sich das Wort des obersten Lehrmeisters; vom Lichte der höchsten Wahrheit durchstrahlt, erkennt sie in diesem die einzelnen Wahrheiten, jene höchsten Begriffe und Sätze, von denen für uns alle Wissenschaft abhängt[175]).

Augustins Aussprüche haben noch bis in die neueste Zeit Anlaß zur Kontroverse gegeben. In der Tat sind sie weit mehr begeisterte Kundgebungen seines alles Irdische überfliegenden Spiritualismus und seiner glühenden Sehnsucht nach dem Göttlichen als Bestandstücke einer systematisch entwickelten Erkenntnistheorie. In einigen seiner frühen Schriften hatte er unter der Nachwirkung platonischer Denkweise von dem Lernen als von einer Wiedererinnerung gesprochen. Später nahm er diese Äußerungen zurück und bekämpfte die ihnen zugrunde liegende Annahme von der Präexistenz der Seele, als unvereinbar mit dem christlichen Dogma[176]). Beides, diese Polemik und jene zuvor erwähnte Auffassung, wonach der einzelnen Seele das eigentliche Wissen aus einer höheren Quelle zufließt, mußte bei der Herrschaft, welche Augustin auf die beginnende Scholastik ausübt, sowohl den Gedanken an einen allen Menschen zukommenden ursprünglichen Besitzstand, als den anderen einer

---

174) Zeller, Philosophie der Griechen III, 2 (3), S. 609.
175) Liber de diversis quaestionibus 83. Q. 46, 2: Anima rationalis inter eas res, quae sunt a Deo conditae, omnia superat; et Deo proxima est, quando pura est; eique in quantum caritate cohaeserit, in tantum ab eo lumine illo intelligibili perfusa quodam modo et illustrata cernit, non per corporeos oculos sed per ipsius sui principale, quo excellit, id est per intelligentiam suam, istas rationes, quarum visione fit beatissima. De civitate Dei, l. XI, c. 10: . . . ut non inconvenienter dicatur, sic inluminari animam incorpoream luce incorporea simplicis sapientiae Dei, sicut inluminetur aeris corpus luce corporea; et sicut aer tenebrescit ista luce desertus . . . ita tenebrescere animam sapientiae luce privatam. Vgl. De magistro, c. 11, n. 38.
176) Retract. l. I, c. 4, n. 4. De trinitate, lib. XII, c 15, n. 24.

selbsttätigen Entfaltung des in der Natur ursprünglich Angelegten zurücktreten lassen. Zwar hatte Boethius, nächst Augustin die größte Auktorität für die Frühscholastik, derselben beide Gedanken, und noch dazu in seltsamer Verquickung miteinander übermittelt[177]), aber es scheint nicht, daß sie irgendwo Aufnahme und Fortbildung gefunden hätten. Anselmus wandelt, sofern er überhaupt die Frage berührt, ganz in den Spuren Augustins[178]), und Wilhelm von Auvergne, der an der Schwelle einer neuen Periode stehend, die Metaphysik und Psychologie des Aristoteles in den Gedankenkreis des christlichen Abendlandes hineinzuarbeiten beginnt, hat für die Augustinsche Auffassung die präzise Formel, Gott präge unseren Seelen die obersten Begriffe ein, welche den Axiomen zur Voraussetzung dienen[179]). Getreu der der Scholastik von Anfang an innewohnenden, harmonisierenden Tendenz will er freilich auch auf den Ausdruck des Eingeborenseins, den er irgendwo für die höhere Erkenntnis vorfindet, nicht verzichten, aber die Deutung, die er ihm unter Berufung auf Augustinus gibt, liegt nicht in der Richtung des Nativismus[180]). Eine sehr nachdrückliche Verstärkung erhielt sodann die diesem letzteren entgegengesetzte Denkweise durch die Philosophie der Araber. Ihr zufolge werden die intelligibelen Formen der Menschenseele durch den von ihr unterschiedenen intellectus agens mitgeteilt oder irgendwie in ihr hervorgebracht; sie ist dabei das Empfangende, Passive, und ihre Tätigkeit kann allein darin bestehen, sich zur Aufnahme jener Formen zu bereiten.

Thomas von Aquin steht völlig auf dem Boden des aristotelischen Empirismus. Ausdrücklich setzt er sich mit der Meinung auseinander, wonach unser Wissen seinen Ursprung aus gewissen, uns von Natur eingepflanzten intelligibelen Formen oder Ideen herleite, und der entscheidende Grund, den er dagegen anführt, ist, daß dadurch

---

177) Consol. III, metr. 11:
Non omne namque mente depulit lumen
Obliviosam corpus invehens molem.
Haeret profecto s e m e n introrsum v e r i
Quod excitatur ventilante doctrina.
Nam cur rogati sponte recta censetis,
Ni mersus alto viveret fomes corde?
Quod si Platonis musa personat verum,
Q u o d q u i s q u e d i s c i t i m m e m o r r e c o r d a t u r.
Dazu die Eingangsworte von Pros. XII.
178) Vgl. A. van Weddingen, Essai critique sur la philosophie de S. Anselme de Cantorbéry. Bruxelles 1875. p. 56 ff.
179) M. Baumgartner, Die Erkenntnislehre des Wilhelm v. Auvergne. Münster 1893. S. 95.
180) Ebend. S. 96, Anm. 1.

der tatsächlich bestehende Zusammenhang zwischen dem begrifflichen Denken des Verstandes und der auf der Sinneswahrnehmung beruhenden Erfahrung aufgehoben würde. Mit Aristoteles schärft er ein, daß der Verstand einer unbeschriebenen Tafel gleiche, daß er sich in Möglichkeit zu allen intelligibelen Formen befinde und darum nicht von einer bestimmten einzelnen determiniert sein könne[181]). Nach dem Vorgange Alberts des Großen ist er bemüht, die knappen Aussprüche im dritten Buche de anima über das Zustandekommen des begrifflichen Wissens so zu deuten, daß sowohl die spezifische Verschiedenheit des letzteren von der Sinneswahrnehmung als der genetische Zusammenhang mit derselben gewahrt bleibt. In den Phantasmen, den von außen aufgenommenen Sinnenbildern, erfaßt der abstrahierende Verstand das Wesen der Dinge. Dies ist die Auffassung, welche von nun an in der Scholastik die herrschende bleibt. Über die Ausgestaltung im einzelnen wird gestritten, der Grundgedanke ist den streitenden Schulen gemeinsam.

Aber ein letzter Rest von Nativismus hat sich dennoch erhalten. Wie in einen verborgenen Schlupfwinkel hat er sich in die Lehre vom habitus principiorum zurückgezogen.

Bei Aristoteles bezeichnet der Name νοῦς nicht nur das Denkvermögen und die Denkkraft des Menschen überhaupt, sondern der Name kommt noch in einer engeren Bedeutung vor. Alles demonstrative Wissen setzt Prinzipien voraus, aus denen es abgeleitet ist. Diese können ihrerseits mit Hilfe eines früheren Beweisverfahrens abgeleitet sein, aber es ist einleuchtend, daß es letzte, nicht wieder abgeleitete, also unmittelbar erkannte Prinzipien geben muß. Der ἐπιστήμη als der Fertigkeit — ἕξις — des abgeleiteten Wissens setzt daher Aristoteles den νοῦς als die Fertigkeit der unmittelbaren Erkenntnis, nach mittelalterlicher Ausdrucksweise: als habitus principiorum, gegenüber und zählt ihn im sechsten Buche der Nikomachischen Ethik mit ἐπιστήμη, τέχνη und φρόνησις unter den dianoetischen Tugenden auf[182]). Aber Aristoteles gibt, wie bekannt, keine entwickelte Theorie über den Ursprung und das Zustandekommen

---

181) Summa theol. I, q. 84, art. 3. Vgl. De veritate, q. 10, art. 6.
182) Anal. post. II, 19, 100b 5: ἐπεὶ δὲ τῶν περὶ τὴν διάνοιαν ἕξεων, αἷς ἀληθεύομεν, αἱ μὲν ἀεὶ ἀληθεῖς εἰσίν, αἱ δὲ ἐπιδέχονται τὸ ψεῦδος, οἷον δόξα καὶ λογισμός, ἀληθῆ δ' ἀεὶ ἐπιστήμη καὶ νοῦς, καὶ οὐδὲν ἐπιστήμης ἀκριβέστερον ἄλλο γένος ἢ νοῦς, αἱ δ' ἀρχαὶ τῶν ἀποδείξεων γνωριμώτεραι, ἐπιστήμη δ' ἅπασα μετὰ λόγου ἐστί, τῶν ἀρχῶν ἐπιστήμη μὲν οὐκ ἂν εἴη, ἐπεὶ δ' οὐδὲν ἀληθέστερον ἐνδέχεται εἶναι ἐπιστήμης ἢ νοῦν, νοῦς ἂν εἴη τῶν ἀρχῶν .... εἰ οὖν μηδὲν ἄλλο παρ' ἐπιστήμην γένος ἔχομεν ἀληθές, νοῦς ἂν εἴη ἐπιστήμης ἀρχή. Eth. Nik. VI, 3. Vgl. Zeller II, 2 (3), S. 190 f.

von Erkenntnis und Wissen. Von Alters her waren seine Erklärer darauf angewiesen, eine solche nach eigenem Ermessen aus den zerstreuten, kurzen und dunkelen Aussprüchen herauszuziehen.

Ist der habitus principiorum etwas von der allgemeinen Denkanlage Verschiedenes und zu ihr Hinzukommendes, oder ist er nur eine besondere Seite derselben? Ist er also erworben, oder ist er angeboren? Und worin besteht des Näheren seine Funktion? Das sind die Fragen, mit denen sich die mittelalterlichen Aristoteliker beschäftigen, und deren Beantwortung nicht nur von den verschiedenen Schulen, sondern auch innerhalb derselben in verschiedener Weise gefunden wird.

Thomas von Aquin ist der Meinung, daß in der Tat jene höchsten Obersätze, auf welche zuletzt alles demonstrative Wissen zurückweist, die Annahme einer besonderen, zur allgemeinen Denkfähigkeit noch hinzukommenden Fertigkeit nötig machen. Denn in der Erfassung derselben irrt unser Geist nicht. Er ergreift sie stets mit der gleichen, jeden Zweifel ausschließenden Sicherheit und erkennt sie sofort ohne Mühe und Unterweisung in ihrer Wahrheit und Notwendigkeit. Sobald ihm die Begriffe zum Bewußtsein kommen, aus denen jene Sätze bestehen, erkennt er die zwischen den Begriffen bestehenden Beziehungen, welche sie aussprechen. Wer die Begriffe des Ganzen und des Teiles denkt, erkennt sofort, daß das Ganze größer ist als der Teil. Eine solche bleibende Determination aber zum eindeutig bestimmten Handeln, zum Gut- und Richtighandeln, zum sofortigen und mühelosen Handeln, muß auf eine besondere Kraft, einen habitus, zurückgeführt werden. Folgendermaßen bestimmt er dabei den Mechanismus des Hergangs: der intellectus agens, selbst eine Kraft der vernünftigen Seele, erzeugt in ihr mittels der Sinnenbilder die Begriffe, indem er aber die Begriffe erzeugt, löst er zugleich die Erkenntnis der in und mit diesen gegebenen Beziehungen aus[183]), welche den unmittelbar einleuchtenden Inhalt der höchsten Obersätze ausmachen. Die hierin sich bekundende Fertigkeit ist der habitus principiorum, und weil in der Natur und der Einrichtung unseres Erkenntnisvermögens begründet, wird er selbst als ein natürlicher, und von Natur eingepflanzter bezeichnet, und ebenso wird gelehrt, daß alle erworbene Wissenschaft eine erste,

---

183) Summa theol. 1, II, q. 50, art. 4 ad. 1. q. 51, art. 1 corp. q. 57, art. 2 corp. q. 62, art. 3 ad 1. q. 63, art. 1 corp. q. 71, art. 1 ad 1. q. 94, art. 1 corp. et ad 2. Contra gent. II, 78. II Dist. 24, q. 2, art. 3 corp. III, q. 23, art. 2 ad 1. De veritate q. 1, art. 12 corp. q. 15, art. 1 corp. q. 16, art. 1 corp. Eth. VI, c. 6.

natürliche Erkenntnis voraussetze, daß die obersten Prinzipien auf dem theoretischen sowohl wie auf dem praktischen Gebiete uns von Natur bekannt seien[184]). Und in diesem Zusammenhange erscheinen dann plötzlich wieder zwei Reminiszenzen aus der antiken Philosophie, welche in ihren Ursprung verfolgt von der thomistischen Grundauffassung weit abführen müßten: das aus Cicero entlehnte Bild von den uns eingepflanzten Samenkörnern, die wir zu entwickeln haben, und der durch Boethius übermittelte stoische Terminus von den κοιναὶ ἔννοιαι [185]).

Selbstverständlich ist Thomas weit davon entfernt, die Wahrheit in der Erkenntnis der obersten Prinzipien auf ein bloßes Denken-Müssen infolge der Einrichtung unseres Erkenntnisvermögens zu reduzieren. Die ganze, durchaus objektiv gerichtete Haltung der mittelalterlichen Philosophie läßt einen solchen Gedanken nicht aufkommen. Zum Überfluß bestätigt auch der gelegentliche Ausdruck, das natürliche Licht des intellectus agens mache uns jene obersten Wahrheiten deutlich[186]), daß es sich um die denkende Aneignung eines unabhängig von dem einzelnen Subjekte Geltenden handelt. Aber auch so war Anlaß genug vorhanden zu Bedenken und Schwierigkeiten.

Die Tatsache freilich, daß die ganze Problemstellung ihren Ausgang lediglich in der Terminologie des Aristoteles hatte, wird nicht weiter beachtet, aber man fragt doch, ob es denn wirklich einen

---

184) Summa theol. I, q. 79, art. 12 corp.: Prima autem principia nobis naturaliter indita non pertinent ad aliquam specialem potentiam, sed ad quendam specialem habitum, qui dicitur intellectus principiorum. 1, II, q. 91, art. 2 corp. art. 3 corp.: Sicut in ratione speculativa ex principiis indemonstrabilibus naturaliter cognitis producuntur conclusiones diversarum scientiarum etc. 2, II, q. 47, art. 6 corp.: Sicut in ratione speculativa sunt quaedam ut naturaliter nota, quorum est intellectus etc. q. 49, art. 2 ad 1. Opuscul. 70, q. 6, art. 4 corp.

185) q. 94, art. 4 corp. In speculativis est eadem veritas apud omnes tam in principiis quam in conclusionibus, licet veritas non apud omnes cognoscatur in conclusionibus, sed solum in principiis quae dicuntur communes conceptiones. III. Dist. 33, q. 1 corp.: ... forma existit in potentia materiae et scientia conclusionum in principiis universalibus .... et virtutes praeexistunt in naturali ordinatione ad bonum virtutis ... et ideo a Tullio dicitur, quod seminaria virtutum sive initia sunt naturalia. Summa theol. 1, II, q. 63, art. 1 corp.: In ratione hominis insunt naturaliter quaedam principia naturaliter cognita tam scibilia quam agendorum, quae sunt quaedam seminaria intellectualium virtutum et moralium.

186) Opuscul. 70 a. a. O.: Huius modi autem naturaliter cognita homini manifestantur ex lumine intellectus agentis, quod est homini naturale, quo quidem lumine nihil manifestatur nobis, nisi inquantum per ipsum phantasmata fiunt intelligibilia in actu.

von dem Intellekt als Vermögen unterschiedenen Habitus zur Erkenntnis jener Prinzipien geben müsse, und nicht nur der auch sonst zur Kritik neigende Durandus, sondern auch andere, wie Dominikus Soto und Cajetanus sind der Meinung, daß dasselbe Vermögen, welches die Begriffe erkennt, auch zur Erkenntnis der zwischen ihnen bestehenden Beziehungen ausreiche. Auch der Jesuit Rubius, dessen Logica Mexicana in Descartes' Jugendzeit erschien, neigt offenbar zu dieser Meinung[187], nur hält er dafür, daß man sich nicht ohne genügenden Grund von einer Ansicht entfernen soll, für welche seit Jahrhunderten die Mehrheit der Schule eingetreten ist und die Auktorität eines Thomas in die Wagschale fällt[188]). Soll dann aber der habitus principiorum als etwas von der bloßen Potenz Unterschiedenes gelten, so wird man geneigt sein, die Bedeutung desselben zu steigern, und es wird die Vorstellung aufkommen, als ob der Intellekt ohne denselben die Prinzipien gar nicht oder nicht so sicher oder nicht so leicht erfassen würde, wie mit seiner Hilfe. Das kann dann weiterhin und entsprechend den Tatsachen und Vorgängen, welche in anderen Gebieten auf einen Habitus im aristotelisch-scholastischen Sinne zurückgeführt oder darunter subsumiert zu werden pflegen, die Annahme aufkommen lassen, der Intellekt erwerbe diese besondere Fertigkeit durch Übung. Sie wird innerhalb der Spätscholastik, abgesehen von dem genannten Rubius, namentlich auch von den Philosophen von Coimbra vertreten[189]).

Hiergegen war nun aber doch schon immer eingewendet worden, daß es sich ja gerade darum handle, den ersten Ursprung des Erkennens und Wissens aufzuzeigen, dieser also unmöglich in einem Habitus gefunden werden könne, welcher seinerseits schon einzelne Akte des Erkennens und Wissens zur Voraussetzung hätte und aus ihnen entstanden wäre. So lehren denn nun Bartholomaeus de Medina im 16. und Sanchiez de Sedegno im 17. Jahrhundert, dem Menschengeiste sei von Natur eine besondere Fertigkeit zur Erkenntnis der obersten Wahrheiten eingepflanzt; ohne ein solches ursprüngliches Angelegtsein auf eine bestimmte Gattung von Erkenntnissen würde er aus eigener Kraft nicht dazu gelangen; Gott, der

---

[187]) Logica Mexicana sive commentarii in universam Aristotelis Logicam autore Antonio Rubio. Coloniae Agripp. 1605. Tom. II, appendix, p. 3, p. 27.
[188]) Ebenda, p. 3.
[189]) Rubius a. a. O. p. 37 ff. Collegii Conimbricensis in universam Dialecticam Aristotelis commentarii. In primum librum posteriorum, q. 1, art. 4.

alle Geschöpfe in entsprechender Weise zu ihren Leistungen ausgerüstet hat, konnte den Intellekt nicht völlig nackt und leer schaffen, sondern verlieh ihm in jenem habitus principiorum die Samenkörner aller Wissenschaften[190]). Auch diese Männer hielten freilich an dem künstlichen Mechanismus vom intellectus agens und possibilis, Erleuchtung der Phantasmen und Einprägung der species intelligibiles fest und wahrten dadurch den Zusammenhang mit der Erfahrung. Gab man aber diesen Mechanismus preis, so konnte unzweifelhaft die alte Lehre vom habitus principiorum zu einer aprioristischen oder nativistischen Denkweise hinführen, so daß nun der letzte Ursprung unserer Erkenntnis ganz und gar aus dem tiefsten Grunde unserer Seele hergeleitet wurde. Oder auch, es konnte, wer anderswoher zu einer solchen Denkweise gekommen war, nachträglich sich auf jene Lehre besinnen und sich darauf stützen.

Für Descartes ergab sich von zwei Seiten her die Notwendigkeit, eingeborene Ideen anzunehmen. Es war dies einmal die Konsequenz der intellektualistischen Auffassung, zu der er sich bereits in den Regulae ad directionem ingenii bekannt. Ausdrücklich ist hier von einfachen Grundbegriffen die Rede, die wir dem Intellekt allein ohne Mitwirkung von Sinn und Einbildungskraft verdanken. Wir erfassen sie, wie es dort heißt, per quoddam lumen ingenitum[191]). Auf die einfachen Grundbegriffe geht alle weitere Erkenntnis zurück, und die Wissenschaft besteht eben darin, deutlichen Einblick in die mannigfache Verknüpfung derselben zu gewinnen, oder auch, eine solche in geordneter Weise vorzunehmen[192]). In einem Briefe an

---

190) Bartholomaeus de Medina, Comm. in 1, II, q. 51, art. 1. J. Sanchiez Sedegno, Quaestiones ad Aristol. Logicam. q. 99. Lumen nostrum intellectuale est ita diminutum, ut egeat habitibus determinantibus illum ad certa cognitionis genera, ut facile, prompte et delectabiliter cognoscere illa possit. . . . . Iste habitus principiorum est nobis naturaliter congenitus, itaque datur cum ipsa natura et non acquiritur postea nostris actibus. . . . . . Respondetur, nostris actibus nullatenus produci huius modi habitum principiorum: nam cum sint s c i e n t i a r u m e t v i r t u t u m s e m i n a, a n a t u r a n o b i s d e b u e r u n t p r o v e n i r e.

191) Regula XII (p. 32 der Amsterdamer Ausgabe von 1704): Dicimus secundo, res illas quae respectu nostri intellectus simplices dicuntur, esse vel pure intellectuales, vel pure materiales, vel communes. Pure intellectuales illae sunt, quae per lumen quoddam ingenitum et absque ullius imaginis corporeae adiumento ab intellectu cognoscuntur: tales enim nonnullas esse certum est, nec ulla fingi potest idea corporea, quae nobis repraesentet, quid sit cognitio, quid dubium, quid ignorantia, item quid sit voluntatis actio, quam volitionem liceat appellare et similia, quae tamen omnia revera cognoscimus, atque tam facile, ut ad hoc sufficiat, nos rationis esse participes.

192) Ebenda p. 36.

Mersenne aus dem Jahre 1630 ist von den metaphysischen Wahrheiten als von Gesetzen die Rede, die Gott in die Natur gelegt hat. Wir vermögen sie zu erkennen, denn sie sind sämtlich mentibus nostris ingenitae[193]). Den gleichen Gedanken, nur weiter entwickelt, spricht er im Discours de la méthode aus. Nachdem er hier an einer bereits früher erwähnten Stelle mit polemischer Wendung gegen die herkömmliche Lehre der Schule das Vorhandensein rein intellektueller Erkenntnisse behauptet hat, heißt es weiter: alles, was in der Welt ist oder geschieht, ist bestimmten, von Gott gegebenen Gesetzen unterworfen, Gesetzen, die übrigens für jede mögliche Welt gelten würden. Wir erkennen sie, indem wir unsere Aufmerksamkeit darauf richten, denn Gott hat ihre Begriffe — notiones — unserm Geiste eingeprägt. Sie sind miteinander verknüpft wie die Glieder einer Kette; verfolgt man dieselben, so entdeckt man Wahrheiten von ungeahnter Wichtigkeit[194]). Dementsprechend war es, wie wir aus einem Briefe an Mersenne vom März 1636 erfahren, ursprünglich seine Absicht, dem Discours de la méthode den Titel zu geben: Le projet d'une science universelle qui puisse élever notre nature à son plus haut degré de perfection[195]). Folgendermaßen bestimmt Descartes sodann im Discours selbst den Gang seiner Untersuchung: „Zuerst habe ich versucht, allgemein die Prinzipien oder die ersten Ursachen von allem, was in der Welt ist oder sein kann, aufzusuchen, indem ich dabei auf Gott allein achtete, der die Welt geschaffen hat, und jene Prinzipien nicht anderswoher ableitete, als aus gewissen unserem Geiste von Natur eingepflanzten Samenkörnern der Wahrheit."[196]) — In unserem Geiste ist also ursprünglich alle Erkenntnis angelegt, in uns finden wir die höchsten Prinzipien, durch deren systematische Entfaltung und Anordnung wir zu einer umfassenden Weltansicht gelangen.

Der präzise Ausdruck idea innata begegnete zum ersten Male in den Meditationen. Eingeborene Ideen im Gegensatze zu denen, die uns durch Vermittelung der Sinne zukommen, sind solche, die wir in uns selbst vorfinden oder irgendwie aus unserer eigenen Natur schöpfen, so die Ideen von Sache, von Wahrheit, von Denken, so insbesondere die Idee Gottes[197]). Daß diese letztere eingeboren, ja

---

193) II, 104 Clerselier; VI, 99 Cousin; ib. p. 109.
194) Diss. de Methodo, p. 36.
195) II, 111 Clerselier; VI, 275 Cousin.
196) A. a. O. p. 54.
197) Meditatio tertia, p. 17.

die erste und wichtigste unter allen eingeborenen ist, wird aus ihrer Unveränderlichkeit abgeleitet[198]). Damit tritt das zweite der oben unterschiedenen Motive deutlich hervor. Eingeborene Ideen, schreibt Descartes im Juni 1641 an Mersenne, sind allgemein gesprochen alle die, welche wahre, unveränderliche und ewige Wahrheiten darstellen. Wer aus einer selbstgemachten Idee ein Prädikat ableitet, begeht eine offenbare petitio principii; anders ist es dagegen, wo es sich um eingeborene handelt. Aus der Idee des Dreiecks kann ich mit vollkommener Stringenz ableiten, daß die Winkelsumme gleich zwei Rechten ist, ja hier habe ich sogar nach Aristoteles einen Beweis der vollkommensten Art, nämlich einen solchen, bei dem die Wesensdefinition den Mittelbegriff abgibt[199]).

Man versteht hiernach, welch besondere Bedeutung das Eingeborensein für die Gottesidee besitzt. Haben wir sie selbst mit Bewußtsein gebildet und aus ihren Merkmalen zusammengesetzt, so ist sie im besten Falle das Ergebnis, sie kann unmöglich der Ausgangspunkt eines Beweises für das Dasein Gottes sein. Tritt dagegen die Gottesidee mit der ganzen Fülle und Geschlossenheit ihres Inhalts als ein fertiges Gebilde vor unsere Seele, so daß wir „nichts hinzufügen und nichts abziehen können", so haben wir ein der Willkür unseres Denkens Entrücktes, an das wir eben darum als ein Festes und Sicheres anknüpfen und aus dem wir Folgerungen ableiten können.

Dadurch eröffnet sich zugleich der Weg von den eingeborenen Ideen zu den ewigen Wahrheiten, den Axiomen oder notiones communes. Auch sie müssen im gleichen Sinne als eingeborene gelten wie die Idee Gottes. Sie können uns nicht durch die Sinne zukommen, wir finden sie in uns vor und müssen ihnen, sobald wir sie nur überhaupt denken, unsere Zustimmung erteilen[200]).

Bekanntlich hat aber nun Descartes schon gegenüber einem von Hobbes ausgehenden Einwande den Begriff des Eingeborenseins dahin erläutert, derselbe bedeute nicht, daß eine Idee unserem Bewußtsein immer gegenwärtig sei, sondern nur, daß unser Geist die Fähigkeit habe, diese Idee hervorzurufen[201]). Die Idee Gottes, erläutern die von Leibniz aufbewahrten Anmerkungen zu den Prin-

---

198) A. a. O. p. 24. Vgl. Responsio ad primas obiectiones, p. 61. Principia I, § 15.
199) II, 54 Clerselier; VIII, 504, resp. 510 Cousin.
200) Principia I, § 48, § 49; § 39. Vgl. Responsio ad secundas obiect. p. 71, p. 77.
201) Responsiones et obiectiones tertiae, p. 102.

cipia Philosophiae, ist auf keine andere Weise in uns als die Idee aller durch sich selbst bekannten Wahrheiten, nicht actu, sondern potentia, nicht so, wie viele Verse im Virgil, sondern so, wie viele Figuren im Wachse sind[202]). Daher es auch möglich ist, daß eine als eingeboren bezeichnete Idee dennoch von einzelnen Menschen niemals deutlich vorgestellt wird[203]). Und in der Antwort auf die Einwürfe des sich Hyperaspides nennenden Unbekannten führt Descartes aus, das neugeborene Kind habe die Idee Gottes und der durch sich selbst bekannten Wahrheiten geradeso wie die Erwachsenen, wenn sie ihre Aufmerksamkeit nicht darauf wenden. Weit entfernt, dieselben erst mit zunehmendem Alter zu erwerben, würde es vielmehr sie auch dann in sich vorfinden, wenn es aus den Banden des Körpers gelöst würde[204]).

Die Meinung ist sonach, daß unsere Seele die Fähigkeit besitze, ohne Zutun der Sinne Erkenntnisse von zweifelloser Gewißheit und einem der Willkür entrückten gleichbleibenden Inhalte zu haben. Es ist dies also nicht das Vermögen, überhaupt zu denken und zu erkennen, Eindrücke aufzunehmen und zu verarbeiten, sondern ein bestimmt gerichtetes Vermögen, eine anerschaffene Disposition zu gewissen Erkenntnissen, die sich eben darum auch bei allen Menschen in der gleichen Weise finden. Ein solches bestimmt gerichtetes Vermögen nannte die alte Schule im Anschlusse an Aristoteles einen Habitus, und sie bediente sich zur Erläuterung gerne der Beispiele von günstigen oder ungünstigen körperlichen oder geistigen Anlagen, die der einzelne von Natur mit sich bringt[205]). Und was sagt Descartes an der bekannten Stelle, wo er seine Lehre gegen die Mißdeutungen des früheren Freundes und Schülers verteidigt? „Da ich in mir gewisse Gedanken bemerkte, die nicht von äußeren Objekten und nicht von der Bestimmung meines Willens abhängen, sondern lediglich von der mir innewohnenden Denkfähigkeit, so nannte ich diese Ideen oder Begriffe, um sie von anderen, von außen gekommenen oder selbstgebildeten zu unterscheiden, angeboren, in dem Sinne, in dem wir sagen, der Edelsinn sei gewissen Familien angeboren, anderen aber gewisse Krankheiten, wie Gicht oder Stein-

---

[202]) Foucher de Careil, Oeuvres inédites de Descartes I, p. 62.
[203]) Brief an Clerselier vom 17. Februar 1645, I, 117 Clerselier; IX, 195 Cousin.
[204]) Von 1647, II, 16 Clerselier; VIII, 266 Cousin.
[205]) Thomas Aquin., Summa theol. 1, II, q. 51, art. 1 corp. . . . . Ex parte corporis secundum naturam individui sunt aliqui habitus appetitivi secundum inchoationes naturales; sunt enim quidam dispositi ex propria corporis complexione ad castitatem vel mansuetudinem vel aliquid huiusmodi.

leiden, nicht darum, weil die Kinder aus solchen Familien schon im Mutterleibe an diesen Krankheiten litten, sondern weil sie mit einer gewissen Disposition oder Anlage, sich dieselben zuzuziehen, geboren werden."[206]) — Übereinstimmend damit spricht er in einem vermutlich an den P. Vatier gerichteten Briefe von Ideen, die in die Seele kommen auf Grund von schon zuvor in derselben vorhandenen Dispositionen[207]).

Hiernach wird man nicht sagen dürfen, daß Descartes die Lehre von den eingeborenen Ideen der Scholastik entlehnt habe. Sie hatte weder das Wort noch die Lehre in dem von ihm vertretenen Sinne. Wohl aber wird man sagen können, daß die Schulmeinung von dem eingeborenen habitus principiorum, welche der aus scholastischer Bildung hervorgewachsene Philosoph unzweifelhaft kannte[208]), in ihm bei der Ausgestaltung seiner Lehre nachwirkte und ihm die Annahme von grundlegenden Erkenntnissen, welche unsere Seele aus eigener Kraft gewinnt oder auf Grund ursprünglicher Disposition irgendwie in sich vorfindet, nahelegen mochte.

---

[206] Notae in programma quoddam, p. 184.
[207] I, 115 Clerselier; IX, 162 Cousin; ib. p. 166.
[208] Oben S. 216 u. 217 mit Anm. 123.

IX.
Uber Ziel und Methode der Rechtsphilosophie.

I.

Vor einiger Zeit kam ein junger Italiener nach München, um dort im Auftrage seiner Regierung Studien über den gegenwärtigen Stand der Rechtsphilosophie in Deutschland anzustellen. Er besuchte mich öfters, um mir über den Fortgang seiner mit Umsicht und Sachkenntnis angestellten Studien zu berichten, und ich war so Zeuge der steigenden Verwunderung, die er über die Ergebnisse derselben empfand. Sie erschütterten, wenn auch zunächst nur an einem Punkte, die Vorstellung, welche man im Auslande vielfach heute noch von deutschem Wesen hegt. Man hält uns noch immer für das Volk der Denker und glaubt unsere Gelehrten mit Vorliebe in metaphysische Grübeleien versenkt. Wer mit den Strömungen vertraut ist, in welchen das Leben unserer Volksgenossen in der Gegenwart verläuft, weiß, wie grundlos dieses Vorurteil ist. Das Resultat seiner auf einem besonderen Gebiete unternommenen Forschungen hätte mein italienischer Freund in drastischer Zuspitzung darin zusammenfassen können: diejenigen, welche als Vertreter der neuesten Rechtsphilosophie in Deutschland anzusehen seien, kämen darin überein, daß es — eine Rechtsphilosophie nicht gebe. In der Tat herrscht hier, und zwar nicht erst seit gestern, eine völlig positivistische Richtung. Ihren charakteristischen Ausdruck findet dieselbe in der stets wiederholten Behauptung, daß für eine wissenschaftliche Behandlung des Rechts ausschließlich die geschichtliche Betrachtungsweise zulässig sei.

Faßt man dies letztere allein ins Auge, so könnte es scheinen, als habe bei der Behandlung juristischer Probleme nunmehr die von Savigny und Puchta begründete historische Rechtsschule ihren vollständigen Sieg erfochten, indem das, was jene gewollt und angeregt hatten, die Erforschung des Rechts im Zusammenhange mit dem gesamten geschichtlichen Leben der Völker, durch die Detailarbeit ihrer Nachfolger zur Wirklichkeit geworden sei. Aber die

Sache liegt doch in Wahrheit anders. Die Begründer der historischen Rechtsschule waren trotz ihrem Hinweis auf die geschichtliche Betrachtung und trotz ihrer Gegnerschaft gegen das alte Naturrecht himmelweit von der Denkweise des modernen Positivismus oder des damit gleichbedeutenden extremen Empirismus entfernt. Wenn sie sich abweisend verhielten gegen willkürliche Spekulationen und die subjektiven Aufstellungen eines angeblichen Vernunftrechts, und statt dessen auf die genaue Erkenntnis des wirklich geltenden Rechts hindrängten, so lag ihnen doch eine Anschauung durchaus ferne, welche unter ausdrücklichem Verzicht auf den Besitz aller höheren Wahrheiten die Wissenschaft ausschließlich in der Erkenntnis dessen, was jetzt ist oder einmal war, aufgehen läßt. Ihr Fehler war nur der, daß sie es unterließen, zwischen den Lehrsätzen oder auch Glaubenssätzen, die sie in Betreff jener höheren Wahrheiten mitbrachten, und ihrer Auffassung vom Recht einen systematischen Zusammenhang herzustellen, daß sie also nicht der von ihnen mit Grund bekämpften irrigen und einseitigen Rechtsphilosophie eine berichtigte Rechtsphilosophie entgegensetzten. Stahl unternahm es, diese Lücke auszufüllen, aber bei aller Beachtung, die sein Vorgehen gefunden hat und noch heute findet, Schule hat er — in der Wissenschaft wenigstens — nicht gemacht.

Der geschichtliche Standpunkt, wie er heute proklamiert wird, hat eine andere Bedeutung, und er wurde auch gleich zu Anfang als ein neuer bezeichnet, was natürlich nicht ausschließt, daß in der weiteren Entwicklung vielfältig alte Gedanken wiederkehren. In seiner Rektoratsrede vom Jahre 1877 versprach Binding eine erneute Erörterung des Problems der Strafe zu bringen im „Vertrauen zu der geänderten Methode, mit der wir — Merkel voran — das Problem zu bearbeiten angefangen haben. Wir steigen herunter aus den windigen Höhen des Naturrechts, das von der Willkür errichtet und von der Willkür täglich nach Belieben gemeistert wird, auf den Felsen der Wirklichkeit! Die Erfahrung ist nicht nur reicher als alle Phantasie, ihre Ergebnisse sind auch weit sicherer als die Folgerungen aus willkürlichen Hypothesen. Exakte Analyse des geltenden Rechts nicht nur der Gegenwart, sondern auch der Vergangenheit: das ist der einzige Weg zur wahren Erkenntnis!"

Der hier als Bannerträger bezeichnete Professor A. Merkel hatte seine Ansichten wenige Jahre vorher in einer Abhandlung: „Über das Verhältnis der Rechtsphilosophie zur ‚positiven' Rechtswissenschaft und zum allgemeinen Teile derselben" in wünschenswerter Deutlichkeit vorgetragen[1]). Hier wird als die „Hauptlehre des Jahrhunderts" die Ansicht bezeichnet, „daß die Schöpfungen der Natur (mit Einschluß von Recht, Staat und Kirche) gleichmäßig in den Fluß der Geschichte gestellt seien und als ephemere, in jenem auftauchende und von ihm unendlichen Metamorphosen unterworfene Bildungen betrachtet sein wollen."[2]) Diese „historische Ansicht" des Rechtslebens müsse auch für die Rechtsphilosophie die maßgebende sein.

Worin des näheren die Aufgabe der letzteren gesehen werden soll, läßt am deutlichsten der Hinweis auf die längst in Kraft stehende Übung erkennen, in den juristischen Partialdisziplinen einen sogenannten allgemeinen Teil an die Spitze zu stellen. Hier pflegt man im Strafrecht das allgemeine Wesen der Verbrechen und der Strafen und den zwischen beiden bestehenden Zusammenhang, sodann das Erforderliche über Strafzumessungsgründe, Verjährung und Ähnliches zur Erörterung zu bringen, im Privatrecht ebenso den Begriff des Vertrags, des Rechtsgeschäfts, der juristischen Tatsache, der Klage usw., und den Zusammenhang zwischen Klage und Rechtsgeschäft. Das Bedürfnis der Wissenschaft verlangt nun aber, nicht bei den gesonderten Disziplinen stehenzubleiben. Der Tendenz fortschreitender Ausbreitung des Wissens geht die Tendenz fortschreitender Konzentration zur Seite; wir wollen den Zusammenhang der bisher getrennt betrachteten Gebiete untereinander erkennen. Dem allgemeinen Teil der Partialdisziplinen entspricht auf einer höheren Stufe wissenschaftlicher Entwicklung ein die sämtlichen Disziplinen zur Einheit verbindender allgemeiner Teil der gesamten Rechtswissenschaft überhaupt. In ihm wird also die Erörterung nicht wie im allgemeinen Strafrecht bei dem Begriffe des Verbrechens stehenbleiben, sondern die Begriffe der Rechtsverletzung, der rechtlich verantwortlich machenden Handlung usw. an der Hand der gesamten Materialien der Jurisprudenz entwickeln. Im Zusammenhange damit wird sie von dem Begriffe der Strafe zu dem der „Rechtsfolgen des Unrechts" aufsteigen. Nicht minder gilt es hier, die Lehre von den Rechtsquellen mit Bezug auf die ganze Phänomenologie des Rechtslebens einer kritischen Prüfung zu unterziehen und „über die Lehre von den juristischen Personen im privatrechtlichen Sinne hinausgehend, Materialien für eine umfassende Lehre von

---

1) Zeitschrift für d. Privat- und öffentl. Recht der Gegenwart. Bd. 1, 1874, S. 1—10 u. S. 402—421. — 2) S. 5.

den Rechtssubjekten zusammenzutragen." „Die wichtigste Aufgabe aber", so hören wir, „wird sein, die zerstreuten Beiträge zur Darstellung einer Entwicklungsgeschichte des Rechts zusammenzufassen und, soweit sie dies gestatten, zu einer solchen Darstellung zu verarbeiten. Wenn der Kriminalist sich vertraut gemacht hat mit der Entwicklung des Strafrechts bei verschiedenen Völkern und darin wiederkehrende Stufenfolgen, eine, wenn auch beschränkte Regelmäßigkeit des Vorschreitens zu erkennen meint, wenn Ähnliches von den Vertretern anderer Teile unserer Wissenschaft gilt, so handelt es sich auf jenem allgemeinen Standpunkte darum, in dem auf dieser und auf jener Seite wahrgenommenen gesetzmäßigen Zusammenhange Momente eines einheitlichen Prozesses zu erkennen."[3])

Nun wird man freilich fragen müssen, was denn an einem solchen allgemeineren oder allgemeinsten Teile der Rechtswissenschaft Philosophisches sei? Wir werden belehrt, daß die „philosophische Arbeit ein allgemeines Element der wissenschaftlichen Tätigkeit" bildet, „welches in keinem Gebiete derselben sich zurückweisen oder ausscheiden läßt." Ihre Natur wird darin gefunden, daß sie „die Elemente bestimmt, auf welche die Erscheinungen eines betreffenden Gebietes zurückzuführen sind, und das allgemeine Verhalten dieser Elemente und ihrer Verbindungen zueinander feststellt". Demgemäß fällt die Frage, „ob das philosophische Element im Bereiche der Jurisprudenz Geltung habe, zusammen mit der anderen, ob dieselbe als Wissenschaft anzuerkennen sei?"[4])

Damit ist die Rechtsphilosophie, wie man sie früher verstand, die Rechtsphilosophie im Sinne einer eigenen, der positiven Jurisprudenz gegenüberstehenden Wissenschaft beseitigt. Für eine solche gibt es „keinen vernünftigen Inhalt und kein Problem"[5]), sie hat dem „aus dem Bedürfnis der Rechtsanwendung und Rechtsentwicklung hervorgegangenen allgemeinen Teil der Rechtswissenschaft" Platz zu machen[6]), und auch die rein tautologische Bezeichnung der letzteren als positive ist zu vermeiden, da ja „das Moment der äußeren Geltung bereits im Begriffe des Rechts enthalten ist"[7]). Jene Rechtsphilosophie „alten Stils" war nicht hervorgewachsen „aus einer voraussetzungslosen Bearbeitung der in System gebrachten Begriffe selbst, sondern in ihren Grundlinien gegeben durch die Philosopheme, denen die betreffenden Autoren anhängen.

---

3) S. 7 ff. — 4) S. 6. — 5) S. 403. — 6) S. 406. — 7) S. 403.

Diese haben ihren festen Standort außerhalb der Welt (hier der Jurisprudenz), die sie ordnen wollen... Aber das System, das so zustande gekommen ist, wird sich stets als ein künstliches, wenn auch noch so genial erdachtes System ausweisen, das nur den Wert eines vorläufigen Behelfs in Anspruch nehmen kann."[8])

Noch ganz kürzlich hat Merkel dieses abweisende Urteil wiederum zum Ausdrucke gebracht. Aus seiner Feder stammt der Abschnitt „Rechtsphilosophie" in dem auf Veranlassung der preußischen Unterrichtsverwaltung ausgearbeiteten und bei der Weltausstellung in Chicago vorgelegten Werke über die deutschen Universitäten. Er unterscheidet dort zwei Grundanschauungen, die positive und die idealistische, und sagt von der letzteren:

„Die ältere, aber sich noch behauptende idealistische Auffassung stellt der gesamten sogenannten positiven Rechtswissenschaft (mit Einschluß ihres allgemeinen Teils) die Rechtsphilosophie als eine zweite, von jener unabhängige und nach Gegenstand, Ziel und Methode von ihr verschiedene Wissenschaft gegenüber. Ihr zufolge handelt es sich hier nicht um das Wissen von dem, was ist, sondern von dem, was sein soll, und um Gewinnen dieses Wissens aus Quellen, welche außerhalb der Forschungsgebiete jener positiven Jurisprudenz liegen. Man will ein System des Vernunftrechts oder auch des Naturrechts entwerfen, dem eine allgemeine Gültigkeit zukomme, und welchem diese Gültigkeit aus seiner eigenen logischen Beschaffenheit oder aus seinem Verhältnis zu gewissen unbedingten Vernunftforderungen oder zu der als unabänderlich vorausgesetzten Natur der menschlichen Individuen oder ihrer Koexistenzverhältnisse oder ihrer Verbände zufließe."

Nachdem er die geschichtliche Bedeutung jener Versuche gewürdigt hat, ähnlich wie dies an anderer Stelle von ihm geschehen ist[9]), faßt er sein Urteil dahin zusammen, daß der so verstandenen Rechtsphilosophie „ein wesentlich subjektiver Charakter innewohnt, und daß sie deshalb zu einer Wissenschaft im strengen Sinne des Wortes sich nicht zu erheben vermag".[10]) Wissenschaftliche Bedeutung besitzt die Rechtsphilosophie nur dann, wenn sie sich unter Verzicht auf alle vermeintlich höheren Fragen mit der allgemeinen Rechtslehre in dem zuvor erörterten Sinne identifiziert. Sie hat „lediglich die Aufgabe einer Ergänzung der juristischen Teilwissenschaften hinsichtlich der Gewinnung des Verständnisses und der geistigen Beherrschung des sogenannten positiven Rechts, und zwar einer Ergänzung durch die Erforschung und logische Bearbeitung dessen, was den verschiedenen Teilen des Rechts gemeinsam ist, sowie der allgemeinen Gesetze ihrer Entwicklung. Indem

---

8) S. 406 f. — 9) Holtzendorffs Enzyklopädie [5] 1890. S. 71.
10) Lexis, Die deutschen Universitäten. 1893. S. 406 f.

sie so durch die Hervorkehrung der gemeinsamen Beziehungen aller Rechtsinstitute das durch jene vermittelte Wissen vervollständigt und zusammenfaßt, gibt sie das Band ab, das jene Teilwissenschaften zu einem Ganzen verknüpft und durch welches die eine Rechtswissenschaft zustande kommt."[11])

II.

Enge an Merkel schließt sich B e r g b o h m an in seinem breitangelegten Werke „J u r i s p r u d e n z und R e c h t s p h i l o s o p h i e", von welchem 1892 der erste Band erschienen ist. Was Merkel über die Gründe bemerkt hatte, weshalb die ältere, am Naturrecht in irgendeiner Form festhaltende Rechtsphilosophie trotz aller Anstrengung es nicht zu wissenschaftlich gesicherten Ergebnissen bringen konnte, wird hier als „haarscharf treffend" bezeichnet[12]), und Merkel selbst zu den ganz wenigen gerechnet — außer ihm wird nur der Russe N. K o r k u n o w mit seinen Vorlesungen über die allgemeine Theorie des Rechts genannt —, welche sich ein klares Bild davon zu machen wüßten, in welcher Weise sich die Rechtswissenschaft mit Hilfe der berichtigten juristischen Grundbegriffe zu einem geordneten Ganzen, einem logisch gefügten System ausgestalten lasse[13]).

Das Buch von Bergbohm ist zu einem großen Teile angefüllt mit Klagen über den gegenwärtigen Stand der juristischen Wissenschaft. Darüber steht mir kein Urteil zu. Seine eigentliche Tendenz aber ist die Bekämpfung des Naturrechts in allen Formen und Gestalten. Hier bekundet der Verfasser einen bemerkenswerten Spürsinn. Er hält sich nicht etwa nur an die systematischen Darstellungen und die Schriften, die sich offen zum Naturrecht bekennen; er geht dem letzteren sozusagen bis in die entlegensten Schlupfwinkel nach und findet selbst bei vermeintlichen Gegnern die Spuren seines Einflusses. Der Wert, den sein Buch infolgedessen durch die an Vollständigkeit grenzenden literarischen Angaben erhält, soll bereitwilligst anerkannt werden.

Mit dieser Tendenz ist die abweisende Stellung der gesamten älteren Rechtsphilosophie gegenüber von selbst gegeben. Denn wie verschieden die Systeme auch sein mögen, die Anerkennung eines aus der Natur oder der Vernunft sich ergebenden, im Unterschiede von dem positiven als natürlich zu bezeichnenden Rechts ist ihnen allen gemeinsam. Die unheilvollen Wirkungen der rationalistischen Naturrechtsdoktrin werden nach der Meinung des Verfassers

---

11) Holtzendorffs Enzyklopädie [5] 1890, S. 89.
12) A. a. O. S. 229, Anm. — 13) S. 95 mit Anm.

„erst künftig einmal, wenn auch die allerletzten spekulativen Zuckungen von der Jurisprudenz überstanden worden sind, sich ganz übersehen und genau abschätzen lassen. Es sind nicht die gewöhnlichen Folgen eines auf flagrant unwahren Voraussetzungen beruhenden, aus lauter Phantasmen und Sophismen zusammengewebten, allem und jedem wissenschaftlichen Denken hohnsprechenden Gedankensystems, das seine fast unumschränkte Herrschaft auf seine wissenschaftliche Unwiderstehlichkeit zu gründen vorgab, während es dieselbe doch ausschließlich der von ihm eröffneten Perspektive in einem künftigen idealen Rechtszustand verdankte. Die Rechtsphilosophie wurde eben zum Agitationsmittel im großartigen Maßstabe erniedrigt. Die unlösbaren Widersprüche, welche daraus entstanden, daß sie beständig nach einem in Zukunft zu realisierenden Rechtsideal schielte, und doch für die höchste Form der Wissenschaft von einem bereits bestehenden Recht gelten wollte, mußten verdeckt werden. Aus diesem Bestreben erwuchs ein heilloser Unfug mit den der Rechtssprache behufs Bezeichnung erdichteter Begriffe entliehenen Wörtern und allgemach eine gefährliche Geschicklichkeit im Gebrauche halbwahrer Redensarten, deren wissenschaftliche Form über die Natur der Aufstellungen täuschte."[14])

Man sieht, mit starken Vorwürfen wird nicht gespart, das Buch ist voll davon. Bergbohm findet es auch ganz in der Ordnung, daß die überwiegende Mehrzahl der Juristen sich gegen die Rechtsphilosophie, wie sie in den Ausläufern der älteren Schulen in die Gegenwart hineinragt, ablehnend verhält[15]), aber darin unterscheidet er sich von ihnen, daß er keineswegs auf alle und jede Rechtsphilosophie verzichten will, vielmehr erscheint ihm das Bedürfnis einer solchen zweifellos. Die bloße „Feststellung, Auslegung und Ordnung des gegebenen Rechtsstoffs" genügt ihm nicht.

„So wenig die Menschheit jemals aufhören kann, nach Erkenntnis der tiefsten für sie noch erreichbaren Gründe aller Dinge und ihres Zusammenhanges zu streben, so wenig kann sich die Jurisprudenz auf der Höhe echter Wissenschaftlichkeit fühlen, wenn sie nicht die philosophische Durchdringung der Ergebnisse aller juristischen Einzelforschung und die Harmonisierung derselben mit den Errungenschaften aller übrigen Wissenschaften wenigstens ernstlich anstrebt. Wir müssen eine Philosophie des Rechts haben, und wenn die Philosophen uns nicht helfen wollen oder können, nun so bleibt uns Juristen eben nichts übrig, als so gut es geht auf eigene Hand über das Recht zu philosophieren."[16])

Auch meint Bergbohm, Anzeichen dafür zu erkennen, daß ein

---

14) A. a. O. S. 227 f. — 15) S. 7, S. 17.
16) S. 7, vgl. S. 26, S. 33.

„neuer rechtsphilosophischer Geist sich zu regen beginnt". Er findet dieselben in den im Bereiche der juristischen Literatur sich mehrenden Untersuchungen über juristische Grundbegriffe und solche Lehren, welche nicht einem Rechtsteil ausschließlich, sondern der Rechtswissenschaft im allgemeinen angehören. Dieselben prätendieren in der Regel gar nicht, rechtsphilosophisch zu sein, ja ihre Urheber bemerken kaum, daß sie Rechtsphilosophie treiben, „daher sie auch fast gar nicht durch die noch umgehenden Schatten der verblichenen Philosophie-Systeme beeinflußt erscheinen." Hier also sind die „Ansätze zur Neubegründung eines Lehrgebäudes zu entdecken, das in sich die allgemeinsten Begriffe und Prinzipien aller Teile der Rechtswissenschaft zu vereinigen und die Brücke aus der juristischen Fachwissenschaft zur Philosophie als der umfassenden Zentralwissenschaft zu bilden berufen sein dürfte". Damit man die letzten Worte aber nicht so verstehe, als solle der Rechtswissenschaft die Philosophie dualistisch gegenübertreten, wird sogleich hinzugefügt: „Zum mindesten helfen sie allesamt vor- und mitarbeiten an der Aufgabe, den Juristen jenes kostbare Terrain, das die Philosophen anzubauen unterlassen, als erb und eigen zu gewinnen, damit die Jurisprudenz sich endlich aus eigener Kraft eine systematisch ausgestaltete Philosophie errichte, die sie ja gar nicht missen kann, ohne mit der Zeit in trostlose Anarchie zu verfallen."[17])

Durch eine so beschaffene Rechtsphilosophie sollen wir belehrt werden, „was das bereits bestehende Recht seinem innersten Wesen und letzten Grunde nach ist. Sie soll uns den Schlüssel zu all den Rätseln, welche die rechtlichen Phänomene enthalten, zu liefern versuchen. Weder hat sie zu lehren, wie man seine Handlungen einzurichten hat, worüber die Rechtsnormen selbst Auskunft geben; noch hat sie direkt über die von einer Rechtsordnung, wenn sie wohlgefallen soll, zu erfüllenden Ansprüche aufzuklären, denn das ist Sache der Kritik und Politik. Sie lehrt uns im Grunde überhaupt nichts Praktisches, sie ist etwas Theoretisches; sie ist das rein um des Wissens willen mittels abstrakter Begriffe und aus diesen zusammengesetzter Urteile zustande kommende Begreifen des Wie und Warum des Rechts dieser Menschenwelt im allgemeinen, durchgeführt bis an den Punkt, wo ehrliche Wissenschaft endlich Ignoramus! sprechen muß."[18])

Sehr klar ist dies eben nicht. Auch soll nach S. 105 erst die

---

17) S. 17 f. — 18) S. 103.

vom Verfasser in Aussicht genommene zweite Abhandlung — der vorliegende 552 Seiten füllende Band bildet die erste — die Aufgabe der Philosophie des Rechts feststellen. Aus den bis jetzt gegebenen Andeutungen aber dürfte soviel hervorgehen, daß diese letztere nach Ziel und Methode völlig im Sinne Merkels gedacht ist. Sie wird ausdrücklich als Philosophie des positiven Rechts bezeichnet[19]) und Philosophie überhaupt mit systematisch ausgestalteter Wissenschaft identifiziert[20]). Wenn sodann als einzig wissenschaftliche Methode angegeben wird: „einerseits stufenweise Abstraktion und Generalisation aus festen Tatsachen empor zu den unmittelbaren Prämissen der Deduktion, andererseits Verifizierung hypothetischer Sätze rückwärts durch die ganze Stufenfolge der Abstraktionen hinab bis auf rechtliche Tatsachen"[21]) — so haben wir dies natürlich ganz im Sinne des absoluten Empirismus zu verstehen, und jene „unmittelbaren Prämissen der Deduktion" können nichts enthalten, was nicht bereits in den untersten Tatsachen, von denen die Deduktion anhebt, enthalten wäre. „Um den Begriff dessen zu finden, was da ist, muß man von den Einzeldingen ausgehen, die da sind. Um also den Rechtsbegriff zu erfassen, darf man nur von dem Recht ausgehen, das wirklich ist. Auf empirielosem Wege wird man nimmer zum Begriff des Rechts gelangen. Habe ich nun eine provisorische Begriffsbestimmung aufgestellt, so muß ich die Richtigkeit derselben an dem prüfen, was sich vor meinen Augen zweifellos als Recht geltend macht, und gegebenenfalls meine Hypothese dementsprechend modifizieren. Die so für mich, also bloß subjektiv, gültige Begriffsbestimmung wird zu einer objektiv gültigen . . ., wenn gegenüber meinen bestätigenden keine widersprechenden Tatsachen von denjenigen angeführt werden können, auf deren zustimmendes Urteil es mir ankommen muß."[22]) Daß mit den letzten Worten der Verzicht ausgesprochen ist, jemals zu einer wirklich objektiven, d. h. schlechthin für alle gültigen Wahrheit zu gelangen, soll einstweilen nur hervorgehoben werden, daß aber die vorgezeichnete Methode der Begriffsbildung sich im Kreise bewegt — denn wir sollen den Begriff an den Objekten und die Objekte an dem Begriffe messen — wird von dem Verfasser ausdrücklich zugegeben. Aber er hält dies für einen jeder Begriffsbildung unvermeidlich anhaftenden Mangel, über den keine „erkenntnistheoretischen Finessen" hinwegzuhelfen vermögen[23]).

---

19) S. 35. — 20) S. 92. — 21) S. 92. — 22) S. 79. — 23) A. a. O. Anm.

Wenn es endlich unter den Juristen längst zum Gemeinplatz geworden ist, daß eine wissenschaftliche Behandlung des Rechts nur auf geschichtlichem Wege möglich sei, so führt Bergbohm aus, daß hiermit im Grunde nur wenig gesagt ist, und sich seit Savigny mit der Verkündigung des geschichtlichen Standpunktes die verschiedenartigsten, im Sinne des Verfassers unwissenschaftlichen Theorien vertragen konnten. Was er dann aber des weiteren beibringt, um das Prinzip der echten historischen Rechtstheorie zu definieren[24]), das liegt nicht mehr auf dem Gebiete der Methode, sondern enthält eine sehr bestimmte materielle Voraussetzung, worauf an dieser Stelle nicht einzugehen ist.

III.

Die neue Rechtsphilosophie — das geht aus den mitgeteilten Äußerungen hervor — ist ganz und gar auf die Erfahrung zu begründen. Was über Ziel und Methode bemerkt wird, spricht das Bekenntnis des Empirismus aus, und auch das strenge Verbot fehlt nicht, welches uns verwehrt, die Grenzen des Erfahrbaren zu überschreiten und uns in subjektiven, jeden wissenschaftlichen Wertes baren Begriffsdichtungen zu ergehen.

Nun gehört die Berufung auf die Erfahrung als die alleinige Quelle des Wissens zu den beliebtesten Schlagwörtern der Gegenwart, und sie pflegt ihre Wirkung um so weniger zu verfehlen, je seltener die Einsicht ist, welch schwierige und verwickelte Fragen sich an den Namen der Erfahrung für den Kundigen anschließen. Gilt es, die neue Rechtsphilosophie auf ihre Leistungsfähigkeit zu prüfen, so muß das Prinzip des Empirismus selbst auf seine Tragweite untersucht werden.

Wenn die Erfahrung die einzige Quelle der Erkenntnis ist, so kann die Aufgabe der Wissenschaft nur darin bestehen, die Tatsachen der Erfahrung zu sammeln und zu ordnen. Diese Ordnung hinwiederum wird nur so geschehen können, daß wir unter dem Gesichtspunkte der Ähnlichkeit und Verschiedenheit die Tatsachen zusammenstellen und voneinander sondern, daß wir sodann mit Hilfe der Abstraktion das dem vielen Ähnlichen Gemeinsame in allgemeinen Begriffen zusammenfassen, und endlich das in den Begriffen Zusammengefaßte in Urteilen auseinanderlegen oder durch entsprechende Prädikate näher bestimmen. Der wissenschaftliche

---

24) S. 539 ff.

Fortschritt aber wird allein darin beruhen, daß wir, den Leitfaden der Ähnlichkeit immer weiter verfolgend, in der Abstraktion höher und höher steigen und so zu immer umfassenderen Generalisationen gelangen. Indem wir sodann von den höchsten Allgemeinheiten ausgehen und rückwärts schreitend dieselben bis in ihre letzten konkreten Erscheinungsformen verfolgen, bringen wir uns den Zusammenhang zum Bewußtsein, der zwischen diesen letzteren besteht, erkennen wir in den Tatsachen der Erfahrung das sie verbindende Gesetz. Damit ist erschöpft, was die Wissenschaft leisten kann, aber auch die große Aufgabe umschrieben, die sie zu erfüllen hat.

Ich untersuche an dieser Stelle noch nicht, ob wirklich keine weiteren Fragen zurückbleiben, und das, was der Empirismus hier verspricht, den Wissenstrieb des menschlichen Geistes zu befriedigen imstande ist. Wichtiger ist zunächst das andere, ob er mit seinen Mitteln das Versprochene auch zu leisten vermag.

Eine genauere Untersuchung ergibt, daß die Verwirklichung jenes Programmes gar nicht möglich ist ohne die Hinzunahme einer ganzen Menge von Voraussetzungen.

Ist die Erfahrung wirklich die einzige Quelle des Wissens, so ist sogleich daran zu erinnern, daß der einzelne seine Erfahrungen ausschließlich für sich macht. Tatsachen der Erfahrung sind unmittelbar gegeben nur als Erlebnisse des Erfahrenden. Was andere erfahren, können sie mir durch Worte und Zeichen mitzuteilen suchen, aber nur der in mir durch jene Worte und Zeichen hervorgerufene Eindruck, nicht das dadurch Bezeichnete wird von mir erfahren, aus mir selbst muß ich irgendwie den bezeichneten Inhalt hinzufügen. Das tägliche Leben nimmt daran keinen Anstoß, oder vielmehr die Schule des Lebens lehrt uns an den auf diesem Wege gewonnenen Kenntnissen praktische Kritik üben. Das Sprichwort sagt, daß wir durch Schaden klug werden. So hat es denn auch einen guten Sinn, wenn wir uns im Leben auf die Erfahrung berufen und sie als die beste Lehrmeisterin verehren. Etwas anderes aber ist es, wenn es sich um eine Grundfrage der wissenschaftlichen Methode handelt. Die erkenntnistheoretische Reflexion darf die Menge der Voraussetzungen und die zahlreichen Operationen des Denkens nicht übersehen, welche der Fortschritt von den eigenen Erlebnissen des einzelnen Subjekts zu dem Begriffe der eigene und fremde Erlebnisse als gleichwertige Größen unter sich befassenden Erfahrung einschließt. In demselben ist eingeschlossen, daß es eine Vielheit koëxistierender wie zeitlich aufeinanderfolgender erfahrender

Subjekte gibt, daß diese sämtlich, was das Zustandekommen der Erfahrungen nach der subjektiven Seite betrifft, gleichartig organisiert sind, daß zwischen dieser Organisation und den Bedingungen, an welche noch außerdem das Zustandekommen der Erfahrung geknüpft ist, eine feste Beziehung besteht, so daß bei der Wiederkehr der gleichen Bedingungen — sie mögen der Kürze halber die äußeren heißen — in den erfahrenden Subjekten die gleichen Bewußtseinsvorgänge direkt hervorgerufen werden, und daß endlich innerhalb jener äußeren Bedingungen selbst ein bestimmter Zusammenhang, Ordnung und Regelmäßigkeit der Beziehungen stattfindet. Wie wäre die Chemie als empirische Wissenschaft möglich, wenn nicht die von den Chemikern untersuchten Stoffe immer wieder unter gleichen Bedingungen die gleichen Reaktionen, das gleiche Verhalten gegen andere Stoffe, wie gegen Wärme, Licht, Elektrizität zeigten? Wie wäre sie möglich, wenn nicht auch die beobachtenden Chemiker so geartet wären, daß dem Ablaufe der äußeren Bedingungen in ihnen der gleiche Ablauf innerer Eindrücke entspräche? Erst die Anerkennung dieser Vielheit fester Beziehungsreihen sichert die Grundlage, auf welcher das naturwissenschaftliche Verfahren seine einzelnen ergebnisreichen Untersuchungen anstellt. Daß es nicht die unmittelbare Erfahrung ist, welche uns jene Anerkennung abnötigt, braucht nicht erst ausdrücklich hervorgehoben zu werden.

Aber der Empirismus wendet vielleicht ein, daß die Annahme eines geordneten Zusammenhanges der Dinge und der Ereignisse, welche jetzt allerdings für uns die Voraussetzung aller Wissenschaft bilde, in ihrem Ursprunge nur hypothetischer Art sei, daß sie also nur darum für uns gelte, weil sie bisher von allen wirklichen Erfahrungen bestätigt worden sei und nur solange Geltung habe, als sie nicht durch widersprechende Erfahrungen zurückgewiesen werde. Die Frage selbst, die damit aufgeworfen wird, auf welchem Wege wir in den Besitz jener grundlegenden Voraussetzung gelangen, kann hier nicht weiter verfolgt werden. Es ist auch nicht nötig, denn was hier als die Meinung des Empirismus vorgebracht wird, führt in Wahrheit über den Empirismus hinaus. Es ist wiederum nicht die Erfahrung, welche über die Glaubwürdigkeit einer Hypothese entscheidet, sondern das zusammenfassende, die Erfahrungen kontrollierende Denken. Alle Hypothesenprüfung ruht auf dem Satze, daß aus Wahrem nur Wahres, aus Falschem aber sowohl Wahres als Falsches folgen könne. Jede aus einer Hypothese abgeleitete

Konsequenz, welche von den Tatsachen der Erfahrung bestätigt wird, und umgekehrt jede Erfahrungstatsache, welche sich als eine notwendige Folgerung aus der hypothetisch gesetzten Annahme erweisen läßt, verstärkt die Glaubwürdigkeit der letzteren, ohne doch zu einer absoluten Sicherheit zu führen, denn auch aus Falschem läßt sich unter Umständen Wahres ableiten. Eine einzige Tatsache dagegen, welche der Annahme widerstreitet, oder was auf dasselbe hinauskommt, eine einzige aus derselben mit logischer Notwendigkeit abgeleitete Konsequenz, welche die Prüfung an den Tatsachen als falsch herausstellt, widerlegt die Annahme, denn aus Wahrem kann niemals Falsches folgen.

Will man uns einreden, daß auch dieser Satz aus der Erfahrung gewonnen sei? Dann würde er lauten: bisher ist aus Wahrem immer nur Wahres, aus Falschem aber sowohl Wahres als Falsches unter dem Eindrucke logischer Konsequenz abgeleitet worden, aber es ist nicht ausgeschlossen, daß der weitere Fortschritt der Erfahrung auch einmal ein gegenteiliges Verhalten an den Tag bringen könnte. Gilt der Satz nicht absolut, vor aller Erfahrung und für alle Erfahrung, müssen wir es als möglich zugeben, daß in logisch richtiger Ableitung aus Wahrem einmal Falsches folgen könne, so gibt es überhaupt keinen Unterschied von Wahr und Falsch, und die Zuverlässigkeit des Denkens hört auf. Dann ist uns nicht nur der Maßstab zerbrochen, an dem allein wir den Grad der Glaubwürdigkeit einer Hypothese prüfen könnten; es ist jeder Aufbau der Wissenschaft, ja jedes über die Erlebnisse des einzelnen Subjekts hinausgehende Erkennen unmöglich gemacht.

Damit ist einer der Punkte erreicht, an welchen sich immer wieder und allem aufgewendeten Scharfsinne zum Trotze die Unzulänglichkeit des extremen Empirismus herausstellt. Die Konstatierung der sogenannten Erfahrungstatsachen und sodann die Sammlung, Sichtung und Ordnung derselben ist bedingt durch zahlreiche Operationen des Denkens und nicht schon gegeben durch die passive Aufnahme von Eindrücken oder das Innewerden von Bewußtseinszuständen. Unrichtige Operationen des Denkens führen zum Irrtum, richtige zu dem, was wir wahre Erkenntnis nennen. Ob aber eine Operation richtig oder unrichtig sei, darüber entscheidet allein das auf sich selbst zurückgewendete Denken. Nicht die Erfahrung, sondern das sich selbst bezeugende Denken liefert das oberste Kriterium der Wahrheit.

In der mehrfach angeführten Abhandlung gibt Merkel als Aufgabe der Rechtsphilosophie, wie er sie verstanden wissen will, oder des an die Stelle derselben zu setzenden allgemeinen Teils der Rechtswissenschaft auch dies an, daß sie „den Satz vom Widerspruch zu vertreten und Gewähr dafür zu bieten habe, daß das Identische in allen Gebieten derselben als identisch, das Verchiedene als verschieden behandelt werde." Bisher sei dies durchaus nicht überall der Fall gewesen.

„So finden wir als Zivilisten das normgebende Prinzip des Rechts im Willen, während wir als Kriminalisten ein ethisches Prinzip zum Ausgang nehmen. Vielleicht werden wir in ersterer Qualität demnächst den Nutzen an die Stelle des Willens setzen, aber als Kriminalisten fortfahren, das Moment des Nutzens als unter der Dignität des Rechts stehend aus der Reihe der für die Funktionen desselben bestimmenden Motive auszuscheiden. Anderseits beziehen wir diese Funktionen als Kriminalisten ausschließend auf das staatliche Ganze, als Zivilisten ebenso auf die einzelnen, während der einige Begriff des Rechts für einen derartig unvermittelten Gegensatz keinen Raum bietet. Als Zivilisten halten wir im allgemeinen an der Ansicht fest, daß das Recht nur im Staate und durch den Staat entstehen könne, während wir als Kanonisten uns mit einem Rechte beschäftigen, welches der kirchlichen Gemeinschaft seine Existenz verdankt, und als Lehrer des Völkerrechts davon ausgehen, daß ein über die Staaten übergreifendes, sie zu bloßen Organen seiner Verwirklichung und beziehungsweise zu Trägern von subjektiven Rechten und Pflichten herabsetzendes Recht sich bilden könne und gebildet habe."[25])

Die Stelle zeigt, daß der Chorführer der neuen empiristischen Rechtsphilosophie sich der Anerkennung nicht verschließen kann, daß die logischen Gesetze und zuletzt das höchste unter ihnen, der Satz vom Widerspruch, maßgebend sind für den Aufbau der Wissenschaft. Der Satz vom Widerspruch aber ist keine Abstraktion aus der aufsammelnden Erfahrung, auch nicht etwa die umfassendste, zu der unser generalisierendes Denken vorgedrungen ist. Er ist die Grundvoraussetzung dieses letzteren und die unerläßliche Bedingung, um über den Traumzustand des bloßen Innewerdens von Bewußtseinsvorgängen hinauszukommen. Es gäbe keine Analyse des Bewußtseinsinhaltes, kein Zusammenfassen und Unterscheiden der Merkmale, keine zwischen beziehbaren Punkten wirklich gesetzte Beziehung, wenn dasselbe sein und zugleich auch nicht sein, wenn ein Prädikat von einem Subjekte gelten und das gleiche in der gleichen Beziehung auch nicht gelten könnte.

Die Konsequenzen dieser Anerkennung aber führen weiter. Die Gesetze des Denkens sind in der Natur desselben begründet, durch die Reflexion werden sie uns als solche zum Bewußtsein gebracht.

---

25) A. a. O. S. 10.

Dadurch sind wir in den Stand gesetzt, zu prüfen, ob die bestimmte einzelne Denkoperation diesen Gesetzen gemäß ist oder nicht. Hierin liegt für uns der Maßstab der Wahrheit und Gewißheit; es gibt keinen anderen, sobald wir über das unmittelbare Innewerden eines Tatsächlichen oder das intuitive Erfassen einer notwendigen Beziehung hinausgehen. Wenn nun der Empirismus uns gebietet, im Bereiche der Erfahrung zu verbleiben, wenn er jede Überschreitung desselben als unwissenschaftlich brandmarkt und in den Bemühungen der Philosophie, zu den letzten Gründen der Dinge vorzudringen, nur willkürliche Gedankengebilde erblicken will, so fehlt hierzu jede Berechtigung. Bei Kant bildet das Verbot, die Grenze der Erfahrung zu überschreiten, ein notwendiges Glied in der Kette des kritischen Idealismus; auf seiten des Empirismus ist es ein bloßer Machtspruch. Wo die Gesetze des Denkens uns über jene Grenze hinaustreiben, da liegt in der Notwendigkeit die Gewähr des Zulässigen. Neben dem Axiom des Widerspruchs steht als zweites oberstes Axiom das der Kausalität: Alles, was wird und geschieht, hat eine Ursache seines Werdens und Geschehens. Ein Geschehen ohne Ursache ist ein Ungedanke und darum, wie wir auf Grund des Zeugnisses unseres Denkens anerkennen müssen, unmöglich, ebenso unmöglich, wie daß zweimal zwei fünf, oder der Außenwinkel des Dreiecks kleiner als die Summe der beiden inneren entgegengesetzten wäre.

Auf die Bedeutung, welche das Axiom der Kausalität für den Aufbau unserer empirischen Weltansicht hat, indem es die Brücke bildet von den Bewußtseinszuständen des Subjekts zu der Anerkennung der Welt der Dinge, auf seine Stellung in der Wissenschaft, für die es ganz ebenso die vorwärts drängende Kraft wie das unerschütterliche Fundament bildet, kann hier nicht des näheren eingegangen werden. Nur darauf ist mit allem Nachdrucke hinzuweisen, daß das gleiche Axiom der Kausalität uns nötigt, die Gesamtheit der Weltprozesse an eine einheitliche Ursache anzuknüpfen und die Folgerungen zu ziehen, welche die Anerkennung derselben einschließt. Daß wir damit die Grenze der Erfahrung überschreiten, ist sicher, daß wir dabei zugleich den Boden des wissenschaftlichen Denkens verließen, ist ein Vorurteil, bei dem die große Zahl der Vertreter den Mangel der Begründung nicht zu ersetzen vermag.

IV.

Im vorangehenden sollte darauf hingewiesen werden, daß der Versuch, die neue Rechtsphilosophie auf empiristischer Grundlage aufzubauen, von jenen Einwendungen getroffen werde, welche den Empirismus überhaupt treffen, sofern das Prinzip desselben bis zum Ende ausgedacht, und nicht ein bloßes Schlagwort ausgesprochen wird.

Aber die besondere Beschaffenheit des Rechtsgebiets und das charakteristischeste Merkmal der dasselbe ausmachenden Erscheinungen erhebt in noch weit nachdrücklicherer Weise Einsprache gegen einen solchen Versuch. In scharfsinniger Weise ist dies vor einigen Jahren von Stammler zur Geltung gebracht worden in seiner Abhandlung: „Über die Methode der geschichtlichen Rechtstheorie"[26]).

Die Methode der geschichtlichen Rechtstheorie besteht nach Stammler „in der Verallgemeinerung von geschichtlichen Vorgängen, die sich bei rechtlichen Neubildungen beobachten lassen; verbunden bei den Neueren mit der bewußten Forderung, daß dieses ausschließlich das zutreffende Vorgehen für philosophische Erwägungen in Dingen des Rechtes sei"[27]). Es ist dieselbe, die zuvor unter dem Namen der empiristischen untersucht wurde, angewandt auf das Rechtsgebiet. Das Recht, das in zeitlich-räumliche Erscheinung getreten ist, soll in möglichster Vollständigkeit festgestellt, und das so gewonnene Material mit Hilfe fortschreitender Verallgemeinerung einer systematischen Ordnung unterworfen werden. Stammler verweist nun auf zwei Probleme im Sinne von „Zweifelsfragen allgemeiner Art, zu deren Aufwerfung der Jurist im Nachdenken über eine bestimmte Rechtsordnung von selbst getrieben wird, ohne daß er sie doch aus der Erkenntnis seines besonderen Rechts oder irgend eines anderen beantworten könnte." Von diesen beiden interessiert in dem hier erfolgten Zusammenhang hauptsächlich das erste; es ist die Frage, ob dasjenige, was Recht ist, auch Recht sein sollte[28])?

Die Frage wäre „als inept abzuweisen", wenn wir anzunehmen hätten, daß diejenigen Faktoren, welche tatsächlich die Rechtsbildung bestimmen, notwendig wirkende wären[29]). Von dem, was so ist, wie es ist, weil es so sein muß und nicht anders sein kann, haben wir nicht zu fragen, ob es so sein sollte. Nun ist ja die Behauptung oftmals ausgesprochen worden, daß nicht nur die Vorgänge der Natur, sondern auch die Tatsachen und Begebenheiten der Menschengeschichte unter dem Gesetze der strengen Notwendig-

---

26) Festgabe zu B. Windscheids fünfzigjährigem Doktorjubiläum, Halle 1889. — 27) A. a. O. S. 8. — 28) S. 12 ff. — 29) S. 17.

keit ständen, und demgemäß auch das, worin sich spezifisch menschliches Wesen offenbart, Wissenschaft und Kunst, Religion, Sitte und Recht nur Produkte eines notwendigen Entwicklungsprozesses seien. Auf die Erfahrung aber kann sich natürlich diese Behauptung nicht berufen, denn die Erfahrung weiß überall nur von einem tatsächlichen, niemals von einem notwendigen Geschehen. Stammler bemerkt ganz richtig[30]): „Wenn die Bedingungen, unter denen Recht steht, als n o t w e n d i g geltende aufgewiesen werden sollen, so muß man über die Aufzählung der äußeren Merkmale geschichtlicher Rechtsbildung hinausgehen." Allerdings lehnt er sich an die Lehrmeinungen des Kantischen Kritizismus an, aber es bedarf dieser Stützen gar nicht.

Wenn die Naturwissenschaft nicht bei der vollständigen Aufzählung der ein Ereignis begleitenden Umstände stehen bleibt, wenn sie die Ursache oder die Gesamtheit der Bedingungen feststellen will, von denen jedesmal das Auftreten wie die Beschaffenheit eines Ereignisses abhängt, so ist nicht nur die Methode, deren sie sich dabei bedient, himmelweit entfernt von einer bloßen Beschreibung des Erfahrenen und vielmehr durchaus getragen von logischen Denkoperationen, sondern sie steht zugleich auf einer ganz bestimmten materiellen Voraussetzung. Sie denkt sich die in der Natur wirksamen Faktoren zu einem geordneten System, einem umfassenden Mechanismus verknüpft, so zwar, daß bei dem Eintreten bestimmter Bedingungen jedesmal bestimmte Wirkungen eintreten, und wir daher mit vollkommener Zuversicht von den einen auf die anderen schließen können. Das ist keineswegs selbstverständlich. Noch in der zweiten Hälfte des siebenzehnten Jahrhunderts vertrat der berühmte englische Chemiker Robert Boyle die Auffassung, wie ein menschlicher Techniker die Bewegung eines Uhrwerks mittels eines Gewichtes, aber auch auf anderem Wege bewirken, wie er die Kugel mittels komprimierter Luft oder durch die Gewalt des Pulvers aus dem Geschützrohr herausschleudern könne, so könnten auch in der Natur die gleichen Wirkungen von mannigfachen und unter sich verschiedenen Ursachen hervorgebracht werden. Daher sei es für uns schwer, wenn nicht unmöglich, im gegebenen Falle mit Sicherheit zu bestimmen, welchen von den verschiedenen ihr zu Gebote stehenden Wegen die Natur wirklich eingeschlagen habe[31]). Wenn wir heute entgegengesetzter Meinung sind, und demgemäß jedesmal unser Ziel ist, aus gegebenen Bedingungen die Wirkungen sicher vorauszuberechnen,

---
30) S. 51.
31) Vgl. Hertling, Locke und die Schule von Cambridge. S. 212.

und ebenso umgekehrt aus gegebenen Wirkungen die hervortreibenden Bedingungen zweifellos zu erschließen, so bildet nicht die Erfahrung unsere Stütze, sondern die Anschauung, die uns leitet, gehört zu den theoretischen Voraussetzungen, auf Grund deren wir das Verständnis der Erfahrungstatsachen anstreben. Ihre Rechtfertigung aber kann nur von ganz anderen Ausgangspunkten her unternommen werden.

Und noch ein Weiteres ist anzumerken. Wir betrachten die in dem Naturmechanismus wirksame Kausalität als eine notwendige, so daß die Wirkungen bei dem Eintreten der Totalität der Bedingungen gar nicht ausbleiben können. Aber ein theoretischer Vorbehalt ist dabei zu machen. Sie können nicht ausbleiben in Konsequenz der einmal bestehenden Natureinrichtung. Die Notwendigkeit der Naturkausalität ist keine innerliche und absolute, sie ist nur eine abgeleitete, die notwendige Folge eines gegebenen Tatbestandes.

Nun aber vergegenwärtige man sich den Abstand zwischen den Resultaten, deren sich die mechanische Naturerklärung auf ihrem Gebiete rühmen kann, und dem, was eine zur Vollendung gebrachte historisch-kritische Methode im Bereiche der Geschichte zu leisten imstande ist. Die letztere vermag wohl zuverlässig festzustellen, was in der Vergangenheit geschehen ist, sie kann, indem sie das, was damals geschah, nach Analogie der auch heute noch das Menschenleben bewegenden Vorkommnisse zu deuten unternimmt, eine mehr oder minder wahrscheinliche Erklärung zu geben versuchen, aber von einer Aufdeckung kausaler Zusammenhänge im Sinne der Naturwissenschaft kann gar keine Rede sein, dafür gebricht es ihr an allen Mitteln.

Die Sache liegt demnach so, daß wir, selbst wenn in Wirklichkeit die Rechtsbildung von notwendig wirkenden Faktoren bedingt wäre, zu einer wissenschaftlichen Erkenntnis derselben trotzdem nicht gelangen könnten. Und auf was für Gründe sollte sich die Annahme notwendig wirkender Faktoren stützen?

Für die von Stammler formulierte Frage bleibt somit Raum frei. Dieselbe „begehrt nach einem objektiven Prinzip, das bei der Beurteilung besonderen Rechtes als sichere Norm zum Grunde gelegt werden kann"[32]. Wenn gefragt wird, ob das, was geschichtlich als Recht aufgetreten ist, auch wirklich Recht sein sollte, so ist die Meinung, daß es einen Maßstab gebe, an dem sich zu bewähren

---

32) S. 15.

habe, was auf den Namen des Rechts Anspruch erhebt. Woher gewinnen wir diesen Maßstab?

Auf zweifache Weise können die Vertreter der ausschließlichen Berechtigung geschichtlicher Betrachtung die Frage zu beantworten suchen. Sie können den Maßstab für das, was Recht sein soll, entweder aus der Erkenntnis des bestehenden Rechts herleiten oder durch Erforschung anderer geschichtlicher Tatsachen zu gewinnen suchen. Auf den ersten Weg scheint Merkel zu verweisen in der öfter zitierten Abhandlung[33]). Dort wird die Meinung zurückgewiesen, als könne es Aufgabe einer besonderen Rechtsphilosophie sein, die Zielpunkte der Rechtsentwicklung aufzustellen. „Diese Zielpunkte", wird behauptet, „liegen innerhalb der möglichen Entwicklung des Gegebenen. Welche Entwicklung möglich sei, darüber belehrt uns aber nur die Erforschung dieses Gegebenen; ebenso darüber, welche Richtung der möglichen Entwicklung zu befördern, welche zu bekämpfen sei. ... Das ‚Soll' ist daher nur eine Konsequenz des Urteils über das ‚Ist' und kann daher nicht den Gegenstand einer Disziplin bilden, welche der Wissenschaft des ‚Ist' selbständig gegenüber stände."

Schon die ersten Sätze rufen den Widerspruch hervor. Die Erforschung des Gegebenen kann uns doch in Wahrheit nur darüber belehren, was sich wirklich entwickelt hat, nicht aber über das, was sich möglicherweise entwickeln konnte.

Ein Vergleich soll uns sodann veranschaulichen, auf welche Weise wir aus der Erforschung der gegebenen Entwicklung den Maßstab zur Wertschätzung bestimmter Entwicklungsreihen oder einzelner Gebilde zu erkennen vermögen.

„Dem Mediziner entwickelt sich aus der Beobachtung des gesunden und kranken Menschen das Bild einer normalen Konstitution und normaler Funktionen des menschlichen Organismus, welches ihn krankhafte Bildungen und Prozesse als solche erkennen läßt, und welches ihm Zielpunkte und Gesichtspunkte für die den letzteren gegenüber zu entfaltende Tätigkeit abgibt. Dem Botaniker entwickelt sich ein Bild von den normalen Formen einer Pflanzenspezies, welches ihn verkrüppelte und unvollkommene Exemplare von normal gebildeten unterscheiden läßt usw. Überall führt uns die Beobachtung des Lebens dazu, uns die Formen zu entwerfen, welche der ungehemmten, unter günstigsten Bedingungen erfolgenden Entwicklung eines Komplexes von Kräften entsprechen. Diese idealen Formen leiten uns bei unserem Urteile über die jeweils gegebenen, zu deren Ausbildung diese Kräfte unter bestimmten Einflüssen und in einem bestimmten Momente gelangt sind. Sie bezeichnen uns zugleich je nach ihrer Be-

---

33) S. 418 f.; Stammler zitiert dazu noch einen Aufsatz des gleichen Verfassers in den „Philos. Monatsheften" Bd. XXIV. (1887), S. 82.

deutung für ideale oder materielle Interessen ein erstrebenswertes Ziel. Sind unsere sittlichen Interessen dabei im Spiel, so ist in der an uns ergehenden Aufforderung ein sittliches Sollen begründet."

Stammler wendet hiergegen an erster Stelle ein, der normale Organismus könne nicht durch Erfahrung aufgewiesen werden, sondern bestehe nur in der Idee, ein Einwand, der seine Bedeutung erst aus einer vorangegangenen Verständigung über den Ursprung und den Wert der mit dem Namen von Ideen zu bezeichnenden Gedankengebilde zu gewinnen hätte. Wichtiger und den eigentlichen Kern der Sache treffend ist dagegen das andere. Dabei sehe ich auch jetzt von der Färbung ab, welche die Versetzung mit Kantischen Elementen der Stammlerschen Ausführung verleiht. Der Stoff der juristischen Wissenschaft gehört seiner eigenen inneren Natur nach nicht unter das „Ist", sondern unter das „Soll". Wie immer man auch Ursprung, Beschaffenheit und Abgrenzung derselben näher bestimmen möge, gewiß ist doch, daß ein großer Teil desselben sich als Normen für das Leben der Menschen nebeneinander und ihren Verkehr miteinander darstellt. In bezug auf die Handlung des Gesetzgebers ist die erste Frage die nach dem Was; es kommt darauf an, den genauen Sinn der erlassenen Norm festzustellen. Demnächst mag sich die Wissenschaft angelegen sein lassen, zumal wenn es sich um ein Ereignis der Vergangenheit handelt, alle begleitenden Umstände, unter denen wir die Veranlassung und die treibenden Motive jener Handlung vermuten dürfen, in annähernder Vollständigkeit aufzuzeigen. Aber damit begnügt sich das menschliche Denken nicht. „Aus hundertfältigem Anlaß steigt der Zweifel an dem tatsächlich Gewordenen auf." War der Gesetzgeber auch zu seiner Handlung berechtigt? Und gegenüber den einander widerstreitenden Interessen der Menschen, ist das, was er im Namen des Rechts vorschreibt, auch wirklich Recht? Stammler erinnert daran, daß zumal juristische Laien sich mit der bloßen Verweisung auf das tatsächlich bestehende Recht nicht zufrieden geben, sondern Begründung verlangen, nicht minder an die vielfältige Kritik, welche Gesetzentwürfe sich müssen gefallen lassen[34]). Aus dem allen gehe doch deutlich die Überzeugung hervor, daß das, was sich als Recht ausgibt, sich als Recht bewähren müsse. Die bloße Feststellung, daß tatsächlich die und die Faktoren beeinflussend aufgetreten sind, kann für die Berechtigung des Vorganges gar nichts ausmachen[35]).

Aber auch das führt nicht zum Ziel, wenn man im Sinne der

---

[34]) S. 60 f. — [35]) S. 17.

zweiten unter den oben genannten Möglichkeiten[36]), über das Gebiet der Rechtswissenschaft hinausgreifend, jenen Maßstab in dem gesamten Geiste einer bestimmten geschichtlichen Periode finden will. Alsdann bleibt dasjenige, woran sich jedesmal das Recht als solches zu bewähren hat, das einem jeden Rechte vorschwebende Ideal, wie etwas Geschichtliches und durch historische Forschung Festzusetzendes, so auch etwas Relatives. Jedes Zeitalter hat sein besonderes Maß.

Als Vertreter dieser, übrigens recht verbreiteten Ansicht wird von Stammler insbesondere D a h n genannt, demnächst aber sehr zutreffend die Schwierigkeit der Aufgabe hervorgehoben, welche hier der Forschung gesteckt ist. Wie sollen die einzelnen Zeitalter abgegrenzt werden, damit es möglich wird, den Geist, der sie beseelt, oder das Ideal, das ihnen vorschwebt, mit Sicherheit herauszustellen? Gehört nicht dieses Ideal selbst jeweils zu den charakteristischen Zügen des Zeitalters, so daß vielmehr umgekehrt dieses nach jenem zu bestimmen wäre, wie es auch mit ihm wechselt? Wenn es sich aber des weiteren nicht um retrospektive Betrachtung, sondern um die Beurteilung der in der Gegenwart bestehenden Rechtsordnung handelt, so würde der Gesetzgeber zuzusehen haben, ob die letztere dem dermaligen relativen Rechtsideal entspricht; wenn nicht, so wäre es seine Pflicht, dieses Ideal zu verwirklichen. Aber wo liegt die Gewähr, daß das von ihm erfaßte nun auch das richtige, das dem Zeitalter entsprechende Ideal ist? Die Faktoren, mit denen die ältere historische Rechtsschule zu operieren pflegte, ein „nationales Rechtsbewußtsein", „rechtliche Volksüberzeugung", sind längst als unzureichende erkannt. „Ob das, was Recht ist, auch Rechtens sein s o l l t e , — würde dann gemessen an dem, was ‚wir' für vernunftgemäß hielten, obgleich wir dem gar keine objektive Realität zuschrieben, sondern wüßten, daß es nur ein außerdem unmaßgebliches subjektives Meinen unsererseits wäre." Mit Hilfe Kantischer Begriffe versucht endlich Stammler den Nachweis, daß die Vorstellung eines f r e i e n Gesetzgebers unter einem r e l a t i v e n Rechtsideal eine in sich widersprechende sei, weil dies letztere als wechselnd gleich allen Erscheinungen von empirischer Realität den Erfahrungsgesetzen unterworfen, eine Bestimmung durch dasselbe daher nur nach dem Kausalgesetze möglich sei. Ich gehe darauf nicht ein[37]).

---

36) Oben S. 261.
37) A. a. O. S. 21 f., 23 ff., 25.

V.

Am kürzesten ist das Verfahren, wenn man Fragen dieser Art im Namen der Wissenschaft einfach abweist. Stammler zitiert einen Ausspruch von Merkel, wonach Fragen, welche über die nach den tatsächlichen Funktionen hinausgehen, der Rechtswissenschaft ebenso fern liegen „wie der Geographie die Frage, ob es einen vernünftigen Sinn habe, daß die Quellen des Rheines in den Alpen liegen"[38]. In seiner seitdem erschienenen Ausführung[39]) wirft Merkel der bisherigen Rechtsphilosophie vor, sie habe zwei Fragen nicht genügend auseinandergehalten, die nach dem wirklichen Recht, seinen tatsächlichen Grundlagen und seiner gesetzmäßigen Wirkungsweise, und die nach dem seinsollenden Recht und dessen idealen Beziehungen. Die Sonderung derselben müsse daher von jeder künftigen Rechtsphilosophie gefordert werden und dazu, für den Fall, daß sie sich überhaupt mit dem seinsollenden Recht befasse, eine klare Auskunft über den Sinn der auf dieses letztere gerichteten Frage. Die Meinung sei irrig, daß dieselbe einen einfachen und bestimmten Sinn habe. Von einem Sollen könne man überhaupt nur reden mit Rücksicht auf die Gebote einer bestimmten Autorität, an welche Autorität aber bei der Frage nach dem seinsollenden Recht zu denken sei, sei weder von vornherein klar, noch stimmten die Voraussetzungen der Rechtsphilosophie in dieser Beziehung miteinander überein.

„Suchen wir aber aus dem Inhalte, welchen nach diesen Schriftstellern das Recht haben soll, den Gesetzgeber zu erkennen, welcher sich in diesem Sollen ausspricht, so führt uns dies stets auf Faktoren subjektiver Natur, für deren Äußerungen eine objektive Gültigkeit und allgemeine Verbindlichkeit nicht nachgewiesen werden kann. Als der gesuchte Gesetzgeber stellt sich hierbei stets die Empfindungsweise heraus, welche sich bei dem betreffenden Philosophen, seinem Zeitalter und Volke, seiner Gesellschaftsklasse und Partei und seiner Individualität und besonderen Lebenserfahrung gemäß geltend macht. Die hierher gehörigen Theorien sind im Grunde nur künstliche Versuche, das, was dieser Empfindungsweise des einzelnen entspricht, als ein an sich und allgemein Gültiges und für die Menschheit Verbindliches zu erweisen. Wer sich die Geschichte dieser Theorien, ihr Verhältnis zu den jeweiligen geistigen Strömungen, zu den Zwistigkeiten und Parteiungen, Bedürfnissen und Hoffnungen einer gegebenen Gesellschaft, sowie das besondere Verhältnis der Schriftsteller zu jenen und ihre Persönlichkeit selbst unbefangen vergegenwärtigt, für den kann in dieser Richtung ein Zweifel nicht aufkommen."

Merkel geht nun natürlich nicht soweit, zu leugnen, daß in den Empfindungen der einzelnen wie der Völker gemeinsame Ele-

---

[38]) Philos. Monatshefte, a. a. O. S. 82.
[39]) In Holtzendorffs Enzyklopädie [5] 1890, S. 89 ff.

mente und in der geschichtlichen Entwicklung der letzteren eine gewisse Richtung zu erkennen seien, und er will auch zugeben, daß sich daraus ein Maßstab von allgemeiner Bedeutung entnehmen lasse. Aber derselbe ist „ein gegebener und sein Wert bleibt abhängig von der Empfindungsweise jeder neuen Generation." Er hat bloß relative Bedeutung, während doch, wo jene Frage aufgeworfen wird, die Meinung ist, daß es einen absoluten Maßstab geben müsse. Während also Stammler der ausschließlich geschichtlichen Betrachtungsweise vollkommen triftig entgegenhält, daß sie in sich nicht die Mittel besitze, diesen Maßstab zu finden, behauptet nunmehr Merkel vom Standpunkte seiner empiristischen Skepsis, daß ein solcher überhaupt nicht zu finden sei, und sich dieser Sachlage gegenüber nur der Verzicht auf die ganze Frage empfehle.

In anderer Weise sucht sich Bergbohm mit der Stammlerschen Untersuchung abzufinden, von der er bekennt, sie habe ihn „weidlich schwitzen machen".[40]) Die Auseinandersetzung, die übrigens nur als eine vorläufige gelten soll, läuft im wesentlichen darauf hinaus, im Hintergrunde der von Stammler an der Methode der historischen Rechtstheorie geübten Kritik lauere die Anerkennung des Naturrechts, was bei Bergbohm für sich allein schon die Bedeutung einer deductio ad absurdum hat. Was sodann speziell die erhobene Frage betrifft, ob das, was Recht ist, auch Recht sein sollte, so glaubt er ihr die Spitze abbrechen zu können durch die Unterscheidung zwischen „Güte des Rechts und spezifisch rechtliche Verbindlichkeit des Rechts". Vom Standpunkte der realistischen Doktrin — die idealistische ist eben die des verpönten Naturrechts — muß „auch das niederträchtigste Gesetzrecht, sofern es nur formell korrekt erzeugt ist", als verbindlich anerkannt werden. „Es ist, weil es heute Recht ist, heute zu respektieren — morgen mag man es abschaffen, wenn man Grund, Befugnis und Kraft dazu besitzt." Kein Zweifel also, „daß man das Recht verbessern kann und muß". Daher ist nichts dagegen einzuwenden, „daß man einen Teil der Politik, sofern hierunter Maximen der Kunst, die gesellschaftliche Ordnung und Wohlfahrt zu erhalten und zu steigern, verstanden werden", Rechtspolitik nenne, nur nicht Rechtswissenschaft und auch nicht Rechtsphilosophie. Da sonach die Politik in Bausch und Bogen aus dem Bereiche der Wissenschaft ausgeschlossen, und zum Überflusse auch noch nachdrücklich die Subjektivität der über Güte

---

40) A. a. O. S. 141 ff.

oder Verwerflichkeit eines bestehenden Rechts gefällten Urteile betont wird[41]), so ist dieses Ergebnis im Grunde gleichbedeutend mit dem von Merkel geforderten Verzicht auf die Fragestellung. Eine wissenschaftliche Beantwortung derselben wäre ja nicht zu erhoffen.

Nun bin ich meinerseits freilich der Ansicht, daß jene Fragestellung, wie Stammler sie formuliert hat, mangelhaft ist und einigermaßen den Versuch begünstigt, sich ihrem Zwange zu entziehen. Wenn gefragt wird, ob das, was Recht ist, auch Recht sein sollte, so ist es keineswegs ein und derselbe Maßstab, welcher in jedem Einzelfalle zugrunde gelegt wird. Daß die Sklaverei im klassischen Altertum und sonst ein Bestandteil des geltenden Rechtes war, steht fest, ebenso auch für uns, daß sie niemals Recht sein sollte. Unser verwerfendes Urteil gründet sich auf die Würde der menschlichen Persönlichkeit. Wenn dagegen seit dem Ende der siebziger Jahre im deutschen Reichstage wie in der Presse lebhafte Diskussionen stattfanden über den Wert des sogenannten Haftpflichtgesetzes vom 7. Juni 1871, und dasselbe demnächst zu einem großen Teile durch die Arbeiterversicherungs-Gesetzgebung ersetzt wurde, so handelte es sich auch hier um die Frage, ob ein bestehendes Recht Recht sein und bleiben solle, aber die Gründe, welche dafür oder dawider angeführt wurden, setzten sich aus weit verwickelteren Gedankenreihen zusammen. Über den Grundsatz, daß den bei gewerblichen Arbeiten in bestimmten Betrieben Verunglückten ein Schadenersatz zuteil werden solle, war man einig; Streit war nur darüber, auf welchem Wege dies am sichersten und zweckmäßigsten und am meisten unter Wahrung aller dabei in Betracht kommenden Interessen geschehen könne.

Bei jener Frage also wird man zunächst zu unterscheiden haben, ob sie sich auf den Zweck bezieht, den das Recht realisieren soll, oder auf die Mittel, d. h. auf die besondere Art und Weise, in welcher ein bestimmtes Recht oder eine nach Ort und Zeit bestimmte Gesetzgebung die Realisierung unternimmt. Nur in dem Falle, wo ein sein sollender Zweck ausschließlich durch ein Mittel verwirklicht werden kann, ist das Sollen des letzteren zweifellos durch das des ersteren bestimmt. In weitaus den meisten Fällen aber, bei den verwickelten Aufgaben, welche der menschliche Verkehr und die einander widerstreitenden Interessen dem Rechte stellen, wird sich zur Erreichung des gleichen Zweckes eine Vielheit der Mittel dar-

---

41) A. a. O. S. 144.

bieten. Alsdann mag man zwar die Forderung erheben, daß die Auswahl derselben den Forderungen der Gerechtigkeit entspreche, aber bei der Vielheit der dabei in Betracht kommenden Gesichtspunkte werden die Fälle wiederum die selteneren sein, in denen mit der Aufzeichnung eines absolut Besten die Erfüllung jener Forderung gesichert ist. Vielmehr werden hier die wechselnden Anschauungen der Völker und Zeiten und die auseinandergehenden Meinungen der einzelnen immer wieder ihren Einfluß geltend machen. Ja noch mehr. Jene Unterscheidung von Zweck und Mittel ist selbst nur eine relative. Dem als sein sollend gesetzten Zwecke gegenüber wiederholt sich die Frage, ob er auch wirklich sein solle, und warum er es solle. In der Regel wird er sich dann als bedingt erweisen durch einen anderen Zweck, dem gegenüber er selbst wiederum nur Mittel, eines unter vielen möglichen ist. Der konkreten Ausgestaltung dieses verzweigten Systems von Zwecken und Mitteln nachzugehen, ist Aufgabe der historischen Rechtswissenschaft; der Gedanke einer aprioristischen Konstruktion desselben muß sich dagegen von vornherein als aussichtslos erweisen. Eine solche ist nur da möglich, wo sich die einzelnen Glieder in logischer Notwendigkeit aneinander anreihen, nicht aber da, wo es die vielgestaltigen Faktoren eines geschichtlichen Prozesses sind, welche diese Glieder zueinander gefügt haben.

Was Merkel und Bergbohm gegen das Bestreben einwenden, ein ideales Recht im Unterschiede von dem geschichtlich gewordenen zu entwerfen, ist hiernach keineswegs unbegründet, wenn es auch alsbald wieder über das Ziel hinausschießt. So bestimmt beispielsweise A h r e n s das rationelle oder ideale Recht als „ein von menschlichen Satzungen unabhängiges und in denselben nur unvollkommen erscheinendes Recht", welches seinen Grund in einer höheren sittlichen Welt- und Lebensordnung hat und als Richtschnur zur Beurteilung und Fortbildung des bestehenden Rechts zu dienen bestimmt ist. Zunächst nur eine „vernünftige Rechtsordnung" muß es durch Sitte und Gesetz positiv werden, um zur Geltung zu gelangen. Die Aufgabe der Rechtsphilosophie soll nun eben darin liegen, das System dieses neben dem positiven hergehenden idealen Rechts aufzusuchen und zu entwickeln. Hiergegen gilt das oben Gesagte; bei der Lösung einer solchen Aufgabe kommt man über subjektive Werturteile und willkürliche Begriffskonstruktionen nicht hinaus. Merkel sagt ganz richtig: „Die Aufgabe der Philosophie ist nicht dahin zu bestimmen, daß sie der wirklichen Welt eine andere, von ihr konstruierte, gegenüberzustellen habe. Vielmehr liegt ihr Ziel wie das der Wissenschaft überhaupt nur darin, die Welt, wie sie ist, zu begreifen."[42]) Nur ist zu bestreiten, daß dieses Begreifen auf dem von Merkel eingeschlagenen Wege erreicht werden könne. Weder gegenüber der Welt der Naturdinge noch gegenüber der der geschichtlichen Erscheinungen führt er zum Ziel.

Der Mangel der Stammlerschen Fragestellung liegt darin, daß sie nicht genügend unterscheiden lehrt zwischen dem Sollen, welches seinen Maßstab von einem mehr oder minder relativen und subjektiven Ideal hernimmt, und dem anderen, welches der Ausdruck der moralischen Verbindlichkeit ist. Auch Merkel freilich verwischt den Unterschied, wenn er die Meinung S t a h l s über den Unterschied zwischen Rechtswissenschaft und Rechtsphilosophie dahin angibt[43]), daß die erstere „den Inhalt, welchen das Recht h a t, für sich in Anspruch nahm", während „der Inhalt, welchen das Recht h a b e n s o l l t e", den Gegenstand der Rechtsphilosophie bildet. Stahl sagt nun aber in Wirklichkeit an der von Merkel selbst angeführten Stelle von der letzteren: „Ihr Kern ist aber unmöglich, wie man anzunehmen pflegt, die Ansicht über das Faktische, wie das Recht entsteht; sondern nur die über das Ethische, welchen Inhalt es erhalten soll." Stahl denkt nicht daran, dem positiven Recht ein irgendwie ersonnenes ideales Recht gegenüberzustellen, ein großer Teil seines Buches ist der Bekämpfung eines solchen Bestrebens gewidmet, vielmehr ist es das ethische Fundament alles Rechts überhaupt, dessen Erörterung er in jener Stelle der Rechtsphilosophie zuweist.

Die Frage ist hiernach so zu formulieren, **wie die positivistische Rechtsphilosophie das allem Rechte zuletzt zugrunde liegende ethische Sollen zu erklären vermöge, oder ob sie, weil hierzu schlechterdings nicht imstande, ohne dasselbe auszukommen vermeine?** An dieser so formulierten Frage versuche ich zunächst Merkels positive Leistung, die von ihm verfaßte **Philosophische Einleitung in die Rechtswissenschaft** (in der 5. Auflage von Holtzendorffs Enzyklopädie) einer Prüfung zu unterziehen.

---

42) In der mehrerwähnten Abhandlung. S. 418. Vgl. 411 f.
43) A. a. O. S. 417.

VI.

Für den Wandel der Anschauungen in Deutschland ist die Tatsache bezeichnend, daß Holtzendorffs vielgebrauchte Enzyklopädie der Rechtswissenschaft bis zur dritten, im Jahre 1877 erschienenen Auflage eine philosophische Einleitung von Ahrens, dem bekannten Schüler von Krause, brachte, in der vierten dagegen die letztere A. Geyer übertragen war, welcher mehr oder minder den Spuren Herbarts folgte, bis dann 1890 in der fünften der Positivismus mit Merkel seinen Einzug hielt.

Merkels „Elemente der allgemeinen Rechtslehre" zerfallen in zwei Kapitel, von denen das erste, umfangreichere vom objektiven, das zweite vom subjektiven Recht handelt. Im ersten Kapitel reihen sich an eine „allgemeine Charakterisierung" drei weitere Abschnitte an: „Das Recht als Mittel zum Zweck", „die Positivität des Rechts und das Gerechte", „der Staat insbesondere".

Unter der Aufschrift „vorläufige Orientierung" bringt § 1 die folgende Begriffsbestimmung: „Recht im objektiven Sinne dieses Wortes nennen wir die Richtschnur, welche eine Gemeinschaft in bezug auf das Verhalten ihrer Angehörigen anderen und ihr selbst gegenüber, sowie in bezug auf die Formen ihrer eigenen Wirksamkeit zur Geltung bringt." — Damit ist im allgemeinen die Sphäre bezeichnet, innerhalb deren wir das Recht zu suchen haben, aber noch kein spezifisches Merkmal angegeben, welches rechtliche Bestimmungen von Normen, die wir nicht zu den rechtlichen zu zählen pflegen, deutlich unterschiede. Unter die gegebene Definition fallen auch die Vorschriften eines Hofzeremoniells oder eines studentischen „Komments", um von den moralischen und liturgischen Vorschriften der Kirche zu schweigen. Die Definition ist in dieser Fassung zu weit und muß erst durch Aufnahme eines oder mehrerer bestimmender Merkmale auf den Umfang des Rechts im eigentlichen Sinne eingeschränkt werden.

Daß das Recht demnächst als ein „Prinzip der Ordnung" gefaßt wird, trägt hierfür nichts aus. Wenn es sodann weiter heißt (n. 4): „Das Recht erzeugt diese Ordnung, indem es die Machtsphäre der an der Gemeinschaft Teilhabenden gegeneinander und im Verhältnis zur Gesamtheit abgrenzt. Seine Bestimmungen haben den Charakter von Grenzbestimmungen", — so ist hiergegen nichts einzuwenden, solange aus den Worten nicht mehr herausgenommen wird, als darin liegt. Der Vorsicht halber mag sogleich bemerkt werden, daß noch völlig offen gelassen ist, ob die an der Gemeinschaft Teilhabenden von sich aus Macht besitzen, die durch das Recht in bestimmter Weise abgegrenzt wird, oder ob es das Recht ist, welches ihnen allererst die Machtsphäre verleiht. Es ist ebenso offen, ob, falls das erstere gelten soll, alle ursprünglich die gleiche Macht besitzen oder eine verschiedene, und es ist endlich gar nichts darüber gesagt, welches der Maßstab ist, nach welchem das Recht jene Grenzbestimmungen vornimmt, von denen wir erfahren (n. 5), daß sie „einerseits beschränkend und bindend, andererseits als eine Gewährleistung von Macht und Freiheit" wirken. Dagegen führt es über die bisherigen rein formalen Bestimmungen hinaus und ist keineswegs eine Konsequenz der letzteren, wenn das Recht als „ein Prinzip des Friedens" gesetzt wird (n. 6). Denn an einen Frieden, welcher durch gewaltsame Aufrechterhaltung einer i r g e n d w i e getroffenen Ordnung und einer willkürlich vollzogenen Machtabgrenzung herbeigeführt würde, sollen wir doch wohl nicht denken, sondern dafür halten, daß das Recht durch die Art und Weise, wie es jene Grenzbestimmungen vornimmt, den Frieden herbeiführe oder sichere.

Wie soll das Recht diese Aufgabe lösen? Aus dem Bisherigen ist die Anweisung hierzu nicht zu entnehmen. Wo nichts gegeben ist als ein Zusammensein von Machtelementen, da läßt sich eine andere Ordnung und ein anderer Friede nicht erwarten als diejenigen, welche die größere Macht der geringeren aufzwingt.

Ein Dreifaches wird im folgenden aufgezählt, wovon die Abgrenzung der Machtsphären und damit die Wirksamkeit des Rechts abhängig ist (n. 7). Als erstes erscheinen „die Interessen, welche der Gemeinschaft zugrunde liegen oder in ihr zu maßgebendem Einflusse gelangen. Das Recht stellt Bedingungen für deren Befriedigung her und ist als ein Mittel zu diesem Zwecke davon abhängig, in welcher Weise es unter den gegebenen Verhältnissen dieser Befriedigung dienlich zu sein vermag".

Diese Bestimmung paßt in ihrer Allgemeinheit völlig zu der ersten vorläufigen Definition und verengert in keiner Weise den von dieser umschriebenen Kreis. Von maßgebendem Einflusse an einem Hofe ist das Interesse, die Würde des Monarchen in angemessener Weise zur Erscheinung zu bringen. Als ein Mittel zu diesem Zwecke hat man es von jeher angesehen, daß alle diejenigen, welche sich der Person des Monarchen nahen, oder welche dieser in seine Gesellschaft zieht, in Kleidung, Haltung und Redeweise gewisse Formen beobachten, welche das Hofzeremoniell vorschreibt. Will man darum im Ernste von einem ius aulicum reden? Von einem ius potandi, um auch auf das zweite der schon oben gewählten Beispiele einzugehen, hat man jedenfalls bisher nur im Scherze gesprochen, obwohl seit Jahrhunderten unsere akademische Jugend in den Vorschriften über Maß und Weise des Zechens Bedingungen für die Befriedigung der Interessen erblickt, denen sie — leider — in ihren Vereinigungen nachgeht. Und nicht nur das. Wird so ohne jede nähere Angabe von Interessen gesprochen und den Bedingungen zu ihrer Befriedigung, die in der Abgrenzung der Machtsphären gefunden werden, so sehe ich nicht ein, wie man hiervon die Satzungen ausschließen könnte, die eine Räuberbande sich gibt, indem sie bindende Vorschriften über Gehorsam, Mannszucht, Beuteverteilung usw. aufstellt.

Nun sollen die Interessen allerdings nicht allein maßgebend sein, vielmehr werden an zweiter Stelle aufgeführt die „Werturteile, welche innerhalb der Gemeinschaft in bezug auf die in Betracht kommenden Subjekte, Interessen und Handlungen Geltung haben". Aber was ist unter Werturteilen zu verstehen? Es gibt ästhetische, und es gibt moralische, es gibt auch rein konventionelle Werturteile. Oft genug ist uns das Gewohnte und Herkömmliche wertvoll nur darum, weil es gewohnt und herkömmlich ist. Bei dem Mangel jeder näheren Angabe, welche Art von Werturteilen gemeint ist, reicht die Bezugnahme auf die letzteren nicht aus, um von da einen Einblick in die spezifische Natur des Rechts zu gewinnen.

In dritter Linie werden die vom Rechte getroffenen Grenzbestimmungen abhängig gesetzt von „dem Willen, der in der Gemeinschaft herrscht und den Satzungen des Rechts die ihnen wesentliche praktische Geltung sichert". Damit ist ein neues Element eingeführt. Jetzt erst erfahren wir, daß in der Gemeinschaft, in welcher das Recht als ein Prinzip der Ordnung und des Friedens waltet, ein herrschender Wille angenommen werden muß, daß also dem Rechte ein Herrschaftsverhältnis vorangehend gedacht wird, welches eben darum, weil es ihm vorangeht, nicht rechtlicher, sondern nur tatsächlicher Natur sein kann. Dieser Wille wird nun allerdings nicht als die alleinige Quelle der Rechtserzeugung eingeführt, vielmehr scheint der Gedanke, daß jede seiner Äußerungen aus sich allein schon den Charakter des Rechts besäße, durch das über die maßgebenden Interessen und die Werturteile Gesagte ausgeschlossen zu sein. Die Frage ist nur, welcher Art die Schranken sind, die ihm von dort aus erstehen. Wenn man sich erinnert, daß ursprünglich von Machtsphären die Rede war, welche gegeneinander und im Verhältnis zur Gemeinschaft abgegrenzt werden, so liegt der Gedanke nahe, daß es lediglich der von diesen Machtsphären ausgehende Widerstand ist, welcher der b e l i e b i g e n Ausdehnung des Herrscherwillens Schranken setzt. Die Bezugnahme auf die in der Gemeinschaft lebendigen Interessen würde dem nicht widersprechen: je nach der Macht, mit der sie vertreten werden, finden sie ihren Ausdruck im Recht.

Aber auch von jenen Werturteilen ist es bis jetzt unentschieden, in welcher Weise ihre Wirksamkeit zu denken ist, und die Möglichkeit besteht, diese letztere als eine blinde und instinktmäßige zu fassen. Das Recht erschiene sonach als die von dem Herrscherwillen herausgehobene Resultante aus den in der Gemeinschaft tätigen, mannigfach gegeneinander gehenden Kräften oder Machtfaktoren. Nicht das Recht also schriebe hiernach vor, welche Interessen zu berücksichtigen sind und welche nicht, wie weit die Glieder der Gemeinschaft ihre Machtsphäre ausdehnen dürfen, und wo sie zurückweichen müssen, — sondern ein nach mechanischen Gesetzen verlaufender Prozeß ließe die Grenzen entstehen, welche in den Satzungen des Rechts zum Ausdrucke gelangen, notwendig aber wäre das eine, daß der in der Gemeinschaft herrschende Wille ihnen die praktische Geltung sichere. Die Tragweite dieser letzteren Bestimmung ist einleuchtend; von vornherein ist damit der Rechtscharakter auf diejenigen Satzungen beschränkt, zu denen der in der Gemeinschaft herrschende Wille sich unzweideutig bekennt. Recht und positives Recht sind sonach gleich zu Anfang als identisch gesetzt, und ein Naturrecht ist ausgeschlossen, welches seine Geltung unabhängig von positiver Gesetzgebung aus den Forderungen der Vernunft herleitete.

Daran wird nichts geändert durch die Unterscheidung zwischen dem Inhalte jener Satzungen, dem Rechtsgedanken und den Eigenschaften, „welche ihm von seiten des bezeichneten Willens und der Macht, über welche er verfügt, zukommen" (n. 8). Zwar ist nicht deutlich, ob mit der Verleihung dieser Eigenschaften und dem Vorhandensein einer gewissen Macht das gleiche gemeint ist, was zuvor unter der Sicherung der praktischen Geltung durch den herrschenden Willen verstanden wurde. Ist dies die Meinung, so wäre damit der Rechtsgedanke als solcher dem herrschenden Willen gegenübergestellt, und es würde nicht dies, Gegenstand eines solchen

Willens zu sein, selbst einen Bestandteil des Rechtsgedankens bilden. Alsdann aber würden wir im Sinne des Verfassers zweifellos anzunehmen haben, daß erst durch die Verleihung jener Eigenschaften und das Vorhandensein einer gewissen Macht auf seiten des herrschenden Willens der bloße Rechts g e d a n k e zum wirklichen Recht würde. Die Annahme einer nur nachträglichen Sanktion eines schon zuvor vorhandenen R e c h t s dürfte wohl für alle Fälle als ausgeschlossen gelten.

Ob zwischen dem Inhalte der Rechtssatzungen und der Wirksamkeit des an ihnen sich betätigenden Willens ein innerliches Verhältnis statthabe, ob dieser sich jedwedem Inhalte gegenüber betätigen könne, wird nicht gesagt, geradeso wie vorher die Abhängigkeit der Rechtserzeugung von dreierlei Faktoren gelehrt, über die Stellung derselben zueinander und ihre Wechselwirkung untereinander aber gar nichts bestimmt wurde.

Eine ganze Reihe von Fragen harrt daher der Beantwortung.

Ist unter den Interessen, für deren Befriedigung das Recht Bedingungen herstellt, der ganze Umfang menschheitlicher Interessen verstanden oder nur ein Teil derselben, und alsdann welche, und warum die einen und nicht die anderen? Genügt es für die Ausgestaltung von Rechtssatzungen, daß nur überhaupt Werturteile mit im Spiele sind, gleichgültig, welcher Maßstab denselben zugrunde liegt? Die Annahme klingt seltsam, und doch wird sie gemacht und die zuletzt aufgeworfene Frage bejaht werden müssen, sollen wir nicht sogleich zu der weiteren Frage gedrängt werden, welches dieser Maßstab ist? Und offenbar wäre dies für eine philosophische Einleitung in die Rechtswissenschaft die allerwichtigste Frage. Ihre Beantwortung würde auch über die oben an erster Stelle aufgeworfene Aufschluß geben, denn offenbar könnte es sich bei der im Rechte gegebenen Ordnung und Grenzbestimmung nur um Interessen handeln, w e l c h e j e n e m M a ß s t a b e u n t e rw o r f e n w e r d e n k ö n n e n.

Aber abgesehen davon, welche Bedeutung sollen denn jene Werturteile bei der Rechtsbildung besitzen? Den Erfolg ihrer Wirksamkeit wird man vermutlich darin zu erblicken haben, daß sie entweder ein Gegengewicht darstellen gegen sich vordrängende Partikularinteressen, oder daß sie direkt die Auswahl der vom Rechte zu berücksichtigenden Interessen bestimmen. Aber geschieht dies so, daß sie in der zuvor angedeuteten Weise als blinde Kräfte in einem mechanischen Prozesse tätig sind, oder vielmehr so, daß sie von den Mitgliedern der Gemeinschaft als bindende Normen erkannt und anerkannt werden? Sollte letzteres gelten, so müßte dann zugleich die Möglichkeit zugestanden werden, daß ein Widerstreit zwischen Interessen und Werturteilen offenbar würde, und es würde sich die weitere Frage erheben, ob auch bei ungenügender Berücksichtigung dieser letzteren eine tatsächlich in Geltung befindliche Ordnung und Grenzbestimmung auf den Namen des Rechts Anspruch habe?

Die Bejahung dieser Frage ist ganz ebenso verhängnisvoll wie ihre Verneinung. Wird sie verneint, so ist damit die Möglichkeit zugegeben, daß eine in einer Gemeinschaft in Geltung befindliche, die Machtsphäre der Glieder abgrenzende Ordnung nicht Recht ist, Recht vielmehr eine andere von den Werturteilen geforderte Ordnung sein würde, eine Annahme, welche von den Vertretern der positivistischen Rechtstheorie aufs äußerste perhorresziert wird. Wird die Frage bejaht, so liegt darin das Zugeständnis, daß die Heranziehung jener Werturteile nur eine überflüssige Verbrämung war, und grundsätzlich jede in einer Gemeinschaft in praktischer Geltung stehende Abgrenzung der Machtsphären den Charakter des Rechts besitzt.

Endlich der in der Gemeinschaft herrschende Wille! „Als die Gemeinschaft," so werden wir am Schlusse des Abschnittes belehrt (n. 9), „in welcher eine rechtliche Ordnung sich bildet und behauptet, ist hier im Zweifel die staatliche Gemeinschaft vorausgesetzt." Im Staate nun herrscht entweder der Wille eines einzigen oder der übereinstimmende Wille einer Mehrzahl, welche aber nicht immer die Mehrheit und niemals die Gesamtheit ist. Wer in der Rechtsbildung das Ergebnis eines Naturprozesses erblickt, wird annehmen müssen, daß in den jeweiligen Äußerungen des Staatswillens die jeweils maßgebenden Interessen und die jeweils in Geltung befindlichen Werturteile ihren entsprechenden Ausdruck finden. Wer an einen solchen Naturprozeß nicht glaubt, kann sich dem Zugeständnisse nicht entziehen, daß möglicherweise der herrschende Wille als bindende Satzung vorschreibt, was von den einen als ihren Interessen und von den anderen als den von ihnen anerkannten Werturteilen widersprechend erachtet wird.

Die eine der hieraus sich ergebenden Schwierigkeiten ist schon hervorgehoben worden, sie betrifft den rechtlichen Charakter einer derartigen Satzung. Eine weitere Frage geht auf das Verhältnis der Bürger zu derselben. Daß die Grenzbestimmungen des Rechts einerseits beschränkend und bindend wirken, andererseits als eine Gewährleistung von Macht und Freiheit, war gleich zu Anfang ausgesprochen worden (n. 5). Was ist es nun, das den davon Betroffenen bestimmt, sich der Einschränkung seiner Machtsphäre zu unterwerfen? Weicht er einfach der Gewalt, oder treten hier jene Werturteile in Kraft, die ihn veranlassen, sich, wenn auch unter Verleugnung seines nächsten Eigeninteresses, der Rechtsordnung zu fügen? Und wieweit reicht das Vermögen des Staatswillens, solche Werturteile auszulösen, die ihm die Unterwerfung unter seine Anordnungen auch ohne Anwendung von Zwangsmitteln sichern? Das Wort drängt sich auf die Lippen, daß die Pflicht zu gehorchen nicht weiter reicht, als das Recht zu befehlen. Aber von Pflicht darf ja, so scheint es, in der ganzen Betrachtung keine Rede sein, weil die Anerkennung eines ethischen Sollens, welche der Begriff einschließt, ganz unmittelbar in Voraussetzungen hineinführen würde, welche die positivistische Theorie nicht gelten lassen will. Und auch von einem Rechte, zu befehlen, kann nach dem früher Bemerkten nur in bezug auf die einzelnen Organe des Staatswillens gesprochen werden, nicht aber gegenüber denjenigen seiner Äußerungen, in denen das Recht allererst zum Ausdrucke gelangt. Seine Basis kann in Konsequenz der Merkelschen Aufstellungen nicht in einem Rechtsverhältnis, sondern nur in einem Macht- oder Herrschaftsverhältnis gefunden werden[44]).

So erfüllt der erste Paragraph der Einleitung die ihm gesteckte Aufgabe einer vorläufigen Orientierung nur sehr unvollkommen. Wer nicht schon einen Begriff vom Recht mitbrächte, würde schwerlich imstande sein, die höchst unbestimmt gehaltenen Ausdrücke mit einem deutlichen Inhalte zu erfüllen. Über eine Anzahl grundlegender Fragen werden wir völlig im unklaren gelassen. Es gilt zu prüfen, ob die folgenden Paragraphen das Fehlende ergänzen und die Zweifel beseitigen.

VII.

§ 2 handelt von „Recht und Staat". Der Staat wird als der vornehmste Bildner des Rechts bezeichnet, daneben aber eingeschärft, daß weder er allein imstande sei, Recht zu schaffen, noch auch alle Willensäußerungen des Staats den Charakter des Rechts besitzen. Wenn es dann weiter heißt (n. 3a): „Jede Gemeinschaft, welche die Macht besitzt, Verhältnisse ihrer Angehörigen zueinander und

---

[44]) Vgl. oben S. 272.

zu ihr selbst in der oben bezeichneten Weise selbständig zu ordnen, kann ihr eigenes Recht haben", so bestätigt sich damit das früher Gesagte, wonach als letzte Voraussetzung für die Rechtsbildung das Vorhandensein eines Herrschaftsverhältnisses gilt.

§ 3 handelt von dem Rechtsgedanken und bringt gleich an der Spitze (n. 1) einen Satz von größter prinzipieller Tragweite: „Das Recht bezieht sich seinem Gedankengehalte nach auf das, was verschiedenen Subjekten im Verhältnis zueinander zukommt, auf das, was sie in diesem Verhältnisse einerseits tun und unterlassen, fordern und behalten dürfen, andererseits leisten, dulden und unterlassen sollen." — Alles kommt hier auf den Sinn der drei hervorgehobenen Worte an. Bisher war nur festgestellt, daß die vom Rechte vorgenommenen Grenzbestimmungen bald als Beschränkung der Machtsphäre der in der Gemeinschaft Stehenden, im Zweifel also der Bürger, wirksam sei, bald umgekehrt diesen einen bestimmten Umfang von Macht und Freiheit gewährleiste. Soll auch jetzt nicht mehr gesagt sein? Dann wäre es besser gewesen, den gleichen Gedanken auch in den gleichen Worten zu wiederholen. Denn wenn statt dessen, von dem die Rede ist, „was verschiedenen Subjekten im Verhältnis zueinander zukommt", so erinnert dies unvermeidlich an die Forderung der Gerechtigkeit, an das suum cuique tribuere. Damit aber wäre eine Forderung an das Recht ausgesprochen, welchem dieses in der Vornahme jener Grenzbestimmungen Rechnung zu tragen hätte. Nun ist dies ja allerdings die alte Auffassung und auch diejenige, welche sich im Leben, sagen wir: der zivilisierten Nationen behauptet. Für die bisherigen Erörterungen aber schien nur das Bild von Stoß und Gegenstoß und das eines mechanischen Ausgleichs zwischen einer Vielheit von Kraftzentren maßgebend. Soll dies auch jetzt noch festgehalten werden, so mußte es heißen: „Das Recht bezieht sich seinem Gedankengehalte nach auf das Verhältnis verschiedener Subjekte zueinander, indem es bestimmt, was ihnen in diesem Verhältnisse einerseits zu tun und zu unterlassen, zu fordern und zu behalten verstattet, andererseits zu leisten, dulden und unterlassen befohlen ist." Enthält der Satz in dieser Formulierung ein Minus gegenüber der obigen, so ist jedenfalls das Plus dieser letzteren bisher nicht abgeleitet und begründet.

Nun war allerdings von Werturteilen die Rede, und so mag es sein, daß wir bei dem Zukommen, Dürfen und Sollen an eben diese zu denken haben. Zu ihnen lenkt in der Tat die Erörterung zurück. Es wird festgestellt (n. 3), daß das Recht Aussagen enthält über ein bestimmtes praktisches Verhalten, daß diese aber keine bloßen Beschreibungen und keine Prophezeiungen sind, sondern stets „eine sich als maßgebend geltend machende B e u r t e i l u n g dieses Geschehens" aussprechen (n. 4). „Stets ist dabei gemeint . . ., daß die beschriebenen Handlungen oder Unterlassungen als ein bestimmten Personen zustehendes oder vorgeschriebenes oder verbotenes Verhalten zu betrachten seien, und daß man sich hiernach zu richten habe. Nicht von dem, was zufällig, oder von dem, was nach Naturgesetzen geschieht, handelt das Recht, sondern von dem, was geschehen soll, was in den Beziehungen der Menschen zueinander als das Angemessene zu gelten hat."

Ein Teil der früher erhobenen Zweifel ist damit beseitigt. Das Recht ist nicht das Resultat eines Naturprozesses, in dem mannigfach gegeneinander gehende Interessen und dazu Werturteile unbestimmten Charakters als Faktoren wirksam sind. Seine Satzungen schreiben vielmehr den Mitgliedern einer Gemeinschaft vor, wie sie sich zu verhalten haben, und zwar mit der ausdrücklichen Meinung, daß dieses Verhalten das angemessene ist, dasjenige, was sein soll, im Unterschiede von einem anderen, das nicht sein soll.

Fraglich könnte nur noch sein, ob es lediglich der in der Gemeinschaft herrschende Wille ist, welcher aus eigener Machtvollkommenheit vorschreibt, was als „das Angemessene zu gelten hat", oder ob auch die dem Rechte Unterworfenen das von ihm Vorgeschriebene als ein Angemessenes anerkennen? Gilt das letztere, so werden damit die g e m e i n s a m a n e r k a n n t e n Werturteile zu unerläßlichen Bestandteilen des Rechts, von denen deshalb auch der herrschende Wille nicht absehen kann. Auch dieser Zweifel ist gelöst, wenn es ausdrücklich heißt (n. 5): „Der Rechtsinhalt schließt sonach als ihm wesentlich W e r t u r t e i l e ein."

Wie oben[45]) bemerkt wurde, ergibt sich hieraus die Möglichkeit eines gelegentlichen Auseinandertretens dessen, was in Ansehung solcher Werturteile gefordert werden sollte, und dessen, was im Namen des bestehenden Rechts tatsächlich gefordert wird. Und nicht minder erhebt sich nun die gleichfalls schon vorher angedeutete Frage, welche in einer philosophischen Einleitung in die Rechtswissenschaft unmöglich übergangen werden darf, da ihre Beantwortung, in was immer für einer Richtung sie auch erfolgen möge, von fundamentaler Bedeutung ist: w e l c h e r A r t s i n d d i e W e r t -

---

45) S. 274.

urteile, welche einen wesentlichen Bestandteil des Rechtsinhaltes bilden, welches ist der Maßstab, der ihnen zugrunde liegt?

Hiervon ist indessen zunächst nicht die Rede, vielmehr schließt sich sofort ein neuer Abschnitt an (§ 4), welcher von dem Rechtswillen handelt. In Bestätigung des früher Gesagten bringt derselbe die Behauptung, „irgend welche Gedanken über die angemessene Ordnung menschlicher Verhältnisse" seien nur Rechtsgedanken, „sofern sie der in der Gemeinschaft herrschende und durch ihre Organe zum Ausdruck kommende Wille sich zu eigen gemacht und sie für eine verbindliche Richtschnur praktischen Verhaltens erklärt hat." Als die beiden Wege, auf denen dies geschieht, werden „die Kundmachung jener Gedanken in der Form von Gesetzen" bezeichnet und „die Form gerichtlicher Entscheidungen, welchen diese Gedanken zugrunde liegen".

Das erste ist ohne weiteres verständlich, bezüglich des zweiten erhebt sich dagegen ein Bedenken. Da die richterliche Entscheidung der Gesetzgebung gegenübergestellt wird als eine der Weisen, in der Gedanken, die noch nicht Recht sind, zu Recht werden, so muß man fragen, wo denn die Gewähr liege, daß in der Entscheidung des einzelnen Richters der in der Gemeinschaft herrschende Wille zum Ausdruck gelange? Die Annahme, daß dies stets der Fall sei, ist eine bloße Fiktion, und der Versuch, sie festzuhalten, scheitert an der Tatsache, daß richterliche Entscheidungen einander nicht selten widersprechen. Ist es dann trotzdem der in der Gemeinschaft herrschende Wille, welcher sich das eine Mal den einen Gedanken und das andere Mal das Gegenteil desselben „zu eigen gemacht" hat?

Wenn endlich noch als ein Drittes „Zwangsmaßregeln" angegeben werden, „welche diese Gedanken und beziehungsweise jene gerichtlichen Entscheidungen irgend welchen Widerständen gegenüber zur Durchführung bringen", so ist hiermit offenbar keine neue Weise der Kundmachung, sondern nur ein zu den beiden ersten hinzutretendes und sie verstärkendes Moment aufgezeigt. Doch soll hierauf kein Gewicht gelegt werden. Merkels Ansicht ist deutlich: auch ein Satz, welcher Selbstverständliches ausspricht, wie die Strafwürdigkeit des Mordes oder die Pflicht der Zurückgabe geraubten Gutes, wird ein Rechtssatz erst, wenn er gesetzgeberisch festgelegt oder im Einzelfalle als richterlicher Entscheid zum Ausspruche gelangt ist.

Auch das Folgende (n. 2) gibt zu Bedenken Anlaß. In ihrer

Eigenschaft als **Willensäußerungen** sollen die Rechtsbestimmungen im Gegensatze stehen „u. a. zu den Lehrsätzen irgendwelcher Naturrechts- oder Moralkompendien, zu religiösen Satzungen als solchen, zu Gebräuchen und Regeln des Verkehrs, um welche sich jener Wille nicht kümmert". Aber wenn hier der Wille nicht einfach mit Staatswille identifiziert und dadurch ein früher (§ 2, n. 3a) gemachter Vorbehalt wieder aufgehoben wird, so ist zu sagen, daß der in einer religiösen Gemeinschaft herrschende Wille sich religiöse Satzungen ausdrücklich „zu eigen" zu machen pflegt, und somit nicht abzusehen ist, weshalb solche dadurch nicht zu Rechtssätzen werden sollten. Und ebensowenig genügt die Charakterisierung als Willensäußerung dazu, das Recht gegen Vereinsstatuten, Hofzeremoniell und Ähnliches abzugrenzen.

Was im folgenden über das dem Rechte wesentliche, imperative Element, über primäre und sekundäre Gebote ausgeführt wird, kann großenteils außer Betracht bleiben. Auffallend ist darunter nur, was über Rechtssätze bemerkt wird, denen die Sanktion fehlt. „Wesentlich", heißt es § 5, n. 6, „ist den Geboten des Rechts, Äußerungen des herrschenden Willens zu sein, und, was damit zuammenhängt, ein gewisses Maß bewegender Kraft zu besitzen; aber die Energie jenes Willens äußert sich nicht lediglich in den Formen jener Sanktion und ihrer Verwirklichung, und Rechtsvorschriften können ein hohes Maß bewegender Kraft besitzen, auch wenn für den Fall ihrer Verletzung rechtliche Folgen nicht angeordnet sind. An die Stelle der letzteren können unter Umständen ungeregelte soziale Gegenwirkungen, irgendwelche Formen der Selbsthilfe treten, und die Verteilung der Machtverhältnisse kann so geordnet sein, daß die Scheu vor jener Selbsthilfe die gleiche praktische Bedeutung besitzt wie sonst die Scheu vor den durch die sekundären Rechtsgebote vorher bestimmten Unrechtsfolgen."

In Fällen solcher Art, soviel ist klar, hat die „bewegende Kraft" der Rechtsnorm ihren Ursprung nicht in dem in der Gemeinschaft herrschenden Willen. Die praktische Geltung derselben ist von seiner Einflußnahme unabhängig, höchstens kann von einer solchen insofern gesprochen werden, als der herrschende Wille unter bestimmten Umständen Selbsthilfe gestattet. Da nun aber diese Selbsthilfe nicht als eine regellose gedacht, sondern der Bestand einer Rechtsordnung vorausgesetzt ist, wird auf die früher erörterten Werturteile zu rekurrieren sein, und zwar so, daß dabei eine bestimmte, dort schon hervorgehobene Auffassung derselben zugrunde gelegt wird. Man wird zu sagen haben: gewisse Handlungen gelten einer menschlichen Gemeinschaft auf Grund des in allgemeiner Überzeugung begründeten Maßstabs für so unbedingt verwerflich und unzulässig, daß die Repression derselben, auch wenn sie auf dem Wege der Selbsthilfe geschieht, allgemeine Billigung findet. Und ebenso können sich andere Handlungen als so unbedingt wertvoll für die Gemeinschaft darstellen, daß von ihrer zwangsweisen Durchführung das gleiche gilt. Damit wird dann freilich die Bedeutung des in der Gemeinschaft herrschenden Willens für das Recht sehr erheblich eingeschränkt. Von ihm hieß es ursprünglich[46]), daß er den Rechtssatzungen die praktische Geltung sichere. Davon ist bei den hier in Rede stehenden Fällen ausdrücklich abgesehen. Die praktische Geltung beruht auf der Selbsthilfe, welche ihrerseits ihre Stütze in den von der allgemeinen Überzeugung getragenen Werturteilen hat. Wesentliche, weil in allen Fällen vorauszusehende Funktion des Willens ist hiernach nur die in § 4 aufgeführte, daß er die der Ordnung menschlicher Verhältnisse zugrunde liegenden Gedanken „sich zu eigen gemacht und sie für eine verbindliche Richtschnur praktischen Verhaltens erklärt hat".

Wohin diese Bestimmung zielt, ist klar. Sie hindert uns, anzuerkennen, daß es wirkliche Rechtssätze geben kann, welche nicht durch ausdrückliche Gesetzgebung festgelegt sind, und welche der Anwendung auf den Einzelfall vermittelst Richterspruchs vorangehen. Aber warum sollen Sätze, die völlig wie Rechtssätze wirken, weil die vernünftige Überzeugung der in der Gemeinschaft Stehenden in ihnen die Norm für eine angemessene Ordnung menschlicher Verhältnisse erblickt, und die Selbsthilfe unter allgemeiner Billigung ihre Geltung sichert, nicht auch den Namen von Rechtssätzen tragen? Mir scheint, die Schranke, welche das Gebiet des positiven als des allein wirklichen Rechts von dem perhorreszierten Naturrecht trennen soll, hat durch den Inhalt des § 5 erheblich an Festigkeit verloren.

§ 7 trägt die Überschrift „Recht und Macht". Daß die Wirksamkeit der Rechtsnormen vermittelt wird durch mechanische und geistige, insbesondere moralische Kräfte (n. 2), daß der mechanische Zwang „im allgemeinen" unentbehrlich ist, und ebenso der auf Androhung beruhende psychologische Zwang (n. 3), daß aber trotzdem das Recht nicht aufhört, Recht zu sein, wenn ihm im konkreten

---

[46]) S. oben S. 271 f.

Einzelfall kein Zwang zur Seite steht, ist unbedenklich zuzugeben. Der Verfasser fährt fort: „Ja, die völlige Beseitigung auch der Androhung ihrer (d. i. der mechanischen Machtmittel) Anwendung würde ihm (d. i. dem Rechte eines Volks) den Rechtscharakter nicht entziehen, solange seinen Geboten durch die Achtung vor dem in ihnen sich aussprechenden Willen und durch die Scheu vor den vom Rechte unabhängigen Folgen ihrer Verletzung eine durchgreifende Wirkung gesichert wäre. Aber der Gang der Geschichte hat uns einem solchen Zustand bisher nicht näher gerückt."

Ich habe keine Veranlassung, das hier Gesagte seinem dogmatischen Inhalte nach zu bestreiten, bin vielmehr gleichfalls der Meinung, daß die Erzwingbarkeit des Rechts ihren Grund in dem nicht bloß möglichen, sondern immer aufs neue durch die Tatsachen bestätigten wirklichen Vorhandensein widerstrebender Einzelwillen besitzt, und in einem idealen, jeden Gedanken an ein solches Widerstreben ausschließenden Gemeinwesen vielleicht gar nicht als Merkmal des Rechts ins Bewußtsein treten würde. Hervorzuheben aber ist, **daß der Wille hier wiederum in einer anderen Funktion erscheint**. Er schreibt nicht etwa nur den Rechtssatz als Norm des praktischen Verhaltens vor, sondern er bewirkt nun auch seine praktische Geltung, aber nicht durch die von ihm ausgehende Sanktionierung und auch nicht durch die von ihm zugelassene Selbsthilfe, **sondern er bewirkt sie vermittelst der ihm von den Gliedern der Gemeinschaft entgegengebrachten Achtung.**

Achtung fürs Gesetz ist bekanntlich bei Kant nur ein anderer Ausdruck für Pflichtgefühl. Möglich, daß eine Reminiszenz daran hier wirksam war, jedenfalls **tritt im folgenden der Gedanke der Pflicht und der moralischen Verbindlichkeit völlig unvermittelt und unter Beiseitesetzung der bisherigen vorsichtigen Zurückhaltung hervor.**

Im Vergleiche mit der Macht, die den Rechtsnormen „aus dem Werte zufließt, welcher ihnen in der Gemeinschaft beigemessen wird", kommt dem Machtelement nur subsidiäre Bedeutung zu. „Denn das Recht ist ein Inbegriff „geltender" Normen; in dem „Gelten" aber liegt hier jene Anwartschaft auf eine freiwillige Befolgung." Bloße physisch durchzusetzende Machtgebote sind keine Rechtsnormen. Sie sind wertlosen Papieren zu vergleichen, die man mit der Pistole in der Hand als Zwangsmittel aufnötigt (n. 6). — Jetzt gewinnen also die früheren sehr allgemein gehaltenen Andeutungen über die Werturteile, von welchen die Rechtsnormen abhängen, die erforderliche nähere Bestimmung, und auch ihr Verhältnis zu den bei der Ausgestaltung der Rechtsordnung gleichfalls maßgebenden Interessen[47]) wird deutlich. Oder vielmehr, es wird ein zweifacher Wert unterschieden, der in den Rechtsnormen zum Ausdrucke gelangt und ihre Geltung bedingt, einerseits ein „Zweckmäßigkeitswert, d. h. ein Wert, der sich in ihrem den Beteiligten zum Bewußtsein gelangten Verhältnisse zu gemeinsamen Interessen begründet, andrerseits ein ethischer, auf dem Verhältnis dieser Normen zu den ethischen Volksanschauungen, speziell zu den Anschauungen über das Gerechte sich gründender". Von ihnen ist der letztere der höhere und für die praktische Geltung des Rechts bedeutungsvollere. Ausdrücklich wird anerkannt, daß die verpflichtende Kraft der Normen, welche in jenem ethischen Werte ihre Wurzel hat, „das wichtigste Machtelement des Rechts" bildet (n. 7).

Der Zusammenhang des Rechts mit der Moral ist damit ausdrücklich anerkannt, ein überaus erfreulicher Fortschritt gegenüber den Versuchen einer früheren Zeit, die beiden Gebiete in schroffer Entgegensetzung auseinanderzureißen! Aber weshalb wurde diese wichtige und aufklärende Wahrheit nicht sogleich an die Spitze gestellt? Warum nicht, statt von solch leeren Abstraktionen, wie Machtsphären, Grenzbestimmungen, Werturteilen usw., vielmehr sogleich von der fundamentalen Tatsache ausgehen, daß wir an die menschlichen Handlungen, eigene und fremde, einen Maßstab anlegen, der dieselben auf ihren sittlichen Wert oder Unwert prüft, in deutlich erkennbarem Unterschiede von jedem anderen Werte, der ihnen in irgendwelcher Beziehung zukommen mag? Warum nicht in Verbindung damit sogleich daran erinnern, was ja im weiteren Verlaufe doch zugestanden werden mußte, daß es in vielen Fällen eben dieser anerkannte sittliche Wert oder Unwert einer gebotenen oder verbotenen Handlung ist, woraus die „bewegende Kraft" der befehlenden oder verbietenden Rechtsnorm herstammt? Jene Ausführungen über Satzungen, denen die Sanktion fehlt, oder deren praktische Geltung auf der Selbsthilfe beruht, würden damit erheblich an Verständlichkeit gewonnen haben. Alsdann hätte es geheißen: Es gibt Rechtssätze, bei denen das, was sie gebieten, vom sittlichen Gesichtspunkte aus so

---

47) Oben S. 270 f.

unmittelbar einleuchtet, daß da, wo keine organisierte Gewalt für ihre Durchführung eintritt, die ihre Geltung sichernde Selbsthilfe von demselben sittlichen Gesichtspunkte aus, allgemeine Billigung findet.

Eine philosophische Einleitung in die Rechtswissenschaft mußte sodann vor allem untersuchen, ob es die Gesamtheit menschlicher Handlungen ist, welche wie der sittlichen, so auch der rechtlichen Normierung unterliegt, oder ob die letztere nur einen bestimmt charakterisierten Ausschnitt in Anspruch nimmt, indem sie das Übrige der Moral im engeren Sinne überläßt.

VIII.

Was Merkel verhinderte, gleich zu Anfang diesen Weg einzuschlagen, ist leicht erkennbar. Die neue Rechtsphilosophie darf ja nur mit der Erfahrung und mit Abstraktionen aus der Erfahrung operieren. Aufgebaut auf ein möglichst vollständiges, durch die Rechtsvergleichung zusammengetragenes Material soll sie die bunte Vielheit konkreter Rechtsgestaltungen unter allgemeine Begriffe ordnen und zusammenfassen und zuletzt einen obersten, allumfassenden Begriff des Rechts überhaupt gewinnen[48]). In diesem Rahmen bewegen sich die allgemeinen Bestimmungen, mittelst deren die ersten Paragraphen des Rechts habhaft zu werden versuchten. Aber es ergab sich, daß man auf diesem Wege gar nicht ans Ziel gelangen könne. Solange man nur ganz allgemein von Werturteilen sprach, blieb allerdings der positivistische Standpunkt gewahrt, der nur nach Zeit und Ort wechselnde Vorstellungen über das als wertvoll zu Erachtende kennt, aber kein absolut Wertvolles, welches für alle gültige und allgemein verbindliche Forderungen begründet. Aber die spezifische Eigenart des Rechts ließ sich damit nicht begreiflich machen: die Erzwingbarkeit auf der einen, die „Anwartschaft auf eine freiwillige Befolgung" auf der anderen Seite. Ließ man dagegen jenen Standpunkt einen Augenblick außer acht, so war das Gesuchte leicht gefunden, weil es dem gemeinen Bewußtsein unmittelbar nahe liegt. **Die Rechtsnorm ist nicht von einem ästhetischen oder konventionellen Werturteile begleitet, sondern sie spricht eine moralische Verpflichtung aus und besitzt darin ihr wichtigstes Machtelement.**

Aber nicht das einzige. Vielmehr ist eben dies der am meisten in die Augen springende Unterschied zwischen den rechtlichen Nor-

---

48) Vgl. oben Abschn. I, S. 245 ff.

men und denen, die wir moralische im engeren Sinne oder rein moralische zu nennen pflegen, daß bei den ersteren noch ein weiteres hinzukommt, ein Plus gegenüber den letzteren, welches in der Erzwingbarkeit seinen deutlichsten Ausdruck findet, ohne doch in ihr allein aufzugehen. Auf einen allgemeinen Ausdruck gebracht, ließe sich der Unterschied dahin bestimmen, daß **die Rechtsnorm zugleich eine Forderung ist, welche die Gemeinschaft an den einzelnen stellt**, deren Erfüllung sie mit Zwang durchsetzen, deren Nichtbeachtung sie mit Strafe ahnden kann. Die Forderung ihrerseits kann entweder auf eine positive Leistung oder auf eine Unterlassung gehen, je nachdem die Rechtsnorm ein Gebot oder ein Verbot ausspricht.

Sieht man aber noch näher zu, so handelt es sich keineswegs immer darum, daß eine schon ohnehin vorhandene und anerkannte moralische Verpflichtung eine Verstärkung dadurch gewinnt, daß die Gemeinschaft in der einen oder anderen Weise für dieselbe eintritt und ihre Geltung sichert. Das ist nur der eine Fall; er liegt vor, wo das Recht befiehlt, vertragsmäßig eingegangene Verbindlichkeiten zu erfüllen, fremdes Eigentum zu schonen usw. Aber wenn z. B. das Recht im Deutschen Reiche vorschreibt, daß jeder Bürger mit dem Eintritt in ein bestimmtes Lebensalter sich der Militärbehörde stelle, daß der Arbeitgeber seine Arbeiter gegen Krankheit, Unfall und Invalidität versichere, daß eine Ehe, um bürgerlich gültig zu sein, vor dem Standesamt geschlossen werden müsse, so liegt der Fall hier offenbar anders. Die Verpflichtung, die vorher nicht da war, ist durch die Gemeinschaft selbst erst begründet worden. Wie kommt es nun, daß die Gemeinschaft nicht nur zwingen, sondern auch verpflichten kann? Und wie weit reicht ihre Macht in dieser Richtung? Daß sie nicht unbeschränkt ist, so daß die Gemeinschaft alles und jedes mit verpflichtender Kraft vorschreiben könnte, hat sich schon früher herausgestellt. Nunmehr aber hat sich das Problem kompliziert durch die Einsicht, daß das von der Gemeinschaft oder von dem in ihr herrschenden Willen erlassene Rechtsgesetz bald mit verpflichtender Kraft vorschreibt, was das Moralgebot im engeren Sinne freiläßt, bald sich zu eigen macht und auch seinerseits fordert, was bereits das Moralgebot als Pflicht hinstellt, bald endlich diesem letzteren allein die Durchsetzung seiner Vorschrift überläßt.

Fragen der bezeichneten Art drängen sich unvermeidlich auf, sobald der Zusammenhang des Rechts mit der Moral anerkannt ist, und die Unmöglichkeit, die bewegende Kraft des ersteren ohne Zuhilfenahme des ethischen Sollens zu erklären. Was Merkel zu ihrer Beantwortung beibringt, genügt in keiner Weise.

In § 8 wird die verpflichtende Kraft der Rechtsnormen definiert als „diejenige Eigenschaft derselben, welche ihnen eine Unterstützung seitens des Pflichtgefühls derer sichert, an welche sie sich wenden, oder, anders ausgedrückt" als „das Bündnis mit den im Volke lebenden moralischen Kräften, kraft dessen von den letzteren eine Nötigung zur Erfüllung der Rechtsgebote ausgeht". — Die Absicht dieser Erklärung ist verständlich. Sie soll so rasch als möglich wieder in die empiristische Betrachtungsweise einlenken und den Ausblick versperren, den die Anerkennung des ethischen Sollens auf einen weit davon abliegenden Standpunkt eröffnet hat. Der völlig unklare und verwaschene Ausdruck von einem „Bündnis mit den im Volke lebenden moralischen Kräften" scheint dazu vorzüglich geeignet. Er erweckt für einen Augenblick die Vorstellung, als sei das, worin soeben das wichtigste Machtelement des Rechts erkannt wurde, doch nur ein Gegenstand geschichtlicher Erforschung gleichwie die Rasseneigentümlichkeit eines Volkes oder die Form und Stufe seines wirtschaftlichen Lebens. Das tritt im folgenden noch deutlicher hervor. Merkel kommt hier auf die Frage, welche Stammler in der früher besprochenen Abhandlung an zweiter Stelle der ausschließlich geschichtlichen Betrachtungsweise entgegenhält: wie kann aus Unrecht Recht hervorgehen? Möglich, daß seine Aufstellungen als eine Beantwortung derselben gelten sollen.

Eine gewaltsam oktroyierte Ordnung, so wird ausgeführt (n. 2), ist erst von dem Momente an Rechtsordnung, „wo das Übergewicht der moralischen Kräfte im Volke sich auf ihre Seite neigt, und ihr eine freiwillige Beachtung als einer maßgebenden Richtschnur des Handelns sichert". Es kann sonach auch aus Unrecht und Gewalt Recht hervorgehen. „Es geschieht dies, indem unter dem Einflusse der Gewohnheit und anderer vermittelnder Faktoren die Kräfte des Volksgewissens in ein begünstigendes Verhältnis zu den durch jene geschaffenen Tatsachen treten." Ebenso kann aber auch aus Recht Unrecht werden, wenn seine Entwicklung den Entwicklungen der ethischen Anschauungen bei einem Volke nicht folgt (n. 3).

Nun wird niemand im Ernste behaupten wollen, daß mit Auslassungen, wie den obigen, die angerührte tief greifende Frage wirklich beantwortet wäre. Der Vorwurf mangelnder Präzision, der so gerne von juristischer Seite gegen die Philosophen erhoben wird, ist hier Merkel in ganzer Stärke zurückzugeben.

Der Großgrundbesitz in Mecklenburg, Pommern, Schlesien und anderswo ist bekanntlich zu einem guten Teile aus dem sogenannten Bauernlegen entstanden, das im siebzehnten und achtzehnten Jahrhundert vielfach im Schwange war. Daß die dort herrschenden Eigentumsverhältnisse zum Teil aus Unrecht hervorgegangen sind, steht sonach fest, ebenso aber wohl auch, daß sie jetzt zu Recht bestehen. Ist nun das letztere darum der Fall, weil die Kräfte des Volksgewissens inzwischen in ein begünstigendes Verhältnis zu den durch das damalige Vorgehen geschaffenen Tatsachen getreten sind? Wer, der den rechtlichen Bestand bezweifeln wollte, würde sich mit einem so vagen Hinweise abfinden lassen? Was sind denn „Kräfte des Volksgewissens", und was ist ein „begünstigendes Verhältnis"? Und wann ist ein derartiges Verhältnis als eingetreten zu erachten?

Mit solch allgemeinen Redewendungen ist gar nichts getan. Die Frage liegt überhaupt nicht so einfach, daß man durch eine runde Formel ein für allemal bestimmen könnte, wann und wie aus Unrecht Recht werde. Die Entscheidung hängt in den verschiedenen Fällen von sehr verschiedenen Umständen ab, und es macht dabei einen wesentlichen Unterschied, ob es sich um privatrechtliche Verhältnisse oder um solche von öffentlich-rechtlichem Charakter handelt. Das zu Ende gehende Jahrhundert hat zahlreiche Revolutionen, Staatsstreiche und Vertreibungen legitimer Fürsten gesehen. Daß vielerorts aus dem geschehenen Unrecht Recht hervorgegangen ist, wird kaum jemand bestreiten wollen. Wo dies aber der Fall ist, da geschah dies nicht darum, weil „das Übergewicht der moralischen Kräfte im Volke" sich auf die Seite der neuen Ordnung der Dinge geneigt hat, sondern es sind sehr bestimmte Erwägungen, welche selbst den, der im Herzen den alten Einrichtungen anhinge, veranlassen müßten, die neuen als zu Recht bestehend anzuerkennen. Unter ihnen nimmt vielleicht die erste Stelle die Erwägung ein, daß der Staatszweck und das gesicherte staatliche Leben dem Ansprüche einer Dynastie auf die Ausübung der obersten Gewalt in einem bestimmten Staatswesen vorgehen muß. Das führt dann mit Notwendigkeit in eine Untersuchung des Staats und seiner Stellung zur sittlichen Ordnung hinein, welche selbstverständlich durch die kurzen Bemerkungen in § 2 nicht erschöpft wird, aber auch nicht durch das, was demnächst in dem vierten Abschnitte der Merkelschen Einleitung geboten wird.

Der wichtigste Punkt ist zuvor schon angedeutet worden. Wie kommt es, daß die Gemeinschaft oder der in ihr herrschende Wille oder, noch konkreter ausgedrückt, daß die staatliche Auktorität Normen mit verpflichtender Kraft, mit jener Anwartschaft auf freiwillige Befolgung, erlassen kann auch dann, wenn die verbotene Handlung an und für sich keine verwerfliche, und ebenso die gebotene keine vom Sittengesetz unabweislich geforderte ist? Worauf beruht die Macht der Obrigkeit, die Freiheit der Bürger derart einzuschränken, daß ihrem Gebote auf seiten der letzteren eine moralische Verpflichtung entspricht, auch in Fällen und in bezug auf Handlungen, wo und gegenüber welchen eine solche Verpflichtung, sei es des Tuns oder des Unterlassens, zuvor nicht bestand?

Daß die eigenen Ausführungen Merkels dahin drängen müssen, diese Frage zu stellen, hat sich wiederholt gezeigt. Wird sie aber gestellt, so droht eine andere, bisher noch nicht beanstandete Bestimmung zweifelhaft zu werden, die Bestimmung, wonach als letzte Voraussetzung der Rechtsbildung ein Herrschaftsverhältnis anzusehen wäre, welches eben darum nicht rechtlicher, sondern nur tatsächlicher Art sein könnte[49]). Das Gewicht dieser Behauptung erschien abgeschwächt dadurch, daß der herrschende Wille gehalten sein sollte, sich mit den in der Gemeinschaft lebendigen Werturteilen in Einklang zu setzen, oder auch seinen Vorschriften erst durch die Übereinstimmung mit diesen der volle rechtliche Charakter zu teil werden sollte. Daß damit dem von den Vertretern der ausschließlichen Positivität des Rechts bekämpften Dualismus der Zugang wiederum eröffnet ist, und die Möglichkeit besteht, von einem in praktischer Geltung befindlichen und trotzdem nicht wirklichen und einem nicht geltenden idealen Recht zu reden, welches Anspruch hätte, an Stelle des ersteren zu treten, soll hier nur im Vorbeigehen nochmals hervorgehoben werden[50]). Mit allem Nachdrucke ist dagegen jetzt auf das andere hinzuweisen, daß jene wie immer sich vollziehende Auseinandersetzung des Herrscherwillens mit den Werturteilen nur den einen Teil der Fälle treffen kann, nicht aber den anderen, hier ins Auge gefaßten, wo die von ihm erlassenen Vorschriften ihrem Inhalte nach zu jenen Werturteilen gar keine Beziehung haben, aber trotzdem mit der Anwartschaft auf freiwillige Befolgung auftreten.

Merkel rührt an das Problem, wo er die Achtung vor dem in der Gemeinschaft herrschenden Willen unter den Faktoren aufführt, welche einer Rechtsnorm ihre Geltung sichern. Aber er unterläßt

---

49) Vgl. oben S. 271.
50) Vgl. oben S. 277, S. 274.

es, diesen Faktor in seiner Eigenart zu bestimmen und von dem anderen zu unterscheiden, der in dem von der rechtsetzenden Tat des Willens unabhängigen sittlichen Wert oder Unwert der gebotenen oder verbotenen Handlung begründet ist. Dort unterwerfe ich mich der rechtlichen Norm, weil sie Gesetz ist, hier noch außerdem und schon vorher, weil sie ihrem Inhalte nach sittlich verpflichtet. Dort ist vorausgesetzt, daß die staatliche Auktorität befugt ist, meine Freiheit auch da einzuschränken, wo der gebotenen oder verbotenen Handlung an sich ein sittlicher Wert oder Unwert nicht innewohnt. Hier ist der staatlichen Auktorität die Befugnis zuerkannt, mit den ihr zu Gebote stehenden Mitteln für die praktische Geltung sittlich verpflichtender Normen einzutreten.

Sonach genügt es nicht, den Zusammenhang des Rechts mit der Moral nur nachträglich und gleichsam widerwillig an einem einzelnen Punkte zuzugeben. Der anerkannte Zusammenhang reicht weiter. Nicht das ist das Entscheidende, daß die einzelne Norm ihrem Inhalte nach mit sittlichen Werturteilen in Verbindung steht und daraus das wichtigste Element ihrer Macht gewinnt, sondern seinem ganzen Umfange nach ist das Recht in seiner spezifischen Eigenart nur auf dem Grunde der sittlichen Ordnung verständlich.

IX.

Am Schlusse der zuletzt erörterten Aufstellungen (§ 8, n. 4) behauptet Merkel, der Frage, was die verpflichtende Kraft der Rechtsbestimmungen sei, und wovon sie abhänge, habe sich bisher „trotz ihrer Bedeutung für die allgemeine Rechtslehre nur ein geringes wissenschaftliches Interesse zugewendet. Ein um so größeres, dem vorherrschenden Charakter der bisherigen Rechts- und Staatsphilosophie gemäß, der Frage, wovon jene verpflichtende Kraft vernünftigerweise abhänge, oder wovon sie als abhängig gedacht werden sollte". Dieser letzteren Frage wird sodann unter Verweisung auf den später folgenden geschichtlichen Abschnitt eine Berechtigung im Bereiche der allgemeinen Rechtslehre abgesprochen.

In solcher Allgemeinheit ist die Behauptung jedenfalls unrichtig. In bezug auf einen hervorragenden Vertreter der Rechtsphilosophie wurde sie oben[51]) zurückgewiesen. Man braucht mit der Art und Weise, wie Stahl die verpflichtende Kraft des Rechts begründen will, nicht einverstanden zu sein, wie ich es meinerseits nicht bin, aber

---

51) Vgl. Abschn. V, S. 268.

daß er die Frage nicht untersucht, daß er sich statt um das Sollen im Sinne der sittlichen Verpflichtung nur um das Sollen im Sinne eines subjektiven Ideals gekümmert habe, ist ein Vorwurf, der mit Unrecht gegen ihn erhoben wird.

Aber hat denn Merkel selbst eine ausreichende Antwort auf jene Frage gegeben? Zuerst war in sehr unbestimmter Weise von Werturteilen die Rede, dann von der Achtung vor dem in der Gemeinschaft herrschenden, zu den Rechtsnormen sich bekennenden Willen, endlich von dem Verhältnis dieser Normen zu den ethischen Volksanschauungen, speziell den Anschauungen über das Gerechte, welches jetzt als das wichtigste Machtelement des Rechts bezeichnet wurde. Aber darin lag nun doch auch die dringende Aufforderung, diese ethischen Volksanschauungen einer näheren Erörterung zu unterziehen. Für die Einleitung in eine allgemeine Kunstgeschichte mag es genügen, darauf hinzuweisen, daß für die Kunstschöpfungen der verschiedenen Völker gewisse charakteristische Anschauungen und Wertschätzungen bestimmend waren, daß beispielsweise die Inder durch die Vorliebe für das Zarte und Weiche, das Schlanke und Biegsame ausgezeichnet sind, während den Ägyptern der Sinn für gehaltene Kraft, architektonische Regel, einförmige Würde eignet[52]). Es wird damit lediglich eine Generalisation an die Spitze gestellt, die ursprünglich aus der Betrachtung jener Kunstschöpfungen selbst gewonnen wurde und demnächst in der Darstellung des einzelnen ihre Bestätigung finden muß. Vielleicht gelingt es dann noch weiter, den individuell gerichteten Schönheitssinn eines einzelnen Volks mit Klima und Bodenbeschaffenheit, sowie mit Form und Stufe des Wirtschaftslebens in einen erläuternden Zusammenhang zu bringen. Alsdann ist nicht nur alles erreicht, was wissenschaftliche Forschung aufzudecken vermag, sondern zugleich auch alles beantwortet, worauf unsere Wißbegierde sich richtet.

Ganz anders verhält es sich dagegen mit den ethischen Werturteilen. Aus der Übereinstimmung mit ihnen gewinnen, wie auch Merkel anerkennt, die rechtlichen Normen ihre verpflichtende Kraft, d. h. was sie befehlen, gilt nicht etwa nur nach der gemeinsamen Überzeugung der Glieder einer Gemeinschaft als schön und wünschenswert und das Gegenteil als minderwertig, sondern **sie fordern Unterwerfung und man weiß sich innerlich an sie gebunden.** Sie gelten unbekümmert um die Wünsche und

---

52) Schnaase, Gesch. d. bildenden Künste. I, S. 127 ff.; S. 366, 372.

Neigungen des einzelnen, welche sich oft genug mit ihnen in deutlichem Gegensatze befinden. Auch der Geschmack in Literatur und Kunst, auch die Mode üben eine Herrschaft aus, denen die meisten sich zu unterwerfen pflegen, so lange sie dauert, aber doch nur so, daß sie mittun, was die anderen tun und weil es die anderen tun, nicht so, daß sie sich an jene Herrschaft innerlich gebunden wüßten, auch da, wo ihnen der Konflikt zwischen ihr und der eigenen Neigung zu deutlichem Bewußtsein käme. Darum gibt es auch immer einzelne, die ungescheut den eigenen Geschmack der Mode entgegensetzen und dabei nicht etwa der allgemeinen Mißachtung verfallen, sondern im Gegenteil Beifall und Bewunderung ernten. Über den Geschmack läßt sich nicht streiten, sagt das Sprichwort, indem es dadurch die Freiheit und Autonomie des einzelnen auf den Gebieten zum Ausdrucke bringt, wo der Geschmack die Leitung hat. Über das dagegen, was Pflicht und Sittengesetz vorschreiben, streiten wir allerdings und legen damit Zeugnis für die entgegengesetzte Überzeugung ab, daß es hier allverbindliche und dem Dafürhalten des einzelnen entrückte Normen gibt.

Muß aber schon dieser ihr verbindlicher Charakter, welchen ein Konflikt mit den egoistischen Strebungen nur um so deutlicher hervortreten läßt, den Versuch zurückweisen, sie mit anderen im Volksbewußtsein auftretenden Werturteilen auf eine Stufe zu stellen, so kommt noch dazu, was vorhin hervorgehoben wurde[53]), daß keineswegs der Inhalt sämtlicher Rechtsnormen mit ethischen Werten in unmittelbarem Zusammenhange steht, bei einem sehr großen Teile vielmehr an und für sich sittlich indifferent ist. Hier muß daher die verpflichtende Kraft aus einer anderen Quelle stammen, wenn es nicht gelingt, dieselbe in dem einen und anderen Falle auf einen gemeinsamen, von dem Inhalt der einzelnen Norm unabhängigen Ursprung zurückzuführen. So lange dieser Unterschied nicht erkannt und gewürdigt ist, kann auch die Frage nach der verpflichtenden Kraft der Rechtsbestimmungen, ihrem Wesen und ihrem Grunde, eine ausreichende Beantwortung nicht finden. Merkels „allgemeine Charakterisierung" führt über die allerersten Ansätze nicht hinaus.

Nun erinnern wir uns, daß früher[54]) ausdrücklich ein zweifacher Wert anerkannt wurde, der in den Rechtsnormen zum Ausdrucke gelange, und von dem bisher allein erörterten ethischen, auf das Verhältnis der Normen zu den ethischen Volksanschauungen sich

---

53) Vgl. oben S. 284. — 54) Vgl. oben S. 282.

gründenden, der „Zweckmäßigkeitswert" unterschieden wurde, d. h. „ein Wert, der sich in ihrem den Beteiligten zum Bewußtsein gelangten Verhältnisse zu gemeinsamen Interessen begründet". Die verpflichtende Kraft wurde freilich nur aus dem ersteren hergeleitet. Da wir aber, wie sich gezeigt hat, hiermit nicht ausreichen, wenigstens so lange nicht, als dabei nur an die mit dem Inhalte der einzelnen Normen verknüpften ethischen Werturteile gedacht wird, so gilt es zu untersuchen, ob wir vielleicht mit jenem Zweckmäßigkeitswerte weiterkommen. Von ihm ist in dem zweiten Abschnitte die Rede, welcher die Überschrift führt: „Das Recht als Mittel zum Zweck."

Die Überschrift ist geeignet, die Hoffnung zu erwecken, daß sich das Fehlende hier finden, und die bezeichnete Schwierigkeit sich dadurch beseitigen werde. Läßt sich nämlich ein Zweck des menschheitlichen Lebens aufweisen, welcher an Wert alle anderen oder doch die meisten übertrifft, und erweist sich weiterhin das Recht in seinem gesamten Umfange, das Recht als solches, als das Mittel, welches um der Verwirklichung dieses Zweckes willen gefordert ist, so kommt dann freilich auch den einzelnen, an sich selbst gleichgültigen Bestimmungen ein abgeleiteter Wert zu, und so ist zuletzt dieser umfassende Zweck der Grund für die verpflichtende Kraft des Rechts überhaupt.

Nachdem ausgeführt worden ist, daß das Recht nicht Selbstzweck sei, daß es nicht etwa bloß der ethischen Befriedigung zu dienen, sondern wirtschaftliche Interessen zu schützen habe, daß es deshalb auch keineswegs alles, was als gerecht erscheint, in den Inhalt seiner Normen aufnehme, hören wir in § 10, n. 1:

„Die Wirksamkeit des (staatlichen) Rechts stellt eine Machtäußerung der im Staate zusammengefaßten und organisierten gesellschaftlichen Kräfte im Dienste gesellschaftlicher Interessen dar. Die Frage, wessen Zwecken sie dient, weist daher im allgemeinen auf das gleiche Subjekt hin wie die Frage, wessen Wille und Macht in den Normen des Rechts sich ausspreche. Die Gesellschaft ist wie das wirkende, so auch das Zwecksubjekt des Rechts."

Und weiter (n. 2):

„Es gibt hiernach kein Privatrecht in dem Sinne, wonach irgendwelche Rechtsbestimmungen ihren obersten Zweck in der Befriedigung privater Interessen einzelner hätten. Jeder Teil des Rechts ist ein Organ gesellschaftlicher d. i. öffentlicher Interessen und insofern öffentliches Recht."

Endlich (n. 4):

„Wohl geben Verletzungen oder Gefährdungen von Privatinteressen in zahllosen Fällen Anlaß zur Anwendung der Rechtssätze, aber es geschieht dies überall nur, weil und insoweit als hinter den Interessen der einzelnen allgemeine Interessen stehen, welche unter den gegebenen Umständen zugleich mit jenen irgendwie als gefährdet oder verletzt erscheinen."

Im Zusammenhalt mit den früheren Bestimmungen, die wir ja doch selbstverständlich als auch hier noch nachwirkend anzusehen haben, stellt sich hiernach folgendes heraus. Das Leben der im Staate zusammengefaßten organisierten Gesellschaft ist ein Zweck von überragendem Werte, ein Zweck deshalb, welcher realisiert werden soll. Er kann nur erfüllt werden durch die Beschränkung der Freiheit der einzelnen Glieder, welche das Recht vornimmt, indem es sowohl das Maß, bis zu welchem jene Einschränkung zu erfolgen hat, als die verpflichtende Kraft, die ihm dabei innewohnt, aus jenem als seinsollend anerkannten Zwecke herleitet. Die einschränkende Wirksamkeit des Rechts ist aber notwendig, weil die Interessen der organisierten Gesellschaft als eines Ganzen nicht zusammenfallen mit der Summe der Interessen der verbundenen einzelnen, und die Interessen und Strebungen der letzteren hinter dem höheren Zwecke des Gemeinlebens zurückzutreten haben.

Und man beachte, daß dieser Gedanke in völlig dogmatischer Form auftritt, wenn im Rechte ein Organ der gesellschaftlichen Interessen erkannt und dabei von jedem Vorbehalte abgesehen wird, der durch die Wahrung des ausschließlich geschichtlichen oder empiristischen Standpunktes geboten wäre. Das Recht also stellt die Bedingungen her für die Befriedigung der gesellschaftlichen Interessen, und wenn es dabei die Freiheitssphäre der einzelnen einschränkt, so geschieht dies mit Unterstützung der ethischen Anschauungen der Gemeinschaftsglieder selbst. Und die so entstandenen Normen gelten auch für den, dessen egoistische Tendenzen sich mit oder ohne Erfolg dagegen aufbäumen; sie haben verpflichtende Kraft, nicht einen bloß ästhetischen Wert.

Eine wichtige Anmerkung ist allerdings noch zu machen. Nach Merkel, der sich dabei an Ihering anschließt, ist die Gesellschaft „Zwecksubjekt des Rechts". Das ist insofern richtig, als das Recht in erster Linie von der Aufrechterhaltung des geordneten Gesellschaftslebens gefordert ist, und es ein Recht ohne das letztere überhaupt nicht gibt. Der Satz wäre dagegen unrichtig, wenn damit gesagt sein sollte, daß der allgemeine Zweck schlechthin an die Stelle der Einzelzwecke zu treten hätte. Die Freiheitsbeschränkung der einzelnen darf nicht so weit gehen, daß ihnen die Erfüllung ihrer eigenen ursprünglichen Menschheitszwecke zur Unmöglichkeit würde, vielmehr findet die von dem Vertreter des Gemeinschaftswillens vorgenommene Rechtssetzung eine Schranke an der diesen einzelnen zukommenden, um der Erfüllung jener Zwecke willen geforderten Macht und Freiheitssphäre. Hierauf wird demnächst in anderem Zusammenhange zurückzukommen sein. Dagegen übergehe ich die Frage, ob wirklich die „Kompromißnatur des Rechts" soweit reicht, wie § 11 ausführt, und ob ganz allgemein von dem jeweils geltenden Recht gesagt werden könne, es habe „den Interessen gegenüber, welche bei seiner Bildung konkurrierten, die Bedeutung eines Friedenspakts", dessen Inhalt sich darum ändere mit dem Verhältnis der Kräfte, „welche die in der Zeit seines Zustandekommens sich gegenüberstehenden Mächte für sich ins Feld zu bringen vermochten" (n. 6).

Worauf es aber ankommt, das ist die Einsicht, daß sonach Merkels Aufstellungen nicht nur dahinführen, im allgemeinen einen Zusammenhang zwischen Recht und Moral anzuerkennen, sondern auch den entscheidenden Punkt hervortreten lassen, an welchem das Recht in die sittliche Ordnung hineinreicht. Das soziale Leben der Menschen ist der Zweck, dem das Recht zu dienen hat, in ihm gründet das ethische Sollen, welches das Recht von irgendwelchen anderen, mit physischer Gewalt durchführbaren Bestimmungen unterscheidet.

Über den Sinn dieses Sollens kann kein Zweifel bestehen. Es gilt unabhängig von den Interessen und Neigungen des einzelnen und daher unter Umständen auch gegen diese Interessen und Neigungen. Es gewinnt eine Verstärkung in der Regel durch die hinter den Normen stehende Zwangsgewalt, aber nicht darauf, daß sie mit physischen Mitteln durchgesetzt werden können, beruht ihre eigentliche Geltung. Das erste ist ihre Kraft, den Willen zu binden, erst das zweite, jedoch gleichfalls von der Aufrechterhaltung des Gemeinlebens geforderte, ist ihre Erzwingbarkeit.

Nicht bei allen rechtlichen Vorschriften wird jene Kraft in gleicher Stärke empfunden, stärker offenbar da, wo im Interesse des Gemeinschaftslebens und in der Form des Rechts angeordnet ist, was schon die Moral im engeren Sinne dem einzelnen vorschreibt, weniger da, wo ein solcher Zusammenhang nicht erkenntlich ist; und ebenso deutlicher da, wo sich eine Rechtsnorm als nächste Folge aus dem obersten Zwecke, der Aufrechterhaltung des Gemeinlebens darstellt, als da, wo sie lediglich eine entfernte Ausführungsbestimmung dazu bildet. In sehr verschiedenem Grade pflegt das Pflichtgefühl zu reagieren, wenn es sich um strafgesetzliche Hintanhaltung von Verbrechen oder um gelegentliche polizeiliche Anordnungen handelt, um die Verteidigung des Vaterlandes gegen imminente Gefahr oder das Einschmuggeln zollpflichtiger Waren über die Grenze. In allen diesen Fällen aber ist es zuletzt die Wahrung jenes obersten Zweckes, aus denen die rechtlichen Bestimmungen als solche ihre bindende Kraft herleiten.

Mit dem gleichen Nachdrucke ist sodann hervorzuheben, daß die Anerkennung jenes ethischen Sollens die vorgebliche Ausschließlichkeit der bloß geschichtlichen Betrachtungsweise durchbricht. Jedes Sollen setzt einen Zweck voraus und schreibt die Form der Tätigkeit und des Verhaltens vor, von welcher die Verwirklichung dieses Zweckes bedingt ist. Das ethische Sollen bezieht sich auf die Zwecke, deren Inbegriff die sittliche Ordnung ausmacht und deren Erfüllung in die Hand freier, vernünftiger Wesen gelegt ist. Zwecke aber kann es nur geben, auf dem physischen sowohl wie auf dem moralischen Gebiet, unter Voraussetzung eines vernünftigen Prinzips, von welchem das eine wie das andere dieser Gebiete ursprünglich bestimmt und geordnet ist. Ebendarum möchten die Vertreter der mechanisch-materialistischen Weltansicht den Zweck aus der Natur beseitigen. Daß sie auch dann die vernünftige Ordnung nicht los werden, ein ursprünglich gegebenes System fester Beziehungen, ist früher in den Bemerkungen über den Empirismus dargetan worden[55]). Aber selbst wenn es gelänge, die zweckmäßigen Gebilde im organischen Bereiche mit Hilfe der Entwicklungstheorie auf das bloße Zusammenwirken physikalischer und chemischer Kräfte zurückzuführen, so verbürgt doch die Tatsache des ethischen Sollens die Herrschaft des Zwecks auf dem moralischen Gebiete. Und wie die Anerkennung des Zwecks eine Grenze der mechanischen Naturerklärung bedeutet, so auch führt eine rein geschichtliche Betrachtung des Menschenwesens und Menschenlebens nur zur Aufdeckung dessen, was war und was ist; daß etwas sein soll, vermag sie ebensowenig zu zeigen, wie sich aus der Aufhäufung von Tatsachen der Beweis eines **notwendigen** Hergangs erbringen läßt.

Hierin nun eben liegt die Rechtfertigung für eine Philosophie des Rechts in dem alten, von der positivistischen Richtung verpönten Sinne. Ausgehend von der fundamentalen Tatsache des ethischen

---

[55]) Vgl. oben Abschnitt III.

Sollens hat sie diesen Zusammenhang des Rechts mit der sittlichen Ordnung in möglichster Deutlichkeit herauszustellen. Sie hat geltend zu machen, daß die Menschheit kein bloßes Aggregat gegeneinander gleichgültiger Individuen ist, sondern ein zusammengehöriges Ganzes, und der Zweck des einzelnen eingegliedert in die menschliche Gesellschaft. Die Menschen müssen in Gemeinschaft leben, wenn anders ihr Leben ein wahrhaft menschliches, in der Unterwerfung der Natur, in der vollen Entfaltung aller höhern Kräfte und der Aneignung aller Güter der Kultur sich betätigendes sein soll, und sie s o l l e n in Gemeinschaft leben, weil jene Unterwerfung, Entfaltung und Aneignung zu den in der sittlichen Ordnung eingeschlossenen Menschheitszwecken gehören. Von den Formen des Gemeinschaftslebens ist nur die Familie unmittelbar in der Natur begründet, alle anderen bis hinauf zum nationalen Staatswesen geschichtlich bedingt. Auch für diese letztere aber leitet sich aus den angeführten Zwecken der Vorrang der gesellschaftlichen Interessen vor den egoistischen Tendenzen der einzelnen ab. Daher die verpflichtende Kraft der Normen, durch welche der in der Gemeinschaft herrschende Wille für die Wahrung dieser Interessen eintritt unter gleichzeitiger Berücksichtigung der in den Gesellschaftszweck eingegliederten eigenwertigen Zwecke der einzelnen.

Wo aber das Recht die Lebensbetätigung dieser geschichtlichen Gebilde ordnet, da setzt es nicht nur selbstverständlich das tatsächliche Vorhandensein dieser letzteren voraus, sondern es ist auch in seiner Beschaffenheit durch die Beschaffenheit derselben bedingt. Der Charakter des Volks, Richtung und Stufe seiner Wirtschaft und andere Faktoren wirken darauf ein. Der Erweiterung und Vertiefung, welche das Verständnis des Rechts durch die Heranziehung von Wirtschaftslehre und Wirtschaftsgeschichte zu gewinnen vermag, wird sich unter den Juristen der Gegenwart nicht leicht einer verschließen. Es wäre eitel Torheit und Unverstand, wollte die Rechtsphilosophie dies ignorieren und sich damit begnügen, die Kategorien des römischen Rechts ihren Spekulationen zugrunde zu legen. Unternimmt sie es aber, den Entwicklungen und Wandlungen der Rechtsnormen und Rechtsinstitute zu folgen, so kann ihr Ziel dabei doch nur das sein, die mannigfachen und verschiedenartigen Ausgestaltungen zu erkennen, welche die allgemeinen und bleibenden ethischen Grundgedanken des Rechts in ihrer Anwendung auf die konkreten Lebensverhältnisse gefunden haben. Ihre eigentliche Aufgabe aber ist die zuvor bezeichnete. Sie hat in der sittlichen

Ordnung die letzten Grundlagen alles Rechts aufzuzeigen und die Folgerungen klarzulegen, welche sich aus den in derselben eingeschlossenen Menschheitszwecken für das soziale Leben der Menschheit ergeben. Sie hat zu zeigen, wie das Allgemeine, daß überhaupt Recht sei, unmittelbar von der Aufrechterhaltung der sittlichen Ordnung gefordert wird. Denn nur durch Beschränkung der Freiheit der einzelnen ist die geordnete Erfüllung der an das gesellschaftliche Leben gebundenen Zwecke möglich. Sie hat nicht minder zu zeigen, wie aus den eigenen Zwecken, welche der Mensch als Persönlichkeit und die menschliche Familie besitzen, sich bestimmte Ansprüche an die rechtliche Regelung des Gemeinwesens ergeben.

Von seiten des Positivismus wird gegen diese Auffassung der Vorwurf unwissenschaftlicher Begriffsdichtung erhoben, weil Wissenschaft mit Erfahrung zusammenfalle, hier aber der Boden der Erfahrung überschritten sei. Die Grundlosigkeit des Vorwurfs ist früher dargetan worden. Niemals würde die Erfahrung imstande sein, ein Gebäude wissenschaftlicher Erkenntnis aufzuführen, könnte sie sich dabei nicht auf die Vernunft stützen, die vernünftige Erkenntnis des Menschen und die vernünftige Ordnung in der Welt des Gegebenen.

X.

Ich komme zum Schlusse nochmals auf die Art und Weise zurück, in welcher Merkel sich mit dem von ihm anerkannten ethischen Faktor abzufinden versucht. Es wird sich daraus Gelegenheit ergeben, das gewonnene Resultat noch von einer anderen Seite her zu erläutern.

Schon das bisher Mitgeteilte ließ erkennen, daß die zu den rechtsbildenden Faktoren gezählten „Anschauungen über das Gerechte" als völlig in den Fluß der Geschichte hineingestellt und darum eines absoluten Werts entbehrend angesehen werden sollen. Zusammenfassend heißt es von ihnen § 12 n. 3:

„Dieselben büßen ihre Bedeutung nicht dadurch ein, daß wir auch sie als ein Gegebenes gleich allen anderen an der Gestaltung des Rechtsinhalts beteiligten Anschauungen betrachten und darauf verzichten, für sie als für ein schlechthin Seinsollendes einen Wert zu erweisen, der unabhängig von menschlicher Erfahrung und von der in einem geschichtlichen Prozesse sich bildenden Empfindungsweise der Völker wäre."

Die Absicht ist verständlich, wenn auch nicht besonders klar ausgedrückt. So ist nicht recht ersichtlich, was die Schlußworte bedeuten. Sollen sie einen Wert ablehnen, dessen Erkenntnis und

Anerkenntnis nicht der Erfahrung im eigentlichen Sinne dieses Wortes verdankt werde, oder die Meinung bestreiten, als ob die in jenen Anschauungen über das Gerechte zum Ausdrucke gebrachten Wertbestimmungen, weil ein für allemal gegeben, jedwede Modifikation durch die geschichtlichen Erlebnisse und die wandelbaren Empfindungen der Völker ausschließen müßten? Der Unterschied ist wichtig, denn wer in der Tat der letzteren Meinung huldigte, den würde sofort der Hinweis auf die geschichtliche Entwicklung widerlegen, welche jene Anschauungen tatsächlich erfahren haben, und den Wandel, welchen sie erkennen lassen. Nirgends vielleicht tritt dieser Wandel deutlicher hervor als auf dem Gebiete des Völkerrechts. Noch im letzten Drittel des vorigen Jahrhunderts wird die Anwendung von Gift und Meuchelmord alles Ernstes als zulässige Maßregel in einem gerechten Kriege bezeichnet[56]). Aber auch ganz abgesehen hiervon, — wer wüßte heutzutage nicht, daß in bezug auf das Grundeigentum die Anschauungen gewechselt haben, und eine frühere Periode ebenso im Namen der Gerechtigkeit für das Kollektiveigentum eingetreten ist, wie eine spätere das freie Sondereigentum durchführte?

Vieles von dem, was Merkel in § 13 „zur Geschichte der Anschauungen vom Gerechten" beibringt, ist deshalb ohne weiteres zuzugeben. Insbesondere interessiert die Anerkennung eines „Gemeinsamen von anscheinend konstanter Bedeutung" und bestimmter Richtungen, „in welchen die Entwicklung seit Jahrhunderten beharrlich fortschreitet". „Wir können hier von geschichtlichen Tendenzen sprechen, die in den gleichartigen Anlagen der menschlichen Natur, den verwandten Einflüssen, unter welchen diese Anlagen sich entfalten und den geistigen Wechselwirkungen zwischen den Nationen ihre Erklärung finden. Die Völkergedanken über das Rechte, welche von Haus aus verwandte Elemente enthalten, entwickeln sich in dem Maße, als den Völkern gemeinsame Erlebnisse in der Geschichte zufallen, zu Menschheitsgedanken" (n. 6). — Im einzelnen wird auf die wachsende Wertschätzung der menschlichen Persönlichkeit und ihrer geistigen Selbständigkeit hingewiesen, sowie auf das Verlangen der modernen Völker, daß die gesetzgeberische Arbeit sich unter der Kontrolle der Gesamtheit vollziehe.

Aber mit dem allen wird nicht bewiesen, was Merkel beweisen

---

56) G. Achenwall, Ius naturae. Ed. VII. Götting. 1781. § 272. L. J. Fr. Höpfner, Naturrecht des einzelnen Menschen, der Gesellschaften und der Völker. [3] Gießen 1785, § 134.

möchte, daß nämlich der im Rechte anerkannte ethische Faktor **seinem gesamten Inhalte nach** ein geschichtlich Wechselndes, lediglich Relatives wäre. Das, was den innersten Kern des Rechts ausmacht, seine verpflichtende Kraft, wäre dann unerklärt. Ein durch und durch Wandelbares und darum nach Ort und Zeit Verschiedenes würden die widerstrebenden Interessen und Neigungen und der Egoismus der einzelnen niemals als eine bindende Norm anerkennen. Nur darum unterwerfen sie sich, weil das, worauf zuletzt die verpflichtende Kraft der Rechtsnorm beruht, von den geschichtlichen Wandlungen der Anschauungen über das Gerechte unabhängig ist. Und dies führt nun auf das letzte, was noch festzustellen ist.

Bei Merkel erscheinen die „ethischen Werturteile", die „Anschauungen über das Gerechte" als rechterzeugende Faktoren, ohne deren Mitwirkung den Normen der Charakter des Rechts fehlen würde. Damit ist der Zusammenhang des Rechts mit der Moral im allgemeinen zugestanden, und die Unmöglichkeit anerkannt, ohne Berücksichtigung der letzteren zum Verständnisse des Rechts zu gelangen. Aber die angestellte Kritik führte weiter. Indem sie auf die zahlreichen Rechtsnormen verwies, welche auf Grund ihres eigenen Inhalts ein Werturteil nicht einschließen, mußte sie dazu anleiten, den Quellpunkt tiefer zu suchen. Es ergab sich, daß das Recht nicht etwa die wechselnde Resultante ist, welche sich aus dem Zusammentreffen wandelbarer gesellschaftlicher Interessen mit ebenso wandelbaren Anschauungen über das Gerechte herausstellt, sondern vielmehr seinen Ursprung da besitzt, wo die ein für allemal gegebenen und darum in ihren Grundzügen jederzeit wiederkehrenden gesellschaftlichen Interessen als in die sittliche Ordnung eingeschlossene Menschheitszwecke aus sich selbst für die Glieder einer Gemeinschaft das ethische Sollen, die sittliche Verpflichtung begründen, den Anordnungen Folge zu leisten, welche um der Erfüllung jener Zwecke, der Wahrung jener Interessen willen, geboten sind. Mit den ersten gesellschaftlichen Bildungen sind auch die ersten Rechtsverhältnisse gegeben, so in der Familie, so in den freiwilligen Vereinbarungen, wo durch Zusammenlegung der Kräfte einzelne Aufgaben vollzogen werden, so in den ersten Anfängen oder Vorstufen staatlichen Lebens, auch wenn es sich dabei nur um gemeinsame Abwehr von Gefahren und Beschaffung der Lebensnotdurft handelte.

Daß bei dem Entstehen solcher Bildungen Naturtriebe, Nützlichkeitserwägungen, selbst Gewalt beteiligt waren — und sind, begründet keinen Gegensatz. Das Entscheidende ist, daß die zustandegekommenen, weil und insoweit sie ursprünglich gegebenen und darum von allen Genossen gleichmäßig anerkannten Menschheitszwecken entsprechen, auch die Macht besitzen, in den Genossen das Gefühl der moralischen Verpflichtung auszulösen. Von hier aus gewinnt die rechtsetzende Auktorität, ohne welche keine über die engsten Familienbande hinausragende Gemeinschaft bestehen kann, ihre Legitimation. Das Erste also sind die Menschheitszwecke. Aus ihnen stammt das Recht als der Inbegriff der die individuelle Freiheit einschränkenden Bestimmungen, durch welche die geordnete Erfüllung jener Zwecke gewährleistet wird.

Die Gerechtigkeit dagegen ist ein Sekundäres, denn ihrem allgemeinsten Begriffe nach bedeutet sie Aufrechterhaltung einer gegebenen ethischen Ordnung[57]). Darum reicht sie weiter als das Recht, indem sie der gesamten sittlichen Welt in allen Sphären und Stufen angehört, wenn ihr auch der gewöhnliche Sprachgebrauch ihre hauptsächliche Stelle innerhalb des vom Rechte beherrschten Gebietes zuweist. Aber das Recht entspringt nicht aus der Gerechtigkeit, sondern die Gerechtigkeit erhält und bekräftigt das Recht.

Ihre Aufgabe bestimmt sich durch die Beschaffenheit jenes Gebietes, bestimmt sich vor allem dadurch, daß dem Werte, welcher in dem Gemeinschaftsleben beruht, dem umfassenden Zwecke, für dessen Verwirklichung das Recht gefordert ist, der eigene Wert der menschlichen Persönlichkeit gegenübersteht. Das aus aller gesellschaftlichen Verbindung ausgeschiedene Individuum bedürfte keines Rechtsgesetzes, sondern nur des Sittengesetzes. Das Rechtsgesetz ist notwendig, weil nur im sozialen Leben die volle menschheitliche Entfaltung möglich ist, aber auch notwendig dazu, die Hindernisse zu beseitigen, welche aus dem sozialen Leben der Persönlichkeit und der Verfolgung ihrer vom Sittengesetze geforderten oder erlaubten Einzelzwecke erwachsen könnten. Wenn also in den ersten orientierenden Bemerkungen gesagt worden war, daß die vom Rechte vorgenommenen Grenzbestimmungen einerseits beschränkend und bindend, andrerseits als eine Gewährleistung von Macht und Freiheit wirkten[58]), so ist die dort vermißte Erläuterung nunmehr dahin zu geben, daß die einzelnen mit einem ihnen ursprünglich eigenen Besitztum von Macht und Freiheit in der Gemeinschaft stehen, welches ihnen nicht erst zugebilligt zu werden braucht.

---

57) Vgl. zum folgenden Stahl, Philosophie des Rechts II, 1 [2] S. 244f.
58) Vgl. oben S. 270.

Hierin also besteht die Aufgabe der Gerechtigkeit, daß sie in der Durchführung der Gemeinschaftszwecke den Wert der menschlichen Persönlichkeit wahrt, und ebenso, wo sie für die letztere eintritt, doch zugleich die Forderungen der Gemeinschaft nach Maßgabe ihres überragenden Wertes zur Geltung gelangen läßt. Sie ist darum in erster Linie die das Recht s c h ü t z e n d e Macht, sie ist aber weiterhin auch v e r g e l t e n d e Macht, welche die Gesetzesübertretung straft und dadurch die unverminderte Herrschaft der ethischen Ordnung bekundet.

Daß nun diese Aufgabe in sehr verschiedener Weise vollzogen wurde, oder, deutlicher gesprochen, daß bei der an die Entwicklung des Gesellschaftslebens sich anschließenden Ausgestaltung des Rechts verschiedenartige und wechselnde Anschauungen über das, was die Gerechtigkeit erfordere, im Spiele waren, soll natürlich nicht bestritten werden. Mit Recht erinnert Merkel an die wachsende Wertschätzung der menschlichen Persönlichkeit. In der antiken Welt war unter völliger Mißachtung der Persönlichkeit das Arbeitsverhältnis durch die Sklaverei bestimmt. Nach einer langen Entwicklung, durch mannigfache Abstufungen hindurch, hat die Neuzeit den freien Arbeitsvertrag verkündet, um alsbald einsehen zu müssen, daß für die Übermacht des Kapitals der freie Arbeitsvertrag nur ein neues Mittel bedeutete, den industriellen Lohnarbeiter in persönliche Abhängigkeit zu bringen, bis es dann allmählich als eine Pflicht der Gesamtheit erkannt wurde, recht eigentlich zum Schutze der Persönlichkeit innerhalb der Arbeiterwelt gesetzgeberisch vorzugehen. Daraus folgt nicht, daß erst die heutige Generation sich endlich bei der Regelung des Arbeitsverhältnisses von der Gerechtigkeit leiten lasse — ein Gleiches wollten die Kapitularien der Karolingerzeit und die Zunftordnungen des Mittelalters —, sondern nur, daß über das um der Gerechtigkeit willen Geforderte verschiedene Meinungen herrschend waren.

Oder das andere Beispiel, worauf Merkel verweist[59]). Wo ein Menschheitskomplex zu dauernder Gemeinschaft verbunden ist, im Staate, da ist das Vorhandensein einer anerkannten Obrigkeit und das Auseinandertreten von Befehlenden und Gehorchenden die unerläßliche Bedingung für die Erfüllung des umfassenden Zwecks staatlichen Lebens. Es sind nicht irgendwelche Anschauungen über das Gerechte, sondern es ist der sittliche Menschheitszweck, welcher den

---

59) Vgl. S. 271.

Staat als Rechtsinstitut und das Recht der staatlichen Obrigkeit begründet und die letztere befähigt, Anordnungen mit verpflichtender Kraft zu erlassen. Über den Umfang ihres Rechts aber und die Formen, in denen sie dasselbe betätigt, hat es im Ablaufe der Geschichte nicht nur unter dem Gesichtspunkt der Zweckmäßigkeit, sondern auch unter dem der Gerechtigkeit sehr verschiedene Anschauungen gegeben.

Und erst recht leuchtet ein, daß die Mittel und Wege, durch welche die Gerechtigkeit als v e r g e l t e n d e Macht ihre Herrschaft behauptet hat, in verschiedenen Zeiten und bei verschiedenen Völkern sehr verschiedene sein konnten, ja mußten.

Ich verfolge diese Gedanken jetzt nicht weiter und erspare die Erörterung der zahlreichen Fragen, welche durch die vorstehenden kritischen Bemerkungen angeregt wurden, ohne bisher schon eine ausreichende Beantwortung zu finden, auf eine andere Gelegenheit. Worauf es hier in erster Linie ankam, war der Nachweis, daß Merkel, der den Zusammenhang des Rechts mit der Moral im allgemeinen anerkennt und anerkennen muß, weil sonst das spezifische Wesen des Rechts nicht zu verstehen wäre, umsonst bemüht ist, den empiristischen Standpunkt dadurch zu wahren, daß er auf die geschichtlichen Umwandlungen der bei der Rechtsbildung beteiligten Faktoren hinweist. Was er dabei im Auge hat, trifft nur die Entwicklung und Ausgestaltung, nicht die letzte Begründung des Rechts.

Daß auf die Beschaffenheit dieser Faktoren und die Ausbildung der Werturteile gesellschaftliche Interessen Einfluß üben (§ 4, n. 9), ist bereitwilligst zuzugestehen, ebenso, daß die Entscheidung über das, was jemandem nach dem Recht und nach der Gerechtigkeit zukomme, möglicherweise verschieden ausfallen kann (n. 3). Unter Recht ist eben hier die geschichtlich gewordene Norm zu verstehen, durch welche eine rechtsetzende Auktorität unter räumlich und zeitlich bestimmten Verhältnissen die Ordnung eines einzelnen Lebensverhältnisses unternommen hat. Da sie getroffen wurde, entsprach sie vermutlich den in der Gemeinschaft herrschenden Anschauungen über das Gerechte, denen sie heute nicht mehr entspricht, weil diese selbst inzwischen eine Wandlung erfahren haben. Damit eröffnet sich der Raum für die von Stammler formulierte Frage, ob das, was Recht ist, auch Recht sein sollte. Daß diese Frage aber nicht die eigentliche Fundamentalfrage der Rechtsphilosophie ausmacht, ist früher nachgewiesen worden. Aus demselben Grunde verfängt nicht, was

Merkel an letzter Stelle zur Sicherung seines Standpunkts heranzieht. Er meint, die vorausgesetzte Richtigkeit der Obersätze, aus denen wir mit logischer Konsequenz zu folgern glauben, was im einzelnen Falle Forderung der Gerechtigkeit sei, liege nur „in ihrer Übereinstimmung mit unseren ethischen Empfindungen und Anschauungen, welche ihrerseits keine theoretische Ableitung zulassen, da sie sich zum Teil aus Quellen nähren, die nicht auf wissenschaftlichem Grunde liegen" (n. 8). Auch wenn dies richtig wäre — was ich jetzt nicht untersuche —, die Frage, wo für das Recht die Wurzel seiner verpflichtenden Kraft zu suchen sei, wäre damit nicht berührt.

Dieselbe gründet in den in die sittliche Ordnung eingeschlossenen Menschheitszwecken und ist darum mit diesen dem historischen Wechsel entrückt. Die Anerkennung einer sittlichen Ordnung aber als eines Reichs des Seinsollenden ist kein Ergebnis der aufsammelnden Erfahrung, sondern eine Tat der Vernunft.

X.
Kant.

Immanuel Kant, der Begründer der kritischen Philosophie, wurde am 22. April 1724 zu Königsberg als Sohn eines Sattlers geboren. Die Eltern waren der pietistischen Richtung zugetan und erzogen ihre Kinder im Geiste derselben, doch zeigt sich hiervon bei Kant später keinerlei Spur. Seine wissenschaftliche Ausbildung erhielt er ausschließlich an den Lehranstalten seiner Vaterstadt. Seit Herbst 1740 hörte er an der dortigen Universität Vorlesungen über Mathematik und Physik, Philosophie und Theologie. Unter seinen Lehrern war der philosophisch gebildete Mathematiker Martin Knutzen der bedeutendste; nicht minder wichtig aber wurde für ihn der Physiker Teske, welcher ihn mit den Gedanken Newtons bekannt machte. Von 1746 bis 1755 war er Hauslehrer an verschiedenen Stellen, zuletzt bei dem Grafen von Keyserlingk auf Rautenburg in Ostpreußen. Jm Jahre 1755 habilitierte er sich an der Königsberger Universität als Privatdozent. Er las über Mathematik und Physik, über die einzelnen Fächer der Philosophie, auch über physische Geographie und Anthropologie, rückte aber nur äußerst langsam in der akademischen Laufbahn vorwärts, indem ihm erst 1770 eine ordentliche Professur für Logik und Metaphysik übertragen wurde. Von 1766—1772 bekleidete er die Stelle eines Unterbibliothekars an der königlichen Schloßbibliothek mit einem jährlichen Gehalt von 62 Talern. Berufungen nach Erlangen und Jena hatte er ausgeschlagen und blieb auch später, da man ihn an die Universität Halle ziehen wollte, seiner Vaterstadt getreu. Als akademischer Lehrer war Kant beliebt; insbesondere fanden seine geographischen und anthropologischen Vorlesungen eine zahlreiche Zuhörerschaft, welche die Anschaulichkeit seiner Schilderungen von fremden Ländern und Völkern bewunderte und um so mehr bewundern konnte, da Kant niemals über die Grenzen seiner heimatlichen Provinz hinausgekommen war. Durch sein Werk „Religion innerhalb der Grenzen der bloßen

Vernunft"kam er 1794 in Konflikt mit dem durch das Ministerium Wöllner eingeführten schärfern Zensursystem. Eine königliche Kabinettsordre beschuldigte ihn der „Entstellung und Herabwürdigung mancher Haupt- und Grundlehren der Heiligen Schrift und des Christentums". Auch wurden sämtliche Universitätslehrer der Theologie und Philosophie in Königsberg durch Namensunterschrift verpflichtet, keine Vorlesungen über das genannte Werk zu halten. In seinem Verantwortungsschreiben erklärte Kant, „als Sr. Majestät getreuester Untertan" sich fernerhin jeder öffentlichen Äußerung über Religion enthalten zu wollen, erblickte hierin jedoch nur eine dem Könige Friedrich Wilhelm II. gegenüber eingegangene Verpflichtung, an welche er sich nach dem Tode dieses Fürsten nicht mehr gebunden hielt. Zur nämlichen Zeit jedoch, 1797, sah er sich infolge zunehmender Altersschwäche genötigt, seine Vorlesungen einzustellen. Allmählich stellte sich völliger Marasmus ein, von dem ihn erst am 14. Februar 1804 der Tod erlöste. — An seinem Charakter rühmen seine Verehrer die gewissenhafteste Treue in der Erfüllung der Pflichten, deren Pedanterie abgestoßen hätte, wäre sie nicht durch feine Geselligkeit der Umgangsformen und die Gabe anregender Unterhaltung gemildert worden.

Wenige Männer haben in der Geschichte der Philosophie eine so tiefgreifende, ja geradezu umstürzende Wirkung wie Kant ausgeübt. Die Kantische Philosophie bildet die scharfe Grenze, welche — selbstverständlich außerhalb der katholischen Schulen — die Philosophie der früheren Jahrhunderte von dem Denken der modernen Welt trennt. Diese Wirkung ist nicht ausschließlich nach einer Richtung gegangen und hat deshalb auch nicht nur eine Periode ausgefüllt. Der Kantische Idealismus rief zunächst jene spekulative Entwicklung hervor, welche durch Fichte zu Schelling führte und in Hegel ihre vollendete Ausbildung fand. Nach dem Ausgange der Hegelschen Philosophie haben dann umgekehrt Kantische Lehren einen wesentlichen Bestandteil zu der mehr und mehr um sich greifenden, von dem mächtigen Aufschwung der Naturwissenschaften getragenen empiristischen und positivistischen Denkweise geliefert, welche der wissenschaftlichen Erkenntnis ausschließlich das Gebiet der den Sinnen zugänglichen und den Mitteln der Analyse und des Experiments erreichbaren Erfahrung zuweisen, alles darüber Hinausliegende aber entweder als törichte und dem menschlichen Fortschritte hinderliche Grübelei verpönen oder im besten Falle der dichtenden Phantasie und dem den Bedürfnissen des Gemütes entspringenden

Glauben überlassen möchte. Neuestens hat sodann diese Denkweise noch eine bedeutsame Verstärkung erhalten durch eine weitverbreitete Richtung innerhalb der Philosophie, welche ausdrücklich die Rück-kehr zu Kant verlangt, um die von diesem nur unvollkommen gelöste, von seinen nächsten Nachfolgern gar nicht verstandene, sondern in ihr Gegenteil verzerrte Aufgabe im Sinne einer empiristischen Skepsis weiterzuführen.

Im Zusammenhang mit dieser letzteren Richtung ist in der Neu-zeit der eigenen Entwicklung der Kantischen Philosophie eine sehr eindringende und vielseitige Beachtung geschenkt worden. Kant hat als grundlegendes Werk seiner neuen Lehre die „Kritik der reinen Vernunft" im Jahre 1781 veröffentlicht, als er 57 Jahre zählte; davor aber liegt bereits eine Periode ausgedehnter Lehrwirksamkeit und reicher schriftstellerischer Tätigkeit. Die philosophischen Gedanken, welche er damals vertrat, würden um ihres eigenen Wertes willen eine besondere Beachtung nicht erfordern; wichtig sind sie dagegen als geschichtliche Zeugnisse für die mannigfachen Durchgangsstufen, durch welche er zu seinem späteren Standpunkte hingeführt wurde. Er kam ursprünglich aus der Schule des Leibniz-Wolffschen Rationalis-mus, einer Philosophie, welcher das System reiner Vernunfterkennt-nisse und die Erkennbarkeit der Gegenstände aus Begriffen die Vor-aussetzung war. Daß schon seine Lehrer in einigen Punkten von der strengen Orthodoxie des Wolffianismus abwichen, daß zur Zeit, da er als Schriftsteller auftrat, englische und französische Einflüsse die Herrschaft des Systems in weiten Kreisen bereits gebrochen hatten, kommt hierneben weit weniger in Betracht, als daß Kants eigenes Interesse frühzeitig den Erfahrungswissenschaften zugewandt war und ihnen nachhaltig zugekehrt blieb. Das völlig unvermittelte Neben-einanderliegen von Vernunfterkenntnis und Erfahrung war die Schwäche des Wolffschen Standpunktes. Je mächtiger sich im Denken Kants das empirische Element hervordrängte, desto zwingender mußte für ihn die Aufgabe werden, beide Elemente zueinander in ein bestimmtes und begreifliches Verhältnis zu setzen.

Seine erste größere Schrift war die im Jahre 1755 anonym er-schienene, Friedrich II. von Preußen gewidmete „Allgemeine Natur-geschichte und Theorie des Himmels". Kant hat darin den Grund-gedanken von Laplace' berühmter „Himmelsmechanik" vorweg-genommen. Bau und Bildung unseres Sonnensystems werden unter der Voraussetzung, daß die gesamte Materie ursprünglich in chaotischer Mischung als äußerst dünne und feinteilige Masse über den ganzen Raum gleichmäßig verteilt gewesen sei, rein mechanisch mit Hilfe von Anziehungs- und Abstoßungskraft erklärt. Doch soll dadurch keineswegs eine ausschließlich mechanische Weltansicht begründet werden, vielmehr wird in Leibnizschem Sinne die Vereinbarkeit der mechanischen Naturerklärung mit einer Teleologie gelehrt, welche die gesamte Natur von Gott abhängig sein läßt. Nach Kants Habilitation traten in seinen Schriften die philosophischen Fragen in den Vordergrund. Die ersten Spuren einer prinzipiellen Abwendung von der älteren rationalistischen Denkweise hat man in zwei Abhandlungen gefunden, welche beide das Druckjahr 1763 angeben und offenbar rasch hintereinander geschrieben sind: „Der einzig mögliche Beweisgrund zu einer Demonstration des Daseins Gottes" und „Versuch, den Begriff der negativen Größen in die Weltweisheit einzuführen". Deutlicher noch treten dieselben hervor in einer Schrift vom Jahre 1766: „Träume eines Geistersehers, erläutert durch Träume der Metaphysik". In auffälliger und zugleich unentwirrbarer Verknüpfung von Scherz und Ernst wendet sich dieselbe zunächst gegen die angeblichen Offenbarungen des bekannten Swedenborg, welche Kant für einen Augenblick Interesse abgewonnen hatten, stellt ihnen aber sodann die Begriffsdichtungen der Leibniz-Wolffschen Metaphysik an die Seite. Kant war nun der Meinung, die aposteriorische, d. h. auf die Erfahrung gegründete Wissenschaft führe bald zu einem Warum, darauf sie keine Antwort zu geben vermöge; die apriorische, in Vernunftbegriffen voranschreitende, fange an, man wisse nicht wo, und komme, man wisse nicht wohin, und ihre Beweisführungen stimmten mit der Erfahrung nicht zusammen. Etwas anderes sei das Verhältnis von Grund und Folge, welches die Logik festzustellen vermöge, etwas anderes das Verhältnis von Ursache und Wirkung. Begriffliche Analyse könne die Objekte lediglich nach dem Maßstabe der Identität und des Widerspruchs miteinander vergleichen; Kausalität aber bestehe darin, daß durch etwas ein anderes, im Begriffe desselben nicht Enthaltenes, gesetzt werde, ein Zusammenhang, der sich niemals aus reiner Vernunft einsehen, sondern nur der Erfahrung entnehmen lasse. Soweit die Begriffe von Ursachen, Kräften, Handlungen nicht aus der Erfahrung stammen, seien sie durchaus willkürlich. Bemerkenswert ist sodann die Bestimmtheit, mit welcher die Unabhängigkeit des sittlichen Verhaltens von allen theoretischen Überzeugungen, namentlich vom Unsterblichkeitsglauben, betont wird.

 Die Phasen, welche die geistige Entwicklung Kants bis zur

Erreichung des kritischen Standpunkts noch weiter durchlaufen hat, können an dieser Stelle nicht im einzelnen verfolgt werden. Auch ist bezüglich des Ganges derselben und namentlich in bezug auf die Reihenfolge und den Wert der hierbei bestimmenden äußeren Einwirkungen eine übereinstimmende Auffassung bisher nicht gewonnen worden. Kant selbst hat später, im Jahre 1783, den englischen Philosophen David Hume als denjenigen bezeichnet, dem er für die Ausgestaltung seiner kritischen Philosophie die bedeutsamste Anregung verdanke. Doch scheint es nicht, als ob dieser Einfluß schon in die Zeit der sechziger Jahre zu verlegen wäre, in welchen allen Anzeichen nach Kant in Hume nur den Moralphilosophen bewunderte, an dem metaphysischen Skeptiker dagegen achtlos vorüberging. Auf das philosophische Problem, das ihn dem Kritizismus entgegentrieb, und in dessen Fassung er mit Hume übereinstimmte, scheint er unabhängig von diesem gestoßen zu sein. Im Jahre 1770 veröffentlichte er zum Antritte der ordentlichen Professur die lateinisch geschriebene Dissertation De mundi sensibilis atque intelligibilis forma et principiis. Hier erscheint bereits, in völliger Übereinstimmung mit der späteren transzendentalen Ästhetik, die Lehre von der Idealität des Raumes und der Zeit als den apriorischen Formen der Anschauung oder der Sinnlichkeit. Andererseits wird hier noch von den Vernunftbegriffen behauptet, daß sie eine direkte und adäquate Erkenntnis der Dinge selbst begründen. Ob hierin ein abermaliger Rückfall auf den rationalistischen Standpunkt zu erblicken, ob demselben eine Periode des reinen Empirismus unter dem Einfluß der englischen Philosophie veranging, und ob jener Rückfall eine Folge der Bekanntschaft mit dem erst im Jahre 1765 veröffentlichten Werke von Leibniz, der gegen Locke gerichteten „Neuen Versuche über den menschlichen Verstand", gewesen sei, mag hier auf sich beruhen.

Elf Jahre dauerte es von da bis zum Erscheinen der „Kritik der reinen Vernunft", 1781. Kant selbst bekennt, daß dieses Buch das Resultat vieljährigen Nachdenkens enthalte, daß er aber die Ausarbeitung „binnen vier bis fünf Monaten in größter Aufmerksamkeit auf den Inhalt, aber weniger Fleiß auf den Vortrag und Beförderung der leichten Einsicht für den Leser zustande gebracht habe". In der Tat ist die Darstellung eine unglückliche; der dunkle, schwerfällige Periodenbau und noch mehr die schwankende, vieldeutige Terminologie stellen dem Verständnisse große Schwierigkeiten entgegen und haben nicht am wenigsten zu dem weiten Auseinandergehen der Ausleger beigetragen. Im Jahre 1787 erschien eine vielfach umgearbeitete zweite Auflage, welche den späteren Abdrücken zugrunde liegt. Über das Verhältnis der beiden Auflagen zueinander ist vielfach und heftig gestritten worden, doch neigt in der Neuzeit die Ansicht der meisten Forscher dahin, in den Abänderungen der zweiten keine wirkliche Alterierung des ursprünglichen Gedankens, sondern nur ein stärkeres Hervorheben von Elementen zu erkennen, welche auch in der ersten enthalten sind, aber dort mehr im Hintergrunde stehen. Da die Aufnahme der Kritik seinen Erwartungen nicht sogleich entsprach, veröffentlichte Kant im Jahre 1783 die „Prolegomena zu einer jeden künftigen Metaphysik, die als Wissenschaft wird auftreten können", welche die Hauptabsicht der kritischen Untersuchung kurz und übersichtlich zusammenfassen und gegen Mißverständnisse sicherstellen sollten. Seinen Ausbau fand das Kantische System sodann in der „Kritik der praktischen Vernunft" vom Jahre 1788 und der „Kritik der Urteilskraft" vom Jahre 1790, während die „Metaphysischen Anfangsgründe der Naturwissenschaft" (1786), die „Religion innerhalb der Grenzen der bloßen Vernunft" (1793), die „Metaphysik der Sitten" (1797), welche die metaphysischen Anfänge der Rechtslehre und die der Tugendlehre umfaßt, und welcher schon früher (1785) die Grundlegung zur Metaphysik der Sitten vorangegangen war, die Prinzipien des Kritizismus auf besonderen Gebieten zur Anwendung zu bringen suchen.

Die volle Ausgestaltung seines kritischen Systems, wie es sich in den drei „Kritiken" darstellt, gewann Kant erst allmählich. Die Verfolgung der erkenntnistheoretischen Frage hatte ihn den neuen Standpunkt finden lassen, und zugleich war das Ergebnis seiner Untersuchung dies, daß ihm nunmehr alle theoretische Philosophie in Erkenntnislehre aufging. Als er sodann von dem eingenommenen Standpunkte aus an die Bearbeitung der Ethik herantrat, stellte er einfach der theoretischen die praktische Philosophie gegenüber, oder, wie er sich zuerst im Zusammenhang seiner eigenartigen Gedanken ausdrückt, der Metaphysik der Natur die Metaphysik der Sitten. Erst in der Einleitung zu dem letzten der drei Hauptwerke wird eine dreifache Aufgabe der Kritik formuliert in Anlehnung an eine herkömmliche Dreiteilung der psychischen Funktionen, welche neben dem Erkenntnisvermögen und dem Begehrungsvermögen noch ein besonderes Empfindungs- oder Gefühlsvermögen annahm. Als gesetzgeberisch, durch Grundsätze a priori bestimmend, erscheint nun auf dem Gebiete des ersten der Verstand, auf dem des zweiten die Vernunft (im engeren Sinne), auf dem des dritten die Urteilskraft, und das System gliedert sich nunmehr in die Erkenntnislehre, die Moral und die Ästhetik. Die nähere Erläuterung muß das nachfolgende liefern.

Die Kantische Erkenntnislehre. „Wie sind synthetische Urteile a priori möglich?" In diese Formel wird das Problem zusammengefaßt, welches die Kritik der reinen Vernunft zu lösen unternimmt. Die Frage ist nur aus einer Reihe von Voraussetzungen verständlich. Analytische Urteile sind solche, in denen der Prädikatsbegriff nichts Neues zu dem Subjektsbegriffe hinzufügt, sondern nur ein in dem letzteren bereits enthaltenes Merkmal heraushebt, wie in dem Beispiele: „Alle Körper sind ausgedehnt". Wer den Begriff Körper hat, denkt darin das Merkmal der Ausdehnung, ja es ist — nach dem Satze des Widerspruchs — unmöglich, einen nicht ausgedehnten Körper zu denken. Analytische Urteile dienen eben darum wohl zur Erläuterung, aber nicht zur Erweiterung unserer Erkenntnisse. Auch ist einleuchtend, daß wir auf dem Wege der begrifflichen Analyse gültige Urteile aus völlig willkürlich gebildeten Begriffen ableiten können, die aber keinerlei Erkenntniswert, keinerlei objektive Bedeutung haben. Ganz anders bei den synthetischen Urteilen. Hier wird von dem Subjekte etwas ausgesagt, was nicht schon in dem Begriffe desselben enthalten ist und darum auch durch keine Zergliederung daraus gewonnen werden kann, vielmehr als etwas Neues zum Subjekt hinzugefügt wird, so in dem Urteile: „Alle Körper sind schwer". Analytische Urteile bedürfen zu ihrer Bestätigung nicht erst der Erfahrung, d. h. der Wahrnehmung, und sie sind auch nicht daraus geschöpft; die Vernunftbegriffe für sich allein reichen dazu aus; sie sind sämtlich Urteile a priori nach der in der neueren Philosophie ausgebildeten Terminologie. Umgekehrt sind empirische Urteile Urteile a posteriori, jederzeit synthetisch; auf Grund meiner Wahrnehmung verknüpfe ich mit einem Subjekte a ein Prädikat b. Synthetische Urteile nun treten jederzeit mit dem Anspruche auf, von der Wirklichkeit zu gelten, nicht bloß logische Beziehungen zwischen möglicherweise willkürlich ersonnenen Begriffen auszudrücken. Aber Erfahrung im herkömmlichen Sinne, wiederholte Wahrnehmung, kann niemals dahin führen, eine Beziehung zwischen Begriffen als eine notwendige und allgemein gültige auszusprechen; sie sagt nur aus, daß etwas ist oder geschieht, aber nicht, daß es notwendig so sein muß; sie berichtet, was in vielen, in einer außerordentlich großen Zahl von Fällen beobachtet wurde, aber auch die denkbar größte

Zahl von Einzelfällen gibt noch keine strenge Allgemeinheit. Analytische Urteile gelten allgemein und notwendig, sie sind von der Erfahrung in dem bezeichneten Sinne unabhängig, ihr Gegenteil ist nicht denkbar. Sollen synthetische Urteile notwendig und allgemein gelten, so müssen sie gleichfalls unabhängig von der Erfahrung, sie müssen a priori sein; aber was ist dann in ihnen der Grund der Verknüpfung von Subjekt und Prädikat? Wie komme ich zu Begriffsverbindungen, deren Bestandteile sich nicht auseinander nach dem Satze des Widerspruchs ableiten lassen, die aber notwendig und allgemein, und die von der Wirklichkeit gelten wollen? — Zunächst entsteht die Frage, ob Urteile solcher Art tatsächlich vorhanden sind. Kant beantwortet dieselbe bejahend. Synthetische Urteile a priori sind vorhanden in der Mathematik. Daß ihre Urteile notwendig und allgemein gelten, wird von niemandem bezweifelt; dagegen befanden sich allerdings die früheren, mit Einschluß des scharfsinnigen Hume, in dem Irrtume, die mathematischen Urteile für analytische zu halten. Nach Kant sind sie vielmehr, sind wenigstens ihre obersten Grundsätze synthetische Urteile. Daß die gerade Linie der kürzeste Weg zwischen zwei Punkten, daß die Summe von fünf und sieben zwölf ist, kann aus den Begriffen allein niemals abgeleitet werden; in dem Begriffe des Geraden liegt nichts von Größe, in denen der Glieder nicht der der Summe. Um diese Urteile einzusehen, muß etwas anderes hinzukommen, nämlich Anschauung: man muß die Linie ziehen, man muß in der Arithmetik beim Zählen die Finger oder sonst etwas zuhilfe nehmen. Die Mathematik beruht auf Anschauung; Anschauung gibt die Verknüpfung ihrer Begriffe an die Hand; mathematische Urteile sind synthetische Urteile und, weil sie notwendig und allgemein gelten, synthetische Urteile a priori. Ebensolche enthält die Naturwissenschaft, z. B. daß in allen Veränderungen der körperlichen Welt die Quantität der Materie unverändert bleibt, oder daß bei aller Mitteilung der Bewegung Wirkung und Gegenwirkung jederzeit einander gleich sein müssen. Endlich sollen auch in der Metaphysik nach dem herkömmlichen Betriebe dieser Wissenschaft synthetische Urteile a priori enthalten sein, z. B. daß die Welt einen Anfang haben muß, daß alles, was in den Dingen Substanz ist, beharrlich ist usw. Hiernach ergibt sich die Frage, wie diese Urteile möglich sind. Es gilt, in dem erkennenden Bewußtsein die Bedingungen aufzuweisen, von welchen diese Urteile abhängig sind, auf welchen ihr Zustandekommen und ihr Erkenntniswert beruht. Nicht um die erfahrungsmäßige Beschreibung des

Hergangs handelt es sich dabei; eine solche ist nicht einmal möglich, da die Bedingungen der Erfahrung vor aller Erfahrung liegen, sondern um den Nachweis der Berechtigung. In Mathematik und reiner Naturwissenschaft ist diese Berechtigung allerdings nicht bezweifelt. Anders aber ist es in der Metaphysik. Hier herrscht Zweifel und Widerstreit der Meinungen. Was der eine künstlich zusammengesponnen hat, löst der andere wieder auf. Darum ist der Sinn jener Frage nicht der nämliche, wo es sich um Mathematik und Naturwissenschaft, und wo es sich um Metaphysik handelt, und demgemäß fällt auch die Antwort verschieden aus. Indem die Bedingungen aufgezeigt werden, auf denen dort die Berechtigung beruht, ergibt sich zugleich — im Sinne Kants —, daß diese Berechtigung hier fehlt, Metaphysik als Wissenschaft nicht möglich ist. Aber da nun doch tatsächlich, wie die Geschichte lehrt, Metaphysik besteht und immer wieder auftritt, so ist die weitere Frage zu beantworten, wie sie als Naturanlage möglich ist. Die Kritik der reinen Vernunft ist somit eine Untersuchung der Quellen und Grenzen des Erkenntnisvermögens. Kant macht es den sämtlichen älteren Philosophen zum Vorwurf, daß sie ohne eine solche Untersuchung zum Aufbau ihrer Systeme geschritten seien. Diesen Dogmatismus soll der Kritizismus beseitigen, ebenso aber auch den Skeptizismus, welcher in einem ohne vorhergehende Kritik gegen die reine Vernunft gefaßten allgemeinen Mißtrauen besteht. Er bezeichnet seine kritische Untersuchung auch als transzendentale und prägt diesen Namen ausdrücklich für den Nachweis der apriorischen Bedingungen der Erfahrung aus, im Unterschiede gegen den transzendenten, d. h. das Gebiet der Erfahrung überschreitenden Vernunftgebrauch der älteren Metaphysik, dessen Unzulässigkeit sich aus eben dieser transzendentalen Untersuchung herausstellen soll. Auffallenderweise aber vermengt er selbst wiederholt beide Ausdrücke miteinander.

Demgemäß gliedert sich die Kritik der reinen Vernunft zunächst in die transzendentale Elementarlehre und die transzendentale Methodenlehre. Die weitere Einteilung der ersteren gründet auf der Unterscheidung eines zweifachen Erkenntnisvermögens, der Sinnlichkeit und des Verstandes. Jene ist ihrem Wesen nach rezeptiv, dieser spontan; durch jene werden uns Gegenstände gegeben, durch diesen werden sie gedacht, und zwar besteht das Denken in der selbsttätigen Verknüpfung der gegebenen Elemente; jene ist intuitiv, dieser diskursiv. Die Form seiner Betätigung ist das Urteil. Auf die Sinnlichkeit richtet sich die Untersuchung der transzendentalen Ästhetik, auf den Verstand die transzendentale Logik. Die Logik ihrerseits zerfällt wieder in die Analytik und die Dialektik.

Die Hereinziehung der Sinnlichkeit in die kritische Untersuchung ist durch die Auffassung der Mathematik als einer auf Anschauung beruhenden Wissenschaft bedingt. Aber auch die Beantwortung der allgemeinen Frage auf diesem besonderen Gebiete ist bereits vorbereitet. Wenn bei apriorischen Urteilen der Grund der Verknüpfung nicht in der Wahrnehmung liegen kann, so muß er eben in uns, in dem auffassenden Subjekte liegen. Es muß apriorische Elemente der Sinneserkenntnis, aller Erfahrung vorangehende Bedingungen der Anschauung geben. Zu ihrer Auffindung leitet die Unterscheidung zwischen Stoff und Form der Sinneserkenntnis. Den Stoff, die Farben, die Töne, die ihrer Natur nach empirisch, zufällig, subjektiv sind, gibt die Empfindung. Das Mannigfaltige der Empfindung aber wird eingeordnet in die Formen von Raum und Zeit, welche aus uns stammen, welche die apriorischen Formen der Anschauung sind. Hiernach führt die Konsequenz des Kantischen Gedankens zunächst nur dahin, diese Formen als gesetzliche Funktionen oder Handlungen des Bewußtseins aufzufassen, welches jederzeit die Empfindungen in bestimmte räumlich-zeitliche Verhältnisse einreiht. Alle Gegenstände außer uns werden von uns als im Raume befindlich, alle unsere inneren Zustände als Teile eines zeitlichen Verlaufes aufgefaßt. Durch Reflexion auf diese ordnende Tätigkeit des Geistes als solche, unter Abstraktion von den jeweiligen Empfindungen, läßt sich sodann zu den allgemeinen Vorstellungen von Raum und Zeit gelangen. Kant aber nennt die letzteren mit Vorliebe „reine Anschauungen" und veranlaßt dadurch das Mißverständnis, als seien darunter fertige Vorstellungen zu denken, die, wie er selbst sich gelegentlich ausdrückt, „im Gemüte a priori bereit liegen". Näher wird der Raum als Form des äußeren, die Zeit als Form des inneren Sinnes bezeichnet. Ihre Apriorität soll durch einen vierfachen Beweis dargetan werden: 1. Die allgemeinen Vorstellungen des Raumes und der Zeit können nicht durch Abstraktion aus den Vorstellungen einzelner Räume und Zeiten gewonnen werden, da vielmehr umgekehrt diesen letzteren mit ihren Merkmalen von nebeneinander und nacheinander die allgemeine Vorstellung des Raumes und der Zeit zugrunde liegt. 2. Sie sind durchaus notwendige Vorstellungen, denn wir können zwar von allem, was in Raum und Zeit ist, abstrahieren, sie selbst aber niemals wegdenken. 3. Raum und Zeit sind keine Begriffe des diskursiven Denkens. Denn ein allgemeiner Begriff findet sich stets als Merkmal oder

Teilvorstellung in den sämtlichen unter ihm befaßten Einzelvorstellungen; umgekehrt dagegen umfassen der eine Raum und die eine Zeit alle einzelnen Räume und Zeiten realiter in sich. Man kann sich nur einen einzigen Raum und eine einzige Zeit denken, deren Teile alle einzelnen Räume und Zeiten sind. Eine Vorstellung aber, der nur ein einziges Objekt entsprechen kann, ist kein Gattungsbegriff, sondern eine Anschauung. 4. Der Raum und ebenso die Zeit werden als eine unendliche gegebene Größe vorgestellt; kein Begriff aber kann so gedacht werden, als ob er eine unendliche Menge von Vorstellungen in sich enthielte. — Daß von diesen Argumenten keines schlagende Kraft besitzt, kann hier nur angedeutet, nicht ausführlich dargetan werden.

Die so angeblich festgestellte Apriorität von Raum und Zeit als Formen der Anschauung hat nun aber im Kantischen Systeme eine doppelte Bedeutung. Zunächst, nach der vorangestellten Absicht der Untersuchung, soll sich aus ihr die Beschaffenheit der mathematischen Urteile erklären. Nach einer deutlichen Entwicklung dieses Gedankens sucht man freilich vergebens. Die Meinung scheint zu sein, daß die mathematischen Axiome darum notwendige und allgemeine Gültigkeit besitzen, weil die ihnen entsprechenden Anschauungen gemäß den Funktionen unseres Geistes von uns selbst in notwendiger und allgemeingültiger Weise produziert werden. Allein aus der vorausgesetzten Apriorität von Raum und Zeit allein folgt dies durchaus nicht. Selbst wenn zugegeben wird, daß Raum und Zeit als Formen der Anschauung allen einzelnen räumlich-zeitlichen Vorstellungen ursprünglich und notwendig zugrunde liegen, so wird hieraus doch nicht die Evidenz jener Sätze verständlich, welche von bestimmten räumlich-zeitlichen Einzelgebilden und ihren Verhältnissen untereinander handeln. Für Kant hatte der vermeintliche Nachweis der Möglichkeit synthetischer Urteile a priori in der Mathematik die Bedeutung eines Bollwerks gegen den Humeschen Skeptizismus; zu gleicher Zeit aber treibt die Annahme, zu welcher derselbe hingeführt hatte, seine Konsequenzen nach einer ganz anderen Richtung.

Wenn Raum und Zeit die in uns gelegenen Bedingungen der sinnlichen Anschauung sind, so scheint sofort einzuleuchten, daß die Objekte dieser letzteren an sich und abgesehen von unserer Weise, sie anzuschauen, nicht räumlich und zeitlich sind, oder, allgemeiner gesprochen, daß wir die Dinge nur erkennen, wie sie uns erscheinen, nicht aber, wie sie an sich sind. Da wir nun aber die Objekte schlechterdings nur den Bedingungen unserer Sinnlichkeit entsprechend anschauen können, so ist die Erscheinung eine notwendige und von bloßem subjektivem Scheine durchaus verschieden. In diesem Sinne soll vom Raume (und ebenso von der Zeit) gelten, daß er empirische Realität besitze, denn alle Dinge als äußere Erscheinungen sind nebeneinander im Raume; aber zugleich soll er auch transzendentale Idealität besitzen, d. h. nichts sein, sobald wir die Bedingung der Möglichkeit aller Erfahrung weglassen, und ihn als etwas, was den Dingen an sich selbst zum Grunde liegt, auffassen. Daß auch bereits der Inhalt unserer Wahrnehmungen, die Qualität der Empfindungen, durch die Einrichtung unserer Sinnesvermögen bedingt sei, gilt Kant als feststehend, aber es wird von ihm nicht weiter hervorgehoben, und die Subjektivität unserer Wahrnehmungen wird immer nur aus der Apriorität der Formen des Anschauens begründet.

Es ist wichtig, nochmals hervorzuheben, in welcher Weise im Denken Kants der an dieser Stelle hervortretende Idealismus (oder wie man neuerdings zu sagen vorzieht: Phänomenalismus) mit der erkenntnis-theoretischen Grundfrage zusammenhängt. Derselbe scheint ihm das einzige Mittel zu sein, den Bestand eines wirklichen Wissens zu sichern. Die Kriterien eines solchen sind einmal, daß seine Geltung eine absolute, der Gefahr einer Berichtigung durch nachträgliche Erfahrung nicht ausgesetzte, und sodann, daß diese Geltung eine allgemeine und nicht — wie Hume meinte — auf der subjektiven Gewöhnung eines einzelnen Subjektes beruhende ist. Ein derartiges Wissen scheint ihm unmöglich, so lange man das Wissen aus der Einwirkung der Gegenstände auf uns ableitet, so lange, wie er es wohl ausdrückt, unsere Erkenntnis sich nach den Gegenständen richtet; möglich dagegen, wenn umgekehrt sich die Dinge nach unserer Erkenntnis richten, d. h. wenn wir es sind, die ihnen Gesetze vorschreiben, und wenn diese Gesetze in uns selbst, in der Einrichtung unseres Erkenntnisvermögens, liegen und daraus erkannt werden können. Natürlich aber kann es sich hierbei, da unsere Erkenntnis keine schöpferische ist, nicht um das physische Sein der Gegenstände, nicht um Objekte als an sich seiende Dinge, sondern nur um Objekte als Erscheinungen, und weiterhin auch nicht um den materiellen Inhalt, sondern nur um ihre Form handeln. Wir sind es, welche die gegebenen Daten der Empfindung in räumlich-zeitliche Verhältnisse ordnen, wir erkennen die Gesetze, welche wir hierbei betätigen, wir vermögen sie in allgemeinen und notwendigen Urteilen auseinander zu legen, aber diese Gesetze gelten von der gesamten Sinnenwelt, weil diese nur nach Maßgabe der Gesetze unserer Sinnlichkeit von uns erkannt werden kann. So führt in dem Gange der Untersuchung der Nachweis der Apriorität von Raum und Zeit zu der phänomenalistischen Konsequenz; zugleich aber ist der Phänomenalismus die Voraussetzung, unter der allein apriorisches Wissen möglich ist. Die oben bezüglich der Erklärung der Mathematik erhobene Einwendung besteht fort, aber man versteht wenigstens Kants Gedankengang. Die Mathematik ist ihm die Wissenschaft von den formalen Bestandteilen der Welt der sinnlichen Anschauung. Diese formalen Bestandteile sind zugleich die apriorischen Bestandteile, und eben hierauf beruht die Notwendigkeit und Allgemeinheit der Grundsätze der von ihnen handelnden Wissenschaft.

Bezüglich der Sinneserkenntnis und, was nach dem Gesagten damit gleichbedeutend ist, bezüglich der Mathematik hatte Kant schon in der Inauguraldissertation vom Jahre 1770 diesen Standpunkt vertreten. Es dauerte elf Jahre, bis er sich entschloß, ihn auch bezüglich der Verstandeserkenntnis durchzuführen. Aber bereits ein Brief vom 21. Februar 1772, auf welchen die moderne Kantforschung mit Recht großes Gewicht legt, gerichtet an den jüdischen Arzt Markus Herz in Berlin, zeigt ihn auf dem Wege dahin. Die Frage war, ob sich eine vollkommene Parallelität werde aufstellen lassen. Gibt es Grundsätze des Verstandes, welche bezüglich ihres apodiktischen wie ihres formalen Charakters den Axiomen der Mathematik an die Seite gesetzt werden können? Wo finden sich im Gesamtbereiche unserer Erkenntnis die formalen Bestandteile, aus welchen diese Grundsätze stammen? Und wie läßt sich zeigen, daß die Gesetze unseres verknüpfenden Verstandes zugleich Gesetze für die Welt der Objekte sind?

In der transzendentalen Analytik sollen diese Fragen beantwortet werden. Die Schwierigkeit, welche in der Aufgabe liegt, wird durch die verwickelte und verkünstelte Form der Untersuchung noch erheblich gesteigert. Es kann hier wiederum nur darauf ankommen, den Zusammenhang und die wichtigsten Bestandteile des Gedankenganges herauszuheben. Als die beiden Quellen der Erkenntnis wurden Sinnlichkeit und Verstand bezeichnet. Indem die Tätigkeit des letzteren ausschließlich in die Verknüpfung gegebener Vorstellungen gesetzt wird, ergibt sich sogleich, daß er nur im Zusammenwirken mit der Sinnlichkeit Erkenntnisse liefern kann; seiner Tätigkeit würde sonst der Inhalt fehlen. Nun aber wird weiterhin eingeschärft, daß auch umgekehrt sinnliche Anschauungen für sich allein noch keine Erkenntnisse sind. Die transzendentale Ästhetik hat die Sinnlichkeit im Interesse der Untersuchung isoliert; es kam darauf an, die ebensowohl von dem Stoffe der Empfindung wie andererseits von den Begriffen des Verstandes unterschiedenen apriorischen Formen der Anschauung aufzufinden. Auch konnte es bei dem abstrakten Charakter der Mathematik genügen, die Notwendigkeit und Allgemeinheit ihrer Grundsätze aus jenen apriorischen Formen abgeleitet zu haben. Anders aber stellt sich die Sache, wo es sich um die Erkenntnis der Dinge handelt, um die Natur, um den gesamten Inbegriff der objektiven, durch gesetzlichen Zusammenhang miteinander verbundenen Erscheinungen, um die Erfahrungswissenschaft. Hier zeigt sich unsere Erkenntnis überall durchzogen und durchwebt mit intellektuellen Elementen, und die Untersuchung ergibt, daß eben auf diesen der objektive Charakter, d. h. die Allgemeingültigkeit, beruht, also das, was die Erkenntnis zur Erkenntnis macht. Dabei ist zu beachten, daß, während Erfahrung bisher gleichbedeutend mit Wahrnehmung und darum behaftet mit der Makel der Zufälligkeit und Subjektivität erschienen ist, sie von jetzt ab der Wahrnehmung entgegengesetzt und der Name in veränderter Bedeutung gebraucht wird. Im Wahrnehmungsurteile sind Vorstellungen lediglich im Bewußtsein des einzelnen Subjektes miteinander verbunden, das diese Verbindung als seinen Zustand erlebt; im Erfahrungsurteile macht die Verknüpfung der Vorstellungen den Anspruch, allgemein für jedes Subjekt, also objektiv, also von Gegenständen zu gelten. Den Grund dieses Unterschiedes will nun Kant darin erblicken, daß im Erfahrungsurteile zu dem bloßen Zusammensein der Vorstellungen ein Grundbegriff des Verstandes hinzugekommen sei. Grundbegriffe des Verstandes aber könnten der Natur des letzteren entsprechend nichts anderes sein als Formen oder Arten und Weisen der Verknüpfung; denn die Funktion des Verstandes sei das Urteil. Die Urteilstätigkeit aber sei eine verschiedene. Die Grundbegriffe des Verstandes drückten sonach die verschiedenen Arten des Urteils nach den dieselben innerlich bestimmenden Momenten aus. Indem daher eine Anschauung unter einen dieser Grundbegriffe gefaßt werde, sei sie eben dadurch in Ansehung eines möglichen Urteils bestimmt. Um das vollständige System der Grundbegriffe aufzufinden, brauche man sich somit nur an die vollständige Tafel der Urteile zu halten, welche die Logik an die Hand gibt. Die Schullogik, wie Kant sie vorzutragen pflegte, bot ihm zunächst vier Gesichtspunkte dar, denen jedes Urteil unterworfen werden müsse, nämlich Quantität, Qualität, Relation und Modalität, und sodann aus jedem derselben eine Dreizahl von Urteilsformen, im ganzen also deren zwölf. Der Quantität nach ist ihm das Urteil entweder allgemein oder besonders oder singulär, der Qualität nach entweder bejahend oder verneinend oder unendlich, der Relation nach entweder kategorisch oder hypothetisch oder disjunktiv, der Modalität nach entweder problematisch oder assertorisch oder apodiktisch. Hieraus leitet er sodann seine Tafel der Grundbegriffe ab, deren es also ebenfalls zwölf gibt, nämlich der Quantität nach: Allheit, Vielheit, Einheit; der Qualität nach: Realität, Negation, Einschränkung; der Relation nach: Substanz (Verhältnis von Subsistenz und Inhärenz), Ursache (Kausalität und Dependenz), Gemeinschaft (Wechselwirkung zwischen Handelndem und Leidendem); der Modalität nach: Möglichkeit, Dasein, Notwendigkeit. In ausdrücklicher Bezugnahme auf Aristoteles gibt Kant diesen Begriffen den Namen der Kategorien, und rühmt sich, diese nicht wie sein Vorgänger nur willkürlich zusammengerafft, sondern aus einem einheitlichen, ihre Vollständigkeit verbürgenden Prinzip hergeleitet zu haben. Daß er gerade hier in einer auffälligen Selbsttäuschung befangen war, wird heute allgemein zugegeben; seine Liebhaberei für symmetrische Anordnung aber fand an der Kategorientafel eine solche Befriedigung, daß er ihr Schema in der Folgezeit auch auf anderen Gebieten zugrunde legte und die entlegensten Gegenstände gleichmäßig unter den vier Titeln der Quantität, Qualität, Relation und Modalität abhandelte.

In der Durchführung der kritischen Untersuchung treten — der Natur der Sache nach — die Kategorien der Relation, speziell die Begriffe der Substantialität und Kausalität, in den Vordergrund. Die Anwendung logischer Formen auf Anschauungen und die dadurch bewirkte Erhebung des Wahrnehmungsurteils zum Erfahrungsurteil scheint sich bei ihnen am einleuchtendsten vorstellig machen zu lassen. Wenn die Vorstellungen a und b lediglich in einem Bewußtsein zusammen sind oder in ihm aufeinander folgen, so ist kein Grund, warum ich b ausschließlich von a als seinem Subjekte prädiziere, oder b als Konsequens auf a als sein Antezedens beziehe; eine andersartige Beziehung ist möglich und wird vielleicht von einem anderen empirischen Bewußtsein tatsächlich vorgenommen. Wenn aber a unter dem Begriff der Substanz subsumiert ist, so kann es nur und muß es immer Subjekt sein, von dem für jedes Bewußtsein das ihm inhärierende b als Prädikat gilt; oder wenn a unter dem

Begriffe der Ursache subsumiert wird, so ist klar, daß immer, wenn a vorangegangen ist, b nachfolgen muß. Solchergestalt also sind die Grundbegriffe des Verstandes die Bedingungen objektiver, d. h. allgemeingültiger Urteile. Sie sind die aller Wahrnehmung vorausgehenden, aus uns stammenden apriorischen Elemente der Erfahrungserkenntnis, und als Funktionen des verknüpfenden Verstandes lediglich formaler Natur. Sofort aber erhebt sich die Frage nach der Berechtigung ihrer Anwendung auf die Anschauungen. Nur aus der Vereinigung der beiden, wesentlich voneinander verschiedenen Faktoren, Sinnlichkeit und Verstand, erwächst die volle Erkenntnis; der durch die erstere gegebene Gegenstand wird durch den letzteren gedacht; aber was gibt das Recht, die sinnliche Anschauung der Bestimmung durch den Verstandesbegriff zu unterwerfen? In der transzendentalen Ästhetik ergab sich eine analoge Frage nicht. Das Recht, die Formen der Anschauung auf die Gegenstände anzuwenden, ist unmittelbar dadurch gegeben, daß sie selbst ja nur die Art und Weise ausdrücken, in der unsere Sinnlichkeit von Gegenständen affiziert wird. Für die Formen des Denkens soll die Berechtigung der Anwendung durch die transzendentale Deduktion der reinen Verstandesbegriffe erwiesen werden. Kant selbst hat diesen Abschnitt der „Kritik der reinen Vernunft" als den dunkelsten des ganzen Werkes bezeichnet, auch hat er ihm in der zweiten Auflage eine gegen die erste sehr veränderte Fassung gegeben. Bis auf den heutigen Tag gehen die Meinungen der Ausleger nicht nur über untergeordnete Details, sondern über Punkte von entscheidender Wichtigkeit weit auseinander. Es muß genügen, ganz im allgemeinen Gang und Richtung der Beweisführung zu charakterisieren. Der Kern liegt darin, daß der Tätigkeit des Verstandes bereits beim Zustandekommen der sinnlichen Anschauungen eine ursprüngliche Mitwirkung zugeschrieben wird. Dieselbe wird in der Zusammenfassung und Verknüpfung des Mannigfaltigen der Empfindung gemäß den Formen von Raum und Zeit erkannt. Wir können uns, meint Kant, nichts im Objekte verbunden denken, ohne es zuvor selbst, also mittels des Verstandes, verbunden zu haben. Diese „transzendentale Synthesis des Mannigfaltigen" ist aber nur so denkbar, daß ihr eine absolute Einheit zugrunde liegt, denn nur in und an einer solchen kann das Verschiedene als Verschiedenes erkannt und miteinander in Verbindung gesetzt werden. Diese ist das reine, ursprüngliche, unwandelbare Selbstbewußtsein, das reine Selbstbewußtsein im Gegensatze zu dem wandelbaren empirischen, das im Flusse der durch den innern

Sinn aufgefaßten inneren Erscheinungen steht. Kannt nennt es mit einer Anlehnung an Leibnizische Terminologie die transzendentale Apperzeption. Sie ist kein Zustand, sondern eine ursprüngliche synthetische Handlung und der höchste Punkt, wovon aller Verstandesgebrauch abhängt. Auf ihr beruht das „Ich denke", welches alle meine Vorstellungen muß begleiten können. Das erste also ist diese ursprüngliche synthetische Einheit; nur durch ihre zusammenfassende und vereinheitlichende Tätigkeit gibt es Objekte für das Bewußtsein. Alle Gegenstände der Erfahrung müssen somit den in ihr gelegenen Bedingungen und Gesetzen gemäß sein, also den Kategorien und den Formen von Raum und Zeit. Diese sind keine fertigen Gebilde, welche das Denken an den Empfindungsstoff heranbrächte; viel eher lassen sie sich als Gesetze bezeichnen, welche das Zusammenwirken von Verstand und Sinnlichkeit innerlich bestimmen, wenn diese, veranlaßt durch die Daten der Empfindung, aus den letzteren den Gegenstand der Erfahrung hervorbringen. Erst das fertige Produkt tritt vor das individuelle Bewußtsein, dem es sich eben darum als ein Fremdes und Äußerliches darstellt. In ihm entdeckt die Reflexion die apriorischen Elemente; die Bestimmungen, die das Denken selbst hineingelegt hat, findet es als allgemeingültige Bestimmungen des Gegenstandes wieder. In diesem Sinne sagt Kant: Der Verstand schöpft seine Gesetze nicht aus der Natur, sondern er schreibt sie ihr vor, wobei natürlich nicht mit der gewöhnlichen Meinung an die Welt der realen Dinge, sondern an den Inbegriff der Objekte unserer Erfahrung als solcher und ihren gesetzlichen Zusammenhang untereinander zu denken ist. Den so gewonnenen kritischen Standpunkt, wonach der Verstand sich nicht nach den Gegenständen, sondern diese sich nach dem Verstande richten, vergleicht er mit der astronomischen Theorie des Kopernicus: die scheinbaren Veränderungen am Himmel richten sich nach uns, nach der wirklichen Drehung der Erde und ihrer Bewohner.

Daß nun freilich dieser kritische Phänomenalismus trotz aller mühevollen Anstrengungen und Windungen der transzendentalen Analytik keineswegs festgestellt ist, bedarf hier nur kurzer Erinnerung. Insbesondere würde die transzendentale Deduktion, wenn sie etwas bewiese, zuviel beweisen. Der Nerv der Argumentation liegt darin, daß der ursprünglichen synthetischen Einheit der Apperzeption bereits das Zustandekommen der sinnlichen Anschauungen unterworfen ist. Sie soll, wie man es neuerlich ausgedrückt hat, als eine überindividuelle und eben darum Allgemeingültigkeit bewirkende

Funktion den gleichmäßigen Untergrund aller individuellen Vorstellungstätigkeit bilden. Aber dann sind auch alle Anschauungen ursprünglich unter Kategorien subsumiert und in Rücksicht auf mögliche Urteile bestimmt; dann bleibt es also völlig unerklärt, daß es trotz dem Urteile von bloß subjektiv-empirischer Bedeutung geben könne. Die Unterscheidung zwischen Wahrnehmungsurteilen und Erfahrungsurteilen, welche den Ausgang bildete, findet sich am Ende der Untersuchung aufgehoben.

Indem jedoch Kant die einmal eingeschlagene Richtung in unermüdlicher Zähigkeit fortsetzt, trifft er auf eine neue Schwierigkeit. Daß Sinnlichkeit und Verstand bei der Entstehung des Erfahrungsobjektes zusammenwirken, gilt durch die transzendentale Deduktion als ausgemacht; aber wie ist ein solches Zusammenwirken durchaus verschiedenartiger Faktoren möglich? Kant glaubt, eines Zwischengliedes zu bedürfen, welches die Subsumtion der Anschauung unter den Verstandesbegriff ermöglicht. Man versteht freilich nicht, warum dies notwendig sei, wenn beide nicht als fertige Gebilde nachträglich zusammengefügt werden, sondern nur die wissenschaftliche Reflexion es ist, die sie an dem Produkte des ursprünglichen Zusammenwirkens zu scheiden unternimmt. Kant aber bezeichnet als dieses Zwischenglied oder als Schema des Verstandes die Zeit, die als eine Form a priori mit den Kategorien, als eine Form der Sinnlichkeit mit der Erscheinung gleichartig ist. Es sollen zwischen ihren Teilen dieselben Verhältnisse in der Anschauung gegeben sein, welche uns die Verstandesbegriffe nur in abstrakter Form zwischen den verschiedenen Teilen des Erkenntnisinhaltes annehmen lassen. Die Lehre vom „Schematismus der reinen Verstandsbegriffe" gibt Kant Gelegenheit, seinem Hange zur Systematisierung nachzugehen. Nach der Ordnung von Quantität, Qualität, Relation und Modalität beziehen sich die Schemata auf die Zeitreihe, den Zeitinhalt, die Zeitordnung und den Zeitinbegriff. Das Schema der Quantität ist die Zahl, das Schema der Realität ist das Sein in der Zeit, das der Negation das Nichtsein in der Zeit; das Schema der Substanz ist die Beharrlichkeit des Realen in der Zeit, das der Kausalität die Sukzession des Mannigfaltigen, sofern sie einer Regel unterworfen ist usw. Die eigentliche Bedeutung der Schemata aber liegt darin, daß sie nun die Möglichkeit ergeben, allgemeinste Grundsätze der Naturwissenschaft a priori aufzustellen. Erst hiermit ist der oben bezeichnete Parallelismus abgeschlossen und die Frage nach der Möglichkeit reiner Naturwissenschaft beantwortet. Diese Grundsätze drükken nichts anderes aus als die Beziehung der Kategorien auf alle mögliche Erfahrung, eben dadurch aber, nach dem früher Gesagten, die allgemeinsten Gesetze der Natur, welche die besonderen Naturgesetze nicht nur als einzelne Anwendung auf empirische Gegenstände unter sich enthalten, sondern auch allein wirklich zu begründen imstande sind. Aus dem Gesichtspunkt der Quantität ergibt sich das Axiom der Anschauung: alle Anschauungen sind extensive Größen; aus dem Gesichtspunkt der Qualität der Grundsatz der Antizipation der Wahrnehmung: in allen Erscheinungen hat das Reale, das ein Gegenstand der Empfindung ist, intensive Größe, d. i. einen Grad; aus dem Gesichtspunkt der Relation das Prinzip der Analogien der Erfahrung: Erfahrung ist nur durch die Vorstellung einer notwendigen Verknüpfung der Wahrnehmungen möglich. Hieraus aber leiten sich sodann nach den drei Modi der Zeit die Grundsätze der Beharrlichkeit, der Folge und des Zugleichseins ab: bei allem Wechsel der Erscheinungen beharrt die Substanz, und das Quantum derselben wird in der Natur weder vermehrt noch vermindert; alle Veränderungen geschehen nach dem Gesetze der Verknüpfung der Ursache und Wirkung, d. h. alles, was geschieht, setzt etwas voraus, worauf es nach einer Regel folgt, und: alle Substanzen, sofern sie zugleich sind, stehen in durchgängiger Wechselwirkung. Aus dem Gesichtspunkt der Modalität endlich ergeben sich die Postulate des empirischen Denkens: was mit den formalen Bedingungen der Erfahrung (der Anschauung und den Begriffen nach) übereinkommt, ist möglich; was mit den materialen Bedingungen der Erfahrung (der Empfindung) zusammenhängt, ist wirklich; dasjenige, dessen Zusammenhang mit dem Wirklichen nach allgemeinen Bedingungen der Erfahrung bestimmt ist, ist notwendig.

So bestätigt die transzendentale Analytik den phänomenalistischen Standpunkt, welcher sich bereits als Ergebnis der transzendentalen Ästhetik herausgestellt hatte. Wir wissen überall nur von Erscheinungen. Wenn die Erfahrung uns Gegenstände aufweist, welche draußen, an bestimmten Stellen des Raumes befindlich, denselben in verschiedenem Umfange erfüllen, welche ebenso in ihrem Auftreten und in ihren Veränderungen einer zeitlichen Ordnung unterworfen sind, welche wir als wirkliche, von uns verschiedene Dinge, als Substanzen mit wechselnden Eigenschaften, untereinander durch kausale Beziehungen verbunden, denken: so ist doch jenes „draußen" nur unsere eigene Vorstellungsweise, wie ja Raum und Zeit überhaupt nur die Art bezeichnen, in der unsere Sinnlichkeit affiziert wird; Realität, Substantialität, Kausalität sind nichts als Funktionen unseres Verstandes, der das gegebene Mannigfaltige der Anschauung ordnend verknüpft. Endlich ist ja auch der Stoff, den wir auf solche Art formen, die Empfindung, nur eine Affektion unserer Sinnlichkeit. Die ganze Welt der Erfahrungsobjekte ist nur das Produkt unseres anschauenden und denkenden Geistes. Ob es außerdem und von ihr verschieden noch eine Welt an sich seiender Dinge gebe, können wir nicht wissen. Wohl reichen unsere Verstandesbegriffe für sich allein betrachtet über die Sinnenwelt hinaus, weil sie nicht sinnlich, sondern intellektuell sind. Aber für sich allein gewähren sie auch keine Erkenntnis; sie sind völlig leer und ohne Inhalt. Sie gewinnen einen solchen nur, indem sie vermittels der Schemata auf sinnliche Anschauungen angewandt werden; sie besitzen Erkenntniswert nur innerhalb der Schranken möglicher Wahrnehmung. Sollten Verstandesbegriffe aus sich selbst einen Inhalt haben, so müßten sie ganz anders geartet, sie müßten intellektuelle Anschauungen sein. Daß es einen solchen Verstand gebe, läßt sich weder behaupten, noch als unmöglich bestreiten. Seine Objekte wären dann allerdings nicht Erscheinungen, sondern die Dinge, so wie sie an sich sind. Alsdann würde der Welt der Phänomena eine Welt der Noumena gegenübertreten. Aber von einem solchen Verstand können wir uns keinerlei Vorstellung machen. Der Begriff des Noumenon hat für uns lediglich negative Bedeutung: er bedeutet das, was nicht Gegenstand der uns allein möglichen sinnlich-anschaulichen Erkenntnis sein kann. Wir haben deshalb auch kein Recht, die Begriffe unseres Verstandes auf die Gegenstände einer solchen übersinnlichen, jenseits der Grenze unserer Sinneswahrnehmung gelegenen Welt anzuwenden; wir dürfen sie weder als Eines noch als Viele, weder als Substanzen noch als Accidentien denken; wir dürfen ihnen ebensowenig Kausalität zuschreiben. Kant war somit vollkommen im Recht, wenn er seinen Idealismus von dem des englischen Philosophen Berkeley, welcher die Körperwelt aufgehoben und eine Geisterwelt statuiert hatte, aufs bestimmteste geschieden wissen wollte. Aber die Widerlegung des Idealismus, welche er der zweiten Auflage der „Kritik der reinen Vernunft" beigegeben hat, ist sehr unglücklich ausgefallen. Er sucht hier geltend zu machen, das empirisch bestimmte Bewußtsein unseres eigenen Daseins beweise das Dasein von Gegenständen außer uns, denn der zeitliche Wechsel unserer Zustände könne uns nur an einem Beharrlichen zum Bewußtsein kommen, und da unser Dasein in der Zeit dieses Beharrliche schon voraussetze, so könne das letztere nicht etwas in uns, sondern es könnten nur Dinge außer uns sein. Die Bündigkeit dieser Argumentation wird auch von Kants Anhängern in Zweifel gezogen; zugleich aber läßt dieselbe erkennen, daß für Kant die Welt realer Objekte, das gleichsam hinter der Erscheinung liegende „Ding-an-sich" viel mehr als bloß problematische Bedeutung besitzt. Andere Aussprüche, namentlich in den Prolegomenen und in einer sehr erregten Polemik gegen Prof. Eberhard in Halle, sind in dieser Beziehung weit deutlicher. Die Erscheinung wird erklärt als Vorstellung „eines zwar unbekannten, aber nichtsdestoweniger wirklichen Gegenstandes". Es wird gesagt, daß wir eben dieselben Gegenstände, die nur als Erscheinungen in unsere Erfahrung treten, zugleich als Dinge an sich selbst denken müssen, wenn wir sie auch als solche nicht erkennen können. „Denn sonst würde der ungereimte Satz daraus folgen, daß Erscheinung ohne etwas wäre, was da erscheint." Ja es wird sogar als „die beständige Lehre der Kritik" bezeichnet, „daß die Gegenstände als Dinge an sich selbst den Stoff zu empirischen Anschauungen geben, daß sie den Grund enthalten, das Vorstellungsvermögen seiner Sinnlichkeit gemäß zu bestimmen". Dies führt nun freilich auf den fundamentalen Widerspruch, welcher alsbald von Jakobi herausgegriffen wurde: ohne die gewöhnliche Vorstellung von auf uns einwirkenden Dingen kommen wir nicht in die Kritik hinein, mit derselben können wir nicht darin bleiben. Der Begriff der Kausalität soll nur eine Funktion unseres Verstandes sein, welcher die gegebenen Daten der Empfindung nach der Regel von Ursache und Wirkung miteinander verknüpft. Wie kann er zugleich auf einen von unserem Vorstellen unabhängigen Vorgang angewandt werden, durch welchen jene Daten allererst zustande kommen? Ältere und neuere Kantianer haben versucht, durch allerhand Umdeutungen, durch Bevorzugung dieser oder jener von Kant gegebenen Darstellung seiner Lehre den Widerspruch zu beseitigen; für Fichte bildete er einen der wichtigsten Antriebe zur Ausbildung seines konsequenten subjektiven Idealismus. Sorgfältige und unbefangene Untersuchungen haben in der neuesten Zeit das Urteil begründet, daß es unmöglich ist, eine von einem einheitlichen Prinzip aus unternommene widerspruchsfreie Entwicklung des Kantischen Kritizismus zu geben, weil auf die Ausgestaltung desselben sehr verschiedene, von Kant selbst keineswegs mit völliger Deutlichkeit erkannte Motive eingewirkt haben. Daß schon in der Erkenntnistheorie gewisse ethische Überzeugungen für ihn bestimmend waren, ist früher bereits hervorgehoben worden. Die Welt der Noumena hatte ihm einen höheren Wert, als der bezügliche Abschnitt in der „Kritik der reinen Vernunft" zuzugestehen scheint. Daß aber das Vorhandensein gegeneinander streitender und keinen endgültigen Ausgleich gewinnender Gedankenreihen einen Vorzug des Kantischen Systems, seinen charakteristischen Reichtum ausmache, wird man nicht überall anerkennen.

Das Schicksal der Metaphysik als Wissenschaft oder, woran hier Kant stets ausschließlich denkt, der Metaphysik der Wolffschen Schule ist durch das bisherige bereits besiegelt. Ihre Untersuchungen richten sich ausdrücklich auf das übersinnliche oder die Erfahrung überragende Gebiet; sie vermeint aus reinen Begriffen zu Erkenntnissen zu gelangen, ohne daß ihr Anschauungen gegeben wären, mit deren Hilfe allein synthetische Urteile gewonnen werden können; sie ist eben darum eine bloße Scheinwissenschaft. Aber die Frage ist jetzt, wie dieser Schein entstehen und seit Jahrhunderten die Menschheit täuschen konnte. Kant begnügt sich also nicht damit, die Unmöglichkeit der Metaphysik als Wissenschaft aus der bisherigen Untersuchung als ihre Konsequenz abzuleiten, er will zugleich die Täuschung im einzelnen aufdecken und den Ursprung des Scheines erklären. Dies ist die Aufgabe der transzendentalen Dialektik. Die weitschichtig angelegte Untersuchung zeigt nicht nur in erhöhtem Maße Kants Neigung, den Stoff einem symmetrischen Einteilungsschema zu unterwerfen, sondern auch in höchst auffälliger Weise das Schwankende und Widersprechende in der Entscheidung der sich aufdrängenden letzten Fragen, welches eine notwendige Folge der entgegengesetzten, bei der Ausgestaltung des Kritizismus wirksamen Motive ist. Wie die Ästhetik auf die Sinnlichkeit, die Analytik auf den Verstand, so soll die Dialektik sich auf die Vernunft im engeren Sinne beziehen, in der wir somit ein von dem Verstande unterschiedenes Vermögen zu erblicken haben. Während nämlich die Aufgabe des Verstandes darin besteht, uns durch Verdinglichung der Anschauungen und begrifflicher Ausgestaltung des Empfindungsstoffes Erkenntnis von Gegenständen zu verschaffen, geht die Vernunft nicht auf die Erkenntnis von Gegenständen, sondern auf den Verstandesgebrauch als solchen. Sie ist gleichsam die höhere Instanz und schreibt dem Verstande das Gesetz für seine Tätigkeit vor, welches Vollständigkeit und Einheit verlangt. Sie treibt uns an, die vereinzelten Erkenntnisse, welche der Verstand liefert, allseitig zu vervollständigen und zu einem einheitlichen Ganzen zu verbinden. Sie ist daher das Vermögen der Prinzipien, während jener das Vermögen der Regeln ist, und die Funktion, in der ihre Eigenart zum Ausdrucke kommt, ist nicht das Urteil, sondern der Schluß. Während wir aber gewohnt sind, bei diesem Namen an die Ableitung neuer Erkenntnisse aus gegebenen Vordersätzen, des Bedingten also aus seinen Bedingungen, zu denken, hat Kant überwiegend das umgekehrte Verfahren im Sinne, welches zu dem gegebenen Bedingten die Bedingungen aufsucht, und zu diesen, nachdem sie ihrerseits gleichfalls als bedingt erkannt sind, wiederum die Bedingungen usf. Eben darin nun soll die Tätigkeit der Vernunft liegen, daß sie uns unaufhörlich treibt, von dem Bedingten zu den Bedingungen fortzuschreiten. Einen Abschluß könnte diese Tätigkeit oder diese Aufgabe nur dann finden, wenn es uns möglich wäre, die ganze Reihe der Bedingungen als eine geschlossene zu erfassen oder zu einem letzten Gliede der Reihe vorzudringen, welches, selbst unbedingt, die Bedingung alles anderen wäre. Somit liegt in der Vernunft selbst und der Aufgabe, die sie uns stellt, die Richtung auf das Unbedingte. Damit aber offenbart sich uns, wie Kant meint, ein tiefer Zwiespalt unseres denkenden Bewußtseins. Denn die Tätigkeit des Verstandes ist in das Gebiet des Bedingten eingeschlossen. Sein Geschäft ist ja immer nur, die Erscheinungen am Leitfaden der Kategorien miteinander zu verknüpfen. In diesem Geschäft kann er an kein Ende kommen, es gibt kein erstes oder letztes Glied in der Kette der Erscheinungen, und ebensowenig kann es ihm jemals gelingen, die abgeschlossene Kette aller Erscheinungen zu ergreifen. Hierin aber begründet sich eine Illusion, die nicht etwa den einen oder anderen gelegentlich ergreift, sondern die unserem ganzen Geschlechte von Natur innewohnt, „Sophistikationen, nicht der Menschen, sondern der reinen Vernunft selbst, von denen selbst der Weiseste unter allen Menschen sich nicht losmachen, und vielleicht zwar nach vieler Bemühung den Irrtum verhüten, den Schein aber, der ihn unaufhörlich zwackt und äfft, niemals los werden kann". Nämlich wir vollziehen immer wieder jenen unvollziehbaren Schluß, wir verwechseln das Ziel, welches uns vorschwebt, aber immer unerreichbar bleibt, mit dem Besitz; die Richtung der Vernunft auf das Unbedingte, welche lediglich ein regulatives Prinzip ist zur Ordnung unseres Verstandesgebrauchs, verwechseln wir mit einem konstitutiven, d. h. die Erkenntnis eines Gegenstandes vermittelnden Prinzip. Während uns nur aufgegeben ist, das Unbedingte zu suchen, aber keine Möglichkeit besteht, dasselbe im Bereiche der Erscheinungen wirklich zu finden, halten wir dasselbe immer wieder dadurch für gegeben, daß wir die

Begriffe unseres Verstandes über diesen Bereich hinaus zur Anwendung bringen. Diese in keiner Erfahrung aufzuweisenden, aber aus der eigenen Natur der Vernunft entsprungenen und darum notwendigen Begriffe nennt Kant Ideen. Es sind ihrer drei: die Idee der Seele, die Idee der Welt, die Idee Gottes, die wir somit in keiner Weise als angeboren, sondern nur als in der bezeichneten Weise entstanden denken dürfen. In schiefer und gezwungener Weise bringt sie Kant mit den drei Hauptformen des Schlußverfahrens zusammen. Dem kategorischen Schlusse soll die Vorstellung eines unbedingten Substrates aller Erscheinungen des inneren Sinnes, dem hypothetischen die eines unbedingten Zusammenhanges aller äußeren Erscheinungen, dem disjunktiven endlich die des unbedingten Wesens entsprechen, welches allen Erscheinungen zugrunde liegt, wodurch die drei Ideen der Reihe nach gegeben sind. Ihre Verwertung ist so lange unbedenklich, als sie lediglich problematisch bleibt, und wir also nur die Erscheinungen des inneren Lebens so ordnen, als ob sie in der Seele ihren Mittelpunkt und ihr einheitliches Subjekt besäßen, und die Wesen und Vorgänge der Natur so, als ob sie sich in den umfassenden Zusammenhang eines Ganzen eingliedern ließen, und die Natur im ganzen auffassen, als ob sie das Werk einer höchsten Intelligenz wäre. Ihr Gebrauch dagegen ist fehlerhaft, wo man vermeint, in ihnen eine wirkliche Erkenntnis der Seele, der Welt und Gottes zu besitzen. Auf diesem fehlerhaften Gebrauche bauen sich die drei metaphysischen Scheinwissenschaften auf: die rationale Psychologie, die Kosmologie und die natürliche Theologie. Dies wird nun in eingehender Weise in drei aufeinander folgenden Abschnitten nachzuweisen unternommen, von denen der erste den bezeichnenden Titel führt: „Von den Paralogismen der reinen Vernunft". Hier soll gezeigt werden, daß die Schlüsse, durch welche die erstgenannte der drei Disziplinen die Substantialität, Simplizität und Personalität der Seele und ihre Verschiedenheit vom Leibe zu beweisen pflegt, Fehlschlüsse seien, indem das Ich, die allgemeine Form des Denkens, verwechselt wird mit der Erkenntnis eines für sich bestehenden Wesens. Die Kategorie der Substanz bedarf zu ihrer Anwendung der Anschauung eines Beharrlichen, was ihr nur im Bereich des äußeren, nicht in dem des inneren Sinnes gegeben werden kann. Hierauf ist nun freilich zu erwidern, daß jene allgemeine Form des Denkens selbst doch offenbar etwas anderes als eine bloße Erscheinung, daß die ursprüngliche synthetische Einheit der Apperzeption offenbar eine wirkliche Handlung und keine bloß erscheinende ist, daß also der strenge Phänomenalismus sich gerade an diesem entscheidenden Punkte unterbrochen zeigt, und daß ferner die Erscheinungen des inneren Lebens als solche ein Etwas fordern, dem sie erscheinen, und somit im Gegensatze gegen die vermeintlichen Ergebnisse des Kritizismus die Annahme eines einheitlichen Subjekts unseres seelischen Lebens eine ebenso berechtigte als notwendige ist. Kant aber begnügt sich damit, daß durch die Zurückweisung der Lehrsätze der rationalen Psychologie keineswegs den Anmaßungen des Materialismus Vorschub geleistet sei. Denn dieselbe Kritik, welche sich gegen den Spiritualismus richte — Kant sagt statt dessen Pneumatismus —, treffe auch das entgegengesetzte dogmatische System. Wenn die Aufstellungen des ersteren über die Seele als eine einfache, immaterielle und den Tod des Leibes überdauernde Substanz nicht beweisbar sind, so brauchen wir sie darum doch nicht für unrichtig zu halten, denn das Gegenteil kann ebensowenig bewiesen werden.

Die Zurückweisung der rationalen Kosmologie geschieht unter der Überschrift „Die Antinomie der reinen Vernunft". Ganz besonders von ihr verspricht sich Kant die Wirkung, daß sie die Vernunft für immer aus ihrem dogmatischen Schlummer wecken werde, indem sie den Widerstreit aufdeckt, in welchen wir uns verwickeln, wenn wir den Ideen objektiven Wert beimessen. Sicher ist, daß die Entdeckung dieses vermeintlichen Sachverhalts für Kant ein wichtiges Moment in der Ausbildung seiner kritischen Theorie gewesen ist. Die allgemeine Weltidee, d. h. die absolute Totalität in der Synthesis der Erscheinungen, gliedert sich nach den vier Titeln der Kategorien, Quantität, Qualität, Relation und Modalität, in vier kosmologische Ideen: die absolute Vollständigkeit der Zusammensetzung des gegebenen Ganzen aller Erscheinungen, die absolute Vollständigkeit der Teilung eines gegebenen Ganzen in der Erscheinung, die absolute Vollständigkeit der Entstehung einer Erscheinung überhaupt, die absolute Vollständigkeit der Abhängigkeit des Daseins des Veränderlichen in der Erscheinung. Aus ihnen fließen nun die vier Antinomien, Sätze, die zueinander im Verhältnis des kontradiktorischen Gegensatzes stehen und welche sich trotzdem beide — wie wenigstens Kant mit großer Bestimmtheit versichert — mit gleicher Stringenz beweisen lassen. Hinsichtlich der Quantität der Welt lautet die Thesis: Die Welt hat einen Anfang in der Zeit und Grenzen im Raum; die Antithesis: Die Welt ist anfangslos und ohne Grenzen im Raum. Hinsichtlich der Qualität die Thesis: Eine jede zusammengesetzte Substanz in der Welt besteht aus einfachen Teilen; die **Antithesis**: Es existiert nichts Einfaches. Hinsichtlich der Relation die Thesis: Es gibt eine Freiheit im transzendentalen Sinne als Fähigkeit eines absoluten, ursachlosen Anfangs einer Reihe von Wirkungen; die Antithesis: Es geschieht alles in der Welt lediglich nach Gesetzen der Natur. Hinsichtlich der Modalität endlich die Thesis: Es gehört zur Welt (sei es als Teil oder als Ursache) ein schlechthin notwendiges Wesen; die Antithese: Es existiert nichts schlechthin Notwendiges. Die Beweisführung ist für die sämtlichen Sätze eine indirekte und in ihrem Verlaufe gleichartige. Zum Beweise der Thesis wird die in der Antithesis behauptete Unendlichkeit des Fortgangs als unvollziehbar bekämpft, zum Beweise der Antithesis die in der Thesis angenommene Grenze als willkürlich und überschreitbar zurückgewiesen. Die behauptete gleichmäßige Stringenz ist nun freilich längst und mit Recht angefochten worden. Kant ist dagegen der Ansicht, daß die Antinomie auf dem Standpunkte der herkömmlichen dogmatischen Auffassung unlöslich sei und sich nur durch die kritische Unterscheidung zwischen Erscheinung und Ding an sich lösen lasse. In den beiden ersten Antinomien sollen sowohl Thesis als Antithesis falsch sein. Denn in ihnen ist nach Kant von der Welt offenbar im Sinne eines Dinges an sich die Rede. Aber das Ding an sich steht nicht unter den Bedingungen der Räumlichkeit und Zeitlichkeit, es kann also gar nicht gefragt werden, ob es nach diesen Beziehungen begrenzt oder unbegrenzt sei, und das Analoge gilt von der Einfachheit und Zusammengesetztheit. Der Welt als Ding an sich kann also von den einander widersprechenden Prädikaten keines beigelegt werden, und aus der Ungültigkeit des einen darf man nicht auf die Gültigkeit des andern schließen. In den beiden letzten Antinomien dagegen sollen jedesmal beide Sätze wahr sein, aber die Thesis in bezug auf die intelligible Welt oder die Welt der Dinge an sich, die Antithesis in bezug auf die Welt der Erscheinungen. Es ist also wahr, daß in der Welt der Erscheinungen alles mit Naturnotwendigkeit bedingt ist, aber zugleich nicht minder wahr, daß es im Bereich der Dinge an sich Freiheit gibt; es ist wahr, daß in den Erscheinungen eine unbedingte Ursache sich nicht finden läßt, aber es ist nicht minder wahr, daß außerhalb der ganzen Reihe der Erscheinungen als transzendentaler Grund derselben das Unbedingte liegt. Diese letztere Lösung ist in mehr als einer Beziehung überraschend. Während die Zurückweisung der rationalen Psychologie dabei stehen bleibt, für Spiritualismus und Materialismus gleichmäßig die Unerweislichkeit zu behaupten, werden hier ein dem Mechanismus kausaler Verknüpfung entzogenes Geschehen und das Unbedingte als Grund der Erscheinungen zwar in die jenseitige intelligible Welt verwiesen, aber in ihrer Existenz ausdrücklich anerkannt. Außerdem aber, wenn die Antithesis wahr ist im Bereiche der Erscheinungen, also in dem Bereiche, in welchem nach Kant die theoretische Erkenntnis ihre Stelle hat, wie ist es denn zu erklären, daß nach Kants wiederholter Versicherung die gegenteilige Behauptung mit gleicher Stringenz bewiesen werden kann? Hierdurch wäre ja alsdann der Satz des Widerspruchs, die Grundlage aller Beweisführung, auch für die Welt der Erscheinungen aufgehoben.

Der dritte, auf die Widerlegung der natürlichen Theologie abzielende Abschnitt führt den Titel „Das Ideal der reinen Vernunft". Kant geht hier von dem Satze aus, jedes Ding sei ein durchgängig bestimmtes, d. h. es müsse ihm von allen möglichen Prädikaten ein jedes entweder beigelegt oder abgesprochen werden. Er verbindet damit sofort die weitere Behauptung, daß eben darum die Erkenntnis eines jeden einzelnen Dinges die Idee von dem Inbegriffe aller Möglichkeit voraussetze. Der Begriff eines allerrealsten Wesens erscheint sonach als der gemeinsame Hintergrund, von dem sich die Begriffe der einzelnen Dinge nur als ebensoviele Einschränkungen abheben oder noch richtiger als dessen Folgen darstellen. Die Vernunft ist daher vollkommen berechtigt, alle Dinge in Beziehung auf dieses ihr Ideal zu denken, aber sie überschreitet ihre Grenzen, wenn sie dazu übergeht, das Ideal zu realisieren, zu substantiieren. Dies ist der Ursprung des Begriffs vom höchsten Wesen, wie ihn die natürliche Theologie aufstellt: aber als ob sie sich der Unrechtmäßigkeit ihres Verfahrens bewußt wäre, ersinnt sie die sogenannten Beweise fürs Dasein Gottes, welche Kant einer eingehenden, aber sehr mit Unrecht hochgerühmten Kritik unterwirft. Wenn dieselbe ihren Ausgang von dem ontologischen Beweise nimmt, so ist es ja ohne Frage richtig, daß darin die Aussage über die Realität oder objektive Begründetheit eines Begriffs verwechselt wird mit einer Aussage über seinen Inhalt, daß nur diese letztere, niemals aber die ersteren ein analytisches, durch Zergliederung des Begriffs gewonnenes Urteil sein kann, und daß umgekehrt der Inhalt eines Begriffes der nämliche bleibt, möge ihm in der Wirklichkeit etwas entsprechen oder nicht, daß es demgemäß auch völlig verkehrt ist, „aus einer willkürlich entworfenen Idee das Dasein des ihr entsprechenden Gegenstandes ausklauben zu wollen". Aber die Theologie der alten, auf kirchlichem Boden stehenden Schulen hatte dies auch keineswegs verkannt; die größten Scholastiker hatten dem ursprünglich von Anselmus von Canterbury ersonnenen Argument keine Beweiskraft zugeschrieben; schon unter den Zeitgenossen, im elften Jahrhundert, war auf die entscheidenden Mängel hingewiesen worden. Kant geht völlig in die Irre, wenn er nun weiter behauptet, daß der ontologische Beweis zuletzt auch den beiden anderen hergebrachten Gottesbeweisen zugrunde liege, dem kosmologischen und dem physiko-theologischen (teleologischen), indem jener das allernotwendigste Wesen dem allerrealsten Wesen gleichsetze und so allererst zum Begriffe der Gottheit gelange, dieser aus sich selbst nur zum Erweise eines Weltbaumeisters, nicht eines Welturhebers vordringen könne und daher gleichfalls des ergänzenden Rekurses auf den ontologischen Beweis bedürfe. Für ihn aber bleibt das Ergebnis auch dieses Abschnittes, daß wir von Gott keine theoretische Erkenntnis besitzen, daß wir weder sein Dasein beweisen, noch über seine Wesenheit irgend etwas aussagen können. Über den Verlust einer jeden wissenschaftlichen Theologie aber sollen wir uns auch hier wieder durch die Überzeugung trösten, daß auch der Atheismus wissenschaftlich vollkommen unberechtigt sei. Daß dies in Wahrheit das letzte Wort von Kants eigener Überzeugung gewesen sei, läßt sich jedoch nicht behaupten. Schon zuvor ist darauf hingewiesen worden, daß die Lösung der vierten Antinomie weiter reicht, indem sie die Existenz eines unbedingten Urgrundes in der Welt der Dinge an sich anerkennt. Noch weiter aber führt es offenbar, wenn in dem Schlußabschnitte der transzendentalen Dialektik erklärt wird, daß wir „ohne allen Zweifel" einen „einigen, weisen und allgewaltigen Welturheber" annehmen müssen; wenn daselbst zwar das Verbot einer direkten Anwendung der Kategorien auf das unbedingte Wesen festgehalten, ein „relativer" und „analoger" Gebrauch derselben aber, ja sogar ein „symbolischer Anthropomorphismus" als berechtigt anerkannt werden. Allerdings pflegen diese und ähnliche Zugeständnisse sofort wieder durch die Vorbehalte des Kritizismus eingeschränkt zu werden; allein dieses Hin- und Herschwanken beweist zuletzt nur die Unhaltbarkeit des Standpunktes, welcher die Denknotwendigkeit von Begriffen anerkennt, aber den Schluß auf die Realität des darin Gedachten als unzulässig bezeichnet, welcher in erkenntnistheoretischer Absicht eine Grenze zwischen der Welt der Erscheinungen und einer völlig problematischen Welt an sich seiender Dinge errichtet, zu gleicher Zeit aber um des unverlierbaren Wertes willen, den wir den Objekten der jenseitigen Welt zuzumessen genötigt sind, immer wieder über diese Grenze hinüberschielt. Aber man begreift ebenso, nach welcher Richtung vorzüglich die Wirkung der Kantischen Kritik gehen mußte. Die Unerkennbarkeit aller höheren Wahrheiten, die Unmöglichkeit der Metaphysik, die Unzulänglichkeit insbesondere aller Beweise fürs Dasein Gottes sind seitdem wie feste Bestandstücke der modernen Weltanschauung fortgeführt und weiterverbreitet worden, für deren jeden Zweifel niederschlagende Gültigkeit es genüge, sich auf die „alles zermalmende Kritik" des Königsberger Philosophen zu berufen.

Kant sagt in der Vorrede zur zweiten Auflage der Vernunftkritik, daß er das Wissen habe aufheben müssen, um zum Glauben zu gelangen. Die Ergänzung der erkenntnistheoretischen Untersuchungen nach dieser Seite gibt die Kantische Ethik.

Auch hier hat Kant eine Entwicklung durchgemacht. In der vorkritischen Periode stand er unter dem Einflusse Rousseaus und der englischen Moralphilosophen. Seine späteren Lehren dagegen hangen, was Gegenstand und Methode der Untersuchung, Stellung und Auflösung der Aufgabe betrifft, mit dem kritischen Standpunkte aufs engste zusammen. Dort war die Frage: Wie kann reine Vernunft Erkenntnis von Gegenständen begründen? Hier lautet sie: Wie kann reine Vernunft Moralität begründen? Denn daß nur reine Vernunft hierzu imstande ist, gilt da wie dort und aus dem gleichen Grunde als feststehend, weil nämlich nur aus ihr die Allgemeingültigkeit stammen kann, welche ebensowohl das Merkmal des wahren Wissens wie der Sittlichkeit ist. Die Beurteilung einer Handlung unter dem Gesichtspunkte des Sittlichen ist unabhängig von den besonderen Umständen des einzelnen Falles und den individuellen Anlagen und Neigungen der einzelnen Person; sie gilt für alle Fälle, für alle Menschen, ja für alle vernünftigen Wesen überhaupt. Sie bezieht sich auch nicht auf das, was durch eine Handlung hervorgebracht wird, sei es für die eigene Person, sei es für andere, sondern ausschließlich auf die Gesinnung, aus der sie hervorgeht. Daher die vielbewunderten Worte, mit denen die „Grundlegung zur Metaphysik der Sitten" beginnt: „Es ist überall nichts in der Welt, ja überhaupt auch außer derselben zu denken möglich, was ohne Einschränkung für gut könnte gehalten werden, als allein ein guter Wille." Welches ist nun bei dieser apodiktischen Beurteilung der zugrunde liegende Maßstab? Welches ist das oberste Moralprinzip, das höchste Gesetz, welchem die Maximen entsprechen müssen, die uns in unseren Handlungen bestimmen, wenn anders diese Handlungen als sittliche bezeichnet werden sollen? Das oberste Moralprinzip kann nicht etwa den Willen auf einen Gegenstand richten; es kann nicht, wie Kant dies ausdrückt, ein materialer Grundsatz sein, denn alsdann würde es aus der Erfahrung abstrahiert und somit ohne notwendige Geltung sein. Auch ist in allen materialen Grundsätzen zuletzt die Selbstliebe, also das Gegenteil des Sittlichen, maßgebend, sofern eben das Verhältnis des Objektes zu dem Begehrungsvermögen das den Willen Bestimmende ist. Kant glaubt durch diese Erwägungen den Eudämonismus im weitesten Umfange von dem Bereiche des Sittlichen auszuschließen, aber er nimmt von vornherein das Glückseligkeitsstreben in möglichst niederem, sensualistischem Sinne, und zugleich ist es ihm durch seinen kritischen Standpunkt verwehrt, nach Weise des Aristoteles die Eudämonie mit dem obersten Zwecke des Menschen und der Menschheit zu verknüpfen und hieraus die allgemeinverbindlichen Normen des Sittengesetzes abzuleiten. Wenn also das oberste Moralprinzip nicht bestimmen kann, was wir wollen sollen, so bleibt nur übrig, daß es bestimme, wie wir wollen sollen, oder daß es ein formaler Grundsatz sei. Folgendermaßen wird es von Kant formuliert: Handle so, daß die Maxime deines Willens jederzeit zugleich als Prinzip einer allgemeinen Gesetzgebung gelten könne. Kant glaubt zeigen zu können, daß dieses Kriterium auf diejenigen Handlungen zutreffe, welche das allgemeine Bewußtsein als sittliche bezeichnet. Wenn dagegen umgekehrt die Maxime, unter die eine Handlung fallen würde, zum allgemeinen Gesetz erhoben, sich durch einen inneren Widerspruch aufheben würde, so ist die Unterlassung einer solchen Handlung Pflicht. Könnte es hiernach scheinen, als sollte der Gegensatz des Sittlichen und des Unsittlichen auf den des Denkmöglichen und des Denkunmöglichen zurückgeführt werden, so sieht doch Kant ein, daß dies nicht ausreicht, und er ergänzt daher das Nicht-Denken-Können durch das Nicht-Wollen-Können. Aber damit ergibt sich nur eine neue Schwierigkeit. Wann kann ich denn nicht wollen, daß die Maxime, von der ich mich im einzelnen Falle leiten lasse, Prinzip einer allgemeinen Gesetzgebung werde? Entweder dann, wenn eine solche Einrichtung ihre Spitze auch gegen mich selbst kehren, oder dann, wenn sie die Allgemeinheit schädigen würde. Im ersten Falle fiele das oberste Moralgesetz mit dem bekannten, keineswegs das ganze Gebiet des Sittlichen umfassenden Satze zusammen: „Was du nicht willst, daß man dir tue, das tue du auch keinem anderen", von welchem Kant es ausdrücklich zu scheiden bemüht ist. Im anderen Falle würde die Anwendung des Moralprinzips wiederum von der empirischen Erkenntnis dessen abhängen, was das Gemeinwohl erhält oder schädigt, und es würde außerdem nur Geltung besitzen unter der Voraussetzung, daß es schon als sittliche Pflicht anerkannt wäre, jede Schädigung desselben zu vermeiden. Aber auch der logische Widerspruch, auf welchen die zum Prinzip einer allgemeinen Gesetzgebung erhobene Maxime hinführen müßte, läßt sich nur im Hinblick auf die erfahrungsmäßigen Bedürfnisse und Einrichtungen des menschlichen Gemeinlebens erkennen. Jener oberste, rein formale Grundsatz ist für sich allein völlig leer und unfähig, aus sich selbst die Richtung unseres Wollens und Handelns vorzuzeichnen. Kant versucht es daher auch noch mit einer anderen Formel: „Handle so, daß du die Menschheit, sowohl in deiner Person als in der Person eines jeden anderen, jederzeit zugleich als Zweck, niemals bloß als Mittel brauchst." Hier ist eine materiale Bestimmung aufgenommen; das Dasein vernünftiger Wesen erscheint als Selbstzweck, als absoluter Wert. Allein diese Formel fügt sich nur gezwungen in den Gedankengang und wird auch in dem ethischen Hauptwerk, der „Kritik der praktischen Vernunft", nicht wiederholt.

Gerade der formale Charakter soll nun aber den Vorzug des neuen Moralprinzips ausmachen. Dasselbe würde lediglich das eigene Gesetz der Vernunft sein, wenn das Wesen des Menschen ausschließlich in der Vernunft bestände; es nimmt dagegen die Gestalt eines Gebotes an, eines Imperativs, weil sich im Menschen mit der Vernunft die Sinnlichkeit verbindet. Aber es gebietet nicht nur bedingt, unter Voraussetzung eines Zweckes, zu dessen Erreichung es die notwendigen Mittel vorschriebe, sondern absolut, es ist kein hypothetischer, sondern ein kategorischer Imperativ. Die Selbstbestimmung nach dem kategorischen Imperativ nennt Kant die „Autonomie des Willens", indem der Wille, der nur ein anderer Name für die praktische Vernunft ist, nicht dem Gesetze nur unterworfen, sondern selbst gesetzgebend ist; alle Begründung des praktischen Gesetzes aber auf empirische Zwecke gilt ihm als „Heteronomie der Willkür". Indessen leuchtet ein, daß die Erkenntnis und Anerkenntnis des obersten Sittengesetzes durch die Vernunft keineswegs gleichbedeutend ist mit der Ableitung desselben aus der Vernunft, insbesondere der individuellen Vernunft, als ihrer letzten Quelle. Ich kann nun aber im gegebenen Falle meinen Willen durch das moralische Gesetz bestimmen lassen, so daß ich im Einklange mit demselben handle, aber doch so, daß die Triebfedern wieder empirischer Art sind, wenn ich also beispielsweise von der Erwägung ausgehe, daß die sittliche Handlung die größte allgemeine Wohlfahrt und damit auch den größtmöglichen Vorteil für mich zur Folge haben werde. Dann handle ich gesetzlich, aber nicht sittlich. Wahre Moralität, nicht bloße Legalität, ist nur da vorhanden, wo gewollt wird nicht nur was, sondern auch weil das Gesetz befiehlt. Die einzige Triebfeder des menschlichen Willens, soll er anders guter Wille sein, ist das moralische Gesetz selbst. Ja Kant überspannt hier den richtigen Gedanken, daß der sittliche Wert einer Handlung durch egoistische Nebenabsichten getrübt oder aufgehoben werden kann, zu der paradoxen Behauptung, daß nur im Widerstreit mit der Neigung das Sittliche gefunden werde. Liebe zum Gesetz kann nur als etwas Idealisches betrachtet werden; die einzige Empfindung, welche dem Menschen dem Sittengesetze gegenüber ansteht, ist Achtung vor demselben. Dieses Gefühl unterscheidet sich, weil durch einen Vernunftbegriff geweckt, spezifisch von allen Gefühlen, die auf Neigung oder Furcht beruhen. Es ist gleichbedeutend mit dem Pflichtgefühl, denn Pflicht ist Notwendigkeit einer Handlung aus Achtung fürs Gesetz. — Die ernste und nachdrückliche Hervorhebung des Pflichtgedankens ist anerkennenswert und das Beste in der Kantischen Ethik. Aber die Herleitung bleibt im Dunkeln, der eigentliche Grund der Verpflichtung unaufgeklärt. Es ist ein Sollen ohne Ziel, ein Gesetz ohne Gesetzgeber.

An das moralische Bewußtsein, das Faktum der Vernunft, werden nun aber wichtige und weittragende Folgerungen angeknüpft. Gilt das Sittengesetz allgemein, so müssen auch alle imstande sein, demselben zu entsprechen; der kategorische Imperativ wäre sinnlos, könnte unser Wille nicht wirklich durch denselben bestimmt werden. Also darf derselbe nicht dem Zwange des Naturgesetzes, dem Mechanismus der Triebe und Leidenschaften unterworfen, er muß (in diesem beschränkten Sinne) frei sein. Die unbedingte Geltung des Sittengesetzes ist die Bürgschaft unserer Freiheit, diese die Voraussetzung jener. Hier ist nun der Punkt, wo die Ethik auf die Ergebnisse der „Kritik der reinen Vernunft" stößt. Dort war die Freiheit als eine jener Ideen der Vernunft aufgewiesen worden, durch welche wir vergeblich hoffen, unsere Erkenntnis zu erweitern. Zugleich hatte sich bei der Auflösung der dritten Antinomie herausgestellt, daß Freiheit im Sinne einer unbedingten, nicht selbst wieder durch eine vorangegangene Ursache bedingten Kausalität im Bereiche der Erscheinungen nirgends anzutreffen ist. Hier besteht eine fortlaufende Kette von Ursachen und Wirkungen, in der jede Ursache selbst wieder Wirkung ist. Aber es war allerdings die Möglichkeit offen gelassen, daß es gleichsam hinter den Erscheinungen, in einer übersinnlichen Welt, ein intelligibles Wesen geben könne und ein Vermögen eines solchen, das zwar Ursache von Erscheinungen, in seiner Beursachung aber selbst frei wäre. Wofür dort die Möglichkeit offen gelassen wurde, das hat sich jetzt als wirklich herausgestellt. Der Mensch muß frei sein, das fordert die Tatsache des Sittengesetzes; er kann nicht frei sein, sofern er ein der Erscheinungswelt angehöriges Sinnenwesen ist, also muß er zugleich ein Glied der intelligiblen Welt sein, er muß einen intelligiblen Charakter haben. Als empirischer Charakter steht der Mensch unter den Bedingungen der Erscheinungen; jede seiner Handlungen ist ein Glied in der Zeitreihe und setzt daher eine der Zeit nach vorangehende nötigende Bedingung voraus; eine jede ist durch frühere Handlungen und Zustände oder durch äußere Eindrücke vollständig bestimmt, und wenn wir dieselben alle bis auf den Grund erforschen könnten, so würde es keine einzige Handlung geben, die wir nicht aus ihren Bedingungen mit Notwendigkeit herleiten und darum auch mit völliger Sicherheit voraussagen könnten. Als intelligibler Charakter dagegen ist der Mensch diesem Zusammenhange entzogen; als Glied einer übersinnlichen Welt, als Noumenon ist er frei. Kants Meinung ist jedoch nicht die des sogenannten Prädeterminismus, wonach alle einzelnen Willensakte die Folgen eines einzigen gleichsam vorzeitlichen Willensaktes seien, der einmaligen Wahl eines Lebensloses im Sinne des platonischen Mythus, sondern er will geltend machen, daß alle unsere in der Zeit erscheinenden Handlungen aus unserem unsinnlichen Wesen als aus ihrem zeitlosen Grunde entspringen und somit jede einzelne als Erscheinung durchaus von früheren abhängig, ihrem jenseitigen Grunde nach durchaus unabhängig sei. In diese gänzlich haltlose und phantastische Lehre, welche gegen die pedantische Nüchternheit der Kritik seltsam genug absticht, kommt noch eine weitere Verschiefung dadurch, daß offenbar jener intelligible Charakter auch der Grund der unsittlichen Handlungen sein müßte, daß aber Kant andererseits aus dem übersinnlichen Wesen der Menschennatur, ihrem Hineinragen in die intelligible Welt, den Ursprung der Pflicht herleiten möchte, sofern eben jenem übersinnlichen Wesen und den darin gegründeten praktischen Gesetzen das Individuum als Sinnenwesen unterworfen gedacht wird. — So wichtig nun aber auch die Idee der Freiheit im praktischen Gebrauche ist, so sollen wir doch nicht glauben, daß dadurch unserer spekulativen Vernunft eine neue Einsicht zuwachse. Sie ist ein Postulat der reinen praktischen Vernunft. Postulate aber sind keine theoretischen Dogmen, sondern Voraussetzungen in notwendig praktischer Rücksicht, welche den Ideen der spekulativen Vernunft im allgemeinen vermittels ihrer Beziehung aufs Praktische objektive Realität geben und sie zu Begriffen berechtigen, deren Möglichkeit auch nur zu behaupten sie sich sonst nicht anmaßen könnte. Die gewundene Erklärung zeigt, bis zu welcher Unnatur die Erkenntnisfähigkeit und das Wahrheitsstreben des Menschen durch die Kantische Kritik verzerrt werden. Es gibt Ideen, welche wir denken müssen, aber wir dürfen uns durch sie nicht zur Anerkennung der Realität des Gedachten führen lassen! Der Inhalt dieser Ideen hat für uns den höchsten Wert; wir sind berechtigt, ihnen eine entscheidende Stelle in der Gestaltung unseres sittlichen Lebens zu geben, aber wir dürfen nicht glauben, dadurch irgendwelche theoretische Einsicht zu gewinnen. Die Unhaltbarkeit dieses Standpunkts zeigt sich noch deutlicher, wenn auch die beiden anderen Postulate herangezogen werden, welche nach Kant der praktischen Vernunft eignen, nämlich die Unsterblichkeit der Seele und das Dasein Gottes.

In der Vernunft liegt die Richtung auf das Unbedingte, das soll von dem theoretischen ebenso wie von dem praktischen Gebiete gelten. Demgemäß fordert sie, daß wir nicht nur im einzelnen Falle, sondern vollkommen und durchgängig unseren Willen durch das Sittengesetz bestimmen lassen. Aber wir sind ja nicht rein vernünftig, wir sind auch Sinnenwesen und als solche in Triebe, Neigungen und Leidenschaften verwickelt; auch in die sittlichen Handlungen mischen sich oft genug sinnlich-empirische Triebfedern. Alles, was wir in diesem Leben erreichen können, ist Tugend, d. h. gesetzmäßige Gesinnung aus Achtung vor dem Gesetz, begleitet von dem steten Bewußtsein der Notwendigkeit des Kampfes mit der niederen Natur und daher auch von dem Gefühle der Unsicherheit, ob es gelingen werde, die sittliche Gesinnung ausnahmelos zu bewahren. Aber die Forderung des Sittengesetzes geht weiter; völlige Angemessenheit des Willens zum moralischen Gesetze ist Heiligkeit. Dieser Forderung kann nur dadurch genügt werden, daß die Herrschaft der Vernunft sich immer mehr ausdehne und befestige, die sinnliche Natur immer weiter zurückgedrängt werde. Nicht mit einem Schlage kann sich daher die Heiligkeit darstellen, nur in unendlichem Progreß können wir uns der Heiligkeit annähern; damit aber ein solcher Progreß möglich sei, müssen wir unendliche Dauer haben, wir müssen unsterblich sein. Nur begreift man nicht, wie ein solcher Progreß nach dem Tode möglich, und warum er notwendig sei, da ja alsdann doch wohl die Verbindung unseres intelligiblen Charakters mit der niederen Natur aufgelöst ist. — Ferner: Der Gegenstand der Vernunft ist das Gute, und ihre Forderung, das Gute zu setzen, und zwar, wegen jener Richtung auf das Unbedingte, das unbedingt Gute, das höchste, allumfassende Gut. Nun aber ergibt sich, daß der Begriff dieses letztern auch die Glückseligkeit einschließt, d. h. den Zustand eines vernünftigen Wesens, dem im Ganzen des Daseins alles nach Wunsch und Willen geht. Aber ebensowenig, wie das Streben nach Glückseligkeit ein sittliches Motiv sein kann, ebensowenig folgt aus der Tugend die Glückseligkeit als ihre gegebene Folge. Jenes ist durch den Gegensatz zwischen Sittlichkeit und Egoismus ausgeschlossen, dieses würde voraussetzen, daß dem moralischen Individuum zugleich die erforderliche Macht über den Naturlauf zu Gebote stände. Besteht nun aber trotzdem jene Forderung der Vernunft, die Übereinstimmung zwischen Tugend und Glückseligkeit zu fördern, so ergibt sich daraus die Notwendigkeit einer von der Natur unterschiedenen Ursache der gesamten Natur, welche vermöge einer der moralischen Gesinnung entsprechenden Kausalität den Grund jener Übereinstimmung enthält. Oder mit anderen Worten: der notwendige Ausgleich zwischen moralischer Würdigkeit und Glückseligkeit führt auf das Dasein Gottes, als das dritte Postulat der praktischen Vernunft. Auch hier aber wird eingeschärft, daß die Annahme des Daseins Gottes als einer obersten Intelligenz in Ansehung der theoretischen Vernunft bloße Hypothese sei, in Ansehung der praktischen Vernunft dagegen Glaube, und zwar, weil bloß reine Vernunft die Quelle ist, reiner Vernunftglaube. Dieser letzte Ausgang der Ethik ist auffallend genug. Denn wenn es eine Aufgabe der Vernunft ist, jene Übereinstimmung zu fördern, so dringt offenbar der zu Anfang streng verpönte Eudämonismus auf einem Umwege herein. Außerdem aber: der Fortgang zu jener überweltlichen Ursache ist nicht etwa durch das Bedürfnis des sittlichen Lebens erzwungen; er beruht auf einem logischen Schlusse, dessen Obersatz viel weiter reicht als das moralische Gebiet. Es wird vorausgesetzt, daß die Welt ein zweckvolles, in den einzelnen Teilen harmonisch aufeinander gestimmtes Ganzes sei, denn nur so erhellt die Notwendigkeit eines Ausgleichs zwischen Sittlichkeit und Glückseligkeit. Jene Voraussetzung führt dann allerdings auf die Anerkennung einer intelligenten Weltursache; wir haben es somit nur mit einer anderen Fassung des alten teleologischen Arguments zu tun. So bestätigt die Lehre von den Postulaten der praktischen Vernunft im Grunde, was auch schon in den erkenntnistheoretischen Aufstellungen, trotz aller Machtsprüche des Kritizismus, hindurchbrach. Die menschliche Vernunft läßt sich nicht in die Schranken der Sinnenwelt einschließen, sie strebt darüber hinaus, bestimmt und geleitet von den gleichen Denkgesetzen, welche auch innerhalb jener Schranken für sie maßgebend sind, und wenn den Begriffen, zu deren Anerkenntnis sie sich hingeführt findet, auch das Element der Anschaulichkeit fehlt, so bleibt ihr doch in der Denknotwendigkeit, der Evidenz, das Kriterium der Wahrheit und Gewißheit.

Ihren weiteren Ausbau erhält die Kantische Moral nach der einen Seite hin in den metaphysischen Anfangsgründen der Tugendlehre. Die einzelnen sittlichen Vorschriften werden aus dem kategorischen Imperativ in derjenigen Fassung abgeleitet, in welcher die Wahrung der Menschenwürde als oberstes Gebot erscheint. Daraus folgt unmittelbar, daß Pflichten gegen Gott nicht darunter fallen. Von ihnen soll nur in dem religiösen Glauben die Rede sein, nicht in der Sittenlehre, welche die Anwendung des kategorischen Imperativs auf die Erfahrungswelt zur Aufgabe hat. Hiernach zerfallen die Tugendpflichten in die Pflichten gegen uns selbst und die gegen andere Menschen. Gegenstand der ersteren kann nicht die eigene Glückseligkeit, sondern nur die sittliche Vollkommenheit sein. Umgekehrt kann nicht die letztere Gegenstand der Pflichten gegen die Nebenmenschen sein, weil die sittliche Vollkommenheit nur in der Selbsttätigkeit gründet, sondern nur die Beförderung der Glückseligkeit. Die Pflichten gegen uns selbst werden u. a. in folgenden Vorschriften erkennbar gemacht. „Laßt euer Recht nicht ungeahndet von anderen mit Füßen treten. Macht keine Schulden, für die ihr nicht volle Sicherheit leistet. Nehmt nicht Wohltaten an, die ihr entbehren könnt. Seid wirtschaftlich, damit ihr nicht bettelarm werdet. Das Hinknien oder Hinwerfen zur Erde, selbst um die Verehrung himmlischer Gegenstände sich dadurch zu versinnlichen, ist der Menschenwürde zuwider, sowie die Anrufung derselben in gegenwärtigen Bildern; denn ihr demütigt euch alsdann nicht unter einem Ideal, das euch eure eigene Vernunft vorstellt, sondern unter einem Idol, was euer eigenes Gemächsel ist." Insbesondere aber wird in diesem Zusammenhange die Pflicht der Wahrhaftigkeit hervorgehoben, und die kleinste Notlüge selbst in dem Falle als verwerflich bezeichnet, wenn durch dieselbe ein Unschuldiger vom Tode gerettet würde. Was die Pflichten gegen andere betrifft, so geht das Bestreben hauptsächlich darauf, die moralischen Triebfedern gegen bloße natürliche Gefühle der Liebe und des Mitleids abzuscheiden.

Wichtiger ist die Ergänzung geworden, welche die Kantische Ethik nach der Seite der Rechtslehre gefunden hat. Dies ist nun allerdings nicht so zu verstehen, als ob Kant das Recht im Sinne der Alten auf die Ethik habe begründen wollen. Indem er vielmehr der seit Thomasius aufgekommenen strengen Trennung der beiden Gebiete folgt, bestimmt er den Unterschied dahin, daß die Moral auf die Gesinnung, das Recht lediglich auf die Handlung sich richte. Aber auch das letztere erscheint bei ihm als ein Gesetz der Vernunft. Er definiert das Recht als den Inbegriff der Bedingungen, unter denen die Willkür des einen mit der Willkür der anderen nach einem allgemeinen Gesetz der Freiheit vereinigt werden kann, und hält dafür, daß dadurch zugleich die Erzwingbarkeit des Rechts unmittelbar gegeben sei. Die Definition hat großen Beifall und die weiteste Verbreitung, insbesondere auch in juristischen Kreisen, gefunden; sie ist eine Zeitlang geradezu die herrschende gewesen. In Wahrheit aber ist sie völlig ungenügend. Sie bringt das auf eine Formel, was die Folge eines geordneten Rechtszustandes ist, die einem jeden gewährleistete Möglichkeit, an der Erfüllung der in der sittlichen Ordnung begründeten Menschheitszwecke mitzuwirken, ohne durch den bösen Willen anderer daran gehindert zu werden. Aber ohne die Bezugnahme auf diese Menschheitszwecke bleibt jene Formel abstrakt und leer, sie gibt keinen objektiven Maßstab dafür, wie weit der einzelne seine Freiheit einschränken, und wie viel Raum er den anderen neben sich verstatten müsse; sie erklärt noch weniger den Grund jener allgemeinen Verpflichtung. Die Einzelheiten der Kantischen Rechtsphilosophie müssen hier übergangen werden. Für die Auffassung vom Staate ist für Kant insbesondere Rousseau bestimmend geworden. Wenn er aber mit diesem den Ursprung des Staates aus einem Vertrage herleitet und seinen Zweck ausschließlich in dem Schutz des Rechtes erblickt; wenn er dafür hält, daß in jenem Vertrage (welcher jedoch nicht als eine geschichtliche Tatsache, sondern als eine Idee der Vernunft gelten soll) alle im Volk ihre Freiheit aufgeben, um sie in einem rechtlichen Zustande wieder zu erhalten — so ist er doch auf der anderen Seite der Ansicht, daß der Zweck des Staates ein solcher ist, der über dem Belieben der einzelnen stehe, den vielmehr alle wollen sollen, von dem sie sich daher auch nicht mehr zurückziehen können. Ja er wird in weiterer Verfolgung dieses Gedankens, im Gegensatze gegen Rousseau und im Widerstreite mit eigenen, anderweitig kundgegebenen Gedanken, zu einem Verteidiger des sogenannten passiven oder unbedingten Gehorsams. — Was endlich das Verhältnis von Kirche und Staat betrifft, so bestreitet Kant dem letzteren das Recht, „das Kirchenwesen nach seinem Sinne, wie es ihm vorteilhaft dünkt, einzurichten, den Glauben und gottesdienstliche Formen dem Volke vorzuschreiben oder zu befehlen (denn dieses muß gänzlich den Lehrern und Vorstehern, die es sich selbst gewählt hat, überlassen bleiben)"; erkennt ihm dagegen das negative Recht zu, „den Einfluß der öffentlichen Lehrer auf das sichtbare, politische gemeine Wesen, der der öffentlichen Ruhe nachteilig sein möchte, abzuhalten, mithin bei dem inneren Streit, oder dem der verschiedenen Kirchen untereinander, die bürgerliche Eintracht nicht in Gefahr kommen zu lassen".

Dies führt auf den Begriff der Religion. Wie alle Philosophen des Zeitalters der Aufklärung verwirft Kant die übernatürliche Offenbarung, und er teilt mit ihnen auch die Leichtigkeit, mit welcher er sich über die geschichtlichen Fragen nach dem Ursprunge und der Verbreitung des Christentums hinwegsetzt. Eigentümlich ist ihm dagegen und ein Ergebnis seiner Kritik, daß er den religiösen Glauben von jedem theoretischen Erkennen losgelöst und ausschließlich auf die Moral begründet wissen will. Religion ist die Vorstellung aller unserer Pflichten als göttlicher Gebote. Sie ist ein notwendiges Produkt unserer Vernunft; denn der Mensch, welcher sich verpflichtet fühlt, das Gute zu tun, kann nicht so gleichgültig gegen den Erfolg seiner Handlungen sein, daß er sich nicht das höchste in der Welt mögliche Gut zum Endzweck setzte; dies aber kann er nur, indem er ein allvermögendes moralisches Wesen als Weltherrscher annimmt, welcher den sittlichen Zweck mit den Naturzwecken in Übereinstimmung bringt. Der Glaube an Gott ist das Ergebnis einer moralischen Gesinnung, und die Bedeutung der Religion bleibt ganz und gar auf ihre sittliche Wirkung bestimmt. In seiner „Religion innerhalb der Grenzen der bloßen Vernunft" untersucht Kant das Verhältnis des Christentums zu dieser seiner Theorie und kommt zu dem Ergebnisse, daß beide im wesentlichen übereinstimmen. Um diese Übereinstimmung heraustreten zu lassen, müssen sich freilich die Hauptlehren des Christentums (die er zudem nur in ihrer protestantischen Ausprägung kennt) die stärksten Umdeutungen gefallen lassen. So findet er das christliche Dogma von der Erbsünde in seiner Lehre von dem radikalen Bösen in der Menschennatur wieder, einem aller Tat vorangehenden Hang, die Ordnung der Triebfedern des sittlichen Handelns in ihr Gegenteil zu verkehren und die Selbstliebe zur Bedingung der Befolgung des moralischen Gesetzes zu machen. Erlösung und Rechtfertigung werden auf den Sieg des guten Prinzips über das böse, der moralischen Vollkommenheit über die Selbstliebe zurückgeführt, die Person des Erlösers endlich auf das Ideal der moralischen Vollkommenheit; sie ist nur die bildlich vorgestellte, Gott wohlgefällige Menschheit. An Christum glauben heißt, den Gott wohlgefälligen Menschen in sich verwirklichen wollen usw. Ein ethisches Gemeinwesen unter der göttlichen moralischen Gesetzgebung ist eine Kirche. Weil nämlich das Böse sich vorzugsweise in der Gesellschaft und durch dieselbe fortpflanzt, so ist auch eine wirksame Förderung des Guten nur in der Vereinigung möglich. Die Schwäche der menschlichen Natur bringt es aber mit sich, daß nicht der reine Vernunftglaube, sondern nur der Geschichtsglaube, welcher an bestimmte überlieferte Tatsachen anknüpft, die Kraft hat, einer Kirche zur Grundlage zu dienen. An die Stelle der einen moralischen Gesetzgebung tritt infolgedessen eine Vielheit statutarischer Religionsgesetze; es bildet sich ein gesonderter Stand von Priestern als den Ordnern und Bewahrern frommer Gebräuche, der Unterschied zwischen Orthodoxen und Ketzern kommt auf usw. Der allmähliche Übergang des Kirchenglaubens zur Alleinherrschaft des reinen Religions- oder Vernunftglaubens ist die Annäherung des Reiches Gottes. Hieraus folgt, daß jede religiöse Überzeugung und Handlung nur insoweit berechtigt ist, als sie dem einzigen Zwecke aller Religion dient, Hilfsmittel der Sittlichkeit zu sein. Alles dagegen, was der Mensch außer dem guten Lebenswandel noch tun zu können vermeint, um Gott wohlgefällig zu werden, ist „bloßer Religionswahn und Afterdienst Gottes". Demgemäß wird auch der letzte Rest an religiösen Übungen und Gebräuchen, welche der Protestantismus übriggelassen hatte, als überflüssig und verächtlich über Bord geworfen. Glaubt man einmal, sich die Gnade der Gottheit auf einem anderen Wege verschaffen zu können, als durch moralische Gesinnung und Handlungsweise, so ist nach Kant in der Art dieses mechanischen Gottesdienstes kein wesentlicher Unterschied mehr. „Ob der Andächtler seinen statutenmäßigen Gang zur Kirche; oder ob er eine Wallfahrt nach den Heiligtümern in Loreto oder Palästina anstellt, ob er seine Gebetsformeln mit den Lippen oder, wie der

Tibetaner, durch ein Gebetsrad an die himmlische Behörde bringt, das ist alles einerlei und von gleichem Wert." Vom tungusischen Schamanen bis zum europäischen Prälaten, vom Fetischdiener bis zum Puritaner „ist zwar ein mächtiger Abstand in der Manier, aber nicht im Prinzip, zu glauben". Denn auch das Beten, „als ein innerer förmlicher Gottesdienst und darum als Gnadenmittel gedacht, ist ein abergläubischer Wahn". Es ist die bloße Erklärung eines Wunsches gegen ein Wesen, das dieser Erklärung nicht bedarf, eine Handlung, durch die nichts getan, keine von unseren Pflichten erfüllt wird. Der allein wertvolle „Geist des Gebetes" ist die alle unsere Handlungen begleitende Gesinnung, als ob sie im Dienste Gottes geschähen. — Daß derartige Ausführungen heftigen Anstoß bei der protestantischen Kirchenbehörde erwecken mußten, begreift sich. Aber auch auf philosophischer Seite ist das Ungenügende derselben längst erkannt worden. Um die geschichtlichen Religionen, um insbesondere das Christentum, wenn auch nur im Sinne eines natürlichen Phänomens zu erklären, hat Kant, wie richtig hervorgehoben wurde, zu ausschließlich die moralische Seite mit Hintansetzung des ästhetischen und des intellektuellen Bedürfnisses hervorgehoben. Daß aber auch von den Versuchen seiner Nachfolger keiner das Ziel erreichen konnte, braucht hier nicht ausführlich dargetan zu werden.

Es erübrigt, noch einiges über den dritten Teil des Systems zu sagen, welchen die „Kritik der Urteilskraft" enthält. Kant hat durch die letztere Einfluß auf Schiller und die deutsche Ästhetik einerseits, andererseits auf die Schellingsche Naturphilosophie ausgeübt; an allgemeiner Bedeutung steht ihr Inhalt jedoch weit hinter dem bisher Erörterten zurück. Für den hier vorgezeichneten Zweck genügen einige kurze Bemerkungen. Auf die Ausarbeitung des dritten Teils haben bei Kant verschiedene Motive zusammengewirkt. Zu diesen gehört ohne Frage die schon öfter hervorgehobene Vorliebe für architektonische Symmetrie in Verbindung mit der gleichfalls bereits erwähnten Anlehnung an herkömmliche psychologische Einteilungen. Auch das sogen. Gefühlsvermögen sollte seine apriorischen Bestimmungen haben, die nun natürlich nicht, wie für das Erkenntnisvermögen, im Verstande, und auch nicht, wie für den Willen, in der Vernunft, sondern wiederum in einem Dritten, der sogen. Urteilskraft, gesucht werden. Kant führt in der Einleitung aus, daß der Dualismus, welchen die Kritik zwischen Erkenntnistheorie und Ethik aufgestellt habe und den er auf den Gegensatz zwischen den Naturbegriffen des Verstandes und den Freiheitsbegriffen der Vernunft zurückführt, einer Vermittlung bedürfe. Diese Vermittlung soll durch eben jene dritte, zwischen Vernunft und Verstand in der Mitte stehende Kraft unseres Geistes möglich sein, sie soll gefunden werden durch die Unterordnung des Reichs der Natur unter das Reich der Freiheit vermittels des Begriffs der Zweckmäßigkeit. Ohne Frage aber gab gerade umgekehrt, wie Schopenhauer richtig bemerkt, dieser bisher unerörterte Begriff der Zweckmäßigkeit, dessen grundlegende Bedeutung für die Ästhetik Kant aufgegangen war, ihm den Anstoß zu der letzten kritischen Untersuchung. Eben derselbe Begriff wurde dann aber weiter der Anlaß, mit der Frage nach dem Maßstabe der Beurteilung des Schönen die andere Frage nach dem Grunde unserer Auffassung der Natur als einer von Zwecken beherrschten in derselben Untersuchung zu verbinden. Dazu kam sodann ein anderes Problem. Dem Bedürfnis, die Erscheinungen zu begreifen, wird durch das, was die „Kritik der reinen Vernunft" herausgestellt hat, noch nicht vollkommen Genüge geleistet. Denn die Begriffe des Verstandes führen uns zur Unterwerfung der Erscheinungen unter ganz allgemeine Gesetze. Das Spezifische der Erscheinungen stammt für uns aus der Empfindung, bleibt somit jenen allgemeinen Gesetzen gegenüber zufällig. Nur ein intuitiver Verstand würde das Vermögen besitzen, auch die besonderen Gesetze und die auszeichnende Natur des einzelnen in ihrer Notwendigkeit zu erkennen. Fühlen wir uns aber trotzdem angetrieben, Einheit in die Mannigfaltigkeit der Erfahrung zu bringen, den Inbegriff der Erscheinungen als ein zusammenhängendes und gegliedertes System, wenn auch nicht zu erkennen, so doch wenigstens zu betrachten, so soll dies nach Kant dadurch möglich werden, daß wir die besonderen empirischen Gesetze in Ansehung dessen, was in ihnen durch die allgemeinen Gesetze unbestimmt bleibt, betrachten, als ob gleichfalls ein Verstand, wenn schon nicht der unserige, sie zum Behuf unseres Erkenntnisvermögens, um ein System der Erfahrung möglich zu machen, gegeben hätte. Die Dinge aber betrachten, als ob sie in ihrer Wirklichkeit, ihrer besonderen Beschaffenheit abhängig wären von einem Verstande, heißt sie unter dem Gesichtspunkte des Zweckes betrachten. Die Zweckmäßigkeit ist das Prinzip der reflektierenden Urteilskraft, aber wiederum nur ein regulatives Prinzip, das keine Erkenntnis gibt, sondern nur eine Maxime der Betrachtung ist. Die Zweckmäßigkeit hat ihre Stelle zwar nicht ausschließlich, aber doch überwiegend in der Betrachtung der lebenden Natur. Bei den Organismen, deren Teile sich gegenseitig bedingen und hervorbringen, wechselweise Ursache und Wirkung voneinander sind, reicht die mechanische Erklärung nicht aus. Ein solcher Sachverhalt ist völlig verständlich bei den Produkten menschlicher Kunst; wenn hier das Ganze der Bestimmungsgrund der Teile ist, so ist es eben die Idee des Ganzen, aus der die Teile entworfen sind. Stellen wir uns die Naturprodukte in analoger Weise vor, betrachten wir sie als Naturzwecke, so sollen wir doch eingedenk bleiben, daß die Zweckmäßigkeit nur von uns in die Natur hineingetragen, daß der Zweck kein eigentliches Prinzip der Naturerklärung ist. Von dieser Zweckmäßigkeit, die nach dem Gesagten freilich nur in sehr uneigentlichem Sinne als die objektive bezeichnet werden kann, wird sodann die subjektive unterschieden und der teleologischen die ästhetische Beurteilung gegenübergestellt. Dort ist es ein fremder, von dem unsrigen verschiedener Verstand, mit dem das Objekt in Beziehung gesetzt, mit dessen Absichten übereinstimmend dasselbe gedacht wird; hier dagegen ist es unsere Intelligenz, die ihre Absichten in dem Dinge erreicht findet. Hier aber, bei der subjektiven Zweckmäßigkeit, kann es sich natürlich nicht um das Dasein eines Dinges handeln, das ja von uns unabhängig ist, sondern nur um die Form desselben, die wir in unserer Einbildungskraft erfassen. Wo unsere Intelligenz ihre Absicht in der bloßen Vorstellung eines Dinges als erreicht ansieht, kommt uns diese Harmonie unserer eigenen Gemütskräfte im Gefühle der Lust zum Bewußtsein; im entgegengesetzten Falle empfinden wir Unlust. Auf dieses Gefühl der Lust und Unlust gründet sich das ästhetische Urteil. Im Zusammenhange dieser Gedanken analysiert dann Kant insbesondere die Begriffe des Schönen und des Erhabenen. Das Nähere muß jedoch hier auf sich beruhen. —

In dem Kantischen Kritizismus ist die subjektivistische Tendenz, welche seit Descartes in die Philosophie gekommen war, zu vollständiger und allseitiger Entwicklung gebracht. Der gewonnene Standpunkt ist von dem der alten Schulen durch den denkbar größten Abstand getrennt. Aufgegeben ist die Objektivität des Erkennens in dem eigentlichen und allein zutreffenden Sinne; die Denknotwendigkeit soll nicht mehr als Kriterium der Wahrheit und Gewißheit gelten. Aufgegeben ist das ganze Gebiet der übersinnlichen Wahrheiten; zugleich aber erscheint die menschliche Vernunft, ein neuer Tantalus, dazu verurteilt, unaufhörlich nach Erkenntnissen zu jagen, die ihr doch niemals wirklich zuteil werden. Und diese selbe Vernunft, die auf dem theoretischen Gebiete, in die Grenzen der Erscheinungen eingebannt, unaufhörlich und infolge ihrer Naturanlage der Gefahr erliegt, ihre subjektiven Gebilde mit vermeintlichen Erkenntnissen zu verwechseln, soll nach der anderen Seite, auf dem praktischen Gebiete, als unbedingte und ausschließliche Gesetzgeberin gelten. — Die deutsche Spekulation nach Kant hat zunächst versucht, den subjektiven Idealismus, für welchen der „gegebene" Stoff der Empfindung einen schwer zu ertragenden Widerspruch und eine Schranke bildete, zu einem völlig unbedingten, und die menschliche Vernunft im theoretischen Bereiche zu einer schöpferischen zu machen. Nach dem Scheitern dieser Versuche hat man vielfach geglaubt, von dem falsch ausgelegten an den richtig auszulegenden Kant appellieren und in dem Rückgang auf den richtig verstandenen Kritizismus das Heil der Philosophie erblicken zu sollen. Wahr ist, daß ganz verschiedenartige philosophische Richtungen in Kant ihren Ausgang oder ihre Bestätigung und Verstärkung finden können. Das Heil der Philosophie aber läßt sich nur durch Überwindung der sämtlichen von ihm zusammengehäuften Irrtümer gewinnen.

Bisher im SEVERUS Verlag erschienen:

Achelis. Th. Die Entwicklung der Ehe * **Andreas-Salomé, Lou** Rainer Maria Rilke * **Arenz, Karl** Die Entdeckungsreisen in Nord- und Mittelafrika von Richardson, Overweg, Barth und Vogel * **Aretz, Gertrude (Hrsg)** Napoleon I - Briefe an Frauen * **Ashburn, P.M** The ranks of death. A Medical History of the Conquest of America * **Avenarius, Richard** Kritik der reinen Erfahrung * Kritik der reinen Erfahrung, Zweiter Teil * **Bernstorff, Graf Johann Heinrich** Erinnerungen und Briefe * **Binder, Julius** Grundlegung zur Rechtsphilosophie. Mit einem Extratext zur Rechtsphilosophie Hegels * **Bliedner, Arno** Schiller. Eine pädagogische Studie * **Blümner, Hugo** Fahrendes Volk im Altertum * **Brahm, Otto** Das deutsche Ritterdrama des achtzehnten Jahrhunderts: Studien über Joseph August von Törring, seine Vorgänger und Nachfolger * **Braun, Lily** Lebenssucher * **Braun, Ferdinand** Drahtlose Telegraphie durch Wasser und Luft * **Brunnemann, Karl** Maximilian Robespierre - Ein Lebensbild nach zum Teil noch unbenutzten Quellen * **Büdinger, Max** Don Carlos Haft und Tod insbesondere nach den Auffassungen seiner Familie * **Burkamp, Wilhelm** Wirklichkeit und Sinn. Die objektive Gewordenheit des Sinns in der sinnfreien Wirklichkeit * **Caemmerer, Rudolf Karl Fritz** Die Entwicklung der strategischen Wissenschaft im 19. Jahrhundert * **Cronau, Rudolf** Drei Jahrhunderte deutschen Lebens in Amerika. Eine Geschichte der Deutschen in den Vereinigten Staaten * **Cushing, Harvey** The life of Sir William Osler, Volume 1 * The life of Sir William Osler, Volume 2 * **Dahlke, Paul** Buddhismus als Religion und Moral, Reihe ReligioSus Band IV * **Eckstein, Friedrich** Alte, unnennbare Tage. Erinnerungen aus siebzig Lehr- und Wanderjahren * Erinnerungen an Anton Bruckner * **Eiselsberg, Anton Freiherr von** Lebensweg eines Chirurgen * **Eloesser, Arthur** Thomas Mann - sein Leben und Werk * **Elsenhans, Theodor** Fries und Kant. Ein Beitrag zur Geschichte und zur systematischen Grundlegung der Erkenntnistheorie. * **Engel, Eduard** Shakespeare * Lord Byron. Eine Autobiographie nach Tagebüchern und Briefen. * **Ferenczi, Sandor** Hysterie und Pathoneurosen * **Fichte, Immanuel Hermann** Die Idee der Persönlichkeit und der individuellen Fortdauer * **Fourier, Jean Baptiste Joseph Baron** Die Auflösung der bestimmten Gleichungen * **Frimmel, Theodor von** Beethoven Studien I. Beethovens äußere Erscheinung * Beethoven Studien II. Bausteine zu einer Lebensgeschichte des Meisters * **Fülleborn, Friedrich** Über eine medizinische Studienreise nach Panama, Westindien und den Vereinigten Staaten * **Goette, Alexander** Holbeins Totentanz und seine Vorbilder * **Goldstein, Eugen** Canalstrahlen * **Griesser, Luitpold** Nietzsche und Wagner - neue Beiträge zur Geschichte und Psychologie ihrer Freundschaft * **Hartmann, Franz** Die Medizin des Theophrastus Paracelsus von Hohenheim * **Heller, August** Geschichte der Physik von Aristoteles bis auf die neueste Zeit. Bd. 1: Von Aristoteles bis Galilei * **Helmholtz, Hermann von** Reden und Vorträge, Bd. 1 * Reden und Vorträge, Bd. 2 * **Kalkoff, Paul** Ulrich von Hutten und die Reformation. Eine kritische Geschichte seiner wichtigsten Lebenszeit und der Entscheidungsjahre der Reformation (1517 - 1523), Reihe ReligioSus Band I * **Kautsky, Karl** Terrorismus und Kommunismus: Ein Beitrag zur Naturgeschichte der Revolution * **Kerschensteiner, Georg** Theorie der Bildung * **Krömeke, Franz** Friedrich Wilhelm Sertürner - Entdecker des Morphiums * **Külz, Ludwig** Tropenarzt im afrikanischen Busch * **Leimbach, Karl Alexander** Untersuchungen über die verschiedenen Moralsysteme * **Liliencron, Rochus von / Müllenhoff, Karl** Zur Runenlehre. Zwei Abhandlungen * **Mach, Ernst** Die Principien der Wärmelehre * **Mausbach, Joseph** Die Ethik des heiligen Augustinus. Erster Band: Die sittliche Ordnung und ihre Grundlagen * **Mauthner, Fritz** Die drei Bilder der Welt - ein sprachkritischer Versuch * **Müller, Conrad** Alexander von Humboldt und das Preußische Königshaus. Briefe aus den Jahren 1835-1857 * **Oettingen, Arthur von** Die Schule der Physik * **Ostwald, Wilhelm** Erfinder und Entdecker * **Peters, Carl** Die deutsche Emin-Pascha-Expedition * **Poetter, Friedrich Christoph** Logik * **Popken, Minna** Im Kampf um die Welt des Lichts. Lebenserinnerungen und Bekenntnisse einer Ärztin * **Prutz, Hans** Neue Studien zur Geschichte der Jungfrau von Orléans * **Rank, Otto** Psychoanalytische Beiträge zur Mythenforschung. Gesammelte Studien aus den Jahren 1912 bis

www.severus-verlag.de

1914. * **Rohr, Moritz von** Joseph Fraunhofers Leben, Leistungen und Wirksamkeit * **Rubinstein, Susanna** Ein individualistischer Pessimist: Beitrag zur Würdigung Philipp Mainländers * Eine Trias von Willensmetaphysikern: Populär-philosophische Essays * **Sachs, Eva** Die fünf platonischen Körper: Zur Geschichte der Mathematik und der Elementenlehre Platons und der Pythagoreer * **Scheidemann, Philipp** Memoiren eines Sozialdemokraten, Erster Band * Memoiren eines Sozialdemokraten, Zweiter Band * **Schweitzer, Christoph** Reise nach Java und Ceylon (1675-1682). Reisebeschreibungen von deutschen Beamten und Kriegsleuten im Dienst der niederländischen West- und Ostindischen Kompagnien 1602 - 1797. * **Stein, Heinrich von** Giordano Bruno. Gedanken über seine Lehre und sein Leben * **Strache, Hans** Der Eklektizismus des Antiochus von Askalon * **Thiersch, Hermann** Ludwig I von Bayern und die Georgia Augusta * **Tyndall, John** Die Wärme betrachtet als eine Art der Bewegung, Bd. 1 * Die Wärme betrachtet als eine Art der Bewegung, Bd. 2 * **Virchow, Rudolf** Vier Reden über Leben und Kranksein * **Wecklein, Nikolaus** Textkritische Studien zu den griechischen Tragikern * **Weinhold, Karl** Die heidnische Totenbestattung in Deutschland * **Wernher, Adolf** Die Bestattung der Toten in Bezug auf Hygiene, geschichtliche Entwicklung und gesetzliche Bestimmungen * **Weygandt, Wilhelm** Abnorme Charaktere in der dramatischen Literatur. Shakespeare - Goethe - Ibsen - Gerhart Hauptmann * **Wlassak, Moriz** Zum römischen Provinzialprozeß * **Wulffen, Erich** Kriminalpädagogik: Ein Erziehungsbuch * **Wundt, Wilhelm** Reden und Aufsätze * **Zoozmann, Richard** Hans Sachs und die Reformation - In Gedichten und Prosastücken, Reihe ReligioSus Band III

www.ingramcontent.com/pod-product-compliance
Lightning Source LLC
Chambersburg PA
CBHW070807300426
44111CB00014B/2446